Aristóteles

Metafísica
Ética

OBRASELECTAS

— ARISTÓTELES —
METAFÍSICA
ÉTICA

Traducción: Alberto Márquez Sánchez
Prólogo: Francisco Caudet Yarza

© Copyright EDIMAT LIBROS, S.A.

ISBN: 84-8403-703-7
Depósito Legal: M-13280-2001

Edición y Producción: *José Mª Fernández*
Diseño de cubierta: *Juan Manuel Domínguez*
Impreso por BROSMAC, Móstoles (Madrid)
Encuadernado por ATANES-LAINEZ, Móstoles (Madrid)

EDMOBSEARIS

IMPRESO EN ESPAÑA - PRINTED IN SPAIN

I

SINOPSIS DE LA CONCEPCIÓN ARISTOTÉLICA

La extensa obra de Aristóteles, edificada sobre la platónica, discrepa de ésta tanto, por lo menos, como coincide; la frecuente tensión entre los platónicos y los aristotélicos, así como los numerosos intentos de conciliación entre ambos pensadores, señalan ya claramente el hecho de la existencia de una raíz común y de una considerable divergencia. Ante todo, Aristóteles desarrolla su pensamiento en extensión, no sólo por su afán de abarcar todos los saberes, sino porque, a diferencia de su maestro, atiende particularmente a las dificultades que plantea en la explicación del mundo la contradicción entre la necesidad de estudiar lo individual y contingente y el hecho de que solamente un saber de lo universal puede ser un verdadero saber. Tal es el tema alrededor del cual gira todo el pensamiento aristotélico, que quiere ser ciencia de lo que es en verdad sin sacrificar en ningún momento lo concreto y cambiante. Mas una ciencia de esta índole no puede satisfacerse, como la platónica, con la *dialéctica* (1). La dialéctica, que es, según Aristóteles, lo mismo que la sofística, una apariencia de la filosofía, tiene un cariz estrictamente crítico que no basta para un conocimiento positivo. En vez de ella debe elaborarse un instrumento para el saber que muestre su eficacia en todos los aspectos y no sólo en el crítico; este instrumento u *Organon* es precisamente la lógica. Ahora bien, la lógica aristotélica puede entenderse en dos sentidos: uno, estricto, según el cual se trata, como indica W. Jeager, de una facultad o una técnica, y otro, más amplio, según el cual es primariamente —o, si se quiere, *también*— una vía de acceso a la rea-

---

(1) El término se ha empleado con distintos sentidos. Para Platón significaba la más elevada categoría del pensamiento, ya que se ocupaba de la verdadera naturaleza de las cosas, de las ideas; en cambio, Aristóteles aplicó el término a la esfera del razonamiento probable, encaminado a alcanzar una conclusión también probable, a diferencia de lo que sucede en la ciencia demostrativa. *(N. del A.)*

lidad. La lógica en sentido técnico equivale a la lógica formal; la lógica en sentido amplio, a lo que se ha llamado posteriormente lógica material o también gran lógica. La lógica formal constituye una de las piezas maestras del pensamiento del Estagirirta (Aristóteles) y puede ser examinada, como lo han hecho Lukasiewicz, Bochénski y otros autores, desde el punto de vista de la moderna lógica matemática con muy notables resultados. En efecto, aunque la lógica de este prohombre es simplemente formal y no, como la de los estoicos, formalista, es decir, aunque en ella se presta atención sobre todo a las fórmulas lógicas y no a las reglas de inferencia, la precisión y detalle con que han sido elaboradas las primeras, la convierte en un modelo para toda ulterior investigación lógica. No es aquí el momento —por falta de espacio— ni el lugar de exponer esta lógica *in extenso,* pero conviene declarar que, aunque la parte principal de ella es la silogística asertórica, no es justo indicar, como se ha hecho con frecuencia, que toda la lógica de Aristóteles puede reducirse a un limitado fragmento de la lógica cuantificacional elemental. En efecto, aunque de un modo menos sistemático, se hallan en Aristóteles contribuciones importantes a la lógica modal y también varias leyes que pertenecen a la lógica sentencial, a la lógica de las clases y a la lógica de las relaciones. Junto a las investigaciones lógico-formales se encuentran, además, en el Estagirita abundantes análisis semióticos, en particular semánticos. En cuanto a la lógica material, se basa principalmente en un examen detallado de los problemas que plantea la definición y la demostración, examen que conduce a una corrección fundamental de las tendencias meramente clasificatorias y divisorias del platonismo, y que incluye un extenso tratamiento de cuestiones que rozan la ontología. Este último aspecto se advierte particularmente en el análisis aristotélico del principio o ley de la no contradicción, la cual es formulada, ciertamente, en un sentido lógico y también metalógico, pero sin olvidar, cuando menos en algunos pasajes, su alcance ontológico. Ello hace posible, como antes indicábamos, ver la lógica del Estagirita también como una vía de acceso a la realidad. Sin hacer de tal lógica, como Hegel, una disciplina metafísica, es obvio que algunas de sus partes no podrían ser entendidas a menos que admitiéramos un supuesto de Aristóteles: el de que hay una correspondencia entre el pensar lógico y la estructura ontológica. Ello acontece incluso en partes de la lógica tan formales como la silogística; el silogismo expresa, en efecto, a menudo, en Aristóteles, el mismo encadenamiento que existe en la realidad. Pero sucede todavía más en la técnica del concepto y en la búsqueda de los principios. Esto explica por qué dentro del *Organon* (2) existen tan múltiples investigaciones, incluyendo la doctrina de las categorías. Al proponer esta doctrina, Aristóteles completa ese cerco o rodeo del objeto que se había propuesto primitivamente y que tendía sobre todo a evitar que escapara por las amplias mallas de la dialéctica y la definición al uso: el objeto queda, en efecto, apresado, primero, por el acotamiento de los atributos y principalmente por la desde entonces clásica definición por el género próximo y la diferencia específica. Mas queda también apresado porque la categoría sitúa al objeto y lo hace entrar en una red conceptual que va aproximándose cada vez más a sus principios últimos. Estas categorías expresan *en gran parte*, como es notorio, la estructura gramatical de las proposiciones, pero la expresan no tanto porque Aristóteles haya tenido en cuenta el lenguaje para su formación, como porque desde entonces el lenguaje propio ha quedado gramaticalmente articulado según las categorías aristotélicas. En el problema y la solución de las categorías se expresa, pues, del modo más preciso, lo que puede observarse en muchos aspectos de las formas del saber en Occidente: que ha venido a convertirse en dominio vulgar, y como tal alejado de las cosas y de los principios mismos de que había brotado, lo que fue en un tiempo esfuerzo penoso y directa contemplación de las cosas. En el caso de Aristóteles esto es sobremanera evidente, porque gran parte del saber occidental se ha constituido, consciente o inconscientemente, siguiendo las pautas marcadas por el aristotelismo. Sin embargo, la ampliación del marco de la dialéctica platónica tiene lugar propiamente, más bien que en el *Organon*, en la ciencia del ser en cuanto ser, en la metafísica (3) o, en

---

(2) Denominación con que, probablemente desde el siglo VI, se conoce el conjunto de obras lógicas de Aristóteles: *Las Categorías, Sobre la interpretación, Primeros y Segundos, Tópicos y Refutación de los sofistas.* El *Organon* es la obra en que se ha basado la lógica tradicional hasta el resurgimiento, en el siglo XX, de la nueva lógical formal. *(N. del A.)*

(3) Originariamente el nombre se dio a la *filosofía primera* de Aristóteles, quien la llamó así porque a sus ojos gozaba de una primacía de excelencia y dignidad con relación a las demás ciencias. El término *metafísica*, de origen y significado inciertos, adquirió carta de ciudadanía y sentido filosófico durante la Edad Media. Si al hablar de filosofía se dice que ésta ha existido desde que el hombre es hombre, otro tanto podríamos decir de la metafísica. Ésta es y ha sido en el hombre algo real; si no siempre a título de ciencia, sí, al menos, como disposición natural. La metafísica como ciencia tiene por fundamento originario una actitud cognoscitiva espontánea que, por ser precientífica, no deja de ser metafísica. El hecho, no negado por nadie, es que siempre se han dado y siguen dándose preguntas inevitables sobre el ser y sobre el hombre: *¿qué son las cosas?, ¿qué somos?, ¿de dónde venimos?,* son interrogantes que implican lo que se denomina *fenómeno metafísico.* Es, pues, in-

los términos de Aristóteles, la filosofía primera. La necesidad de una ciencia de esta índole viene determinada por la necesidad de estudiar, no una parte del ser, sino todo el ser, pero, bien entendido, el ser como ser, el ser en general. Este ser conviene analógicamente a todas las cosas que son e inclusive al no ser, pero justamente por esta universal conveniencia deben distinguirse rigurosamente sus especies a fin de no convertir la filosofía primera en la ciencia única, al modo de la ciencia de Parménides; la metafísica no es la ciencia única, sino la primera, la ciencia de las primeras causas y principios o, en otras palabras, la ciencia de lo que verdaderamente es en todo *ser* (en todo lo que es). Por eso la filosofía primera es el saber de aquello a partir de lo cual toda cosa recibe su *ser*. Puede ser asimismo (bajo forma de «teología») el último fin al cual aspiran las cosas. Ahora bien, el marco de las investigaciones de la filosofía primera rebasa el de la dialéctica platónica, porque ésta muestra, al entender de Aristóteles, una radical insuficiencia cuando pasa de la parte crítica a la parte realmente constructiva y positiva. La teoría platónica de las ideas, de la cual ciertamente parte Aristóteles, corresponde acaso a una realidad del ser, pero no a toda la realidad. En las ideas se alcanza una visión de la verdad a condición de sacrificar una porción de esta verdad que ninguna ciencia debe eliminar a sabiendas. Si es cierto que Platón pretende, en última instancia, salvar el mundo de los fenómenos por la participación de lo sensible en lo inteligible, no es menos evi-

---

negable que esta forma de comportarse pertenece a la naturaleza del hombre. La labor de la metafísica propiamente dicha, como ciencia, consistirá en reflexionar sobre el significado, alcance y sentido de esta experiencia, aprehendiendo de ella las implicaciones y exigencias inteligibles.

La historia de la metafísica coincide virtualmente con la de la misma filosofía. El problema metafísico de la escuela de Mileto (615-494 a. de J.C.) fue más bien de cariz cosmológico. Durante el período presocrático (c. 494-425 a. de J.C.) la filosofía se centró sobre el problema de lo *uno* y de lo *múltiple;* y, tras el intento de síntesis filosófica llevada a cabo por Platón (427-347), la metafísica quedó constituída formalmente como ciencia con Aristóteles. De éste a Galileo, la metafísica fue la reina de las ciencias. En tanto que el sistema platónico sobrevivió con Plotino y San Agustín, el aristotelismo influyó también en la cultura islámica y en el cristianismo medieval por medio de Santo Tomás. Con el Renacimiento y la Reforma, comenzó el declive permanente de la metafísica, quedando reducida a la cosmología, para, durante el siglo XVII, centrarse sobre la epistemología. En el transcurso del siglo XVIII, se convirtió en psicología racional con John Locke, Berkeley y Hume, para acabar siendo relegada al mundo de la creencia con Emmanuel Kant. En la concepción de Hegel, el principio ontológico fue sometido al principio lógico. El repudio subsiguiente del hegelianismo (materialismo, existencialismo) supuso un nuevo golpe para la metafísica, otra vez, hoy en día, en vías de renovación. *(N. del A.)*

dente que esta salvación se hace mediante una relación cuya naturaleza —no obstante los últimos esfuerzos de la dialéctica platónica— es dejada en suspenso. La crítica a Platón, como culminación
de la crítica de los anteriores sistemas filosóficos, comprende así,
sobre todo, una crítica de la oscura noción de la participación, idéntica, según Aristóteles, a la imitación pitagórica; una acusación de
introducir innecesariamente un número infinito de conceptos para
la explicación de las semejanzas entre las cosas y sus ideas; la indi-
cación de que debe haber también ideas de lo negativo y, ante todo,
una interrogación acerca de cómo las ideas, situadas en un lugar su-
praceleste, trascendentes al mundo, pueden explicar el mundo.

La brusca y radical separación entre los individuos y las ideas, entre las existencias y las esencias o, si se quiere, entre las existencias y
unas supuestas esencias existentes, es para Aristóteles una falsa salvación de los fenómenos; los fenómenos no quedan salvados y en-
tendidos por la participación, sino por la radicación de ideas de lo
universal, en la cosa misma. Entender las cosas es, así, ver lo que las
cosas son. Este ser, que para Platón es mero reflejo, es, en cambio,
para Aristóteles, una realidad: la cosa es, por lo pronto, sujeto, sustancia de la que se enuncian las propiedades. La sustancia es *en este
caso*, no la esencia ni lo universal ni el género, que Aristóteles llama
asimismo indistintamente sustancias, sino el sujeto, la sustancia primera, lo individual, la auténtica existencia. Aristóteles se enfrenta
radicalmente con Platón en tanto que procura de veras entender y
no sólo vagamente explicar la génesis ontológica del objeto. Tal génesis ya comenzaba a ser desarrollada en las últimas fases del platonismo, mas para que pudiera ser llevada a sus últimas consecuencias
se necesitaba de la subordinación de lo que era para Platón el pensamiento superior: la dialéctica.

La filosofía de Aristóteles, que se inicia con el hallazgo de un instrumento para la ciencia y que culmina en una metafísica a la cual se
subordina la teología, la teoría del mundo físico y la doctrina del
alma (4) como entelequia del cuerpo, se redondea con una doctrina

---

(4) La concepción dualista alma-cuerpo, así como la inmortalidad de aquélla, no
quedaron claramente establecidas hasta que Platón, al distinguir el mundo sensible
y un mundo de las *ideas,* la supuso, como éstas, inmaterial (por cuanto capta ideas
inmateriales) e inmortal, es decir, ajena a todo cambio y destrucción; aunque es dudoso que dicha inmortalidad, desprovista de contenido religioso, signifícase para
Platón lo que nosotros entendemos por ella. Aristóteles, que no admitía una su-
pervivencia personal, opinaba que el alma es simplemente el principio vital, distinguido en el hombre por la característica de la racionalidad. Con Descartes, que introdujo la distinción entre mente y materia, entre *res cogitans* y *res extensa,* la
dificultad filosófica no consistió ya en conocer la distinción, sino en descubrir cómo

ética y política cuyo intelectualismo no representa, sin embargo, el imperio de la razón, sino de lo razonable. El ideal griego de la mesura se manifiesta de modo ejemplar en una moral que es, ciertamente, enseñable, pero cuyo saber es insuficiente si no va acompañado de su práctica. Tal práctica se sigue inmediatamente para el sabio

---

cosas tan opuestas podían armonizarse para llegar a constituir un mundo único. Puesta ya en duda esta distinción con el materialismo científico de los siglos XVIII y XIX, nadie discute que la mente o el alma sea inmaterial; pero ya es otra cosa afirmar, como Descartes, que se trate de una *sustancia* inmaterial. El pensamiento filosófico de la actualidad aparece dividido entre las teorías de la interacción y el paralelismo. Según la primera, el alma y el cuerpo se afectan mutuamente como causa y efecto, punto de vista que se desprende de los hechos evidentes de ls sensación y el movimiento, pero que no se amolda fácilmente a los requirimientos de las ciencias positivas, dado que el fisiólogo necesita representar como continua, es decir, material, la serie de cambios nerviosos provocados por estímulos que llegan al cerebro y pasan de éste a los órganos motores; por otra parte, la implicación de elementos mentales en cambios físicos parece destruir el principio físico de la conservación de la energía. Por esto, muchos fisiólogos y psicólogos propugnan la teoría del paralelismo, según la cual los cambios mentales y cerebrales se relacionan estrechamente sin mutua interferencia. De todas formas, es imposible presentar esta teoría en forma filosófica satisfactoria.

Fundado en presupuestos aristotélicos, el *concepto cristiano* de alma se define en términos de sustancia espiritual, coprincipio, junto con el cuerpo, a quien vivifica y anima, del ser humano individual. La sustancialidad del alma ha sido combatida por varias escuelas, entre las que destacan, además del citado paralelismo psicofísico, el empirismo y las modernas psicologías actualistas, las cuales disuelven todo ser estable en puro devenir, en acción sin agente; según eso, el alma queda reducida a un complejo, constantemente cambiante, de actividad y vivencias anímicas. Sin embargo, aunque no vivimos un alma desligada de sus actos, si vivimos nuestros hechos de conciencia como actividades o estados, *maneras de encontrarse* de nuestro yo, no carente de sustentador el yo presente y volente. Vivimos la abundancia de todos los actos simultáneos de conciencia y la corriente cambiante de los sucesivos como pertenecientes a un mismo y único yo que permanece idéntico en el cambio del acontecer psíquico. No vivimos el yo como un mero *acontecer y devenir,* sino como un ser firme en sí mismo que *pone* los actos, produce y tiene como suyos los estados psíquicos y es responsable de ellos; es el principio permanente y sustentante de todo el vivir anímico del consciente. Por otra parte, este yo que permanece independiente de la fluencia del cuerpo y de los sentimientos no es extenso ni compuesto, dado que percibe las realidades de modo inextenso, en su totalidad y unidad. Es inmaterial porque percibe ideas que están despojadas totalmente de toda adherencia espacio-temporal y de representaciones imaginadas. Supuesto el principio escolástico de que la actividad sigue al ser (*operari sequitur esse*), toda actividad inmaterial, independiente intrínsecamente de la materia, implica un ser inmaterial. A ese ser inmaterial, simple, independiente de su íntima consistencia de la materia le damos el nombre de *espíritu.* El hecho de la inmortalidad del alma humana está ontológicamente fundado en su esencia simple y espiritual; sus disposiciones cognoscitivas y valorales serían internamente contradictorias si no implicaran la garantía de una satisfacción posible, al menos en principio, de sus tendencias. *(N. del A.)*

del reconocimiento de la felicidad a que conduce el simple desarrollo de la actividad racional humana, pues la vida feliz es por excelencia la vida contemplativa. Sin embargo, sería equivocado concebir esta vida contemplativa por mera analogía con la razón moderna. Por un lado, la vida contemplativa no es propiamente exclusión de la acción, sino la propia acción purificada. Por otro lado, la vida contemplativa designa sobre todo la aspiración a un sosiego que sólo puede dar, no la absorción de todo en uno, sino la aniquilación de lo perturbador, de lo que puede alterar esa inmovilidad y autarquía que es la aspiración suprema del sabio. El carácter aristocrático de la ética y de la política de Aristóteles es la expresión de un ideal que, con todo, no desdeña las realidades y las pasiones humanas, que existen de un modo efectivo y que deben ser objeto de consideración moral y política. En ellas se revela la característica fundamental del pensamiento aristotélico: la gradación de las realidades y de los actos, la ordenación jerárquica de las diversas esferas, la subordinación de todo cuanto hay a fines, pero siempre que tal subordinación no exija la anulación de aquello mismo que tiende a un fin a favor del fin mismo. En el mundo aristotélico aparece siempre la diversidad unida de raíz por una perfecta continuidad.

II

BIOGRAFÍA

Aristóteles, filósofo griego, llamado también *el Estagirita,* nació en 384 a. de J.C., 1.º de la 99 olimpiada, en Estagira, colonia grecojónica en Macedonia, fundada por habitantes de Calcis en Eubea y situada junto al mar de la península de la Calcidia; murió en 322 en esta última localidad. De Calcis descendía por su madre Festis, que perdió muy pronto, y por su padre, Nicómaco, refería su ascendencia a Macaón, hijo de Esculapio. Nicómaco era médico y amigo de Amintas II, rey de Macedonia, cuyo hijo Filipo era aproximadamente de la misma edad que Aristóteles. A los diecisiete años había perdido éste a su padre y estaba bajo la tutela de Próxenes de Atarne en Misia, a quien *el Estagirita* demostró profundo agradecimiento pues, a la muerte de aquél adoptó un hijo suyo, Nicanor, que luego casó con su hija Pitas y ordenó en su testamento levantar estatuas a la memoria de Próxenes y su mujer. En libertad y en posesión de una pingüe herencia, se trasladó a Atenas (367 ó 366). Veinte años antes había fundado allí su escuela Platón, que se hallaba por aquel entonces en Siracusa. Al volver a los cuatro o cinco años, Aristóteles se hizo discípulo suyo durante dos décadas, hasta el fallecimiento del maestro. Se ha dicho que existía una tirantez entre prócer y discípulo, habiendo *el Estagirita* faltado al respeto a Platón. Nada más contrario a los sentimientos del discípulo y aun a lo que él manifiesta en su *Moral a Nicómaco*, donde después de haber expresado sus discrepancias con los *filósofos que no son queridos*, relativamente a la teoría de las ideas, dice: *y aunque la verdad y la amistad no sean igualmente muy queridas, es deber sagrado dar la preferencia a la verdad.* El maestro, al principio, le reprochó su causticidad de genio y la exageración en el bien vestir, pero es tradición que bien pronto lo distinguió como *la inteligencia de la escuela.* De Aristóteles se conserva una poesía en que se celebra el buen nombre de Platón, que en su sentir no sería bien alabado por boca de malvados y que manifestó con su vida y su doctrina cómo el hombre virtuoso es a la vez el feliz. A la muerte de Platón (347), junto con Xenócrates, el sucesor de aquel filósofo en la dirección de la Academia, partió para Atarne para residir en la corte de su amigo y condiscípulo, el tirano Hermias. Muerto Hermias, estrangulado por orden de Artajerjes, después de ser víctima de la traición del general Mentor, Aristóteles consagró a su memoria dos notables monumentos: el uno un peán o canto a la virtud y la memoria del tirano, el otro a un himno de cuatro versos que fueron escritos en la estatua o mausoleo que su amigo le hizo construir en el templo de Delfos. He aquí, los primeros versos del peán, obra de inspiración avalorada por la nobleza y el dolor:

Areta polymoize génei broteio
Zerama calliston tou biou.

(Virtud ardua y trabajosa para el género humano,
el más preciado botín de la vida.)

Aristóteles casó con Pitia, hermana o sobrina de Hermias, después de muerto éste (345). En su testamento dispuso se reunieran sus despojos a los de su esposa. Más tarde se unió en segundas nupcias con Herpilis, antigua esclava suya. De Atarne se fue a Mitilene y de allí volvió probablemente a Atenas, donde fundó una escuela de retórica, desde la que combatió el mal gusto y las gracias afeminadas de la escuela de elocuencia de Isócrates. En 342 fue llamado por Filipo, rey de Macedonia, para confiarle la educación de su hijo Alejandro, cuando éste contaba catorce años. Vivió en la corte de Macedonia hasta el 334, en que el gran monarca partió para sus expediciones del Asia. El augusto alumno se sometió con entusiasmo a la dirección del maestro y tuvo siempre para él un afecto hondo y sincero. En 335 ó 334 volvió de nuevo a Atenas, y en el Liceo, junto al templo de Apolo *Likeios*, hacia el sur de la ciudad, inauguró sus lecciones de escuela, que daba en forma de conferencias diariamente, mañana y tarde, paseando con sus discípulos por entre las alamedas que amenizaban el lugar escogido, por lo que maestro y concurrentes fueron llamados *peripatéticos*. Doce años duró esta tarea. Aulo Gelio cuenta que las explicaciones de la mañana (*acroamáticas*) eran sólo para los amigos y discípulos asiduos y que consistían en especulaciones filosóficas; las de la tarde (*esotéricas*), de carácter público, y como tales más accesibles, versaban sobre retórica y política. Un jefe o arconde, renovado cada diez días, cuidaba del orden en la escuela. Como practicó antes Xenócrates en la escuela de Platón, en determinados días del año el maestro comía con sus discípulos. Con motivo de la muerte dada por orden de Alejandro al sobrino y pupilo de Aristóteles, Calístenes, a quien el rey creyó implicado en la conspiración de Hermolao, se enfriaron las relaciones entre *el Estagirita* y su antiguo discípulo. Por otra parte, considerado como amigo y partidario del macedonismo, tuvo que sufrir, Aristóteles, de los atenienses desde el principio de la guerra de Lamia. En los versos del citado peán a Hermias quiso ver el gran sacerdote de Atenas confesión de ateísmo en su autor, y para evitar, dijo a los atenienses, un segundo atentado contra la filosofía (alusión a la muerte de Sócrates), abandonó aquella población, retirándose a Calcis en Eubea (322), donde murió en el mismo año. Dejó a su hija Pitias y a Herpilis con su hijo Nicómaco. De todos habla en su testamento afectuosamente, así como de sus hermanos e hijos de éstos, y Aristóteles para todos sus allegados y parientes expresa solicitud. Los antiguos biógrafos de *el Estagirita* fueron Diógenes, Laercio (siglo III. a. de J.C.), Apolodoro (140 a. de J.C.), en cuya *cronología* se hallan las principales fechas de la vida de Aristóteles; Dionisio de Halicarnaso (medio siglo a. de J.C.); el Seudo-Ammonio, el Seudo-Hesiquio y Suidas.

A 400 según algunos y a 1.000 en sentir de otros se cifran el total de escritos aristotélicos. De ellos han llegado a nosotros tres catálogos: el de Diógenes Laercio, el anónimo de Ménage y el anónimo árabe de Casiri, los cuales por ser incompletos no dejan de acusar una portentosa actividad en Aristóteles. En dos tercios del total se calculan los escritos perdidos. Pero se conserva la parte mejor por la naturaleza y calidad de las materias. Plutarco y Estrabón refieren que *el Estagirita* al morir legó su librería a su amigo y sucesor en la escuela, Teofrasto; de éste pasó a Noleo, también *peripatético*, que la llevó consigo a Scepsis (Asia Menor), y por temor a la usurpación del rey de Pérgamo, que recogía materiales para su biblioteca, la ocultó en una cueva, donde estuvo por espacio de ciento ochenta y siete años. En el año 100 a. de J.C., el rico coleccionista Apelicón la adquirió, transportándola a Atenas, de donde, en el 86 a. de J.C., fue trasladada a Roma por Sila, al ser conquistada la ciudad de Ática. El griego Tiranion, amigo de Marco Tulio, arregló los manuscritos, y Andrónico hacia el año 50 a. de J.C. hizo, con visibles adiciones y cambios, una edición de las obras que contenía. Tal es probablemente el conjunto de obras de Aristóteles que conocemos.

Los escritos aristotélicos fueron cuidadosamente clasificados por los comentadores griegos de los cinco o seis primeros siglos del cristianismo, sobre todo por Adrasto (150 de J.C.). La clasificación del total de los escritos se hace atendiendo a su forma de redacción y la naturaleza de la materia tratada. Por el primer concepto hay escritos *acroamáticos* o *esotéricos*, escritos *acrónticos* y escritos *hipomnemáticos*. Los últimos son notas, no ordenadas, destinadas al uso personal de Aristóteles, y son de éste o tal vez compuestas por sus oyentes, o partes retocadas de otros escritos. Los escritos *acroamáticos* (palabra de la que hizo uso *el Estagirita*, aunque no para la presente clasificación) son los rigurosamente científicos, los de valor demostrativo, resultado de las explicaciones privadas del maestro. Los *esotéricos* contenían la doctrina destinada al público, que era de valor puramente *probable* y eran acomodados a conversaciones de práctica dialéctica, o sea que el principal valor era concedido a consideraciones no pertinentes al fondo del objeto. Una parte de estos escritos presentaba forma dialogada. A todos ellos hay que añadir las poesías, de las que se conservan las dos dedicadas a Hermias, y las cartas, de las que no se conoce hoy ninguna como auténtica. Sólo los *acroamáticos* fueron transmitidos de forma expresada. De los demás se encuentran fragmentos de libros subsistentes. Al orden de los *hipomnemáticos* parecían haber pertenecido las *Instituciones* citadas al fin de la *Moral a Nicómaco* y que eran interesantísimas, pues reseñaban los hechos de varios órdenes recogidos del estudio de 158 a 250, Estados bárbaros que al autor aprovechó para componer su obra política. Por la consideración filosófica de la naturaleza de la materia, se dividen los escritos en *teoréticos*, *prácticos*, *orgánicos* o *lógicos*, clasificación que responde a los términos de la división que de las ciencias hacía Aristóteles.

El gran filósofo constituyó la *Lógica* tan sólidamente, que hasta el tiempo de Descartes y Bacón no fue seriamente impugnada. Disciplina mental o *propedéutica* y hermoso tejido de exposición científica, la lógica aristotélica mira al fin de descubrir la certeza de la ciencia. Para ello estudia los instrumentos del pensamiento y luego su empleo y valor en la ciencia. Los instrumentos del pensamiento son las *nociones*, en las que hay sólo simples representaciones de objetos, y en ellos falta, por lo mismo, la verdad formal; las *enuncia-ciones* (juicio y proposición), en que un predicado se enuncia de un sujeto, y el *discurso o raciocinio,* por el cual las conveniencias de los términos con un tercero se concluye la de los términos comparados. Las nociones comprenden los *categoremas* o predicables (género, especie, diferencia, propio y accidente), las *categorías* o géneros supremos en número de diez: sustancia, cantidad, cualidad, relación, lugar, tiempo, situación, manera de ser, acción y pasión, reducidos a dos: sustancia y accidente, y los *enlaces lógicos,* que son la identidad y la oposición, que puede ser de contradicción, de contrariedad y de simple privación de una cualidad en un sujeto. Las *enunciaciones* son afirmativas o negativas, particulares o universales. Como subordinadas al raciocinio, estudia Aristóteles su valor en aquellas cuatro modalidades, en el estado de oposición contraria y contradictoria, en el de su conversión. El discurso se manifiesta por el silogismo (5) y la inducción. Aristóteles es el inventor de la teoría del silogismo, y llegó a formular su naturaleza, formas y leyes, después de una fina y detenida observación y experiencia interna. Es un estudio completo y tan sólido que estuvo en perfecto vigor en todas las escuelas hasta el tiempo de Kant y conserva mucho ascendiente en la actual filosofía. El silogismo procede de lo general a lo particular, que es el proceso de la naturaleza, al contrario de la inducción, que es expresión de la marcha que seguimos nosotros al buscar la verdad, pues subimos de datos y verdades particulares a una verdad o principio general. Uno y otro, cumpliendo los preceptos de la lógica, descubren la verdad, en oposición a la dialéctica, que llega sólo a conclusiones de valor probable, y la sofística, que bajo una forma aparentemente legítima concluye en lo falso. El empleo práctico y digno del silogismo está en el descubrimiento de verdades de ciencia, y en tal empleo tiene sólo valor cuando *demuestra.* Para ello se suponen principios ciertos, indemostrables, propios del sujeto. Cada ciencia tiene principios propios, que el hombre conoce por instinto mental. La verdadera definición, la que consta de género y diferencia espe-

---

(5) Argumento que consta de tres proposiciones, la última de las cuales se deduce necesariamente de las otras dos. Fue Aristóteles el primero en analizar esta forma principal de razonamiento deductivo. Las dos primeras proposiciones se llaman premisas o antecedentes, mientras que la tercera se denomina conclusión o consiguiente. Para probar un predicado de un sujeto es preciso poseer una noción coordinante o *término medio,* con el que ambas se hallan relacionadas. Por ejemplo, en el siguiente silogismo: *Todo hombre es mortal; Aristóteles es hombre; luego Aristóteles es mortal. Aristóteles es hombre* sería el término medio que relaciona la mortalidad del hombre con Aristóteles. *(N. del A.)*

cífica, tiene el valor de un dato cierto y de principio indemostrable de una ciencia.

La física es, según Aristóteles, la ciencia del ser corpóreo y móvil, que tiene en sí el principio de su movimiento. La actividad de los cuerpos tiene su principio en las formas naturales y se desarrolla en la tendencia a un fin. La existencia de las causas finales aparece en todos los órdenes de seres. La materia condiciona la actividad. Ésta, a seguir los alcances de la inteligencia, sería mucho más perfecta si no se desplegara en el terreno de la materia, a la que hay que ceder fatalmente en parte del ideal. Todo movimiento es un cambio. Cuatro son las clases de cambios: el *sustancial,* o sea la generación y la corrupción; por la primera el sujeto o materia (*prima*) adquiere una forma sustancial, de que se despoja por la corrupción. La *cuantitativa,* consistente en el aumento y la disminución; la *cualitativa* y la de *espacio.* La última es campo donde las demás se efectúan. El espacio es continuo, lo mismo que el tiempo; pero el primero es finito y el segundo infinito en el sentido de indefinido. Lo continuo es divisible en partes, también continuas, indefinidamente. Distingue un doble movimiento local, el circular y el que alternativamente se aproxima al centro y se aleja de él. Admite cinco elementos: el agua, que ocupa el centro de la tierra, el aire y un círculo de fuego que componen la atmósfera, el éter, el más puro y la tierra más pesada. Nuestro planeta ocupa el centro del universo —tenga en cuenta el lector el tiempo en que se producen tales asertos y las conclusiones entonces establecidas—, y entre él y el cielo de las estrellas fijas se mueven los planetas. Los astros están animados y son divinidades. El universo es esférico y gira diariamente alrededor de la tierra, de oriente a occidente. El movimiento del cielo parte de la última línea a que toca el movimiento del primer motor, Dios. *La psicología de Aristóteles en una biología general.* Considera el alma como principio de conocimiento y como principio de vida. En el segundo respecto es forma del cuerpo y fin del mismo, de la misma manera que la facultad de ver es forma y fin del ojo. Según los tres grados de vida, hay tres órdenes de facultades: de la vida vegetativa (nutrición y generación), de la vida animal (las facultades sensitivas) y de la humana. Cada órgano se ordena a su objeto y el acto sensitivo se llama sensación, debida al sujeto y al objeto a la vez. Las sensaciones perciben las cualidades de los cuerpos, como el color, el sonido, etcétera, los cuales son reales sólo para el acto de la sensación, si bien tienen su base en la realidad. La razón es la facultad intelectual, *nous,* aprehensiva de los primeros principios, y no tiene órgano en qué ejercerse. Además del alma informante, hay que distinguir el espíritu y la inteligencia pasiva, que ocupa un término medio entre el *nous* absoluto y las facultades sensitivas; tiene por objeto lo perecedero y desaparece con el organismo: puede ser teórica y práctica. Hay además la voluntad, mezcla de deseo o inteligencia, y la libertad de albedrío, que consiste en la espontaneidad y halla su prueba en la imputabilidad moral. La moral aristotélica trata de los medios de conseguir al felicidad individual (Ética), la de familia (Economía) y la social (Política).

El sentido didáctico de las obras de Aristóteles es ante todo un dechado de claridad, tan diáfana como suelen ser las obras del genuino pensador e ingenio de lo verdadero. Pero para entenderlo debidamente, es fuerza poseer con perfección la lengua griega —lo era en el momento de redactarse este texto— y estar muy versado en la interpretación de los giros y modismos áticos que tanto abundan en las obras del gran filósofo. Por esta razón los primeros intérpretes y comentaristas orientales, entre ellos los de la escuela alejandrina primero, y los árabes después, cometieron tantas infidelidades de versión y tantas sandeces de interpretación, que no asombra fuese mirada con recelo la doctrina aristotélica por parte de ciertos elementos de equilibrado ingenio y conciencia recta. Merecen censura y correctivo, y no precisamente benévolos, las versiones y comentarios de Averroes, quien, ignorando el griego, por medio de versiones latinas comentó a Aristóteles. Bastaría para demostrar el erróneo proceder del arriesgado comentarista, cotejando los originales griegos con la versión averroísta. Hasta muy entrada la Edad Media no se pudo dar con versiones latinas que fuesen escrupulosamente fieles, mereciendo Alberto Magno y Santo Tomás todo encomio por sus exposiciones y comentarios de *el Estagirita*, y siendo gloria exclusiva del escolasticismo y muy en particular de la Compañía de Jesús, en los siglos XVI, XVII y XVIII, la aclaración y exposición completísima de todas las doctrinas de Aristóteles.

En pocas naciones influyeron tanto como en España los conceptos aristotélicos, calando hondo en la nuestra la potente mentalidad de Aristóteles. Puede decirse que la historia del aristotelismo, entre nosotros, comprende la historia de la filosofía española. Después de la aparición de Séneca, que intentó la conciliación platónico-aristotélica, principalmente en los conceptos de *idea* y *forma,* es cosa cierta que ni los Calcidios, ni los Itacios, Patricios, Orosios, ni Prudencios hubieran alcanzado la nombradía merecida que lograron con sus obras, de no haber estudiado directamente la filosofía de Aristóteles. Aparece en el siglo VI San Martín Dumiense, a quien cupo el mérito de cristianizar la doctrina de Séneca; le sigue Liciniano, obispo de Cartagena, quien, con Claudiano, se convierte en paladín del aristotelismo, estableciendo la doctrina del compuesto humano en los mismos términos que los hicieron más tarde los escolásticos. En el siglo VII, San Isidoro de Sevilla, San Julián y Tajón marcan el progreso de la psicología racional y teológica. En los siglos VIII y IX Eterio y Beato, Álvaro de Córdoba, el abad Samsón y Prudencio Galindo cierran brillantemente el período de la filosofía genuinamente nacional, pero derivada de manera directa de las influencias de *el Estagirita*. En los siglos X, XI, XII, XIII y XIV, la filosofía arábigo-hispana y la judaico-hispana influyen no poco en el pensamiento filosófico español, pero, dejando aparte la influencia directa que Aristóteles tuvo en Averroes, Avempace, Gabirol, Judah Levi, Ben-Ezra, Maimónides, Avicebrón y otros muchos, hay que fijarse en el modo francamente abierto con que Abraham Birago, aragonés, intenta introducir la filosofía aristotélica comentando *Los Analíticos posteriores*. Sem Tob, de Segovia, comenta en el siglo XV el tratado *De Ánima*, de Aristóteles, y la *Ética*, y su hijo Sem-Tob-Ben-Inseph hace lo mismo exponiendo la causa final de la creación, la materia primera y sus relaciones con la forma.

Marcelino Menéndez y Pelayo, en su *Ciencia Española* (tomo III), divide el período de esplendor del arsitotelismo español en dos épocas: comprende en la una los siglos XIV y XV, y en la otra los XVI y XVII. En la primera enumera los trabajos del doctor Antonio Andrés, que comenta el tratado *De Interpretación*, y la *Física y Metafísica*; a Guido de Terrena, carmelita, que sigue las mismas huellas; a Alonso de Vargas, obispo de Sevilla, y a Nicolás Ballester, Francisco de Bachó, Gombaldo de Uligia y al gran polígrafo español Eximenis, así como Diego de Herrera, el Tostado, Alfonso de Córdoba, Pedro de Osma, Juan Marbres, fray Estanyol, fray Guillermo Goerris, fray Gonzalo de Frías y don Juan Alfonso de Benavente, que llenan este período del aristotelismo español, que cierra brillantemente el príncipe de Viana traduciendo la *Ética* de Aristóteles, cristianizándola en su famosa *Epístola a todos los valientes letrados de España*.

La exposición de Menéndez y Pelayo sería interminable de relatar aquí, por lo extensa, escrupulosa y detallada, ya que su estudio de la vida y obra de Aristóteles es realmente digno de todo encomio. Ciertamente un compendio tan amplio como el aristotélico se hace siempre difícil de resumir, por lo que, en este prólogo, nos hemos limitado a puntualizar todos aquellos apuntes filosóficos y personales que destacan la figura de Aristóteles y la elevan a su grandeza. Cuando sin ser un profesional de la filosofía y mucho menos un iniciado en un universo tan complejo y complicado como Aristóteles hizo girar a su alrededor, varios interrogantes se plantean al prologuista, los cuales sienten la tentación de trasladar a los lectores:

¿Sus coetáneos, salvo contadas excepciones, llegaron a entender y comprender la filosofía de el Estagirita?

¿Con un mundo mental tan diferente al de los demás humanos, pudo Aristóteles averiguar, verdaderamente, dónde estaba la felicidad?

¿Es posible que un filósofo sea feliz?

¿Puede la felicidad estar en la filosofía?

¿Quién fue, en realidad, Aristóteles?

Francisco CAUDET YARZA

Aristóteles

METAFÍSICA

LIBRO PRIMERO

I. Naturaleza de la ciencia, diferencia entre la ciencia y la experiencia.

II. La filosofía se ocupa principalmente de la indagación de las causas y de los principios.

III. Doctrinas de los antiguos sobre las causas primeras y los principios de las cosas: Tales, Anaxímenes, etc. Principio descubierto por Anaxágoras, la inteligencia.

IV. Del amor principio de Parménides y de Hesíodo. De la Amistad y del Odio de Empédocles. Empédocles es el primero que ha reconocido cuatro elementos. De Leucipo y de Demócrito, que han afirmado lo lleno y lo vacío como causas del ser y del no ser.

V. De los pitagóricos. Doctrina de los números: Parménides, Jenófanes, Meliso.

VI. Platón. Lo que tomó de los pitagóricos, en qué difiere el sistema de Platón del de aquéllos. Recapitulación.

VII. Refutación de las opiniones de los antiguos acerca de los principios.

I

Todos los hombres tienen naturalmente el deseo de saber. El placer que nos causan las percepciones de nuestros sentidos son una prueba de esta verdad. Nos agradan por sí mismas, independientemente de su utilidad, sobre todo las de la vista. En efecto, no sólo cuando tenemos intención de obrar, sino hasta cuando ningún objeto práctico nos proponemos, preferimos, por decirlo así, el conocimiento visible a todos los demás conocimientos que nos dan los demás sentidos. Y la razón es que la vista, mejor que los otros sentidos, nos da a conocer los objetos, y nos descubre entre ellos gran número de diferencias.

Los animales reciben de la naturaleza la facultad de conocer por los sentidos. Pero este conocimiento en unos no produce la memoria, al paso que en otros la produce. Y así los primeros son simplemente inteligentes; y los otros son más capaces de aprender que los que no tienen la facultad de acordarse. La inteligencia, sin la capacidad de aprender; es patrimonio de los que no tienen la facultad de percibir los sonidos; por ejemplo, la abeja y los demás animales que puedan hallarse en el mismo caso. La capacidad de aprender se encuentra en todos aquellos que reúnen a la memoria el sentido del oído. Mientras que los demás animales viven reducidos a las impresiones sensibles o a los recuerdos, y apenas se elevan a la experiencia, el género humano tiene, para conducirse, el arte y el razonamiento.

En los hombres la experiencia proviene de la memoria. En efecto, muchos recuerdos de una misma cosa constituyen una experiencia. Pero la experiencia, al parecer, se asimila casi a la ciencia y al arte. Por la experiencia progresan la ciencia y el arte en el hombre. La experiencia, dice Polus, y con razón, ha oreado el arte; la inexperiencia marcha a la ventura. El arte comienza cuando, de un gran número de nociones suministradas por la experiencia, se forma una sola concepción general que se aplica a todos los casos semejantes. Saber que tal remedio ha curado a Calias atacado de tal enfermedad, que ha producido el mismo efecto en Sócrates y en muchos otros tomados individualmente, constituye la experiencia; pero saber que tal remedio ha curado toda clase de enfermos atacados de cierta enfermedad, los flemáticos, por ejemplo, los biliosos o los calenturientos, es arte. En la práctica la experiencia no parece diferir del arte, y se observa que hasta los mismos que sólo tienen experiencia consiguen mejor su objeto que los que poseen la teoría sin la experiencia. Esto consiste en que la experiencia es el conocimiento de las cosas particulares, y el arte, por lo contrario, el de lo general. Ahora bien, todos los actos, todos los hechos se dan en lo particular. Porque no es al hombre al que cura el médico, sino accidentalmente, y sí a Calias o Sócrates o a cualquier otro individuo que resulte pertenecer al género humano. Luego si alguno posee la teoría sin la experiencia, y conociendo lo general ignora lo particular en el contenido, errará muchas veces en el tratamiento de la enfermedad. En efecto, lo que se trata de curar es al individuo. Sin embargo, el conocimiento y la inteligencia, según la opinión común, son más bien patrimonio del arte que de la experiencia, y los hombres de arte pasan por ser más sabios que los hombres de experiencia, porque la sabiduría está en todos los hombres en razón de su saber. El motivo de esto es que los unos conocen la causa y los otros la ignoran.

En efecto, los hombres de experiencia saben bien que tal cosa existe, pero no saben por qué existe; los hombres de arte, por el contrario, conocen el porqué y la causa. Y así afirmamos verdaderamente que los directores de obras, cualquiera que sea el trabajo de que se trate, tienen más derecho a nuestro respeto que los simples operarios; tienen más conocimiento y son más sabios, porque saben las causas de lo que se hace; mientras que los operarios se parecen a esos seres inanimados que obran, pero sin conciencia de su acción; como el fuego, por ejemplo, que quema sin saberlo. En los seres animados una naturaleza particular es la que produce cada una de estas acciones; en los operarios es el hábito. La superioridad de los jefes sobre los operarios no se debe a su habilidad práctica, sino al hecho de poseer la teoría y conocer las causas. Añádase a esto que el carácter principal de la ciencia consiste en poder ser transmitida por la enseñanza. Y así, según la opinión común, el arte, más que la experiencia, es ciencia; porque los hombres de arte pueden enseñar, y los hombres de experiencia no. Por otra parte, ninguna de las acciones sensibles constituye a nuestros ojos el verdadero saber; bien que sean el fundamento del conocimiento de las cosas particulares; pero no nos dicen el porqué de nada; por ejemplo, nos hacen ver que el fuego es caliente, pero sólo que es caliente.

No sin razón el primero que inventó un arte cualquiera, por encima de las nociones vulgares de los sentidos, fue admirado por los hombres, no sólo a causa de la utilidad de sus descubrimientos, sino a causa de su ciencia, y porque era superior a los demás. Las artes se multiplicaron, aplicándose las unas a las necesidades, las otras a los placeres de la vida; pero siempre los inventores de que se trata fueron mirados como superiores a los de todas las demás, porque su ciencia no tenia la utilidad por fin. Todas las artes de que hablamos estaban inventadas cuando se descubrieron estas ciencias que no se aplican ni a los placeres ni a las necesidades de la vida. Nacieron primero en aquellos puntos donde los hombres gozaban de reposo. Las matemáticas fueron inventadas en Egipto, porque en este país se dejaba un gran solaz a la casta de los sacerdotes.

Hemos asentado en la moral la diferencia que hay entre el arte, la ciencia y los demás conocimientos. Todo lo que sobre este punto nos proponemos decir ahora, es que la ciencia que se llama Filosofía es, según la idea que generalmente se tiene de ella, el estudio de las primeras causas y de los principios.

Por consiguiente, como acabamos de decir, el hombre de experiencia parece ser más sabio que el que sólo tiene conocimientos sensibles, cualesquiera que ellos sean: el hombre de arte lo es más que el hombre de experiencia; el operario es sobrepujado por el director del trabajo, y la especulación es superior a la práctica. Es, por tanto, evidente que la filosofía es una ciencia que se ocupa de ciertas causas y de ciertos principios.

II

Puesto que esta ciencia es el objeto de nuestras indagaciones, examinemos de qué causas y de qué principios se ocupa la filosofía como ciencia; cuestión que se aclarará mucho mejor si se examinan las diversas ideas que nos formamos del filósofo. Por de pronto, concebimos al filósofo principalmente como conocedor del conjunto de las cosas, en cuanto es posible, pero sin tener la ciencia de cada una de ellas en particular. En seguida, al que puede llegar al conocimiento de las cosas arduas, aquellas a las que no se llega sino venciendo graves dificultades, ¿no le llamaremos filósofo? En efecto, conocer por los sentidos es una facultad común a todos, y un conocimiento que se adquiere sin esfuerzos no tiene nada de filosófico. Por último, el que tiene las nociones más rigurosas de las causas, y que mejor enseña estas nociones, es más filósofo que todos los demás en todas las ciencias; aquella que se busca por sí misma, sólo por el ansia de saber, es más filosófica que la que se estudia por sus resultados; así como la que domina a las demás es más filosófica que la que está subordinada a cualquiera otra.

No, el filósofo no debe recibir leyes, y sí darlas; ni es preciso que obedezca a otro, sino que debe obedecerle el que sea menos filósofo.

Tales son, en suma, los modos que tenemos de concebir la filosofía y los filósofos. Ahora bien; el filósofo, que posee perfectamente la ciencia de lo general, tiene por necesidad la ciencia de todas las cosas, porque un hombre de tales circunstancias sabe en cierta manera todo lo que se encuentra comprendido bajo lo general. Pero puede decirse, también, que es muy difícil al hombre llegar a los conocimientos más generales como que las cosas que son objeto de ellos están mucho más lejos del alcance de los sentidos.

Entre todas las ciencias, son las más rigurosas las que son más ciencias de principios; las que recaen sobre un pequeño número de principios son más rigurosas que aquellas cuyo objeto es múltiple; la aritmética, por ejemplo, es más rigurosa que la geometría. La ciencia que estudia las causas es la que puede enseñar mejor, porque los que explican las causas de cada cosa son los que verdaderamente enseñan. Por último, conocer y saber con el solo objeto de saber y conocer, tal es por excelencia el carácter de la ciencia de lo más científico que existe. El que quiera estudiar una ciencia por sí misma, escogerá entre todas la que sea más ciencia, puesto que esta ciencia es la ciencia de lo que hay de más científico. Lo más científico que existe lo constituyen los principios y las causas. Por su medio conocemos las demás cosas, y no conocemos aquéllos por las demás cosas. Porque la ciencia soberana, la ciencia superior a toda ciencia subordinada, es aquella que conoce por qué debe hacerse cada cosa. Y este porqué es el bien de cada ser, que, tomado en general, es lo mejor en todo el conjunto de los seres.

De todo lo que acabamos de decir sobre la ciencia misma resulta la definición de la filosofía que buscamos. Es imprescindible que sea la ciencia teórica de los primeros principios y de las primeras causas, porque una de las causas es el bien, la razón final. Y que no es una ciencia práctica lo prueba el ejemplo de los primeros que han filosofado. Lo que en un principio movió a los hombres a hacer las primeras indagaciones filosóficas fue, como lo es hoy, la admiración. Entre los objetos que admiraban y de que no podían darse razón, se aplicaron primero a los que estaban a su alcance; después, avanzando paso a paso, quisieron explicar los más grandes fenómenos; por ejemplo, las diversas fases de la Luna, el curso del Sol y de los astros y, por último, la formación del Universo. Ir en busca de una explicación y admirarse es reconocer que se ignora. Y así, puede decirse que el amigo de la ciencia lo es en cierta manera de los mitos, porque el asunto de los mitos es lo maravilloso. Por consiguiente, si los primeros filósofos filosofaron para librarse de la ignorancia, es evidente que se consagraron a la ciencia para saber, y no por miras de utilidad. El hecho mismo lo prueba, puesto que casi todas las artes que tienen relación con las necesidades, con el bienestar y con los placeres de la vida, eran ya conocidas cuando se comenzaron las indagaciones y las explicaciones de este género. Es por tanto evidente que ningún interés extraño nos mueve a hacer el estudio de la filosofía.

Así como llamamos hombre libre al que se pertenece a sí mismo y no tiene dueño, en igual forma esta ciencia es la única entre todas las ciencias que puede llevar el nombre de libre. Sólo ella efectivamente depende de sí misma. Y así con razón debe mirarse como cosa sobrehumana la posesión de esta ciencia. Porque la naturaleza del hombre es esclava en tantos respectos, que solo Dios, hablando como Simónides, debería disfrutar de este precioso privilegio. Sin embargo, es indigno del hombre no ir en busca de una ciencia a que puede aspirar. Si los poetas tienen razón diciendo que la divinidad es capaz de envidia, con ocasión de la filosofía podría aparecer principalmente esta envidia, y todos los que se elevan por el pensamiento deberían ser desgraciados. Pero no es posible que la divinidad sea envidiosa, y los poetas, como dice el proverbio, mienten muchas veces.

Por último, no hay ciencia más digna de estimación que ésta, porque debe estimarse más la más divina, y ésta lo es en un doble concepto. En efecto, una ciencia que es principalmente patrimonio de Dios, y que trata de las cosas divinas, es divina entre todas las ciencias. Pues bien, sólo la filosofía tiene este doble carácter. Dios pasa por ser la causa y el principio de todas las cosas, y Dios sólo, o principalmente al menos, puede poseer una ciencia semejante. Todas las demás ciencias tienen, es cierto, más relación con nuestras necesidades que la filosofía, pero ninguna la supera.

El fin que nos proponemos en nuestra empresa debe ser una admiración contraria, si puedo decirlo así, a la que provocan las primeras indagaciones en toda ciencia. En efecto, las ciencias, como ya hemos observado, tienen siempre su origen en la admiración o asombro que inspira el estado de las cosas; como, por ejemplo, por lo que hace a las maravillas que de suyo se presentan a nuestros ojos, el asombro que inspiran las revoluciones del Sol o lo inconmensurable de la relación del diámetro con la circunferencia a los que no han examinado aún la causa. Es cosa que sorprende a todos que una cantidad no pueda ser medida ni aun por una medida pequeñísima. Pues bien, nosotros necesitamos participar de una admiración contraria: lo mejor está al fin, como dice el proverbio. A éste mejor, en los objetos de que se trata, se llega por el conocimiento, porque nada causaría más asombro a un geómetra que el ver que la relación del diámetro con la circunferencia se hacía conmensurable.

Ya hemos dicho cuál es la naturaleza de la ciencia que investigamos, el fin de nuestro estudio y de este tratado.

III

Evidentemente, es preciso adquirir la ciencia de las causas primeras, puesto que decimos que se sabe, cuando creemos que se conoce la causa primera. Se distinguen cuatro causas. La primera es la esencia, la forma propia de cada cosa, porque lo que hace que una cosa sea, está toda entera en la noción de aquello que ella es; la razón de ser primera es, por tanto, una causa y un principio. La segunda es la materia, el sujeto; la tercera el principio del movimiento; la cuarta, que corresponde a la precedente, es la. causa final de las otras, el bien, porque el bien es el fin de toda producción.

Estos principios han sido suficientemente explicados en la Física. Recordemos, sin embargo, aquí las opiniones de aquellos que antes que nosotros se han dedicado al estudio del ser, y han filosofado sobre la verdad, y que por otra parte han discurrido también sobre ciertos principios y ciertas causas. Esta revista será un preliminar útil a la indagación que nos ocupa. En efecto, o descubriremos alguna otra especie de causas, o tendremos mayor confianza en las causas que acabamos de enumerar.

La mayor parte de los primeros que filosofaron no consideraron los principios de todas las cosas, sino desde el punto de vista de la materia. Aquello de donde salen todos los seres, de donde proviene todo lo que se produce, y adonde va a parar toda destrucción, persistiendo la sustancia misma bajo sus diversas modificaciones, he aquí, según ellos, el elemento; he aquí el principio de los seres. Y así creen que nada nace ni perece verdaderamente, puesto que esta naturaleza primera subsiste siempre; a la manera que no decimos que Sócrates nace realmente cuando se hace hermoso o músico, ni que perece, cuando pierde estos modos de ser, puesto que el sujeto de las modificaciones, Sócrates mismo, persiste en su existencia, sin que podamos servirnos de estas expresiones respecto a ninguno de los demás seres. Porque es indispensable que haya una naturaleza primera, sea única, sea múltiple, la cual, subsistiendo siempre, produzca todas las demás cosas. Por lo que hace al número y al carácter propio de los elementos, estos filósofos no están de acuerdo.

Tales, fundador de esta filosofía, considera el agua como primer principio. Por esto llega hasta pretender que la tierra descansa en el agua; y se vio probablemente conducido a esta idea, porque observaba que la humedad alimenta todas las cosas, que lo caliente mismo procede de ella y que todo animal vive de la humedad, y aquello de donde viene todo es claro que es el principio de todas las cosas. Otra observación le condujo también a esta opinión. Las semillas de todas las cosas son húmedas por naturaleza y el agua es el principio de las cosas húmedas.

Algunos creen que los hombres de los más remotos tiempos, y con ellos los primeros teólogos muy anteriores a nuestra época, se figuraron la naturaleza de la misma manera que Tales. Han presentado como autores del Universo al Océano y a Tetis, y los dioses, según ellos, juran por el agua, por esa agua que los poetas llaman Estigia. Porque lo más seguro que existe es igualmente lo que hay de más sagrado, y lo más sagrado que hay es el juramento. ¿Hay en esta antigua opinión una explicación de la naturaleza? No es cosa que se vea claramente. Tal fue, por lo que se dice, la doctrina de Tales sobre la primera causa.

No es posible colocar a Hipón entre los primeros filósofos, a causa de lo vago de su pensamiento. Anaxímenes y Diógenes dijeron que el aire es anterior al agua, y que es el primer principio de los cuerpos simples. Hipaso de Metaponte y Heráclito de Éfeso reconocen como primer principio el fuego. Empédocles admite cuatro elementos, añadiendo la tierra a los tres que quedan nombrados. Estos elementos subsisten siempre, y no se hacen o devienen; sólo que siendo, ya más, ya menos, se mezclan y se desunen, se agregan y se separan.

Anaxágoras de Clazómenas, primogénito de Empédocles, no logró exponer un sistema tan recomendable. Pretende que el número de los principios es infinito. Casi todas las cosas formadas de partes semejantes no están sujetas, como se ve en el agua y el fuego, a otra producción ni a otra destrucción que la agregación o la separación, en otros términos, no nacen ni perecen, sino que subsisten eternamente.

Por lo que precede se ve que todos estos filósofos han tomado por punto de partida la materia, considerándola como causa única.

Una vez en este punto, se vieron precisados a caminar adelante y a entrar en nuevas indagaciones. Es indudable que toda destrucción y toda producción proceden de algún principio, ya sea único o múltiple. Pero ¿de dónde proceden estos efectos y cuál es la causa? Porque, en verdad, el sujeto mismo no puede ser autor de sus propios cambios. Ni la madera ni el bronce, por ejemplo, son la causa que les hace mudar de estado al uno y al otro; no es la madera la que hace la cama, ni el bronce el que hace la estatua. Buscar esta otra cosa es buscar otro principio, el principio del momento, como nosotros le llamamos.

Desde los comienzos, los filósofos partidarios de la unidad de la sustancia, que tocaron esta cuestión, no se tomaron gran trabajo en resolverla. Sin embargo, algunos de los que admitían la unidad intentaron hacerlo, pero sucumbieron, por decirlo así, bajo el peso de esta indagación. Pretenden que la unidad es inmóvil, y que no sólo nada nace ni muere en toda la naturaleza (opinión antigua y a la que todos se afiliaron), sino también que en la naturaleza es imposible otro cambio. Este último punto es peculiar de estos filósofos. Ninguno de los que admiten la unidad del todo ha llegado a la concepción de la causa de que hablamos, excepto, quizá, Parménides, en cuanto no se contenta con la unidad, sino que, independientemente de ella, reconoce en cierta manera dos causas.

En cuanto a los que admiten muchos elementos, como lo caliente y lo frío, o el fuego y la tierra, están más a punto de descubrir la causa en cuestión. Porque atribuyen al fuego el poder motriz, y al agua, a la tierra y a los otros elementos la propiedad contraria. No bastando estos principios para producir el Universo, los sucesores de los filósofos que los habían adoptado, estrechados de nuevo, como hemos dicho, por la verdad misma, recurrieron al segundo principio. En efecto, que el orden y la belleza que existen en las cosas o que se producen en ellas tengan por causa la tierra o cualquier otro elemento de esta clase, no es en modo alguno probable: ni tampoco es creíble que los filósofos antiguos hayan abrigado esta opinión. Por otra parte, atribuir al azar o a la fortuna estos admirables efectos era muy poco racional. Y así, cuando hubo un hombre que proclamó que en la naturaleza, al modo que sucedía con los animales, había una inteligencia, causa del concierto y del orden universal, pareció que este hombre era el único que estaba en el pleno uso de su razón, en desquite de las divagaciones de sus predecesores.

Sabemos, sin que ofrezca duda, que Anaxágoras se consagró al examen de este punto de vista de la ciencia. Puede decirse, sin embargo, que Hermotimo de Clazómenas lo indicó el primero. Estos dos filósofos alcanzaron, pues, la concepción de la Inteligencia, y establecieron que la causa del orden es a un mismo tiempo el principio de los seres y la causa que les imprime el movimiento.

IV

Debería creerse que Hesíodo entrevió mucho antes algo análogo, y con Hesíodo todos los que han admitido como principio en los seres el Amor o el Deseo; por ejemplo, Parménides. Éste dice, en su explicación de la formación del Universo:

Él creó, el más antiguo de todos los dioses.

Hesíodo, por su parte, se expresa de esta manera:

Mucho antes de todas las cosas existió el Caos; después la Tierra
espaciosa.
Y el Amor, que es el más hermoso de todos los Inmortales.

Con lo que parece que reconocen que es imprescindible que los seres tengan una causa capaz de imprimir el movimiento y de dar enlace a las cosas. Deberíamos examinar aquí a quién pertenece la prioridad de este descubrimiento, pero rogamos se nos permita decidir esta cuestión más tarde.

Como se vio que al lado del bien aparecía lo contrario del bien en la naturaleza; que al lado del orden y de la belleza se encontraban el desorden y la fealdad; que el mal parecía. sobrepujar al bien, y lo feo a lo bello, otro filósofo introdujo la Amistad y la Discordia como causas opuestas de estos efectos contrarios. Porque si se sacan todas las consecuencias que se derivan de las opiniones de Empédocles, y nos atenemos al fondo de su pensamiento y no a la manera con que él lo balbucea, se verá que hace de la Amistad el principio del bien, y de la Discordia el principio del mal. De suerte que, si se dijese que Empédocles ha proclamado, y proclamado el primero, el bien y el mal como principios, quizá no se incurriría en equivocación, puesto que, según su sistema, el bien en sí es la causa de todos los bienes, y el mal la de todos los males.

Hasta aquí, en nuestra opinión, los filósofos han reconocido dos de las causas que hemos fijado en la Física: la materia y la causa del movimiento. Es cierto que lo han hecho de una manera oscura e indistinta, como se conducen los soldados bisoños en un combate. Éstos se lanzan sobre el enemigo y descargan muchas veces sendos golpes, pero la ciencia no entra para nada en su conducta. En igual forma estos filósofos no saben en verdad lo que dicen. Porque no se les ve nunca, o casi nunca, hacer uso de sus principios. Anaxágoras se sirve de la Inteligencia como de una máquina, para la formación del mundo; y cuando se ve embarazado para explicar por qué causa es necesario esto o aquello, entonces presenta la inteligencia en escena; pero en todos los demás casos a otra causa más bien que a la inteligencia es a la que atribuye la producción de los fenómenos. Empédocles se sirve de las causas más que Anaxágoras, es cierto, pero de una manera también insuficiente, y al servirse de ellas no sabe ponerse de acuerdo consigo mismo.

Muchas veces, en el sistema de este filósofo, la amistad es la que separa, y la discordia la que reúne. En efecto, cuando el todo se divide en sus elementos por la discordia, entonces las partículas del fuego se reúnen en un todo, así como las de cada uno de los otros elementos. Y cuando la amistad lo reduce todo a la unidad, mediante su poder, entonces, por lo contrario, las partículas de cada uno de los elementos se ven forzadas a separarse. Empédocles, según se ve, se distinguió de sus predecesores por la manera de servirse de la causa de que nos ocupamos; fue el primero que la dividió en dos. No hizo un principio único del principio del movimiento, sino dos principios diferentes y opuestos entre sí. Y luego, desde el punto de vista de la materia, fue el primero que reconoció cuatro elementos. Sin embargo, no se sirvió de ellos como si fueran cuatro elementos, sino como si fuesen dos, de una parte el fuego por sí solo, y de otra los tres elementos opuestos: la tierra, el aire y el agua, considerados como una sola naturaleza. Ésta es por lo menos la idea que se puede formar después de leer su poema. Tales son, a nuestro juicio, los caracteres, y tal es el número de los principios de que Empédocles nos ha hablado.

Leucipo y su amigo Demócrito admiten por elementos lo lleno y lo vacío o, usando de sus mismas palabras, el ser o el no ser. Lo lleno, lo sólido, es el ser; lo vacío y lo raro es el no ser. Por esta razón, según ellos, el no ser existe lo mismo que el ser. En efecto, lo vacío existe lo mismo que el cuerpo, y desde el punto de vista de la materia éstas son las causas de los seres. Y así como los que admiten la unidad de la sustancia hacen producir todo lo demás mediante las modificaciones de esta sustancia, dando lo raro y lo denso por principios de estas modificaciones, en igual forma estos dos filósofos pretenden que las diferencias son las causas de todas las cosas. Estas diferencias son en su sistema tres: la forma, el orden, la posición. Las diferencias del ser sólo proceden, según su lenguaje, de la configuración, de la coordinación y de la situación. La configuración es la forma, la coordinación es el orden y la situación es la posición. Y así A difiere de N por la forma; A N de N A por el orden; y Z de N por la posición. En cuanto al movimiento, a averiguar de dónde procede y cómo existe en los seres, han despreciado esta cuestión, y la han omitido como han hecho los demás filósofos.

Tal es, a nuestro juicio, el punto a que parecen haber llegado las indagaciones de nuestros predecesores sobre las dos causas en cuestión.

V

En tiempo de estos filósofos y, antes que ellos, los llamados pitagóricos se dedicaron por de pronto a las matemáticas, e hicieron progresar esta ciencia. Embebidos en este estudio, creyeron que los principios de las matemáticas eran los principios de todos los seres. Los números son por su naturaleza anteriores a las cosas, y los pitagóricos creían percibir en los números, más bien que en el fuego, la tierra y el agua, una multitud de analogías con lo que existe y lo que se produce. Tal combinación de números, por ejemplo, les parecía ser la justicia, tal otra el alma y la inteligencia, tal otra la oportunidad, y así, poco más o menos, hacían con todo lo demás; por último, veían en los números las combinaciones de la música y sus acordes. Pareciéndoles que estaban formadas todas las cosas a semejanza de los números, y siendo por otra parte los números anteriores a todas las cosas, creyeron que los elementos de los números son los elementos de todos los seres, y que el cielo en su conjunto es una armonía y un número. Todas las concordancias que podían descubrir en los números y de la música, junto con los fenómenos del cielo y sus partes y con el orden del Universo, las reunían, y de esta manera formaban un sistema. Y si faltaba algo, empleaban todos los recursos para que aquél presentara un conjunto completo. Por ejemplo, como la década parece ser un número perfecto, y que abraza todos los números, pretendieron que los cuerpos en movimiento en el cielo son diez en número. Pero no siendo visibles más que nueve, han imaginado un décimo, el Anticton. Todo esto lo hemos explicado más al por menor en otra obra. Si ahora tocamos este punto, es para hacer constar, respecto a ellos como a todos los demás, cuáles son los principios cuya existencia afirman y cómo estos principios entran en las causas que hemos enumerado.

He aquí en lo que al parecer consiste su doctrina: El número es el principio de los seres bajo el punto de vista de la materia, así como es la causa de sus modificaciones y de sus estados diversos; los elementos del número son el par y el impar; el impar es finito, el par es infinito; la unidad participa a la vez de estos dos elementos, porque a la vez es par e impar; el número viene de la unidad, y por último, el cielo en su conjunto se compone, como ya hemos dicho, de números. Otros pitagóricos admiten diez principios, que colocan de dos en dos, en el orden siguiente:

Finito e infinito.
Par e impar.
Unidad y pluralidad.

Derecha e izquierda.
Macho y hembra.
Reposo y movimiento.
Rectilíneo y curvo.
Luz y tinieblas.
Bien y mal.
Cuadrado y cuadrilátero irregular.

La doctrina de Alcmeón de Crotona parece aproximarse mucho a estas ideas, sea que las haya tomado de los pitagóricos, sea que éstos las hayan recibido de Alcmeón, porque florecía cuando era anciano Pitágoras, y su doctrina se parece a la que acabamos de exponer. Dice, en efecto, que la mayor parte de las cosas de este mundo son dobles, señalando al efecto las oposiciones entre las cosas. Pero no fija, como los pitagóricos, estas diversas oposiciones. Toma las primeras que se presentan; por ejemplo, lo blanco y lo negro, lo dulce y lo amargo, el bien y el mal, lo grande y lo pequeño, y sobre todo lo demás se explica de una manera igualmente indeterminada, mientras que los pitagóricos han definido el número y la naturaleza de las oposiciones.

Por consiguiente, de estos dos sistemas puede deducirse que los contrarios son los principios de las cosas y, además, que uno de ellos nos da a conocer el número de estos principios y su naturaleza. Pero cómo estos principios pueden resumirse en las causas primeras es lo que no han articulado claramente estos filósofos. Sin embargo, parece que consideran los elementos desde el punto de vista de la materia, porque, según ellos, estos elementos se encuentran en todas las cosas y constituyen y componen todo el Universo.

Lo que precede basta para dar una idea de las opiniones de. los que, entre los antiguos, han admitido la pluralidad en los elementos de la naturaleza. Hay otros que han considerado el todo como un ser único, pero difieren entre sí, ya por el mérito de la exposición, ya por la manera como han concebido la realidad. Con relación a la revista que estamos pasando a las causas, no tenemos necesidad de ocuparnos de ellos. En efecto, no hacen como algunos filósofos, que al establecer la existencia de una sustancia única, sacan sin embargo todas las cosas del seno de la unidad, considerada como materia; su doctrina es muy distinta. Estos físicos añaden el movimiento para producir el Universo, mientras que aquéllos pretenden que el Universo es inmóvil. He aquí todo le que se encuentra en estos filósofos referente al objeto de nuestra indagación:

La unidad de Parménides parece ser la unidad racional; la de Meliso, por el contrario, la unidad material, y por esta razón el primero representa la unidad como finita, y el segundo como infinita. Jenófanes, fundador de estas doctrinas (porque, según se dice, Parménides fue su discípulo), no aclaró nada, ni al parecer dio explicaciones sobre la naturaleza de ninguna de estas dos unidades; tan sólo, al dirigir sus miradas sobre el conjunto del cielo, ha dicho que la unidad es Dios. Repito que, en el examen que nos ocupa, debemos, como ya hemos dicho, prescindir de estos filósofos, por lo menos de los dos últimos, Jenófanes y Meliso, cuyas concepciones son verdaderamente bastante groseras. Con respecto a Parménides, parece que habla con un conocimiento más profundo de las cosas. Persuadido de que fuera del ser, el no ser es nada, admite que el ser es necesariamente uno, y que no hay ninguna otra cosa más que el ser; cuestión que hemos tratado detenidamente en la Física. Pero precisado a explicar las apariencias, a admitir la pluralidad que nos suministran los sentidos, al mismo tiempo que la unidad concebida por la razón, sienta, además del principio de la unidad, otras dos causas, otros dos principios, lo caliente y lo frío, que son el fuego y la tierra. De estos dos principios, atribuye el uno, lo caliente, al ser, y el otro, lo frío, al no ser.

He aquí los resultados de lo que hemos dicho, y lo que se puede inferir de los sistemas de los primeros filósofos con relación a los principios. Los más antiguos admiten un principio corporal, porque el agua y el fuego y las cosas análogas son cuerpos; en los unos, este principio corporal es único y en los otros es múltiple; pero unos y otros lo consideran desde el punto de vista de la materia. Algunos, además de esta causa, admiten también la que produce el movimiento, causa única para los unos, doble para los otros. Sin embargo, hasta que apareció la escuela itálica, los filósofos han expuesto muy poco sobre estos principios. Todo lo que puede decirse de ellos, como ya hemos manifestado, es que se sirven de dos causas, y que una de éstas, la del movimiento, se considera como única por los unos, como doble por los otros.

Los pitagóricos, ciertamente, han hablado también de dos principios. Pero han añadido lo siguiente, que exclusivamente les pertenece. El finito, el infinito y la unidad no son, según ellos, naturalezas aparte, como lo son el fuego o la tierra o cualquier otro elemento análogo, sino que el infinito en sí y la unidad en sí son la sustancia misma de las cosas, a las que se atribuye la unidad y la infinitud; por consiguiente, el número es la sustancia de todas las cosas. De esta manera se han explicado sobre las causas de que nos ocupamos. También comenzaron a ocuparse de la forma propia de las cosas y a definirla; pero en este punto su doctrina es demasiado imperfecta. Definían superficialmente, y el primer objeto a que convenía la definición dada, le consideraban como la esencia de la cosa definida, como si, por ejemplo, se creyese que lo doble y el número dos son una misma cosa, porque lo doble se encuentra desde luego en el número dos. Y ciertamente, dos y lo doble no son la misma cosa en su esencia; porque entonces un ser único sería muchos seres, y ésta es la consecuencia del sistema pitagórico.

Tales son las ideas que pueden formarse de las doctrinas de los filósofos más antiguos y de sus sucesores.

VI

A estas diversas filosofías siguió la de Platón, de acuerdo la mayoría de las veces con las doctrinas pitagóricas, pero que tiene también sus ideas propias, en las que se separa de la escuela itálica. Platón, desde su juventud, se había familiarizado con Cratilo, su primer maestro, y por efecto de esta relación era partidario de la opinión de Heráclito, según el que todos los objetos sensibles están en un flujo o cambio perpetuo, y no hay ciencia posible de estos objetos. Más tarde conservó esta misma opinión. Por otra parte, discípulo de Sócrates, cuyos trabajos no abrazaron ciertamente más que la moral y de ninguna manera el conjunto de la naturaleza, pero que al tratar de la moral se propuso lo general como objeto de sus indagaciones, siendo el primero que tuvo el pensamiento de dar definiciones, Platón, heredero de su doctrina, habituado a la indagación de lo.general, creyó que sus definiciones debían recaer sobre otros seres que los seres sensibles, porque ¿cómo dar una definición común de los objetos sensibles que mudan continuamente? A estos seres los llamó Ideas, añadiendo que los objetos sensibles están fuera de las ideas, y reciben de ellas su nombre, porque, en virtud de su participación en las ideas, todos los objetos de un mismo género reciben el mismo nombre que las ideas. La única mudanza que introdujo en la ciencia fue esta palabra: participación. Los pitagóricos dicen, en efecto, que los seres existen a imitación de los números; Platón que existen por participación en ellos. La diferencia es sólo de nombre. En cuanto a indagar en qué consiste esta participación o esta imitación de las ideas, es cosa de que no se ocuparon ni Platón ni los pitagóricos. Además, entre los objetos sensibles y las ideas, Platón admite seres intermedios, los seres matemáticos, distintos de los objetos sensibles, en cuanto son eternos e inmóviles, y distintos de las ideas, en cuanto son muchos de ellos semejantes, mientras que cada idea es la única de su especie.

Siendo las ideas causas de los demás seres, Platón consideró sus elementos como los elementos de todos los seres. Desde el punto de vista de la materia, los principios son lo grande y lo pequeño; desde el punto de vista de la esencia, son la unidad. Porque en tanto que las ideas tienen lo grande y lo pequeño por sustancia, y por otra parte participan de la unidad, las ideas son los números. Sobre esto de ser la unidad la esencia por excelencia, y que ninguna otra cosa puede aspirar a este título, Platón está de acuerdo con los pitagóricos, así como lo está también en la de ser los números causas de la esencia de los otros seres. Pero reemplazar por una díada el infinito considerado como uno, y constituir el infinito de lo grande y de lo pequeño, he aquí lo que le es peculiar. Además coloca los números fuera de los objetos sensibles, mientras que los pitagóricos pretenden que los números son los objetos mismos, y no admiten los seres matemáticos como intermedios. Si, a diferencia de los pitagóricos, Platón colocó de esta suerte la unidad y los números fuera de las cosas e hizo intervenir las ideas, esto fue debido a sus estudios sobre los caracteres distintos de los seres, porque sus predecesores no conocían la Dialéctica. En cuanto a esta opinión, según la cual una díada es el otro principio de las cosas, procede de que todos los números, a excepción de los impares, salen fácilmente de la díada, como de una materia común. Sin embargo, es distinto lo que sucede de como dice Platón, y su opinión no es razonable, porque hace una multitud de cosas con esta díada considerada como materia, mientras que una sola producción es debida a la idea. Pero en realidad, de una materia única sólo puede salir una sola mesa, mientras que el que produce la idea, la idea única, produce muchas mesas. Lo mismo puede decirse del macho con relación a la hembra; ésta puede ser fecundada por una sola unión, mientras que, por el contrario, el macho fecunda muchas hembras. He aquí una imagen del papel que desempeñan los principios de que se trata.

Tal es la solución dada por Platón a la cuestión que nos ocupa, resultando evidentemente de lo que precede, que sólo se ha servido de dos causas: la esencia y la materia. En efecto, admite por una parte las ideas, causas de la esencia de los demás objetos, y la unidad, causa de las ideas, y por otra, una materia, una sustancia, a la que se aplican las ideas para constituir los seres sensibles, y la unidad para constituir las ideas. ¿Cuál es esta sustancia? Es la díada, lo grande y lo pequeño. Colocó también en uno de estos dos elementos la causa del bien, y en el otro la causa del mal; punto de vista que ha sido más particularmente objeto de indagaciones de algunos filósofos anteriores, como Empédocles y Anaxágoras. Acabamos de ver breve y sumariamente qué filósofos han hablado de los principios y de la verdad, y cuáles han sido sus sistemas. Este rápido examen es suficiente, sin embargo, para hacer ver que ninguno de los que han hablado de los principios y de las causas nos ha dicho nada que no pueda reducirse a las causas que hemos consignado nosotros en la Física, pero que todos, aunque oscuramente y cada uno por distinto rumbo, han vislumbrado alguna de ellas.

En efecto, unos hablan del principio material que suponen uno o múltiple, corporal o incorporal. Tales son, por ejemplo, lo grande y lo pequeño de Platón, el infinito de la escuela itálica, el fuego, la tierra, el agua y el aire de Empédocles, la infinidad de las homeomerias de Anaxágoras. Todos estos filósofos se refirieron evidentemente a este principio, y con ellos todos aquellos que admiten como principio el aire, el fuego, o el agua, o cualquiera otra cosa más densa que el fuego, pero más sutil que el aire, porque tal es, según algunos, la naturaleza del primer elemento. Estos filósofos sólo se han fijado en la causa material. Otros han hecho indagaciones sobre la causa del movimiento: aquellos, por ejemplo, que afirman como principios la Amistad y la Discordia, o la Inteligencia o el Amor. En cuanto a la forma, en cuanto a la esencia, ninguno de ellos ha tratado de ella de un modo claro y preciso. Los que mejor lo han hecho son los que han recurrido a las ideas y a los elementos de las ideas; porque no consideran las ideas y sus elementos ni como la materia de los objetos sensibles, ni como los principios del movimiento. Las ideas, según ellos, son más bien causas de inmovilidad y de inercia. Pero las ideas suministran a cada una de las otras cosas su esencia, así como ellas la reciben de la unidad. En cuanto a la causa final de los actos, de los cambios, de los movimientos, nos hablan de alguna causa de este género, pero no le dan el mismo nombre que nosotros ni dicen en qué consisten. Los que admiten como principios la inteligencia o la amistad, dan a la verdad estos principios como una cosa buena, pero no sostienen que sean la causa final de la existencia o de la producción de ningún ser, y antes dicen, por el contrario, que son las causas de sus movimientos. De la misma manera, los que dan este mismo carácter de principios a la unidad o al ser, los consideran como causas de la sustancia de los seres, y de ninguna manera como aquello en vista de lo cual existen y se producen las cosas. Y así dicen y no dicen, si puedo expresarme así, que el bien es una causa; mas el bien que mencionan no es el bien hablando en absoluto, sino accidentalmente.

La exactitud de lo que hemos dicho sobre las causas, su número, su naturaleza, está, pues, confirmada, al parecer, por el testimonio de todos estos filósofos y hasta por su impotencia para encontrar algún otro principio. Es evidente, además, que en la indagación de que vamos a ocuparnos, debemos considerar los principios, o bajo todos estos puntos de vista, o bajo alguno de ellos. Pero ¿cómo se ha expresado cada uno de estos filósofos? Y ¿cómo han resuelto las dificultades que se relacionan con los principios? He aquí los puntos que vamos a examinar.

VII

Todos los que suponen que el todo es uno, que no admiten más que un solo principio, la materia, que dan a este principio una naturaleza corporal y extensa, incurren evidentemente en una multitud de errores, porque sólo reconocen los elementos de los cuerpos, y no los de los seres incorporales; sin embargo, hay seres incorporales. Y después, aun cuando quieran explicar las causas de la producción y destrucción, y construir un sistema que abrace toda la naturaleza, suprimen la causa del movimiento. Otro defecto consiste en no dar por causa en ningún caso ni la esencia, ni la forma; así como el aceptar, sin suficiente examen, como principio de los seres un cuerpo simple cualquiera, menos la tierra; el no reflexionar sobre esta producción o este cambio, cuyas causas son los elementos, y, por último, no determinar cómo se opera la producción mutua de los elementos. Tomemos, por ejemplo, el fuego, el agua, la tierra y el aire. Estos elementos provienen los unos de los otros: unos por vía de reunión y otros por vía de separación. Esta distinción importa mucho para la cuestión de la prioridad y de la posterioridad de los elementos. Desde el punto de vista de la reunión, el elemento fundamental de todas las cosas parece ser aquel del cual, considerado como principio, se forma la tierra por vía de agregación, y este elemento deberá ser el más tenue y el más sutil de los cuerpos. Los que admiten el fuego como principio son los que se conforman principalmente con este pensamiento. Todos los demás filósofos reconocen, en igual forma, que tal debe ser el elemento de los cuerpos, y así ninguno de los filósofos posteriores que admitieron un elemento único consideró la tierra como principio, a causa sin duda de la magnitud de sus partes, mientras que cada uno de los demás elementos ha sido adoptado como principio por alguno de aquéllos. Unos dicen que es el fuego el principio de las cosas, otros el agua, otros el aire. ¿Y por qué no admiten igualmente, según la común opinión, como principio la tierra? Porque generalmente se dice que la tierra es todo. El mismo Hesíodo dice que la tierra es el más antiguo de todos los cuerpos; ¡tan antigua y popular es esta creencia!

Desde este punto de vista, ni los que admiten un principio distinto del fuego, ni los que suponen el elemento primero más denso que el aire y más sutil que el agua, podían por tanto estar en lo cierto. Pero si lo que es posterior bajo la relación de la generación es anterior por su naturaleza (y todo compuesto, toda mezcla, es posterior por la generación), sucederá todo lo contrario; el agua será anterior al aire, y la tierra al agua.

Limitémonos a las observaciones que quedan consignadas con respecto a los filósofos, que sólo han admitido un solo principio material. Mas son también aplicables a los que admiten un número mayor de principios, como Empédocles, por ejemplo, que reconoce cuatro cuerpos elementales, pudiéndose decir de él todo lo dicho de estos sistemas. He aquí lo que es peculiar de Empédocles.

Nos presenta éste los elementos procediendo los unos de los otros, de tal manera que el fuego y la tierra no permanecen siendo siempre el mismo cuerpo. Este punto lo hemos tratado en la Física, así como la cuestión de saber si deben admitirse una o dos causas del movimiento. En nuestro juicio, la opinión de Empédocles no es ni del todo exacta, ni del todo irracional. Sin embargo, los que adoptan sus doctrinas, deben desechar necesariamente todo tránsito de un estado a otro, porque lo húmedo no podría proceder de lo caliente, ni lo caliente de lo húmedo, ni el mismo Empédocles nos dice cuál sería el objeto que hubiera de experimentar estas modificaciones contrarias, ni cuál sería esa naturaleza única que se haría agua y fuego.

Podemos pensar que Anaxágoras admite dos elementos por razones que ciertamente él no expuso, pero que, si se le hubieran manifestado, indudablemente habría aceptado. Porque bien que, en suma, sea absurdo decir que en un principio todo estaba mezclado, puesto que para que se verificara la mezcla debió haber primero separación, puesto que es natural que un elemento cualquiera se mezcle con otro elemento cualquiera y, en fin, porque supuesta la mezcla primitiva, las modificaciones y los accidentes se separarían de las sustancias, estando las mismas cosas igualmente sujetas a la mezcla y a la separación; sin embargo, si nos fijamos en las consecuencias, y si se precisa lo que Anaxágoras quiere decir, se hallará, no tengo la menor duda, que su pensamiento no carece ni de sentido, ni de originalidad. En efecto, cuando nada estaba aún separado, es evidente que nada de cierto se podría afirmar de la sustancia primitiva. Quiero decir, con esto, que la sustancia primitiva no sería blanca, ni negra, ni parda, ni de ningún otro color; sería necesariamente incolora, porque en otro caso tendría alguno de estos colores. Tampoco tendría sabor por la misma razón, ni ninguna otra propiedad de este género. Tampoco podía tener calidad, ni cantidad, ni nada que fuera determinado, sin lo cual hubiese tenido alguna de las formas particulares del ser; cosa imposible cuando todo está mezclado, y lo cual supone ya una separación. Ahora bien, según Anaxágoras, todo está mezclado, excepto la inteligencia; la inteligencia sólo existe pura y sin mezcla. Resulta de aquí que Anaxágoras admite como principios: primero, la unidad, porque es lo que aparece puro y sin mezcla, y después otro elemento, lo indeterminado, antes de toda determinación, antes que haya recibido forma alguna.

A este sistema le falta verdaderamente claridad y precisión; sin embargo, en el fondo del pensamiento de Anaxágoras hay algo que se aproxima a las doctrinas posteriores, sobre todo a las de los filósofos de nuestros días.

Las únicas especulaciones familiares a los filósofos de que hemos hablado recaen sobre la producción, la destrucción y el movimiento; porque los principios y las causas, objeto de sensible. Pero los que extienden sus especulaciones a todas sus indagaciones, son casi exclusivamente los de la sustancia de los seres, que admiten por una parte seres sensibles y por otra seres no sensibles, estudian evidentemente estas dos especies de seres. Por tanto, será conveniente detenerse más en sus doctrinas y examinar lo que dicen de bueno o de malo, que se refiera a nuestro asunto.

Los que se llaman pitagóricos emplean los principios y los elementos de una manera más extraña aún que los físicos, y esto procede de que toman los principios fuera de los seres sensibles: los seres matemáticos están privados de movimiento, a excepción de aquellos de que trata la astronomía. Ahora bien, todas sus indagaciones, todos sus sistemas, recaen sobre los seres físicos. Explican la producción del cielo y observan lo que pasa en sus diversas partes, sus revoluciones y sus movimientos, y a esto es a lo que aplican sus principios y sus causas, como si estuvieran de acuerdo con los físicos para reconocer que el ser está reducido a lo que es sensible, a lo que abraza nuestro cielo. Pero sus causas y sus principios bastan, en nuestra opinión, para elevarse a la concepción de los seres que están fuera del alcance de los sentidos; causas y principios que podrían aplicarse mucho mejor a esto que a las consideraciones físicas.

¿Pero cómo tendrá lugar el movimiento, si no hay otras sustancias que lo finito y lo infinito, lo par y lo impar? Los pitagóricos nada dicen de esto, ni explican tampoco cómo pueden operarse, sin movimiento y sin cambio, la producción y la destrucción, o las revoluciones de los cuerpos celestes. Supongamos, por otra parte, que se les conceda o que resulte demostrado que la extensión sale de sus principios; habrá aún que explicar por qué ciertos cuerpos son ligeros, por qué otros son pesados. Porque ellos declaran, y ésta es su pretensión, que todo lo que dicen de los cuerpos matemáticos lo afirman de los cuerpos sensibles, y por esta razón jamás han hablado del fuego, de la tierra, ni de los otros cuerpos análogos, como si no tuvieran nada de particular que decir de los seres sensibles.

Además, ¿cómo concebir que las modificaciones del número y el número mismo sean causas de lo que existe, de lo que se produce en el cielo en todos tiempos y hoy, y que no haya, sin embargo, ningún otro número fuera de este número que constituye el mundo? En efecto, cuando los pitagóricos han colocado en tal parte del Universo la Opinión y la Oportunidad, y un poco más arriba o más abajo la

Injusticia, la Separación o la Mezcla, diciendo, para probar que es así, que cada una de estas cosas es un número, y que en esta misma parte del Universo se encuentra ya una multitud de magnitudes, puesto que cada punto particular del espacio está ocupado por alguna magnitud, ¿el número que constituye el cielo es entonces lo mismo que cada uno de estos números, o bien se necesita de otro número además de aquél? Platón dice que se necesita otro. Admite que todos estos seres, lo mismo que sus causas, son igualmente números, pero las causas son números inteligibles, mientras que los otros seres son números sensibles.

Dejemos ya a los pitagóricos, y respecto a ellos atengámonos a lo dicho. Pasemos ahora a ocuparnos de los que reconocen las ideas como causas. Observemos, por lo pronto, que, al tratar de comprender las causas de los seres que están sometidos a nuestros sentidos, han introducido otros tantos seres, lo cual es como si uno, queriendo contar y, no teniendo más que un pequeño número de objetos, creyese la operación imposible y aumentase el número para poder practicarla. Porque el número de las ideas es casi tan grande o poco menos que el de los seres cuyas causas intentan descubrir y de los cuales han partido para llegar a las ideas. Cada cosa tiene su homónimo; no sólo lo tienen las esencias, sino también todo lo que es uno en la multiplicidad de los seres, sea entre las cosas sensibles, sea entre las cosas eternas.

Además, de todos los argumentos con que se intenta demostrar la existencia de las ideas, ninguno prueba esta existencia. La conclusión de algunos no es necesaria y, conforme a otros, debería haber ideas de cosas respecto de las que no se admite que las haya. En efecto, según las consideraciones tomadas de la ciencia, habrá ideas de todos los objetos de que se tiene conocimiento; conforme al argumento de la unidad en la pluralidad, habrá hasta negaciones; y, en tanto que se piensa en lo que ha perecido, habrá también ideas de los objetos que han perecido, porque podemos formarnos de ellos una imagen. Por otra parte, los razonamientos más rigurosos conducen ya a admitir las ideas de lo que es relativo y no se admite que lo relativo sea un género en sí, o ya a la hipótesis del tercer hombre. Por último, la demostración de la existencia de las ideas destruye lo que los partidarios de las ideas tienen más interés en sostener, que la misma existencia de las ideas. Porque resulta de aquí que no es la díada lo primero, sino el número; que lo relativo es anterior al ser en sí, y todas las contradicciones respecto de sus propios principios en que han incurrido los partidarios de la doctrina de las ideas.

Además, conforme a la hipótesis de la existencia de las ideas, habrá ideas, no sólo de las esencias, sino de muchas otras cosas; porque hay unidad de pensamiento, no sólo con relación a la esencia, sino también con relación a toda especie de ser; las ciencias no recaen únicamente sobre la esencia, recaen también sobre otras cosas, y pueden sacarse otras mil consecuencias de este género. Mas, por otra parte, es necesario, y así resulta de las opiniones recibidas sobre las ideas; es necesario, repito, que, si hay participación de los seres en las ideas, haya ideas sólo de las esencias, porque no se tiene participación en ellas mediante el accidente; no debe haber participación de parte de un ser con las ideas, sino en tanto que este ser es un atributo de un sujeto. Y así, si una cosa participase de lo doble en sí, participaría al mismo tiempo de la eternidad; pero sólo sería por accidente, porque sólo accidentalmente lo doble es eterno. Luego no hay ideas sino de la esencia. Luego idea significa esencia en este mundo y en el mundo de las ideas, ¿de otra manera qué significaría esta proposición: la unidad en la pluralidad es algo que está fuera de los objetos sensibles? Y si las ideas son del mismo género que las cosas que participan de ellas, habrá entre las ideas y las cosas alguna relación común. ¿Por qué ha de haber entre las díadas perecederas y las diadas también varias, pero eternas, unidad e identidad del carácter constitutivo de la díada, más bien que entre la díada ideal y la díada particular? Si no hay comunidad de género, no habrá entre ellas más de común que el nombre, y será como si se diese el nombre de hombre a Calias y a un trozo de madera, sin haber relación entre ellos.

Una de las mayores cuestiones de difícil resolución sería demostrar para qué sirven las ideas a los seres sensibles eternos, o a los que nacen y perecen. Porque las ideas no son, respecto de ellos, causas de movimiento, ni de ningún cambio; ni prestan auxilio alguno para el conocimiento de los demás seres, porque no son su esencia, pues en tal caso estarían en ellos. Tampoco son su causa de existencia, puesto que no se encuentran en los objetos que participan de las ideas. Quizá se dirá que son causas de la misma manera que la blancura es causa del objeto blanco, en el cual se da mezclada. Esta opinión, que tiene su origen en las doctrinas de Anaxágoras y que ha sido adoptada por Eudoxio y por algunos otros, carece verdaderamente de todo fundamento, y sería fácil acumular contra ella una multitud de objeciones insolubles. Por otra parte, los demás objetos no pueden provenir de las ideas en ninguno de los sentidos en que se entiende de ordinario esta expresión. Decir que las ideas son ejemplares, y que las demás cosas participan de ellas, es pagarse de palabras vacías de sentido y hacer metáforas poéticas. El que trabaja en su obra, ¿tiene necesidad para ello de tener los ojos puestos en las ideas? Puede suceder que exista o que se produzca un ser semejante a otro, sin haber sido modelado por este otro, y así, que Sócrates exista o no, podría nacer un hombre como Sócrates. Esto no es menos evidente, aun cuando se admitiese un Sócrates eterno. Habría por otra parte muchos modelos del mismo ser y, por consiguiente, muchas ideas; respecto del hombre, por ejemplo, habría a la vez la de animal, la de bípedo y la de hombre en sí.

Además, las ideas no serán sólo modelos de los seres sensibles, sino que serán también modelos de sí mismas; tal será el género en tanto que género de ideas, de suerte que la misma cosa será a la vez modelo y copia. Y puesto que es imposible, al parecer, que la esencia se separe de aquello de que ella es esencia, ¿cómo en este caso las ideas que son la esencia de las cosas podrían estar separadas de ellas? Se dice en el Fedón que las ideas son las causas del ser y del devenir o llegar a ser, y sin embargo, aun admitiendo las ideas, los seres que de ellas participan no se producen si no hay un motor. Vemos, por el contrario, producirse muchos objetos, de los que no se dice que haya ideas, como una casa, un anillo, y es evidente que las demás cosas pueden ser o hacerse por causas análogas a las de los objetos en cuestión.

Así mismo, si las ideas son números, ¿cómo podrán estos números ser causas? ¿Es porque los seres son otros números; por ejemplo, tal número el hombre, tal otro Sócrates, tal otro Calias? ¿Por qué los unos son causa de los otros? Pues con suponer a los unos eternos y a los otros no, no se adelantará nada. Si se dice que los objetos sensibles no son más que relaciones de números, como lo es, por ejemplo, una armonía, es claro que habrá algo de que serán ellos la relación. Este algo es la materia. De aquí resulta evidentemente que los números mismos no serán más que relaciones de los objetos entre sí. Por ejemplo, supongamos que Calias sea una relación en números de fuego, agua, tierra y aire; entonces el hombre en sí se compondría, además del número, de ciertas sustancias, y en tal caso la idea número, el hombre ideal, sea o no un número determinado, será una relación numérica de ciertos objetos, y no un puro número; por consiguiente, no es el número el que constituirá el ser particular.

Es claro que de la reunión de muchos números resulta un número; pero ¿cómo muchas ideas pueden formar una sola idea? Si no son las ideas mismas, si son las unidades numéricas comprendidas bajo las ideas las que constituyen la suma, y si esta suma es un número en el género de la miríada, ¿qué papel desempeñan entonces las unidades? Si son semejantes, resultan de aquí numerosos absurdos; si no son semejantes, no serán todas, ni las mismas, ni diferentes entre sí. Porque ¿en qué diferirán no teniendo ningún modo particular? Estas suposiciones ni son razonables, ni están de acuerdo con el concepto mismo de la unidad.

Además, será preciso introducir necesariamente otra especie de número, objeto de la aritmética, y todos esos intermedios de que hablan algunos filósofos. ¿En qué consisten estos intermedios, y de qué principios se derivan? Y, por último, ¿para qué estos intermediarios entre los seres sensibles y las ideas? Además, las unidades que entran en cada díada procederán de una díada anterior, y esto es imposible. Luego ¿por qué el número compuesto es uno? Pero aún hay más: si las unidades son diferentes, será preciso que se expliquen cómo lo hacen los que admiten dos o cuatro elementos, los cuales dan por elemento, no lo que hay de común en todos los seres, el cuerpo, por ejemplo, sino el fuego o la tierra, sea o no el cuerpo algo de común entre los seres. Aquí sucede lo contrario; se hace de la unidad un ser compuesto de partes homogéneas, como el agua o el fuego. Y si así sucede, los números no serán esencias. Por lo demás, es evidente que si hay una unidad en sí, y si esta unidad es principio, la unidad debe tomarse en muchas acepciones; de otra manera, iríamos a parar a cosas imposibles.

Con el fin de reducir todos los seres a estos principios, se componen las longitudes de lo largo y de lo corto, de una especie de pequeño y de grande; la superficie de una especie de ancho y de estrecho, y el cuerpo de una especie de profundo y de no profundo. Pero en este caso, ¿cómo el plano contendrá la línea, o cómo el sólido contendrá la línea y el plano? Porque lo ancho y lo estrecho difieren en cuanto género de lo profundo y de su contrario. Y así como el número se encuentra en estas cosas, porque el más y el menos difieren de los principios que acabamos de asentar, es igualmente evidente que de estas diversas especies, las que son anteriores no se encontrarán en las que son posteriores. Y no se diga que lo profundo es una especie de ancho, porque entonces el cuerpo sería una especie de plano. Por otra parte, ¿los puntos de dónde han de proceder? Platón combatió la existencia del punto, suponiendo que es una concepción geométrica. Le daba el nombre de principio de la línea, siendo los puntos estas líneas indivisibles de que hablaba muchas veces. Sin embargo, es preciso que la línea tenga límites, y las mismas razones que prueban la existencia de la línea, prueban igualmente la del punto.

En una palabra, es el fin propio de la filosofía el indagar las causas de los fenómenos, y precisamente es esto mismo lo que se desatiende. Porque nada se dice de la causa que es origen del cambio, y para explicar la esencia de los seres sensibles se recurre a otras esencias, ¿pero son las unas esencias de las otras? A esto sólo se contesta con vanas palabras. Porque participar, como hemos dicho más arriba, no significa nada. En cuanto a esta causa, que en nuestro juicio es el principio de todas las ciencias, principio en cuya virtud obra toda inteligencia, toda naturaleza, esta causa que colocamos entre los primeros principios, las ideas de ninguna manera la alcanzan. Pero las matemáticas se han convertido hoy en filosofía, son toda la filosofía, por más que se diga que su estudio no debe hacerse sino en vista de otras cosas. Además, lo que los matemáticos admiten como sustancia de los seres podría considerarse como una sustancia puramente matemática, como un atributo, una diferencia de la sustancia, o de la materia, más bien que como la materia misma. He aquí a lo que viene a parar lo grande y lo pequeño. A esto viene también a reducirse la opinión de los físicos de que lo raro y lo denso son las primeras diferencias del objeto. Esto no es, en efecto, otra cosa que lo más y lo menos. Y en cuanto al movimiento, si el más y el menos lo constituyen, es claro que las ideas estarán en movimiento; si no es así, ¿de dónde ha venido el movimiento? Suponer la inmovilidad de las ideas equivale a suprimir todo estudio de la naturaleza.

Una cosa que parece más fácil demostrar es que todo es uno; sin embargo, esta doctrina no lo consigue. Porque resulta de la explicación, no que todo es uno, sino que la unidad en sí es todo, siempre que se conceda que es todo, y esto no se puede conceder, a no ser que se reconozca la existencia del género universal, lo cual es imposible respecto de ciertas cosas.

Tampoco en este sistema se puede explicar lo que viene después del número, como las longitudes, los planos, los sólidos; no se dice cómo estas cosas son y se hacen, ni cuáles son sus propiedades. Porque no pueden ser ideas; no son números; no son seres intermedios; este carácter pertenece a los seres matemáticos. Tampoco son seres perecederos. Es preciso admitir que es una cuarta especie de seres.

Finalmente, indagar en conjunto los elementos de los seres sin establecer distinciones, cuando la palabra elemento se toma en tan diversas acepciones, es ponerse en la imposibilidad de encontrarlos, sobre todo si se plantea de esta manera la cuestión: ¿cuáles son los elementos constitutivos? Porque seguramente no pueden encontrarse así los principios de la acción, de la pasión, de la dirección rectilínea, y sí pueden encontrarse los principios, sólo respecto de las esencias. De suerte que buscar los elementos de todos los seres o imaginarse que se han encontrado, es una verdadera locura. Además, ¿cómo pueden averiguarse los elementos de todas las cosas? Evidentemente, para esto sería preciso no poseer ningún conocimiento anterior. El que aprende la geometría, tiene necesariamente conocimientos previos, pero nada sabe de antemano de los objetos de la geometría y de lo que se trata de aprender. Las demás ciencias se encuentran en el mismo caso. Por consiguiente, si, como se pretende, hay una ciencia de todas las cosas, se abordará esta ciencia sin poseer ningún conocimiento previo. Porque toda ciencia se adquiere con el auxilio de conocimientos previos, totales o parciales, ya proceda por vía de demostración, ya por definiciones; porque es preciso conocer antes, y conocer bien, los elementos de la definición. Lo mismo sucede con la ciencia inductiva. De otro lado, si la ciencia de que hablamos fuese innata en nosotros, sería cosa sorprendente que el hombre, sin advertirlo, poseyese la más excelente de las ciencias.

Además, ¿cómo conocer cuáles son los elementos de todas las cosas, y llegar sobre este punto a la certidumbre? Porque ésta es otra dificultad. Se discutirá sobre los verdaderos elementos, como se discute con motivo de ciertas sílabas. Y así, unos dicen que la sílaba *xa* se compone de c, de s y de a; otros pretenden que en ella entra otro sonido distinto de todos los que se conocen como elementos. En fin, en las cosas que son percibidas por los sentidos, ¿el que esté privado de la facultad de sentir, las podrá percibir? Debería, sin embargo, conocerlas, si las ideas son los elementos constitutivos de todas las cosas, de la misma manera que los sonidos simples son los elementos de los sonidos compuestos.

Resulta evidentemente, de lo que precede, que las indagaciones de todos los filósofos recaen sobre los principios que hemos enumerado en la Física, y que no hay otros fuera de éstos. Pero estos principios han sido indicados de una manera oscura, y podemos decir que, en un sentido, se ha hablado de todos ellos antes que nosotros, y en otro, que no se ha hablado de ninguno. Porque la filosofía de los primeros tiempos, joven aún y en su primer arranque, se limita a hacer tanteos sobre todas las cosas. Empédocles, por ejemplo, dice que lo que constituye los huesos es la proporción. Ahora bien, éste es uno de nuestros principios, la forma propia, la esencia de cada objeto. Pero es preciso que la proporción sea igualmente el principio esencial de la carne y de todo lo demás o, si no, no es principio de nada. La proporción es la que constituirá la carne, el hueso y cada uno de los demás objetos; no será la materia, no serán estos elementos de Empédocles, el fuego, la tierra, el agua y el aire. Empédocles se hubiera convencido ante estas razones, si se le hubieran propuesto; pero él por sí no ha puesto en claro su pensamiento.

Hemos expuesto más arriba la insuficiencia de la aplicación de los principios que han hecho nuestros predecesores. Pasemos ahora a examinar las dificultades que pueden ocurrir relativamente a los principios mismos. Éste será un medio de facilitar la solución de las que puedan presentarse.

LIBRO SEGUNDO

I. El estudio de la verdad es en parte fácil y en parte difícil. Diferencia que hay entre la filosofía y las ciencias prácticas: aquella tiene principalmente por objeto las causas.

II. Hay un principio simple y no una serie de causas que se prolongue hasta el infinito.

III. Método. No debe aplicarse el mismo método a todas las ciencias. La física no consiente la sutileza matemática. Condiciones preliminares del estudio de la naturaleza.

I

La ciencia, que tiene por objeto la verdad, es difícil desde un punto de vista y fácil desde otro. Lo prueba la imposibilidad que hay de alcanzar la completa verdad y la imposibilidad de que se oculte por entero. Cada filósofo explica algún secreto de la naturaleza. Lo que cada cual en particular añade al conocimiento de la verdad no es nada, sin duda, o es muy poca cosa, pero la reunión de todas las ideas presenta importantes resultados. De suerte que en este caso sucede a nuestro parecer como cuando decimos con el proverbio: ¿quién no clava la flecha en una puerta? Considerada de esta manera, esta ciencia es cosa fácil. Pero la imposibilidad de una posesión completa de la verdad, en su conjunto y en sus partes, prueba todo lo difícil que es la indagación de que se trata. Esta dificultad es doble. Sin embargo, quizá la causa de ser así no está en las cosas, sino en nosotros mismos. En efecto, lo mismo que a los ojos de los murciélagos ofusca la luz del día, lo mismo a la inteligencia de nuestra alma ofuscan las cosas que tienen en sí mismas la más brillante evidencia

Es justo, por tanto, mostrarse reconocidos, no sólo respecto de aquellos cuyas opiniones compartimos, sino también de los que han tratado las cuestiones de una manera un poco superficial, porque también éstos han contribuido por su parte. Éstos han preparado con sus trabajos el estado actual de la ciencia. Si Timoteo no hubiera existido, no habríamos disfrutado de estas preciosas melodías, pero si no hubiera habido un Firnis no habría existido Timoteo. Lo mismo sucede con los que han expuesto sus ideas sobre la verdad. Nosotros hemos adoptado algunas de las opiniones de muchos filósofos, pero los anteriores filósofos han sido causa de la existencia de éstos.

En fin, con mucha razón se llama a la filosofía la ciencia teórica de la verdad. En efecto, el fin de la especulación es la verdad, el de la práctica es la mano de obra; y los prácticos, cuando consideran el porqué de las cosas, no examinan la causa en sí misma, sino con relación a un fin particular y para un interés presente. Ahora bien, nosotros no conocemos lo verdadero, si no sabemos la causa. Además, una cosa es verdadera por excelencia cuando las demás cosas toman de ella lo que tienen de verdad, y de esta manera el fuego es caliente por excelencia, porque es la causa del calor de los demás seres. En igual forma, la cosa, que es la causa de la verdad en los seres que se derivan de esta cosa, es igualmente la verdad por excelencia. Por esta razón los principios de los seres eternos son necesariamente la eterna verdad. Porque no son sólo en tal o cual circunstancia estos principios verdaderos, ni hay nada que sea la causa de su verdad; sino que, por lo contrario, son ellos mismos causa de la verdad de las demás cosas. De manera que tal es la dignidad de cada cosa en el orden del ser, tal es su dignidad en el orden de la verdad.

II

Es evidente que existe un primer principio y que no existe ni una serie infinita de causas, ni una infinidad de especies de causas. Y así, desde el punto de vista de la materia, es imposible que haya producción hasta el infinito; que la carne, por ejemplo, procede de la tierra, la tierra del aire, el aire del fuego, sin que esta cadena se acabe nunca. Lo mismo debe entenderse del principio del movimiento: no puede decirse que el hombre ha sido puesto en movimiento por el aire, el aire por el Sol, el Sol por la discordia, y así hasta el infinito. En igual forma, respecto a la causa final, no puede irse hasta el infinito y decirse que el paseo existe en vista de la salud, la salud en vista del bienestar, el bienestar en vista de otra cosa, y que toda cosa existe siempre en vista de otra cosa. Y, por último, lo mismo puede decirse respecto a la causa esencial.

Toda cosa intermedia es precedida y seguida de otra, y la que precede es necesariamente causa de la que sigue. Si con respecto a tres cosas, se nos preguntase cuál es la causa, diríamos que la primera. Porque no puede ser la última, puesto que lo que está al fin no es causa de nada. Tampoco puede ser la intermedia, porque sólo puede ser causa de una sola cosa. Poco importa, además, que lo que es intermedio sea uno o mucho, infinito o finito. Porque todas las partes de esta infinitud de causas, y en general todas las partes del infinito, si partís del hecho actual para ascender de causa en causa, no son igualmente más que intermedios. De suerte que si no hay algo que sea primero, no hay absolutamente causa. Pero si, al ascender, es preciso llegar a un principio, no se puede en manera alguna, descendiendo, ir hasta el infinito, y decir, por ejemplo, que el fuego produce el agua, el agua la tierra, y que la cadena de la producción de los seres se continúa así sin cesar y sin fin. En efecto, decir que esto sucede a aquello significa dos cosas: o bien una sucesión simple, como el que a los juegos ístmicos siguen los juegos olímpicos, o bien una relación de otro género, como cuando se dice que el hombre, por efecto de un cambio, viene del niño, y el aire del agua. Y he aquí en qué sentido entendemos que el hombre viene del niño: en el mismo que dijimos que, lo que ha devenido o se ha hecho, ha sido producido por lo que devenía o se hacía; o bien, que lo que es perfecto ha sido producido por el ser que se perfeccionaba, porque lo mismo que entre el ser y el no ser hay siempre el devenir, en igual forma, entre lo que no existía y lo que existe, hay lo que deviene. Y así, el que estudia, deviene o se hace sabio, y esto es lo que se quiere expresar cuando se dice que, de aprendiz que era, deviene o se hace maestro. En cuanto al otro ejemplo: el aire viene del agua, en este caso uno de los dos elementos perece en la producción del otro. Y así, en el caso anterior no hay retroceso de lo que es producido a lo que ha producido; el hombre no deviene o se hace niño, porque lo que es producido no lo es por la producción misma, sino que viene después de la producción. Lo mismo acontece en la sucesión simple: el día viene de la aurora únicamente, porque la sucede; pero por esta misma razón la aurora no viene del día. En la otra especie de producción pasa todo lo contrario, hay retroceso de uno de los elementos al otro. Pero en ambos casos es imposible ir hasta el infinito. En el primero, es preciso que los intermedios tengan un fin; en el último, hay un retroceso perpetuo de un elemento a otro, pues la destrucción del uno es la producción del otro. Es imposible que el elemento primero, si es eterno, perezca, como en tal caso seria preciso que sucediera. Porque si, remontando de causa en causa, la cadena de la producción no es infinita, es de toda necesidad que el elemento primero, que al parecer ha producido alguna cosa, no sea eterno. Ahora bien, esto es imposible.

Aún hay más: la causa final es un fin. Por causa final se entiende lo que no se hace en vista de otra causa, sino, por lo contrario, aquello en vista de lo que se hace otra cosa. De suerte que si hay una cosa que sea el último término, no habrá producción infinita; si nada de esto se verifica, no hay causa final. Los que admiten la producción hasta el infinito, no ven que suprimen por este medio el bien. Porque ¿hay nadie que quiera emprender nada, sin proponerse llegar a un término? Esto sólo le ocurriría a un insensato. El hombre racional obra siempre en vista de alguna cosa, y esta mira es un fin, porque el objeto que se propone es un fin. Tampoco se puede indefinidamente referir una esencia a otra esencia. Es preciso pararse. La esencia que precede es siempre más esencia que la que sigue, pero si lo que precede no lo es, con más razón aún no lo es la que sigue.

Más aún; un sistema semejante hace imposible todo conocimiento. No se puede saber, y es imposible conocer, antes de llegar a lo que es simple, a lo que es indivisible. Porque ¿cómo pensar en esta infinidad de seres de que se nos habla? Aquí no sucede lo que con la línea, cuyas divisiones no acaban; el pensamiento tiene necesidad de puntos de parada. Y así, si recorréis esta línea que se divide hasta el infinito, no podéis contar todas las divisiones. Añadese a esto que sólo concebimos la materia como objeto en movimiento. Mas ninguno de estos objetos está señalado con el carácter del infinito. Si estos objetos son realmente infinitos, el carácter propio del infinito no es el infinito.

Y aun cuando sólo se dijese que hay un número infinito de especies y de causas, el conocimiento sería todavía imposible. Nosotros creemos saber cuándo conocemos las causas; y no es posible que en un tiempo finito podamos recorrer una serie infinita.

III

Los que escuchan a otro están sometidos al influjo del hábito. Gustamos que se emplee un lenguaje conforme al que nos es familiar. Sin esto las cosas no nos parecen ya lo que nos parecen; se nos figura que las conocemos menos, y nos son más extrañas. Lo que nos es habitual, nos es, en efecto, mejor conocido. Una cosa que prueba bien cuál es la fuerza del hábito es lo que sucede con las leyes, en las que las fábulas y las puerilidades tienen, por efecto del hábito, más cabida que tendría la verdad misma.

Hay hombres que no admiten más demostraciones que las de las matemáticas; otros no quieren más que ejemplos; otros no encuentran mal que se invoque el testimonio de los poetas. Los hay, por último, que exigen que todo sea rigurosamente demostrado; mientras que otros encuentran este rigor insoportable, ya porque no pueden seguir la serie encadenada de las demostraciones, ya porque piensan que es perderse en futilidades. Hay, en efecto, algo de esto en la afectación del rigorismo en la ciencia. Así es que algunos consideran indigno que el hombre libre lo emplee, no sólo en la conversación, sino también en la discusión filosófica.

Es preciso, por tanto, que sepamos ante todo qué suerte de demostración conviene a cada objeto particular; porque sería un absurdo confundir y mezclar la indagación de la ciencia y la del método: dos cosas cuya adquisición presenta grandes dificultades. No debe exigirse rigor matemático en todo, sino tan sólo cuando se trata de objetos inmateriales. Y así, el método matemático no es el de los físicos; porque la materia es probablemente el fondo de toda la naturaleza. Ellos tienen, por lo mismo, que examinar ante todo lo que es la naturaleza. De esta manera verán claramente cuál es el objeto de la física, y si el estudio de las causas y de los principios de la naturaleza es patrimonio de una ciencia única o de muchas ciencias.

LIBRO TERCERO

I.   Antes de emprender el estudio de una ciencia es preciso
     determinar qué cuestiones, qué dificultades va a ser preciso
     resolver. Utilidad de este reconocimiento.

II. Solución de la primera cuestión que se presenta: ¿el estudio
     de todo género de causas toca a una sola ciencia o a muchas
     ciencias.

III. Los géneros ¿pueden ser considerados como elementos y
     como principios? Respuesta negativa.

IV. ¿Como puede la ciencia abrazar a la vez el estudio de todos
     los seres particulares, de cosas infinitas? Otras dificultades
     que se relacionan con ésta.

V.   Los números y los seres matemáticos, a saber: los sólidos,
     las superficies, las líneas y los puntos, ¿pueden ser ele-
     mentos?

VI. ¿Por qué el filósofo debe estudiar otros seres que los seres
     sensibles? ¿Los elementos existen en potencia o en acto?
     ¿Los principios son universales o particulares?

I

Consultado el interés de la ciencia que tratamos de cultivar, es preciso comenzar por exponer las dificultades que tenemos que resolver desde el principio. Estas dificultades son, además de las opiniones contradictorias de los diversos filósofos sobre los mismos objetos, todos los puntos oscuros que hayan podido dejar ellos de aclarar. Si se quiere llegar a una solución verdadera, es útil dejar desde luego allanadas estas dificultades. Porque la solución verdadera a que se llega después no es otra cosa que la aclaración de estas dificultades, pues es imposible desatar un nudo si no se sabe la manera de hacerlo. Esto es evidente, sobre todo respecto a las dificultades y dudas del pensamiento. Dudar en este caso es hallarse en el estado del hombre encadenado y, como a éste, no es posible a aquél caminar adelante. Necesitamos comenzar examinando todas las dificultades por esta razón, y porque indagar, sin haberlas planteado antes, es parecerse a los que marchan sin saber el punto a que han de dirigirse, es exponerse a no reconocer si se ha descubierto o no lo que se buscaba. En efecto, en tal caso no hay un fin determinado, cuando, por lo contrario, le hay, y muy señalado, para aquel que ha comenzado por fijar las dificultades. Por último, necesariamente se debe estar en mejor situación para juzgar, cuando se ha oído a las partes, que son contrarias en cierto modo, todas las razones opuestas.

La primera dificultad es la que nos hemos propuesto ya en la introducción. ¿El estudio de las causas pertenece a una sola ciencia o a muchas, y la ciencia debe ocuparse sólo de los primeros principios de los seres, o bien debe abrazar también los principios generales de la demostración, como éstos: es posible o no afirmar y negar al mismo tiempo una sola y misma cosa, y todos los demás de este género? Y si no se ocupa más que de los principios de los seres, ¿hay una sola ciencia o muchas para el estudio de todos estos principios? Y si hay muchas, ¿hay entre todas ellas alguna afinidad, o deben las unas ser consideradas como filosóficas y las otras no?

También es indispensable indagar si deben reconocerse sólo sustancias sensibles, o si hay otras además de éstas. ¿Hay una sola especie de sustancias o hay muchas? De esta última opinión son, por ejemplo, los que admiten las ideas, y las sustancias matemáticas intermedias entre las ideas y los objetos sensibles. Éstas, decimos, son las dificultades que es preciso examinar, y además la siguiente: ¿nuestro estudio abraza sólo las esencias o se extiende igualmente a los accidentes esenciales de las sustancias?

Además ¿a qué ciencia corresponde ocuparse de la identidad y de la heterogeneidad, de la semejanza y de la desemejanza, de la identidad y de la contrariedad, de la anterioridad y de la posterioridad, y de otros principios de este género de que se sirven los dialécticos, los cuales sólo razonan sobre lo probable? Después ¿cuáles son los accidentes propios de cada una de estas cosas? Y no sólo debe indagarse lo que es cada una de ellas, sino también si son opuestas entre sí. ¿Son los géneros los principios y los elementos? ¿Lo son las partes intrínsecas de cada ser? Y si son los géneros, ¿son los más próximos a los individuos o los géneros más elevados? ¿Es, por ejemplo, el animal, o más bien el hombre, el que es principio, siéndolo el género más :bien que el individuo? Otra cuestión no menos digna de ser estudiada y profundizada es la siguiente: fuera de la sustancia, ¿hay o no hay alguna cosa que sea causa en sí? ¿Y esta cosa es o no independiente, es una o múltiple? ¿Está o no fuera del conjunto (y por conjunto entiendo aquí la sustancia con sus atributos), fuera de unos individuos y no de otros? ¿Cuáles son en este caso los seres fuera de los cuales existe?

Luego, ¿los principios, ya formales, ya sustanciales, son numéricamente distintos o reducibles a géneros?. ¿Los principios de los seres perecederos y los de los seres imperecederos son los mismos o diferentes; son todos imperecederos o son los principios de los seres perecederos también perecederos? Además, y ésta es la mayor dificultad y la más embarazosa, ¿la unidad y el ser constituyen la sustancia de los seres, como pretendían los pitagóricos y Platón, o acaso hay algo que le sirva de sujeto, de sustancia, como la Amistad de Empédocles, como el fuego, el agua, el aire de este o aquel filósofo? ¿Los principios son relativos a lo general o a las cosas particulares? ¿Existen en potencia o en acto? ¿Están en movimiento o de otra manera? Todas éstas son graves dificultades.

Además, los números, las longitudes, las figuras, los puntos, ¿son o no sustancias, y si son sustancias, son independientes de los objetos sensibles o existen en estos objetos? Sobre todos estos puntos no sólo es difícil alcanzar la verdad por medio de una buena solución, sino que ni siquiera es fácil presentar con claridad las dificultades.

II

En primer lugar, ya preguntamos al principio: ¿pertenece a una sola ciencia o a muchas examinar todas las especies de causas? Pero ¿cómo ha de pertenecer a una sola ciencia conocer de principios que no son contrarios los unos a los otros? Y además, hay numerosos objetos, en los que estos principios no se encuentran todos reunidos. Así, por ejemplo, ¿sería posible indagar la causa del movimiento o el principio del bien en lo que es inmóvil? En efecto, todo lo que es en sí y por su naturaleza bien, es un fin, y por esto mismo es una causa, puesto que, en vista de este bien, se producen y existen las demás cosas. Un fin, sólo por ser fin, es necesariamente objeto de alguna acción, pero no hay acción sin movimiento, de suerte que en las cosas inmóviles no se puede admitir ni la existencia de este principio del movimiento ni la del bien en sí. De aquí resulta que nada se demuestra en las ciencias matemáticas por medio de la causa del movimiento. Tampoco se ocupan de lo que es mejor y de lo que es peor; ningún matemático se da cuenta de estos principios. Por esta razón algunos sofistas, Aristipo, por ejemplo, rechazaban como ignominiosas las ciencias matemáticas. Todas las artes, hasta las manuales, como la del albañil, del zapatero, se ocupan sin cesar de lo que es mejor y de lo que es peor, mientras que las matemáticas jamás hacen mención del bien y del mal.

Pero si hay varias ciencias de causas, cada una de las cuales se ocupa de principios diferentes, ¿cuál de todas ellas será la que buscamos o, entre los hombres que las posean, cuál conocerá mejor el objeto de nuestras indagaciones? Es posible que un solo objeto reúna todas estas especies de causas. Y así en una casa el principio del movimiento es el arte, y el obrero, la causa final, es la obra; la materia, la tierra y las piedras, y el plan es la forma. Conviene, por tanto, conforme a la definición que hemos hecho precedentemente de la filosofía, dar este nombre a cada una de las ciencias que se ocupan de estas causas. La ciencia por excelencia, la que dominará a todas las demás, y a la que todas se habrán de someter como esclavas, es aquella que se ocupe del fin y del bien, porque todo lo demás no existe sino en vista del bien. Pero la ciencia de las causas primeras, la que hemos definido como la ciencia de lo más científico que existe, será la ciencia de la esencia. En efecto, una misma cosa puede conocerse de muchas maneras, pero los que conocen un objeto por lo que es, le conocen mejor que los que le conocen por lo que no es. Entre los primeros distinguimos diferentes grados de conocimiento, y decimos que tienen una ciencia más perfecta los que conocen, no sus cualidades, su cantidad, sus modificaciones, sus actos, sino su esencia. Lo mismo sucede con todas las cosas que están sometidas a demostración. Creemos tener conocimiento de las cosas cuando sabemos en qué consisten: ¿qué es, por ejemplo, construir un cuadrado, equivalente a un rectángulo dado? Es encontrar la medida proporcional entre los dos lados del rectángulo. Lo mismo acontece en todos los demás casos. Por lo contrario, en cuanto a la producción, a la acción, a toda especie de cambio, creemos tener la ciencia, cuando conocemos el principio del movimiento, el cual es diferente de la causa final, y precisamente es lo opuesto. Parece, pues, en vista de esto, que son ciencias diferentes las que han de examinar cada una de estas causas.

Aún hay más. ¿Los principios de la demostración pertenecen a una sola ciencia o a varias? Ésta es otra cuestión. Llamo principios de la demostración a estos axiomas generales, en que se apoya todo el mundo para la demostración; por ejemplo: es necesario afirmar o negar una cosa; una cosa no puede ser y no ser al mismo tiempo, y todas las demás proposiciones de este género. Y bien: ¿la ciencia de estos principios es la misma que la de la esencia o difiere de ella? Si difiere de ella, ¿cuál de las dos reconocemos que es la que buscamos? Que los principios de la demostración no pertenecen a una sola ciencia, es evidente: ¿por qué la geometría habrá de arrogarse, con más razón que cualquiera otra ciencia, el derecho de tratar de estos principios? Si, pues, toda ciencia tiene igualmente este privilegio, y si a pesar de eso no todas pueden gozar de él, el estudio de los principios no dependerá de la ciencia que conoce de las esencias más que de cualquiera otra. ¿Y entonces cómo es posible una ciencia de los principios? Conocemos al primer golpe de vista lo que es cada uno de ellos, y todas las artes se sirven de ellos como de cosas muy conocidas. Mientras que, si hubiese una ciencia demostrativa de los principios, sería preciso admitir la existencia de un género común, que fuese objeto de esta ciencia; sería preciso admitir, de una parte, los accidentes de este género, y de otra axiomas, porque es imposible demostrarlo todo. Toda demostración debe partir de un principio, recaer sobre un objeto y demostrar algo de este objeto. Se sigue de aquí que todo lo que se demuestra podría reducirse a un solo género. Y en efecto, todas las ciencias demostrativas se sirven de axiomas. Y si la ciencia de los axiomas es distinta de la ciencia de la esencia, ¿cuál de las dos será la ciencia soberana, la ciencia primera? Los axiomas son lo más general que hay, son los principios de todas las cosas, y si no forman parte de la ciencia del filósofo, ¿cuál será la encargada de demostrar su verdad o su falsedad?

Por último, ¿hay una sola ciencia para todas las esencias o hay varias? Si hay varias, ¿de qué esencia trata la ciencia que nos ocupa?

No es probable que haya una sola ciencia de todas las esencias. En este caso habría una sola ciencia demostrativa de todos los accidentes esenciales de los seres, puesto que toda ciencia demostrativa somete al criterio de los principios comunes todos los accidentes esenciales de un objeto dado: A la misma ciencia pertenece también examinar conforme a principios comunes solamente los accidentes esenciales de un mismo género. En efecto, una ciencia se ocupa de aquello que existe; otra ciencia, ya se confunda con la precedente, ya se distinga de ella, trata de las causas de aquello que existe. De suerte que estas dos ciencias, o esta ciencia única, en el caso de que no formen más que una, se ocuparán de los accidentes del género que es su sujeto.

Mas, de otro lado, ¿la ciencia sólo abraza las esencias o bien recae también sobre sus accidentes? Por ejemplo, si consideramos como esencias los sólidos, las líneas, los planos, ¿la ciencia de estas esencias se ocupará al mismo tiempo de los accidentes de cada género, accidentes sobre los que recaen las demostraciones matemáticas, o bien serán éstos objeto de otra ciencia? Si hay una sola ciencia, la ciencia de la esencia será en tal caso una ciencia demostrativa, pero la esencia, a lo que parece, no se demuestra, y si hay dos ciencias diferentes, ¿cuál será la que habrá de tratar de los accidentes de la sustancia? Ésta es una de las cuestiones más difíciles de resolver.

Además, ¿deberán admitirse sólo las sustancias sensibles o deberán admitirse también otras? ¿No hay más que una especie de sustancia o hay muchas? De este último dictamen son, por ejemplo, los que admiten las ideas, así como los seres intermedios que son objeto de las ciencias matemáticas. Dicen que las ideas son por sí mismas causas y sustancias, como ya hemos visto al tratar de esta cuestión en el primer libro. A esta doctrina pueden hacerse mil objeciones. Pero el mayor absurdo que contiene es decir que existen seres particulares fuera de los que vemos en el Universo, pero que estos seres son los mismos que los seres sensibles, sin otra diferencia que los unos son eternos y los otros perecederos. En efecto, dicen que hay el hombre en sí, el caballo en sí, la salud en sí, imitando en esto a los que sostienen que hay dioses, pero que son dioses que se parecen a los hombres. Los unos no hacen otra cosa que hombres eternos; mientras que las ideas de los otros no son más que seres sensibles eternos.

Si además de las ideas y de los objetos sensibles se quiere admitir tres intermedios, nacen una multitud de dificultades. Porque evidentemente habrá también lineas intermedias entre la idea de la línea y la línea sensible, y lo mismo sucederá con todas las demás cosas. Tomemos, por ejemplo, la Astronomía. Habrá otro cielo, otro sol, otra luna, además de los que tenemos a la vista, y lo mismo en todo lo demás que aparece en el firmamento. Pero ¿cómo creeremos en su existencia? A este nuevo cielo no se le puede hacer razonablemente inmóvil; y, por otra parte, es de todo punto imposible que esté en movimiento. Lo mismo sucede con los objetos de que trata la Óptica, y con las relaciones matemáticas en los sonidos músicos. Aquí no pueden admitirse por la misma razón seres fuera de los que vemos; porque si admitís seres sensibles intermedios, os será preciso admitir necesariamente sensaciones intermedias para percibirlos, así como animales intermedios entre las ideas de los animales y los animales perecederos. Puede preguntarse sobre qué seres recaerían las ciencias intermedias. Porque si reconocen que la Geodesia no difiere de la Geometría sino en que la una recae sobre objetos sensibles, y la otra sobre objetos que nosotros no percibimos por los sentidos, evidentemente es preciso que hagáis lo mismo con la Medicina y las demás ciencias, y decir que hay una ciencia intermedia entre la Medicina ideal y la Medicina sensible. ¿Y cómo admitir semejante suposición? Sería preciso, en tal caso, decir también que hay una salud intermedia entre la salud de los seres sensibles y la salud en sí.

Pero tampoco es exacto que la Geodesia sea una ciencia de magnitudes sensibles y perecederas, porque en este caso perecería ella cuando pereciesen las magnitudes. La Astronomía misma, la ciencia del cielo, que cae bajo el dominio de nuestros sentidos, no es una ciencia de magnitudes sensibles. Ni las líneas sensibles son las líneas del geómetra, porque los sentidos no nos dan ninguna línea recta, ninguna curva, que satisfaga a la definición; el círculo no encuentra la tangente en un solo punto, sino en muchos, como observaba Protágoras en sus ataques contra los geómetras; ni los movimientos reales ni las revoluciones del cielo concuerdan completamente con los movimientos y las revoluciones que dan los cálculos astronómicos; últimamente, las estrellas no son de la misma naturaleza que los puntos.

Otros filósofos admiten igualmente la existencia de estas sustancias intermedias entre las ideas y los objetos sensibles; pero no las separan de los objetos sensibles y dicen que están en estos objetos mismos. Sería obra larga enumerar todas las dificultades de imposible solución, a que conduce semejante doctrina. Observemos, sin embargo, que no sólo los seres intermedios, sino también las ideas mismas, estarán también en los objetos sensibles; porque las mismas razones se aplican igualmente en los dos casos. Además, de esta manera se tendrán necesariamente dos sólidos en un mismo lugar, y no serán inmóviles, puesto que se darán en objetos sensibles que están en movimiento. En una palabra, ¿a qué admitir seres intermedios, para colocarlos en los seres sensibles? Los mismos absurdos de antes se producirán sin cesar. Y así habrá un cielo fuera del cielo que está sometido a nuestros sentidos, pero no estará separado de él, y estará en el mismo lugar; lo cual es más inadmisible que el cielo separado.

III

¿Qué debe decidirse, a propósito de todos estos puntos, hasta llegar al descubrimiento de la verdad? Numerosas son las dificultades que se presentan.

Las dificultades relativas a los principios no lo son menos. ¿Habrán de considerarse los géneros como elementos y principios, o bien este carácter pertenece más bien a las partes constitutivas de cada ser? Por ejemplo, los elementos y principios de la palabra son al parecer las letras que concurren a la formación de todas las palabras, y no la palabra en general. En igual forma llamamos elementos, en la demostración de las propiedades de las figuras geométricas, aquellas demostraciones que se encuentran en el fondo de las demás, ya en todas, ya en la mayor parte. Por último, lo mismo sucede respecto de los cuerpos; los que sólo admiten un elemento y los que admiten muchos, consideran como principio aquello de que el cuerpo se compone, aquello cuyo conjunto le constituye. Y así el agua, el fuego y los demás elementos son, para Empédocles, los elementos constitutivos de los seres, y no los géneros que comprenden estos seres. Además, si se quiere estudiar la naturaleza de un objeto cualquiera, de una cama, por ejemplo, se averigua de qué piezas se compone, y cuál es la colocación de estas piezas, y entonces se conoce su naturaleza. Según esto, los géneros no serán los principios de los seres. Pero si se considera que nosotros sólo conocemos mediante las definiciones, y que los géneros son los principios de las definiciones, es preciso reconocer también que los géneros son los principios de los seres definidos. Por otra parte, si es cierto que se adquiere conocimiento de los seres cuando se adquiere de las especies a que los seres pertenecen, en este caso los géneros son también principios de los seres, puesto que son principios de las especies. Hasta algunos de aquellos que consideran como elementos de los seres la unidad o el ser, o lo grande y lo pequeño, al parecer forman con ellas géneros. Sin embargo, los principios de los seres no pueden ser al mismo tiempo los géneros y los elementos constitutivos. La esencia no admite dos definiciones, porque una sería la definición de los principios considerados como géneros, y otra considerados como elementos constitutivos.

Por otra parte, si son los géneros sobre todo los que constituyen los principios, ¿deberán considerarse como tales principios los géneros más elevados, o los inmediatamente superiores a los individuos? También es este otro motivo de embarazo. Si los principios son lo más general que existe, serán evidentemente principios los géneros más elevados, porque abrazan todos los seres. Se admitirán, por consiguiente, como principios de los seres los primeros de entre los géneros, y en este caso, el ser, la unidad, serán principios y sustancia, porque estos géneros son los que abrazan, por encima de todo, todos los seres. De otro lado, no es posible referir todos los seres a un solo género, sea a la unidad, sea al ser.

Es absolutamente necesario que las diferencias de cada género sean, y que cada una de estas diferencias sea una; porque es imposible que lo que designa las especies del género designe igualmente las diferencias propias; es imposible que el género exista sin sus especies. Luego si la unidad o el ser es el género, no habrá diferencia que sea, ni que sea una. La unidad y el ser no son géneros; por consiguiente, no son principios, puesto que son los géneros los que constituyen los principios. Añádase a esto que los seres intermedios, tomados con sus diferencias, serán géneros hasta llegar al individuo. Ahora bien, unos son ciertamente géneros, pero otros no lo son.

Además, las diferencias son más bien principios que los géneros. Pero si las diferencias son principios, hay en cierto modo una infinidad de principios, sobre todo si se toma por punto de partida el género más elevado. Observemos, por otra parte, que aunque la unidad nos parezca que es la que tiene sobre todo el carácter de principio, siendo la unidad indivisible y siendo lo que es indivisible tal, ya bajo la relación de la cantidad, ya bajo la de la especie, y teniendo la anterioridad lo que lo es bajo la relación de la especie, y en fin, dividiéndose los géneros en especies, la unidad debe aparecer más bien como individuo: el hombre, en efecto, no es el género de los hombres particulares.

Por otra parte, no es posible, en las cosas en que hay anterioridad y posterioridad, que haya fuera de ellas ninguna cosa que sea su género. La díada, por ejemplo, es el primero de los números; fuera de las diversas especies de números no hay ningún otro número que sea el género común; como no hay en la geometría otra figura fuera de las diversas especies de figuras. Y si no hay en este caso género fuera de las especies, con más razón no lo habrá en las demás cosas. Porque en los seres matemáticos es en los que, al parecer, se dan principalmente los géneros. Respecto a los individuos no hay prioridad ni posterioridad; además, allí donde hay mejor y peor, lo mejor tiene la prioridad. No hay, pues, géneros que sean principios de los individuos.

Conforme a lo que precede, deben considerarse los individuos como principios de los géneros. Mas, de otro lado, ¿cómo concebir que los individuos sean principios? No sería fácil demostrarlo. Es preciso que, en tal caso, la causa, el principio esté fuera de las cosas de que es principio, que esté separado de ellas. ¿Pero qué razón hay para suponer que haya un principio de este género fuera de lo particular, a no ser que este principio sea una cosa universal que abraza todos los seres? Ahora bien, si prevalece esta consideración, debe considerarse más bien como principio lo más general, y en tal caso los principios serán los géneros más elevados.

IV

Hay una dificultad que se relaciona con las precedentes, dificultad más embarazosa que todas las demás, y de cuyo examen no podemos dispensarnos; vamos a hablar de ella. Si no hay algo fuera de lo particular, y si hay una infinidad de cosas particulares, ¿cómo es posible adquirir la ciencia de la infinidad de las cosas? Conocer un objeto es, según nosotros, conocer su unidad, su identidad y su carácter general. Pues bien, si esto es necesario, y si es preciso que fuera de las cosas particulares haya algo, habrá necesariamente, fuera de las cosas particulares, los géneros, ya sean los géneros más próximos a los individuos, ya los géneros más elevados. Pero hemos visto antes que esto era imposible. Admitamos, por otra parte, que hay verdaderamente algo fuera del conjunto del atributo y de la sustancia, admitamos que hay especies. Pero ¿la especie es algo que exista fuera de todos los objetos o sólo está fuera de algunos, sin estar fuera de otros, o no está fuera de ninguno?

¿Diremos entonces que no hay nada fuera de las cosas particulares? En este caso no habría nada de inteligible, no habría más que objetos sensibles, no habría ciencia de nada, a no llamarse ciencia el conocimiento sensible. Igualmente no habría nada eterno, ni inmóvil; porque todos los objetos sensibles están sujetos a la destrucción y están en movimiento. Y si no hay nada eterno, la producción es imposible. Porque es indispensable que lo que deviene o llega a ser sea algo, así como aquello que hace llegar a ser; y que la última de las causas productoras sea de todos los tiempos, puesto que la cadena de las causas tiene un término y es imposible que cosa alguna sea producida por el no-ser. Por otra parte, allí donde haya nacimiento y movimiento, habrá necesariamente un término, porque ningún movimiento es infinito y, antes bien, todo movimiento tiene un fin. Y, por último, es imposible que lo que no puede devenir o llegar a ser devenga; lo que deviene existe necesariamente antes de devenir o llegar a ser.

Además, si la sustancia existe en todo tiempo, con mucha más razón es preciso admitir la existencia de la esencia en el momento en que la sustancia deviene. En efecto, si no hay sustancia ni esencia, no existe absolutamente nada. Y como esto es imposible, es preciso que la forma y la esencia sean algo fuera del conjunto de la sustancia y de la forma. Pero si se adopta esta conclusión, una nueva dificultad se presenta. ¿En qué casos se admitirá esta existencia separada, y en qué casos no se la admitirá? Porque es evidente que no en todos los casos se admitirá. En efecto, no podemos decir que hay una casa fuera de las casas particulares.

Pero no para en esto. La sustancia de todos los seres, ¿es una sustancia única? ¿La sustancia de todos los hombres es única, por ejemplo? Pero esto sería un absurdo, porque no siendo todos los seres un ser único, sino un gran número de seres, y de seres diferentes, no es razonable que sólo tengan una misma sustancia. Y además, ¿cómo la sustancia de todos los seres deviene o se hace cada uno de ellos, y cómo la reunión de estas dos cosas, la esencia y la sustancia, constituyen al individuo?

Veamos una nueva dificultad con relación a los principios. Si sólo tienen la unidad genérica, nada será numéricamente uno, ni la unidad misma ni el ser mismo. Y en este caso ¿cómo podrá existir la ciencia, puesto que no habrá unidad que abrace todos los seres? ¿Admitiremos, pues, su unidad numérica? Pero si cada principio sólo existe como unidad, sin que los principios tengan ninguna relación entre sí; si no son como las cosas sensibles, porque cuando tal o cual silaba son de la misma especie, sus principios son de la misma especie sin reducirse a la unidad numérica; si esto no se verifica, si los principios de los seres son reducidos a la unidad numérica, no quedará existente otra cosa que los elementos. Uno, numéricamente o individual son la misma cosa, puesto que llamamos individual a lo que es uno por el número; lo universal, por lo contrario, es lo que se da en todos los individuos. Por tanto, si los elementos de la palabra tuviesen por carácter la unidad numérica, habría necesariamente un número de letras igual al de los elementos de la palabra, no habiendo ninguna identidad ni entre dos de estos elementos, ni entre un mayor número de ellos.

Una dificultad que es tan grave como cualquiera otra, y que han dejado a un lado los filósofos de nuestros días y los que les han precedido, es saber si los principios de las cosas perecederas y los de las cosas imperecederas son los mismos principios, o son diferentes. Si los principios son efectivamente los mismos, ¿en qué consiste que unos seres son perecederos y los otros imperecederos, y por qué razón se verifica esto? Hesíodo y todos los teósofos sólo han buscado lo que podía convencerles a ellos, y no han pensado en nosotros. De los principios han formado los dioses, y los dioses han producido las cosas; y luego añaden que los seres que no han gustado el néctar y la ambrosía están destinados a perecer. Estas explicaciones tenían sin duda un sentido para ellos, pero nosotros no comprendemos siquiera cómo han podido encontrar causas en esto. Porque si los seres se acercan al néctar y ambrosía, en vista del placer que proporcionan el néctar y la ambrosía, de ninguna manera son causas de la existencia; si, por el contrario, es en vista de la existencia, ¿cómo estos seres podrán ser inmortales, puesto que tendrían necesidad de alimentarse? Pero no tenemos necesidad de someter a un examen profundo invenciones fabulosas.

Dirijámonos, pues, a los que razonan y se sirven de demostraciones, y preguntémosles: ¿En qué consiste que, procediendo de los mismos principios, unos seres tienen una naturaleza eterna mientras que otros están sujetos a la destrucción? Pero como no nos dicen cuál es la causa de que se trata y hay contradicción en este estado de cosas, es claro que ni los principios ni las causas de los seres pueden ser las mismas causas y los mismos principios. Y así, un filósofo al que debería creérsele perfectamente consecuente con su doctrina, Empédocles, ha incurrido en la misma contradicción que los demás. Asienta, en efecto, un principio, la Discordia, como causa de la destrucción, y engendra con este principio todos los seres, menos la unidad, porque todos los seres, excepto Dios, son producidos por la Discordia. Oigamos a Empédocles:

Tales fueron las causas de lo que ha sido, de lo que es, de lo que será en el porvenir; las que hicieron nacer los árboles, los hombres, las mujeres,
y las bestias salvajes, y los pajaros, y los peces que viven en las aguas.
Y los dioses de larga existencia.

Esta opinión resulta también de otros muchos pasajes. Si no hubiese en las cosas Discordia, todo, según Empédocles, se vería reducido a la unidad. En efecto, cuando las cosas están reunidas, entonces se despierta por último la Discordia. Se sigue de aquí que la Divinidad, el ser dichoso por excelencia, conoce menos que los demás seres porque no conoce todos los elementos. No tiene en sí la Discordia, y es porque sólo lo semejante conoce lo semejante:

Por la tierra vemos la tierra, el agua por el agua;
por el aire el aire divino, y por el fuego el fuego devorador;
la Amistad por la Amistad, la Discordia por la fatal Discordia.

Es claro, volviendo al punto de partida, que la Discordia es, en el sistema de este filósofo, tanto causa de ser como causa de destrucción. Y lo mismo la Amistad es tanto causa de destrucción como de ser. En efecto, cuando la Amistad reúne los seres y los reduce a la unidad, destruye todo lo que no es la unidad. Añádase a esto que Empédocles no asigna al cambio mismo o mudanza ninguna causa, y sólo dice que así sucedió:

En el acto que la poderosa Discordia hubo agrandado,
y que se lanzó para apoderarse de su dignidad en el día señalado por el tiempo;
el tiempo, que se divide alternativamente entre la Discordia y la Amistad; el tiempo, que ha precedido al majestuoso juramento.

Habla como si el cambio fuese necesario, pero no asigna causa a esta necesidad.

Sin embargo, Empédocles ha estado de acuerdo consigo mismo, en cuanto admite, no que unos seres son perecederos y otros imperecederos, sino que todo es perecedero, menos los elementos.

La dificultad que habíamos expuesto era la siguiente: si todos los seres vienen de los mismos principios, ¿por qué los unos son perecederos y los otros imperecederos? Pero lo que hemos dicho precedentemente basta para demostrar que los principios de todos los seres no pueden ser los mismos.

Pero si los principios son diferentes una dificultad se suscita: ¿serán también imperecederos o perecederos? Porque si son perecederos, es evidente que proceden necesariamente de algo, puesto que todo lo que se destruye vuelve a convertirse en sus elementos. Se seguiría de aquí que habría otros principios anteriores a los principios mismos. Pero esto es imposible, ya tenga la cadena de las causas un límite, ya se prolongue hasta el infinito. Por otra parte, si se anonadan los principios, ¿cómo podrá haber seres perecederos? Y si los principios son imperecederos, ¿por qué entre estos principios imperecederos hay unos que producen seres perecederos y los otros seres imperecederos? Esto no es lógico; es imposible, o por lo menos exigiría grandes explicaciones. Por último, ningún filósofo ha admitido que los seres tengan principios diferentes; todos dicen que los principios de todas las cosas son los mismos. Pero esto equivale a pasar por alto la dificultad que nos hemos propuesto, y que es considerada por ellos como un punto poco importante.

Una cuestión tan difícil de examinar como la que más, y de una importancia capital para el conocimiento de la verdad, es la de saber si el ser y la unidad son sustancias de los seres; si estos dos principios no son otra cosa que la unidad y el ser, tomado cada uno aparte; o bien si debemos preguntarnos qué son el ser y la unidad, suponiendo que tengan por sustancia una naturaleza distinta de ellos mismos. Porque tales son en este punto las diversas opiniones de los filósofos.

Platón y los pitagóricos pretenden, en efecto, que el ser y la unidad no son otra cosa que ellos mismos, y que tal es su carácter. La unidad en sí y el ser en sí; he aquí, según estos filósofos, lo que constituye la sustancia de los seres.

Los físicos son de otra opinión. Empédocles, por ejemplo, intentando cómo reducir su principio a un término más conocido, explica lo que es la unidad; puede deducirse de sus palabras que el ser es la Amistad; la Amistad es, pues, según Empédocles, la causa de la unidad de todas las cosas. Otros pretenden que el fuego o el aire son esta unidad y este ser, de donde salen todos los seres, y que los ha producido a todos. Lo mismo sucede con los que han admitido la pluralidad de elementos; porque deben necesariamente reconocer tantos seres y tantas unidades como principios reconocen.

Si no se asienta que la unidad y el ser son una sustancia, se sigue que no hay nada general, puesto que estos principios son lo más general que hay en el mundo, y si la unidad en sí y el ser en sí no son algo, con más fuerte razón no habrá ser alguno fuera de lo que se llama lo particular. Además, si la unidad no fuese una sustancia, es evidente que el número mismo no podría existir como una naturaleza separada de los seres. En efecto, el número se compone de mónadas, y la mónada es lo que es uno. Pero si la unidad en sí, si el ser en sí son alguna cosa, es preciso que sean la sustancia, porque no hay nada fuera de la unidad y del ser que se diga universalmente de todos los seres.

Pero si el ser en sí y la unidad en sí son algo, nos será muy difícil concebir cómo pueda haber ninguna otra cosa fuera de la unidad y del ser, es decir, cómo pueda haber más de un ser, puesto que lo que es otra cosa que el ser no es. De donde se sigue necesariamente lo que decía Parménides, que todos los seres se reducían a uno, y que la unidad es el ser. Pero aquí se presenta una doble dificultad; porque, ya no sea la unidad una sustancia, ya lo sea, es igualmente imposible que el número sea una sustancia: que es imposible en el primer caso, ya hemos dicho por qué. En el segundo, la misma dificultad ocurre que respecto del ser. ¿De dónde vendría efectivamente otra unidad fuera de la unidad? Porque en el caso de que se trata habría necesariamente dos unidades. Todos los seres son, o un solo ser o una multitud de seres, si cada ser es unidad.

Más aún. Si la unidad fuese indivisible, no habría absolutamente nada, y esto es lo que piensa Zenón. En efecto, lo que no se hace ni más grande cuando se le añade, ni más pequeño cuando se le quita algo, no es, en su opinión, un ser, porque la magnitud es evidentemente la esencia del ser. Y si la magnitud es su esencia, el ser es corporal, porque el cuerpo es magnitud en todos sentidos. Pero ¿cómo la magnitud añadida a los seres hará a los unos más grandes sin producir en los otros este efecto? Por ejemplo, ¿cómo el plano y la línea agrandarán, y jamás el punto y la mónada? Sin embargo, como la conclusión de Zenón es un poco dura, y por otra parte puede haber en ella algo de indivisible, se responde a la objeción, que en el caso de la mónada o el punto la adición no aumenta la extensión y sí el número. Pero entonces, ¿cómo un solo ser, y si se quiere muchos seres de esta naturaleza, formarán una magnitud? Sería lo mismo que pretender que la línea se compone de puntos. Y si se admite que el número, como dicen algunos, es producido por la unidad misma y por otra cosa que no es unidad, no por esto dejará de tenerse que indagar por qué y cómo el producto es tan pronto un número, tan pronto una magnitud; puesto que el no-uno es la desigualdad, es la misma naturaleza en los dos casos. En efecto, no se ve cómo la unidad con la desigualdad, ni cómo un número con ella, pueden producir magnitudes.

V

Hay una dificultad que se relaciona con las precedentes, y es la siguiente: ¿Los números, los cuerpos, las superficies y los puntos son o no sustancias?

Si no son sustancias, no conocemos bien ni lo que es el ser, ni cuáles son las sustancias de los seres. En efecto, ni las modificaciones, ni los movimientos, ni las relaciones, ni las disposiciones, ni las proposiciones tienen, al parecer, ninguno de los caracteres de la sustancia. Se refieren todas estas cosas como atributos a un sujeto, y jamás se les da una existencia independiente. En cuanto a las cosas que parecen tener más el carácter de sustancia, como el agua, la tierra, el fuego que constituyen los cuerpos compuestos en estas cosas, lo caliente y lo frío, y las propiedades de esta clase, son modificaciones y no sustancias. El cuerpo, que es el sujeto de estas modificaciones, es el único que persiste como ser y como verdadera sustancia. Y, sin embargo, el cuerpo es menos sustancia que la superficie, ésta lo es menos que la línea, y la línea menos que la mónada y el punto. Por medio de ellos el cuerpo es determinado y, al parecer, es posible que existan independientemente del cuerpo; pero sin ellos la existencia del cuerpo es imposible. Por esta razón, mientras que el vulgo y los filósofos de los primeros tiempos admiten que el ser y la sustancia es el cuerpo, y que las demás cosas son modificaciones del cuerpo, de suerte que los principios de los cuerpos son también los principios de los seres, filósofos más modernos, y que se han mostrado verdaderámente más filósofos que sus predecesores, admiten por principios los números. Y así, como ya hemos visto, si los seres en cuestión no son sustancias, no hay absolutamente ninguna sustancia, ni ningún ser, porque a los accidentes de estos seres no merecen ciertamente que se les dé el nombre de seres.

Sin embargo, si por una parte se reconoce que las longitudes y los puntos son más sustancias .que los cuerpos, y si por otra no vemos entre qué cuerpos será preciso colocarlos, porque no es posible hacerlos entre los objetos sensibles, en este caso no habrá ninguna sustancia. En efecto, evidentemente éstas no son más que divisiones del cuerpo, ya en longitud, ya en latitud, ya en profundidad. Por último, toda figura, cualquiera que ella sea, se encuentra igualmente en el sólido, o no hay ninguna. De suerte que si no puede decirse que el Hermes existe en la piedra con sus contornos determinados, la mitad del cubo tampoco está en el cubo con su forma determinada, y ni hay siquiera en el cubo superficie alguna real. Porque si toda superficie, cualquiera que ella sea, existiese en él realmente, la que determina la mitad del cubo tendría también en él una existencia real. El mismo razonamiento se aplica igualmente a la línea, al punto y a la mónada. Por consiguiente, si por una parte el cuerpo es la sustancia por excelencia; si por otra las superficies, las líneas y los puntos lo son más que el cuerpo mismo, y si, en otro concepto, ni las superficies, ni las líneas, ni los puntos son sustancia, en tal caso no sabemos ni qué es el ser, ni cuál es la sustancia de los seres.

Añádase a lo que acabamos de decir las consecuencias irracionales que se deducirían relativamente a la producción y a la destrucción. En efecto, en este caso, la sustancia que antes no existía, existe ahora, y la que existía antes cesa de existir. ¿No es esto para la sustancia una producción y una destrucción? Por lo contrario, ni los puntos, ni las líneas, ni las superficies son susceptibles ni de producirse ni de ser destruidas; sin embargo, tan pronto existen como no existen. Véase lo que pasa en el caso de la reunión o separación de dos cuerpos: si se juntan, no hay más que una superficie, y si se separan, hay dos. Y así, en el caso de una superficie, las líneas y los puntos no existen ya, han desaparecido; mientras que, después de la separación, existen magnitudes que no existían antes; pero el punto, objeto indivisible, no se ha dividido en dos partes. Finalmente, si las superficies están sujetas a producción y a destrucción, proceden de algo.

Pero con los seres de que tratamos sucede, sobre poco más o menos, lo mismo que con el instante actual en el tiempo. No es posible que devenga y perezca; sin embargo, como no es una sustancia, parece sin cesar diferente. Evidentemente los puntos, las líneas y las superficies se encuentran en un caso semejante, porque se les puede aplicar los mismos razonamientos. Como el instante actual, no son ellos más que límites o divisiones.

VI

Una cuestión que es absolutamente preciso plantear es la de saber por qué, fuera de los seres sensibles y de los seres intermedios, es imprescindible ir en busca de otros objetos; por ejemplo, los. que se llaman ideas. El motivo es, según se dice, que si los seres matemáticos difieren por cualquier otro concepto de los objetos de este mundo, de ninguna manera difieren en éste, pues que un gran número de estos objetos son de especie semejante. De suerte que sus principios no quedarán limitados a la unidad numérica. Sucederá, como con los principios de las palabras de que nos servimos, que se distinguen no numéricamente sino genéricamente; a menos, sin embargo, de que se los cuente en tal silaba, en tal palabra determinada, porque en este caso tienen también la unidad numérica. Los seres intermedios se encuentran en este caso. En ellos igualmente las semejanzas de especie son infinitas en número. De modo que si fuera de los seres sensibles y de los seres matemáticos no hay otros seres que los que algunos filósofos llaman ideas, en este caso no hay sustancia, una en número y en género; y entonces los principios de los seres no son principios que se cuenten numéricamente, y sólo tienen la unidad genérica. Y si esta consecuencia es necesaria, es preciso que haya ideas. En efecto, aunque los que admiten su existencia no formulan bien su pensamiento, he aquí lo que quieren decir y que es consecuencia necesaria de sus principios. Cada idea es una sustancia; ninguna es accidente. Por otra parte, si se afirma que las ideas existen, y que los principios son numéricos y no genéricos, ya hemos dicho más arriba las dificultades imposibles de resolver que de esto tienen que resultar necesariamente.

Una indagación difícil se relaciona con las cuestiones precedentes. ¿Los elementos existen en potencia o de alguna otra manera? Si de alguna otra manera, ¿cómo habrá cosa anterior a los principios?

(Porque la potencia es anterior a tal causa determinada, y no es necesario que la causa que existe en potencia pase a acto.) Pero si los elementos no existen más que en potencia, es posible que ningún ser exista. Poder existir no es existir aún; puesto que no lo que deviene o llega a ser es lo que no era o existía, y que nada deviene o llega a ser si no tiene la potencia de ser.

Tales son las dificultades que es preciso proponerse relativamente a los principios. Debe aún preguntarse si los principios son universales o si son elementos particulares. Si son universales o no son esencias, porque lo que es común a muchos seres indica que un ser es de tal manera y no que es propiamente tal ser. Porque la esencia es propiamente lo que constituye un ser. Y si lo universal es un ser determinado, si el atributo común a los seres puede ser afirmado como esencia, habrá en el mismo ser muchos animales, Sócrates, el hombre, el animal; puesto que en esta suposición cada uno de los atributos de Sócrates indica la existencia propia y la unidad de un ser. Si los principios son universales, esto es lo que se deduce. Si no son universales, son como elementos particulares que no pueden ser objeto de la ciencia, recayendo como recae toda ciencia sobre lo universal. De suerte que deberá haber aquí otros principios anteriores a ellos, y señalados con el carácter de la universalidad, para que pueda tener lugar la ciencia de los principios.

LIBRO CUARTO

I.   Del ser en tanto que ser.

II.   El estudio del ser en tanto que ser y el de sus propiedades
      son objeto de una ciencla única.

III. A la filosofía corresponde tratar de los axiomas matemáticos
      y de la esencia.

IV.   No hay medio entre la afirmación y la negación La misma
      cosa no puede ser y no ser.

V.   La aparencia no es la verdad.

VI.   Refutación de los que pretenden que todo lo que parece es
      verdadero.

VII. Desenvolvimiento del principio según el que no hay medio
      entre la aflrmación y la negación.

VIII. Del sistema de los que pretenden que todo es verdadero o
      que todo es falso. Refutación.

I

Hay una ciencia que estudia el ser en tanto que ser y los accidentes propios del ser. Esta ciencia es diferente de todas las ciencias particulares, porque ninguna de ellas estudia en general el ser en tanto que ser. Estas ciencias sólo tratan del ser desde cierto punto de vista, y sólo desde este punto de vista estudian sus accidentes; en este caso están las ciencias matemáticas. Pero puesto que indagamos los principios, las causas más elevadas, es evidente que estos principios deben tener una naturaleza propia. Por tanto, si los que han indagado los elementos de los seres buscaban estos principios, debían necesariamente estudiar en tanto que seres. Por esta razón debemos nosotros también estudiar las causas primeras del ser en tanto que ser.

II

El ser se entiende de muchas maneras, pero estos diferentes sentidos se refieren a una sola cosa, a una misma naturaleza, no habiendo entre ellos sólo comunidad de nombre; mas así como por sano se entiende todo aquello que sc refiere a la salud, lo que la conserva, lo que la produce, aquello de que es ella señal y aquello que la recibe; y así como por medicina puede entenderse todo lo que se relaciona con la medicina, y significar ya aquello que posee el arte de la medicina, o bien lo que es propio de ella, o finalmente lo que es obra suya, como acontece con la mayor parte de las cosas; en igual forma el ser tiene muchas significaciones, pero todas se refieren a un principio único. Tal cosa se llama ser, porque es una esencia; tal otra porque es una modificación de la esencia, porque es la dirección hacia la esencia, o bien es su destrucción, su privación, su cualidad, porque ella la produce, le da nacimiento, está en relación con ella; o bien, finalmente, porque ella es la negación del ser desde alguno de estos puntos de vista o de la esencia misma. En este sentido decimos que el no ser es, que él es el no ser. Todo lo comprendido bajo la palabra general de sano es del dominio de una sola ciencia. Lo mismo sucede con todas las demás cosas: una sola ciencia estudia, no ya lo que comprende en sí mismo un objeto único, sino todo lo que se refiere a una sola naturaleza; pues en efecto, éstos son, desde un punto de vista, atributos del objeto único de la ciencia.

Es, pues, evidente que una sola ciencia estudiará igualmente los seres en tanto que seres. Ahora bien, la ciencia tiene siempre por objeto propio lo que es primero, aquello de que todo lo demás depende, aquello que es la razón de la existencia de las demás cosas. Si la esencia está en este caso, será preciso que el filósofo posea los principios y las causas de las esencias. Pero no hay más que un conocimiento sensible, una sola ciencia para un solo género; y así una sola ciencia, la gramática, trata de todas las palabras; y de igual modo una sola ciencia general tratará de todas las especies del ser y de las subdivisiones de estas especies.

Si, por otra parte, el ser y la unidad son una misma cosa, si constituyen una sola naturaleza, puesto que se acompañan siempre mutuamente como principio y como causa, sin estar, sin embargo, comprendidos bajo una misma noción, importará poco que nosotros tratemos simultáneamente del ser y de la esencia; y hasta ésta será una ventaja. En efecto, un hombre, ser hombre y hombre significan la misma cosa; nada se altera la expresión: el hombre es; por esta duplicación, el hombre es hombre o el hombre es un hombre. Es evidente que el ser no se separa de la unidad, ni en la producción ni en la destrucción. Así mismo la unidad nace y perece con el ser. Se ve claramente que la unidad no añade nada al ser por su adjunción y, por último, que la unidad no es cosa alguna fuera del ser.

Además, la sustancia de cada cosa es una en sí y no accidentalmente. Y lo mismo sucede con la esencia. De suerte que tantas cuantas especies hay en la unidad, otras tantas especies correspondientes hay en el ser. Una misma ciencia tratará de lo que son en sí mismas estas diversas especies; estudiará, por ejemplo, la identidad y la semejanza, y todas las cosas de este género, así como sus opuestas; en una palabra, los contrarios; porque demostraremos en el examen de los contrarios, que casi todos se reducen a este principio, la oposición de la unidad con su contrario.

La filosofía constará además de tantas partes como esencias hay; y entre estas partes habrá necesariamente una primera, una segunda. La unidad y el ser se subdividen en géneros, unos anteriores y otros posteriores; y habrá tantas partes de la filosofía como subdivisiones hay.

El filósofo se encuentra, en efecto, en el mismo caso que el matemático. En las matemáticas hay partes; hay una primera, una segunda, y así sucesivamente.

Una sola ciencia se ocupa de los opuestos, y la pluralidad es lo opuesto a la unidad; una sola y misma ciencia tratará de la negación y de la privación, porque en estos dos casos es tratar de la unidad, como que respecto de ella tiene lugar la negación o privación: privación simple, por ejemplo, cuando no se da la unidad en esto, o privación de la unidad en un género particular. La unidad tiene, por tanto, su contrario, lo mismo en la privación que en la negación: la negación es la ausencia de tal cosa particular; bajo la privación hay igualmente alguna naturaleza particular, de la que se dice que hay privación. Por otra parte, la pluralidad es, como hemos dicho, opuesta a la unidad. La ciencia de que se trata se ocupará de lo que es opuesto a las cosas de que hemos hablado: a saber, de la diferencia, de la desemejanza, de la desigualdad y de los demás modos de este género, considerados bien en sí mismos, o con relación a la unidad y a la pluralidad. Entre estos modos será preciso colocar también la contrariedad, porque la contrariedad es una diferencia, y la diferencia entra en lo desemejante. La unidad se entiende de muchas maneras, y por tanto estos diferentes modos se entenderán lo mismo; mas, sin embargo, pertenecerá a una sola ciencia el conocerlos todos. Porque no se refieren a muchas ciencias sólo porque se tomen en muchas acepciones. Si no fuesen modos de la unidad, si sus nociones no pudiesen referirse a la unidad, entonces pertenecerían a ciencias diferentes. Todo se refiere a algo que es primero; por ejemplo, todo lo que se dice uno, se refiere a la unidad primera. Lo mismo debe suceder con la identidad y la diferencia, y sus contrarios. Cuando se ha examinado en particular en cuántas acepciones se toma una cosa, es indispensable referir luego estas diversas acepciones a lo que es primero en cada categoría del ser; es preciso ver cómo cada una de ellas se liga con la significación primera. Y así, ciertas cosas reciben el nombre de ser y de unidad, porque los tienen en sí mismas; otras porque los producen, y otras por alguna razón análoga. Es por tanto evidente, como hemos dicho en el planteamiento de las dificultades, que una sola ciencia debe tratar de la sustancia y sus diferentes modas; ésta era una de las cuestiones que nos habíamos propuesto.

El filósofo debe poder tratar todos estos puntos, porque si no perteneciera y fuera todo esto propio del filósofo, ¿quién ha de examinar, si Sócrates y Sócrates sentado son la misma cosa; si la unidad es opuesta a la unidad; qué es la oposición; de cuántas maneras debe entenderse, y una multitud de cuestiones de este género? Puesto que los modos de que hemos hablado son modificaciones propias de la unidad en tanto que unidad, del ser en tanto que ser, y no en tanto que números, líneas o fuego, es evidente que nuestra ciencia deberá estudiarlos en su esencia y en sus accidentes. El error de los que hablan de ellos no consiste en ocuparse de seres extraños a la filosofía, y sí en no decir nada de la esencia, la cual es anterior a estos modos. Así como el número en tanto que número tiene modos propios, por ejemplo, el impar, el par, la conmensurabilidad, la igualdad, el aumento, la disminución, modos todos ya del número en sí, ya de los números en sus recíprocas relaciones y lo mismo que el sólido, al mismo tiempo que puede estar inmóvil o en movimiento, ser pesado o ligero, tiene también sus modos propios, en igual forma el ser en tanto que ser tiene ciertos modos particulares, y estos modos son objeto de las investigaciones del filósofo. La prueba de esto es que las indagaciones de los dialécticos y de los sofistas, que se disfrazan con el traje del filósofo, porque sofística no es otra cosa que la apariencia de la filosofía, y los dialécticos disputan, sobre todo, tales indagaciones, digo, son todas ellas relativas al ser. Si se ocupan de estos modos de ser, es evidentemente porque son del dominio de la filosofía, como que la dialéctica y la sofística se agitan en el mismo círculo de ideas que la filosofía. Pero la filosofía difiere de la una por los efectos que produce, y de la otra por el género de vida que impone. La dialéctica trata de conocer, la filosofía conoce; en cuanto a la sofística, no es más que una ciencia aparente y sin realidad.

Hay en los contrarios dos series opuestas, una de las cuales es la privación, y todos los contrarios pueden reducirse al ser y al no ser, a la unidad y a la pluralidad. El reposo, por ejemplo, pertenece a la unidad; el movimiento, a la pluralidad. Por lo demás, casi todos los filósofos están de acuerdo en decir que los seres y la sustancia están formados de contrario. Todos dicen que los principios son contrarios, adoptando los unos el impar y el par, otros lo caliente y lo frío, otros lo finito y lo infinito, otros la Amistad y la Discordia. Todos sus demás principios se reducen al placer, como aquéllos a la unidad y la pluralidad. Admitamos que efectivamente se reducen a esto. En tal caso, la unidad y la pluralidad son, en cierto modo, géneros bajo los cuales vienen a colocarse sin excepción alguna los principios reconocidos por los filósofos que nos han precedido. De aquí resulta evidentemente que una sola ciencia debe ocuparse del ser en tanto que ser, porque todos los seres son o contrarios o compuestos de contrarios; y los principios de los contrarios son la unidad y la pluralidad, las cuales entran en una misma ciencia, sea que se apliquen o, como probablemente debe decirse con más verdad, que no se aplique cada una de ellas a una naturaleza única. Aunque la unidad se tome en diferentes acepciones, todos estos diferentes sentidos se refieren, sin embargo, a la unidad primitiva. Lo mismo sucede respecto a los contrarios; por esta razón, aun no concediendo que el ser y la unidad son algo de universal que se encuentra igualmente en todos los individuos o que se da fuera de los individuos (y quizá no estén separados realmente de ellos), será siempre exacto que ciertas cosas se refieren a la unidad, y otras se derivan de la unidad.

Por consiguiente, no es al geómetra a quien toca estudiar lo contrario, lo perfecto, el ser, la unidad, la identidad, lo diferente; él habrá de limitarse a reconocer la existencia de estos principios.

Por tanto es muy .claro que pertenece a una ciencia única estudiar el ser en tanto que ser, y los modos del ser en tanto que ser; y esta ciencia es una ciencia teórica, no sólo de las sustancias, sino también de sus modos, de los mismos de que acabamos de hablar, y también de la prioridad y de la posterioridad, del género y de la especie, del todo y de la parte, y de las demás cosas análogas.

III

Ahora tenemos que examinar si el estudio de lo que en las matemáticas se llama axioma y el de la esencia dependen de una ciencia única o de ciencias diferentes. Es evidente que este doble examen es objeto de una sola ciencia, y que esta ciencia es la filosofía. En efecto, los axiomas abrazan sin excepción todo lo que existe, y no tal o cual género de seres tomados aparte, con exclusión de los demás. Todas las ciencias se sirven de los axiomas, porque se aplican al ser en tanto que ser, y el objeto de toda ciencia es el ser. Pero no se sirven de ellos sino en la medida que basta a su propósito, es decir, en cuanto lo permiten los objetos sobre que recaen sus demostraciones. Y así, puesto que existen en tanto que seres en todas las cosas, porque éste es su carácter común, al que conoce el ser en tanto que ser, es a quien pertenece el examen de los axiomas.

Por esta razón, ninguno de los que se ocupan de las ciencias parciales, ni el geómetra, ni el aritmético, intenta demostrar ni la verdad ni la falsedad de los axiomas; y sólo exceptúo algunos de los físicos; por entrar esta indagación en su asunto. Los físicos son, en efecto, los únicos que han pretendido abrazar, en una sola ciencia, la naturaleza toda y el ser. Pero como hay algo superior a los seres físicos, porque los seres físicos no son más que un género particular del ser, al que trate de lo universal y de la sustancia primera es a quien pertenecerá igualmente estudiar este algo. La física es, verdaderamente, una especie de filosofía, pero no es la filosofía primera.

Por otra parte, en todo lo que dicen sobre el modo de reconocer la verdad de los axiomas, se ve que estos filósofos ignoran los principios mismos de la demostración. Antes de abordar la ciencia, es preciso conocer los axiomas, y no esperar encontrarlos en el curso de la demostración.

Es evidente que al filósofo, al que estudia lo que en toda esencia constituye su misma naturaleza, es a quien corresponde examinar los principios silogísticos. Conocer perfectamente cada uno de los géneros de los seres es tener todo lo que se necesita para poder afirmar los principios más ciertos de cada cosa. Por consiguiente, el que conoce los seres en tanto que seres, es el que posee los principios más ciertos de las cosas. Ahora bien, éste es el filósofo.

Principio cierto.por excelencia es aquel respecto del cual todo error es imposible. En efecto, el principio cierto por excelencia debe ser el más conocido de los principios, porque siempre se incurre en error respecto de las cosas que no se conocen, y un principio, cuya posesión es necesaria para comprender las cosas, no es una suposición. Por último, el principio que hay necesidad de conocer para conocer lo que quiera que sea es preciso poseerlo también necesariamente, para abordar toda clase de estudios. Pero ¿cuál es este principio? Es el siguiente: es imposible que el mismo atributo pertenezca y no pertenezca al mismo sujeto, en un tiempo mismo y bajo la misma relación, etcétera (no olvidemos aquí, para precavernos de las sutilezas lógicas, ninguna de las condiciones esenciales que hemos determinado en otra parte).

Este principio, decimos, es el más cierto de los principios. Basta que se satisfagan las condiciones requeridas, para que un principio sea el principio cierto por excelencia. No es posible, en efecto, que pueda concebir nadie que una cosa exista y no exista al mismo tiempo. Heráclito es de otro dictamen, según algunos; pero de que se diga una cosa no hay que deducir necesariamente que se piensa. Si, por otra parte, es imposible que en el mismo ser se den al mismo tiempo los contrarios (y a esta proposición es preciso añadir todas las circunstancias que la determinan habitualmente), y si, por último, dos pensamientos contrarios no son otra cosa que una afirmación que se niega a sí misma, es evidentemente imposible que el mismo hombre conciba al mismo tiempo que una misma cosa es y no es. Mentiría, por consiguiente, el que afirmase tener esta concepción simultánea, puesto que, para tenerla, sería preciso que tuviese simultáneamente los dos pensamientos contrarios. Al principio que hemos sentado van a parar en definitiva todas las demostraciones, porque es de suyo el principio de todos los demás axiomas.

IV

Ciertos filósofos, como ya hemos dicho, pretenden que una misma cosa puede ser y no ser, y que se pueden concebir simultáneamente los contrarios. Tal es la aserción de la mayor parte de los físicos. Nosotros acabamos de reconocer que es imposible ser y no ser al mismo tiempo, y fundados en esta imposibilidad hemos declarado que nuestro principio es el principio cierto por excelencia.

También hay filósofos que, dando una muestra de ignorancia, quieren demostrar este principio; porque es ignorancia no saber distinguir lo que tiene necesidad de demostración de lo que no la tiene. Es absolutamente imposible demostrarlo todo, porque sería preciso caminar hasta el infinito; de suerte que no resultaría demostración. Y si hay verdades que no deben demostrarse, dígasenos qué principio, como no sea el expuesto, se encuentra en semejante caso.

Se puede, sin embargo, asentar, por vía de refutación, esta imposibilidad de los contrarios. Basta que el que niega el principio dé un sentido a sus palabras. Si no le da ninguno, sería ridículo intentar responder a un hombre que no puede dar razón de nada, puesto que no tiene razón ninguna. Un hombre semejante, un hombre privado de razón, se parece a una planta. Y combatir por vía de refutación, es en mi opinión, una cosa distinta que demostrar. El que demostrase el principio, incurriría, al parecer, en una petición de principio. Pero si se intenta dar otro principio como causa de este de que se trata, entonces habrá refutación, pero no demostración.

Para desembarazarse de todas las argucias, no basta pensar o decir que existe o que no.existe alguna cosa, porque podría creerse que esto era una petición de principio, y necesitamos designar un objeto a nosotros mismos y a los demás. Es imprescindible hacerlo así, puesto que de este modo se da un sentido a las palabras, y el hombre para quien no tuviesen sentido no podría ni entenderse consigo mismo, ni hablar a los demás. Si se concede este punto, entonces habrá demostración, porque habrá algo de determinado y de fijo. Pero el que demuestra no es la causa de la demostración, sino aquel a quien ésta se dirige. Comienza por destruir todo lenguaje, y admite en seguida que se puede hablar. Por último, el que concede que las palabras tienen un sentido, concede igualmente que hay algo de verdadero, independiente de toda demostración. De aquí la imposibilidad de los contrarios.

Ante todo queda, por tanto, fuera de duda esta verdad; que el hombre significa que tal cosa es o que no es. De suerte que nada absolutamente puede ser y no ser de una manera dada. Admitamos, por otra parte, que la palabra hombre designa un objeto, y sea este objeto el animal bípedo. Digo que en este caso, este nombre no tiene otro sentido que el siguiente: si el animal de dos pies es el hombre, y el hombre es una esencia, la esencia del hombre es el ser un animal de dos pies.

Es hasta indiferente para la cuestión que se atribuya a la misma palabra muchos sentidos, con tal que de antemano se los haya determinado. Es preciso entonces unir a cada empleo de una palabra otra palabra. Supongamos, por ejemplo, que se dice: la palabra hombre significa, no un objeto único, sino muchos objetos, cada uno de cuyos objetos tiene un nombre particular: el animal, el bípedo. Añádase todavía un mayor número de objetos, pero determinad su número y unid la expresión propia a cada empleo de la palabra. Si no se añadiese esta expresión propia, si se pretendiese que la palabra tiene una infinidad de significaciones, es claro que no sería ya posible entenderse. En efecto, no significar un objeto uno, es no significar nada. Y si las palabras no significan nada, es de toda imposibilidad que los hombres se entiendan entre sí; decimos más, que se entiendan ellos mismos. Si el pensamiento no recae sobre un objeto uno, todo pensamiento es imposible. Para que el pensamiento sea posible, es preciso dar un nombre determinado al objeto del pensamiento.

El hombre, como dijimos antes, designa la esencia, y designa un objeto único; por consiguiente ser hombre no puede significar lo mismo que no ser hombre, si la palabra hombre significa una naturaleza determinada, y no sólo los atributos de un objeto determinado. En efecto, las expresiones «ser determinado» y «atributos de un ser determinado» no tienen, para nosotros, el mismo sentido. Si no fuera así, las palabras músico, blanco y hombre significarían una sola y misma cosa. En este caso todos los seres serían un solo ser, porque todas las palabras serían sinónimas. Finalmente, sólo bajo la relación de la semejanza de la palabra, podría una misma cosa ser y no ser; por ejemplo, si lo que nosotros llamamos hombre, otros le llamasen no-hombre. Pero la cuestión no es saber si es posible que la misma cosa sea y no sea al mismo tiempo el hombre nominalmente, sino si puede serlo realmente.

Si hombre y no-hombre no significasen cosas diferentes, no ser hombre no tendría evidentemente un sentido diferente de ser hombre. Y así, ser hombre sería no ser hombre, y habría entre ambas cosas identidad, porque esta doble expresión que representa una noción única significa un objeto único, lo mismo que vestido y traje. Y si hay identidad, ser hombre y no ser hombre significan un objeto único; pero hemos demostrado antes que estas dos expresiones tienen un sentido diferente.

Por consiguiente, es imprescindible decir, si hay algo que sea verdad, que ser hombre es ser un animal de dos pies, porque éste es el sentido que hemos dado a la palabra hombre. Y si esto es imprescindible, no es posible que en el mismo instante este mismo ser no sea un animal de dos pies, lo cual significaría que es necesariamente imposible que este ser sea un hombre. Por tanto tampoco es posible que pueda decirse con exactitud, al mismo tiempo, que el mismo ser es un hombre y que no es un hombre.

El mismo razonamiento se aplica igualmente en el caso contrario. Ser hombre y no ser hombre significan dos cosas diferentes. Por otra parte, ser blanco y ser hombre no son la misma cosa; pero las otras dos expresiones son más contradictorias y difieren más por el sentido.

Si llega hasta pretender que ser blanco y ser hombre signifiquen una sola y misma cosa, repetiremos lo que ya dijimos: habrá identidad entre todas las cosas, y no solamente entre las opuestas. Si esto no es admisible, se sigue que nuestra proposición es verdadera. Basta que nuestro adversario responda a la pregunta. En efecto, nada obsta a que el mismo ser sea hombre y blanco, y otra infinidad de cosas además. Lo mismo que si se plantea esta cuestión: ¿es o no cierto que tal objeto es un hombre? Es preciso que el sentido de la respuesta esté determinado, y que no se vaya a añadir que el objeto es grande, blanco, porque siendo infinito el número de accidentes, no se pueden enumerar todos, y es necesario o enumerarlos todos o no enumerar ninguno. De igual modo, aunque el mismo ser sea una infinidad de cosas, como hombre, no hombre, etc., a la pregunta ¿éste un hombre?, no debe responderse que es al mismo tiempo no hombre, a menos que no se añadan a la respuesta todos los accidentes, todo lo que el objeto es y no es. Pero conducirse de esta manera, no es discutir.

Por otra parte, admitir semejante principio es destruir completamente toda sustancia y toda esencia. Pues en tal caso resultaría que todo es accidente, y es preciso negar la existencia de lo que constituye la existencia del hombre y la existencia del animal; porque si lo que constituye la existencia del hombre es algo, este algo no es ni la existencia del no-hombre, ni la no-existencia del hombre. Por lo contrario, éstas son negaciones de este algo, puesto que lo que significaba era un objeto determinado, y que este objeto era una esencia. Ahora bien, significar la esencia de un ser es significar la identidad de su existencia. Luego si lo que constituye la existencia del hombre es lo que constituye la existencia del no-hombre o lo que constituye la existencia del hombre, no habrá identidad. De suerte que es preciso que esos de que hablamos digan que no hay nada que esté marcado con el sello de la esencia y de la sustancia, sino que todo es accidente. En efecto, he aquí lo que distingue la esencia del accidente: la blancura, en el hombre, es un accidente; y la blancura es un accidente en el hombre, porque es blanco, pero no es la blancura.

Si se dice que todo es accidente, ya no hay género primero, puesto que siempre el accidente designa el atributo de un sujeto. Es preciso, por tanto, que se prolongue hasta el infinito la cadena de accidentes. Pero esto es imposible. Jamás hay más de dos accidentes ligados el uno al otro. El accidente no es nunca un accidente de accidente, sino cuando estos dos accidentes son los accidentes del mismo sujeto. Tomemos por ejemplo blanco y músico. Músico no es blanco, sino porque lo uno y lo otro son accidentes del hombre. Pero Sócrates no es músico porque Sócrates y músico sean los accidentes de otro ser. Hay, pues, que distinguir dos casos. Respecto de todos los accidentes que se dan en el hombre como se da aquí la blancura en Sócrates, es imposible ir hasta el infinito: por ejemplo, a Sócrates blanco es imposible unir además otro accidente. En efecto, una cosa una no es el producto de la colección de todas las cosas. Lo blanco no puede tener otro accidente; por ejemplo, lo músico. Porque músico no es tampoco el atributo de lo blanco, como lo blanco no lo es de lo músico. Esto se entiende respecto al primer caso. Hemos dicho que había otro caso, en el que lo músico en Sócrates era el ejemplo. En este último caso, el accidente jamás es accidente de accidente; sólo los accidentes del otro género pueden serlo.

Por consiguiente, no puede decirse que todo es accidente. Hay, pues, algo determinado, algo que lleva el carácter de la esencia; y si es así, hemos demostrado la imposibilidad de la existencia simultánea de atributos contradictorios.

Aún hay más. Si todas las afirmaciones contradictorias relativas al mismo ser son verdaderas al mismo tiempo, es evidente que todas las cosas serán entonces una cosa única. Una nave, un muro y un hombre deben ser la misma cosa, si todo se puede afirmar o negar de todos los objetos, como se ven obligados a admitir los que adoptan la proposición de Protágoras. En efecto, si se cree que el hombre no es una nave, evidentemente el hombre no será una nave. Y por consiguiente el hombre es una nave, puesto que la afirmación contraria es verdadera. De esta manera llegamos a la proposición de Anaxágoras. Todas las cosas están confundidas. De suerte que nada existe que sea verdaderamente uno. El objeto de los discursos de estos filósofos es, al parecer, lo indeterminado, y cuando creen hablar del ser, hablan del no-ser. Porque lo indeterminado es el ser en potencia y no en acto.

Añádase a esto que los filósofos de que hablamos deben llegar hasta decir que se puede afirmar o negar todo de todas las cosas. Sería absurdo, en efecto, que un ser tuviese en sí su propia negación y no tuviese la negación de otro ser que no está en él. Digo, por ejemplo, que si es cierto que el hombre no es hombre, evidentemente es cierto igualmente que el hombre no es una nave. Si admitimos la afirmación, nos es preciso admitir igualmente la negación. ¿Admitiremos por lo contrario la negación más bien que la afirmación? Pero en este caso la negación de la nave se encuentra en el hombre más bien que la suya propia. Si el hombre tiene en sí esta última, tiene por consiguiente la de la nave, y si tiene la de la nave, tiene igualmente la afirmación opuesta.

Además de esta consecuencia, es preciso también que los que admiten la opinión de Protágoras sostengan que nadie está obligado a admitir ni la afirmación, ni la negación. En efecto, si es cierto que el hombre es igualmente el no-hombre, es evidente que ni el hombre ni el no-hombre podrían existir, porque es preciso admitir al mismo tiempo las dos negaciones de estas dos afirmaciones. Si de la doble afirmación de su existencia se forma una afirmación única, compuesta de estas dos afirmaciones, es preciso admitir la negación única que es opuesta a aquélla.

Pero aún hay más. O se verifica esto con todas las cosas, y lo blanco es igualmente lo no-blanco, el ser el no-ser, y lo mismo respecto de todas las demás afirmaciones y negaciones; o el principio tiene excepciones, y se aplica a ciertas afirmaciones y negaciones, y no se aplica a otras. Admitamos que no se aplica a todas, y en este caso respecto a las exceptuadas hay certidumbre. Si no hay excepción alguna, entonces es preciso, como se dijo antes, o que todo lo que se afirme se niegue al mismo tiempo, y que todo lo que se niegue al mismo tiempo se afirme; o que todo lo que se afirme al mismo tiempo se niegue por una parte, mientras que por otra, por el contrario, todo lo que se niegue se afirmaría al mismo tiempo. Pero en este último caso, habría algo que no existiría realmente. Ésta sería una opinión cierta. Ahora bien, si el no-ser es algo cierto y conocido, la afirmación contraria debe ser más cierta aún. Pero si todo lo que se niega, se afirma igualmente, la afirmación entonces es necesaria. Y en este caso, o los dos términos de la proposición pueden ser verdaderos, cada uno de por sí y separadamente (por ejemplo, si digo que esto es blanco, y después digo que esto no es blanco), o no son verdaderos. Si no son verdaderos pronunciados separadamente, el que los pronuncia no los pronuncia, y realmente no resulta nada; y bien, ¿cómo seres no existentes pueden hablar o caminar? Y además todas las cosas serían en este caso una sola cosa, como antes dijimos, y entre un hombre, un dios y una nave, habría identidad. Ahora bien, si lo mismo sucede con todo objeto, un ser no difiere de otro ser. Porque si difiriesen, esta diferencia sería una verdad y un carácter propio. En igual forma, si se puede, al distinguir, decir la verdad, se seguiría lo que acabamos de decir, y además que todo el mundo diría la verdad, y que todo el mundo mentiría, y que reconocería cada uno su propia mentira. Por otra parte, la opinión de estos hombres no merece verdaderamente serio examen. Sus palabras no tienen ningún sentido, porque no dicen que las cosas son así, o que no son así, sino que son y no son así al mismo tiempo. Después viene la negación de estos dos términos, y dicen que no es así ni no así, sino que es así y no así. Si no fuera así, habría ya algo determinado. Finalmente, si cuando la afirmación es verdadera, la negación es falsa, y si cuando ésta es verdadera, la afirmación es falsa, no es posible que la afirmación y la negación de una misma cosa estén señaladas al mismo tiempo con el carácter de la verdad.

Pero quizá se responderá que es esto mismo lo que se sienta por principio. ¿Quiere decir esto que el que piense que tal cosa es así o que no es así, estará en lo falso, mientras que el que diga lo uno y lo otro estará en lo cierto? Pues bien, si el último dice, en efecto, la verdad, ¿qué otra cosa quiere decir esto sino que tal naturaleza entre los seres dice la verdad? Pero si no dice la verdad, y la dice más bien el que sostiene que la cosa es de tal o cual manera, ¿cómo podrían existir estos seres y esta verdad, al mismo tiempo que no existiesen tales seres y tal verdad? Si todos los hombres dicen igualmente la falsedad y la verdad, tales seres no pueden ni articular un sonido, ni discurrir, porque dicen al mismo tiempo una cosa y no la dicen. Si no tienen concepto de nada, si piensan y no piensan a la vez, ¿en qué se diferencian de las plantas?

Es, pues, de toda evidencia, que nadie piensa de esa manera, ni aun los mismos que sostienen esta doctrina. ¿Por qué, en efecto, toman el camino de Megara en vez de permanecer en reposo en la convicción de que andan? ¿Por qué, si encuentran pozos y precipicios al dar sus paseos en la madrugada, no caminan en línea recta, y antes bien toman sus precauciones, como si creyesen que no es a la vez bueno y malo caer en ellos? Es evidente que ellos mismos creen que esto es mejor y aquello peor. Y si tienen este pensamiento, necesariamente conciben que tal objeto es un hombre, que tal otro no es un hombre, que esto es dulce, que aquello no lo es. En efecto, no van en busca igualmente de todas las cosas, ni dan a todo el mismo valor; si creen que les interesa beber agua o ver a un hombre, en el acto van en busca de estos objetos. Sin embargo, de otro modo deberían conducirse si el hombre y el no-hombre fuesen idénticos entre sí. Pero, como hemos dicho, nadie deja de ver que deben evitarse unas cosas y no evitarse otras. De suerte que todos los hombres tienen, al parecer, la idea de la existencia real, si no de todas las cosas, por lo menos de lo mejor y de lo peor.

Pero aun cuando el hombre no tuviese la ciencia, aun cuando sólo tuviese opiniones, sería preciso que se aplicase mucho más todavía al estudio de la verdad; al modo que el enfermo se ocupa más de la salud que el hombre que está sano. Porque el que sólo tiene opiniones, si se le compara con el que sabe, está, con respecto a la verdad, en estado de enfermedad.

Por otra parte, aun suponiendo que las cosas son y no son de tal manera, el más y el menos existirían todavía en la naturaleza de los seres. Nunca se podrá sostener que dos y tres son de igual modo números pares. Y el que piense que cuatro y cinco son la misma cosa, no tendrá un pensamiento falso de grado igual al del hombre que sostuviese que cuatro y mil son idénticos. Si hay diferencia en la falsedad, es evidente que el primero piensa una cosa menos falsa. Por consiguiente está más en lo verdadero. Luego si lo que es más una cosa, es lo que se aproxima más a ella, debe haber algo verdadero, de lo cual será lo más verdadero más próximo. Y si esto verdadero no existiese, por lo menos hay cosas más ciertas y más próximas a la verdad que otras, y henos aquí desembarazados de esta doctrina horrible, que condena al pensamiento a no tener objeto determinado.

V

La doctrina de Protágoras parte del mismo principio que ésta de que hablamos, y si la una tiene o no fundamento, la otra se encuentra necesariamente en el mismo caso. En efecto, si todo lo que pensamos, si todo lo que nos aparece, es la verdad, es preciso que todo sea al mismo tiempo verdadero y falso. La mayor parte de los hombres piensan diferentemente los unos de los otros, y los que no participan de nuestras opiniones los consideramos que están en el error. La misma cosa es por tanto y no es. Y si así sucede, es necesario que todo lo que aparece sea la verdad; porque los que están en el error y los que dicen verdad tienen opiniones contrarias. Si las cosas son como acaba de decirse, todas igualmente dirán la verdad. Es por tanto evidente que los dos sistemas en cuestión parten del mismo pensamiento.

Sin embargo, no debe combatirse de la misma manera a todos los que profesan estas doctrinas. Con los unos hay que emplear la persuasión, y con los otros la fuerza de razonamiento. Respecto de todos aquellos que han llegado a esta concepción por la duda, es fácil curar su ignorancia; entonces no hay que refutar argumentos, y basta dirigirse a su inteligencia. En cuanto a los que profesan esta opinión por sistema, el remedio que debe aplicarse es la refutación, así por medio de los sonidos que pronuncian, como de las palabras de que se sirven.

En todos los que dudan, el origen de esta opinión nace del cuadro que presentan las cosas sensibles. En primer lugar, han concebido la opinión de la existencia simultánea en los seres, de los contradictorios y de los contrarios, porque veían la misma cosa producir los contrarios. Y si no es posible que el no-ser devenga o llegue a ser, es preciso que en el objeto preexistan el ser y el no-ser. Todo está mezclado en todo, como dice Anaxágoras, y con él Demócrito, porque, según este último, lo vacío y lo lleno se encuentran, así lo uno como lo otro, en cada porción de los seres; siendo lo lleno el ser y lo vacío el no-ser.

A los que deducen estas consecuencias diremos que, desde un punto de vista, es exacta su aserción; pero que, desde otro, están en un error. El ser se toma en un doble sentido. Es posible en cierto modo que el no-ser produzca algo, y en otro modo esto es imposible. Puede suceder que el mismo objeto sea al mismo tiempo ser y no-ser, pero no desde el mismo punto de vista del ser. En potencia es posible que la misma cosa represente los contrarios; pero en acto, esto es imposible. Por otra parte nosotros reclamaremos de los mismos de que se trata el concepto de la existencia en el mundo de otra sustancia, que no es susceptible ni de movimiento, ni de destrucción, ni de nacimiento.

El cuadro de los objetos sensibles es el que ha creado en algunos la opinión de la verdad de lo que aparece. Según ellos, no es a los más, ni tampoco a los menos, a quienes pertenece juzgar de la verdad. Si gustamos una misma cosa, parecerá dulce a los unos, amarga a los otros. De suerte que si todo el mundo estuviese enfermo, o todo el mundo hubiese perdido la razón y sólo dos o tres estuviesen en buen estado de salud y en su sano juicio, estos últimos serían entonces los enfermos y los insensatos, y no los primeros. Por otra parte, las cosas parecen a la mayor parte de los animales lo contrario de lo que nos parecen a nosotros, y cada individuo, a pesar de su identidad, no juzga siempre de la misma manera por los sentidos. ¿Qué sensaciones son verdaderas? ¿Cuáles son falsas? No se podría saber; esto no es más verdadero que aquello, siendo todo igualmente verdadero. Y así Demócrito pretende o que no hay nada verdadero o que no conocemos la verdad. En una palabra, como, según su sistema, la sensación constituye el pensamiento, y como la sensación es una modificación del sujeto, aquello que parece a los sentidos es necesariamente en su opinión la verdad.

Tales son los motivos por los que Empédocles, Demócrito y, puede decirse, todos los demás se han sometido a semejantes opiniones. Empédocles afirma que un cambio en nuestra manera de ser cambia igualmente nuestro pensamiento:

El pensamiento existe en los hombres en razón de la impresión del
[momento.

Y en otro pasaje dice:

Siempre se verifica en razón de los cambios que se operan en los
[hombres,
el cambio en un pensamiento.

Parménides se expresa de la misma manera:

Como es en cada hombre la organización de sus miembros flexi-
[bles,
tal es igualmente la inteligencia de cada hombre; porque es
la naturaleza de los miembros la que constituye el pensamiento de
[los hombres
en todos y en cada uno: cada grado de la sensación es un grado del
[pensamiento.

Se refiere también de Anaxágoras, que dirigía esta sentencia a algunos de sus amigos: «Los seres son para vosotros tales como los concibáis.» También se pretende que Homero, al parecer, tenía una opinión análoga, porque representa a Héctor delirando por efecto de su herida, tendido en tierra, trastornada su razón; como si creyese que los hombres en delirio tienen también razón, pero que esta razón no es ya la misma. Evidentemente, si el delirio y la razón son ambos la razón, los seres a su vez son a la par lo que son y lo que no son.

La consecuencia que sale de semejante principio es realmente desconsoladora. Si son éstas, efectivamente, las opiniones de los hombres que mejor han visto toda la verdad posible, y son estos hombres los que la buscan con ardor y que la aman; si tales son las doctrinas que profesan sobre la verdad, ¿cómo abordar sin desaliento los problemas filosóficos? Buscar la verdad, ¿no sería ir en busca de sombras que desaparecen?

Lo que motiva la opinión de estos filósofos es que, al considerar la verdad en los seres, no han admitido como seres más que las cosas sensibles. Y bien, lo que se encuentra en ellas es principalmente lo indeterminado y aquella especie de ser de que hemos hablado antes. Además, la opinión que profesan es verosímil, pero no verdadera. Esta apreciación es más equitativa que la crítica que Epicarmo hizo de Jenófanes. Por último, como ven que toda la naturaleza sensible está en perpetuo movimiento, y que no se puede juzgar de la verdad de lo que muda, pensaron que no se puede determinar nada verdadero sobre lo que muda sin cesar y en todos sentidos. De estas consideraciones nacieron otras doctrinas llevadas más lejos aún. Por ejemplo, la de los filósofos que se dicen de la escuela de Heráclito; la de Cratilo, que llegaba hasta creer que no es preciso decir nada. Se contentaba con mover un dedo y consideraba como reo de un crimen a Heráclito, por haber dicho que no se pasa dos veces un mismo río; en su opinión no se pasa ni una sola vez.

Convendremos, con los partidarios de este sistema, en que el objeto que muda les da en el acto mismo de cambiar un justo motivo para no creer en su existencia. Aún es posible discutir este punto. La cosa que cesa de ser participa aún de lo que ha dejado de ser, y necesariamente participa ya de aquello que deviene o se hace. En general, si un ser perece, habrá aún en él ser, y si deviene, es indispensable que aquello de donde sale y aquello que le hace devenir tengan una existencia, y que esto no continúe así hasta el infinito.

Pero dejemos aparte estas consideraciones y hagamos notar que mudar bajo la relación de la cantidad y mudar bajo la relación de la cualidad no son una misma cosa. Concedemos que los seres bajo la relación de la cantidad no persisten; pero es por la forma como conocemos lo que es. Podemos dirigir otro cargo a los defensores de esta doctrina. Viendo estos hechos por ellos observados sólo en el corto número de los objetos sensibles, ¿por qué entonces han aplicado su sistema al mundo entero? Este espacio que nos rodea, el lugar de los objetos sensibles, único que está sometido a las leyes de la destrucción y de la producción, no es más que una porción nula, por decirlo así, del Universo. De suerte que hubiera sido más justo absolver a este bajo mundo en favor del mundo celeste, que no condenar el mundo celeste a causa del primero. Finalmente, como se ve, podemos repetir aquí una observación que ya hemos hecho. Para refutar a estos filósofos no hay más que demostrarles que existe una naturaleza inmóvil, y convencerles de su existencia.

Además, la consecuencia de este sistema es que pretender que el ser y el no-ser existen simultáneamente, es admitir el eterno reposo más bien que el movimiento eterno. No hay, en efecto, cosa alguna en que puedan transformarse los seres, puesto que todo existe en todo.

Respecto a la verdad, muchas razones nos prueban que no todas las apariencias son verdaderas. Por lo pronto, la sensación misma no nos engaña sobre su objeto propio; pero la idea sensible no es lo mismo que la sensación. Además, con razón debemos extrañar que esos mismos de quienes hablamos permanezcan en la duda frente a preguntas como las siguientes: ¿Las magnitudes, así como los colores, son realmente tales como aparecen a los hombres que están lejos de ellas, o como los ven los que están cerca? ¿Son tales como aparecen a los hombres sanos o como los ven los enfermos? ¿La pesantez es tal como parece por su peso a los de débil complexión o bien lo que parece a los hombres robustos? ¿La verdad es lo que se ve durmiendo o lo que se ve durante la vigilia? Nadie, evidentemente, cree que sobre todos estos puntos quepa la menor incertidumbre. ¿Hay alguno que, soñando que está en Atenas, en el acto de hallarse en África, se vaya a la mañana, dando crédito al sueño, al Odeón? Por otra parte, y Platón es quien hace esta observación, la opinión del ignorante no tiene, en verdad, igual autoridad que la del médico, cuando se trata de saber, por ejemplo, si el enfermo recobrará o no la salud. Por último, el testimonio de un sentido respecto de un objeto que le es extraño, y aunque se aproxime a su objeto propio, no tiene un valor igual a su testimonio respecto de su objeto propio, del objeto que es realmente el suyo. La vista es la que juzga de los colores y no el gusto; el gusto el que juzga de los sabores y no la vista. Ninguno de estos sentidos, cuando se le aplica a un tiempo al mismo objeto, deja nunca de decirnos que este objeto tiene o no a la vez tal propiedad. Voy más lejos aún. No puede negarse el testimonio de un sentido porque en distintos tiempos esté en desacuerdo consigo mismo; el cargo debe dirigirse al ser que experimenta la sensación. El mismo vino, por ejemplo, sea porque él haya mudado, sea porque nuestro cuerpo haya mudado, nos parecerá ciertamente dulce en un instante y lo contrario en otro. Pero no es lo dulce lo que deja de ser lo que es; jamás se despoja de su propiedad esencial; siempre es cierto que un sabor dulce es dulce, y lo que tenga un sabor dulce tendrá necesariamente para nosotros este carácter esencial.

Ahora bien, esta necesidad es la que destruye estos sistemas de que se trata; así como niegan toda esencia, niegan igualmente que haya nada de necesario, puesto que lo que es necesario no puede ser a la vez de una manera y otra. De suerte que si hay algo necesario, los contrarios no podrían existir a la vez en el mismo ser. En general, si sólo existiese lo sensible, no habría nada, porque nada puede haber sin la existencia de los seres animados que puedan percibir lo sensible; y quizá entonces sería cierto decir que no hay objetos sensibles ni sensaciones, porque todo esto es en la hipótesis una modificación del ser que siente. Pero que los objetos que causan la sensación no existen, ni aun independientemente de toda sensación, es una cosa imposible. La sensación no es sensación por sí misma, sino que hay otro objeto fuera de la sensación y cuya existencia es necesariamente anterior a la sensación. Porque el motor es, por su naturaleza, anterior al objeto en movimiento, y aun admitiendo que en el caso de que se trata la existencia de los dos términos es correlativa, nuestra proposición no es por eso menos cierta.

VI

Veamos una dificultad que se proponen los más de estos filósofos, unos de buena fe y otros por el solo gusto de disputar. Preguntan quién juzgará de la salud y, en general, quién es el que juzgará con acierto en todo caso. Ahora bien, hacerse semejante pregunta equivale a preguntarse si en el mismo acto que uno la hace está dormido o despierto. Todas las dificultades de este género tienen un mismo valor. Estos filósofos creen que se puede dar razón de todo porque buscan un principio, y quieren arribar a él por el camino de la demostración. Pero sus mismos actos prueban que no están persuadidos de la verdad de lo que anticipan, incurren en el error de que ya hemos hablado, quieren darse razón de cosas respecto de las que no hay razón. En efecto, el principio de la demostración no es una demostración, y sería fácil convencer de ello a los que dudan de buena fe, porque esto no es difícil de comprender. Pero los que sólo quieren someterse a la fuerza del razonamiento exigen un imposible, piden que se les ponga en contradicción, y comienzan por admitir los contrarios.

Sin embargo, si no es todo relativo, si hay seres en sí, no podrá decirse que todo lo que parece es verdadero, porque lo que parece parece a alguno. De suerte que decir que todo lo que parece es verdadero, equivale a decir que todo es relativo. Los que exigen una demostración lógica deben tener en cuenta lo siguiente: es preciso que admitan, si quieren entrar en una discusión, no que lo que aparece es verdadero, sino que lo que aparece es verdadero para aquel a quien aparece cuando y cómo le aparece. Si se prestan a entrar en discusión, y no quieren añadir estas restricciones a su principio, caerán bien pronto en la opinión de la existencia de los contrarios. En efecto, puede suceder que la misma cosa parezca a la vista que es miel y no lo parezca al paladar; que las cosas no parezcan las mismas a cada uno de los dos ojos, si son diferentes el uno del otro.

Es fácil responder a los que, por las razones que ya hemos indicado, pretenden que la apariencia es la verdad y, por consiguiente, que todo es verdadero y falso igualmente. Unas mismas cosas no parecen a todo el mundo, ni parecen a un mismo individuo siempre las mismas; parecen muchas veces contrarias al mismo tiempo. El tacto, sobreponiendo los dedos, acusa dos objetos cuando la vista no acusa más que uno. Pero en este caso no es el mismo sentido el que percibe el mismo objeto; la percepción no tiene lugar de la misma manera ni en el mismo tiempo, y sólo bajo estas condiciones sería exacto decir que lo que aparece es verdadero.

Los que sostienen esta opinión, no porque vean en ella una dificultad que resolver y sí tan sólo por discutir, se verán precisados a decir, no «esto es cierto en sí», sino: «esto es cierto para tal individuo», y, como ya hemos dicho precedentemente, les será preciso referir todo a algo: al pensamiento, a la sensación. De suerte que nada ha sido, nada será, si alguno no piensa en ello antes; y si algo ha sido o debe de ser, entonces no son ya todas las cosas relativas al pensamiento. Además, un solo objeto sólo puede ser relativo a una sola cosa o a cosas determinadas. Si, por ejemplo, una cosa es a la vez mitad e igual, lo igual no será por este concepto relativo al doble. Con respecto a lo que es relativo al pensamiento, si el hombre y lo que es pensado son la misma cosa, el hombre no es aquello que piensa sino lo que es pensado. Y si todo es relativo al ser que piensa, este ser se compondrá de una infinidad de especies de seres.

Hemos dicho lo bastante para probar que el más seguro de todos los principios es que las afirmaciones opuestas no pueden ser verdaderas al mismo tiempo, y lo bastante para demostrar las consecuencias y las causas de la opinión contraria.

Y puesto que es imposible que dos aserciones contrarias sobre el mismo objeto sean verdaderas al mismo tiempo, es evidente que tampoco es posible que los contrarios se encuentren al mismo tiempo en el mismo objeto, porque uno de los contrarios no es otra cosa que la privación, la privación de la esencia. Pero la privación es la negación de un género determinado; luego, si es imposible que la afirmación y la negación sean verdaderas al mismo tiempo, es imposible igualmente que los contrarios se encuentren al mismo tiempo, a menos que no esté cada uno de ellos en alguna parte especial del ser, o que se encuentre el uno solamente en una parte, pudiéndose afirmar el otro absolutamente.

VII

No es posible tampoco que haya un término medio entre dos proposiciones contrarias; es de necesidad afirmar o negar una cosa de otra. Esto se hará evidente si definimos lo verdadero y lo falso. Decir que el ser no existe, o que el no-ser existe, he aquí lo falso; y decir que el ser existe, que el no-ser no existe, he aquí lo verdadero. En la suposición de que se trata, el que dijese que este intermedio existe o no existe estaría en lo verdadero o en lo falso; por lo mismo, hablar de esta manera no es decir si el ser y el no-ser existen o no existen.

Además, o el intermedio entre los dos contrarios es como el gris entre el negro y lo blanco, o como entre el hombre y el caballo, lo que no es ni el uno ni el otro. En este último caso no podría tener lugar el tránsito de uno de estos términos al otro; porque cuando hay cambio es, por ejemplo, del bien al no-bien o del no-bien al bien; esto es lo que vemos siempre. En una palabra, el cambio no tiene lugar sino de lo contrario a lo contrario o al intermedio. Ahora bien, decir que hay un intermedio, y que este intermedio nada tiene de común con los términos opuestos equivale a decir que puede tener lugar el tránsito a lo blanco de lo que no era no-blanco, cosa que no se ve nunca.

Por otra parte, todo lo que es inteligible o pesado, el pensamiento lo afirma o lo niega; y esto resulta evidentemente conforme a la definición del caso en que se está en lo verdadero y de aquel en que se está en lo falso. Cuando el pensamiento pronuncia tal juicio afirmativo o negativo, está en lo verdadero. Cuando pronuncia tal otro juicio está en lo falso.

Además, deberá decirse que este intermedio existe igualmente entre todas las proposiciones contrarias, a menos que se hable sólo por hablar. En este caso, no se diría ni verdadero ni no verdadero, habría un intermedio entre el ser y el no-ser. Por consiguiente, entonces habría un cambio, término medio entre la producción y la destrucción. Habría también un intermedio hasta en los casos en que la negación lleva consigo un contrario. Y así habría un número que no sería ni impar ni no-impar, cosa imposible, como lo demuestra la definición del número.

Aún hay más. Con los intermedios se llegará al infinito. Se tendrá no sólo tres seres en lugar de dos, sino muchos más. En efecto, además de la afirmación y negación primitivas, podrá haber una negación relativa al intermedio; este intermedio será alguna cosa, tendrá una sustancia propia. Y, por otra parte, cuando alguno, interrogado si un objeto es blanco, responde: No, no hace más que decir que no es blanco; y bien, no ser es la negación.

La opinión que combatimos ha sido adoptada por algunos como tantas otras paradojas. Cuando no se sabe cómo desenredarse de un argumento capcioso, se somete uno a este argumento, se acepta la conclusión. Por este motivo algunos han admitido la existencia de un intermedio; otros, porque buscan la razón de todo. El medio de convencer a los unos y a los otros es partir de una definición, y necesariamente habrá definición si dan un sentido a sus palabras: la noción de que son las palabras la expresión, es la definición de la cosa de que se habla. Por lo demás, el pensamiento de Heráclito, cuando dice que todo es y no es, es al parecer que todo es verdadero; el de Anaxágoras, cuando pretende que entre los contrarios hay un intermedio, es que todo es falso. Puesto que hay mezcla de los contrarios, la mezcla no es ni bien ni no-bien; nada se puede afirmar por tanto como verdadero.

VIII

Conforme con lo que dejamos sentado, es evidente que estas aserciones de algunos filósofos no están fundadas ni en particular ni en general. Los unos pretenden que nada es verdadero, porque nada obsta, dicen, a que con toda proposición suceda lo que con ésta: la relación de la diagonal con el lado del cuadrado es inconmensurable. Según otros, todo es verdadero; esta aserción no difiere de la de Heráclito, porque el que dice que todo es verdadero o que todo es falso, expresa a la vez estas dos proposiciones en cada una de ellas. Si la una es imposible, la otra lo será igualmente.

Además hay proposiciones contradictorias que evidentemente no pueden ser verdaderas al mismo tiempo, tampoco al mismo tiempo pueden ser falsas y, sin embargo, esto parecería más bien la posible, conforme a lo que hemos dicho.

A los que sostienen semejantes doctrinas no debe preguntárseles, ya lo hemos dicho más arriba, si hay o no algo, sino que debe pedírseles que designen algo. Para discutir es preciso empezar por una definición y determinar lo que significa lo verdadero y lo falso. Si afirmar tal cosa es lo verdadero y si negarlo es falso, será imposible que todo sea falso. Porque es necesariamente indispensable que una de las dos proposiciones contradictorias sea verdadera, y luego, si es de toda necesidad afirmar o negar toda cosa, será imposible que las dos proposiciones sean falsas; sólo una de las dos es falsa. Unamos a esto la observación tan debatida de que todas estas aserciones se destruyen mutuamente. El que dice que todo es verdadero, afirma igualmente la verdad de la aserción contraria a la suya, de suerte que la suya no es verdadera porque el que sienta la proposición contraria pretende que no está en lo verdadero. El que dice que todo es falso, afirma igualmente la falsedad de lo que él mismo dice. Si pretenden, el uno que solamente la aserción contraria no es verdadera, y el otro que la suya no es falsa, sientan por lo mismo una infinidad de proposiciones verdaderas y de proposiciones falsas. Porque el que pretende que una proposición verdadera es verdadera, dice verdad; pero esto nos conduce a un procedimiento infinito.

También es evidente que ni los que pretenden que todo está en reposo ni los que pretenden que todo está en movimiento, están en lo cierto. Porque si todo está en reposo, todo será eternamente verdadero y falso. Ahora bien, en este caso hay cambio; el que dice que todo está en reposo, no ha existido siempre; llegará un momento en que no existirá. Si, por el contrario, todo está en movimiento, nada será verdadero; todo será, por tanto, falso. Pero ya hemos demostrado que esto era imposible. Además, el ser en que se realiza el cambio persiste, él es el que de tal cosa se convierte en tal otra mediante el cambio.

Sin embargo, tampoco puede decirse que todo está tan pronto en movimiento como en reposo, y que nada está en un reposo eterno. Porque hay un motor eterno de todo lo que está en movimiento, y el primer motor es inmóvil.

LIBRO QUINTO

De las diversas aceptaciones de los términos filosóficos:

I.	Principio.
II.	Causa.
III.	Elemento.
IV.	Naturaleza.
V.	Necesario.
VI.	Unidad.
VII.	Ser.
VIII.	Sustancia.
IX.	Identidad, heterogeneidad, diferencia, semejanza.
X.	Opuesto y contrario.
XI.	Anterioridad y posterioridad.
XII.	Poder.
XIII.	Cantidad.
XIV.	Cualidad.
XV.	Relación.
XVI.	Perfecto.
XVII.	Término.
XVIII.	En qué o por qué.
XIX.	Disposición.
XX.	Estado.
XXI.	Pasión.
XXII.	Privación.
XXIII.	Posesión.
XXIV.	Ser o provenir de.
XXV.	Parte.
XXVI.	Todo.
XXVII.	Truncado.
XXVIII.	Género.
XXIX.	Falso.
XXX.	Accidente.

I

Principio se dice, en primer lugar, del punto de partida de la cosa, como el principio de la línea, del viaje. En uno de los extremos reside este principio, correspondiendo con él otro principio al extremo opuesto. Principio se dice también de aquello mediante lo que puede hacerse mejor una cosa; por ejemplo, el principio de una ciencia. En efecto, no siempre hay precisión de empezar con la noción primera y el comienzo de la ciencia, sino por lo que puede facilitar el estudio. El principio es también la parte esencial y primera de donde proviene una cosa; y así la carena es el principio del buque, y el cimiento es el principio de la casa, y el principio de los animales es, según unos, el corazón; según otros, el cerebro; según otros, por último, otra parte cualquiera del mismo género. Otro principio es la causa exterior que produce un ser, aquello en cuya virtud comienza el movimiento o el cambio. Y así el hijo proviene del padre y de la madre, y la guerra del insulto. Otro principio es el ser por cuya voluntad se mueve lo que se mueve y muda lo que muda: como, por ejemplo, en los Estados los magistrados, los príncipes, los reyes, los tiranos. Se llaman también principio las artes y, entre ellas, las artes arquitectónicas. Finalmente, lo que ha dado el primer conocimiento de una cosa se dice también que es el principio de esta cosa: las premisas son los principios de las demostraciones.

Las causas se toman en tantas acepciones como los principios, porque todas las causas son principios. Lo común a todos los principios es que son el origen de donde se derivan: o la existencia, o el nacimiento, o el conocimiento. Pero entre los principios hay unos que están en las cosas y otros que están fuera de las cosas. He aquí por qué la naturaleza es un principio, lo mismo que lo son el elemento, el pensamiento, la voluntad, la sustancia. La causa final está en el mismo caso, porque lo bueno y lo bello son, respecto de muchos seres, principios de conocimiento y principios de movimiento.

II

Se llama Causa, ya la materia de que una cosa se hace: el bronce es la causa de la estatua, la plata de la copa y, remontándonos más, lo son los géneros a que pertenecen la plata y el bronce; ya la forma y el modelo, así como sus géneros, es decir, la noción de la esencia: la causa de la octava es la relación de dos a uno y, en general, el número y las partes que entran en la definición de la octava. También se llama causa al primer principio del cambio o del reposo. El que da un consejo es una causa, y el padre es causa del hijo; y en general, aquello que hace es causa de lo hecho, y lo que imprime el cambio lo es de lo que experimenta el cambio. La causa es también el fin, y entiendo por esto aquello en vista de lo que se hace una cosa. La salud es causa del paseo. ¿Por qué se pasea? Para mantenerse uno sano, respondemos nosotros, y al hablar de esta manera, creemos haber dicho la causa. Por último, se llaman causas todos los intermedios entre el motor y el objeto. La maceración, por ejemplo, la purgación, los remedios, los instrumentos del médico, son causas de la salud; porque todos estos medios se emplean en vista del fin. Estas causas difieren, sin embargo, entre sí, en cuanto son las unas instrumentos y otras operaciones. Tales son, sobre poco más o menos, las diversas acepciones de la palabra causa

De esta diversidad de acepciones resulta que el mismo objeto tiene muchas causas no accidentales, y así: la estatua tiene por causas el arte del estatuario y el bronce, no por su relación con cualquier otro objeto, sino en tanto que es una estatua. Pero estas dos causas difieren entre sí: la una es causa material, la otra es causa del movimiento. Las causas pueden igualmente ser recíprocas: el ejercicio, por ejemplo, es causa de la salud, y la buena salud lo es del ejercicio, pero con esta diferencia: que la buena salud lo es como fin y el ejercicio como principio del movimiento. Por último, la misma causa puede a veces producir los contrarios. Lo que ha sido por su presencia causa de alguna cosa, se dice muchas veces que es por su ausencia causa de lo contrario. Decimos: el piloto con su ausencia ha causado el naufragio de la nave, porque la presencia del piloto hubiera sido una causa de salvación. Pero en este caso, las dos causas, la presencia y la privación, son ambas causa del movimiento.

Todas las causas que acabamos de enumerar se reducen a las cuatro clases de causas principales. Los elementos respecto de las sílabas; la materia respecto de los objetos fabricados; el fuego, la tierra y los principios análogos respecto de los cuerpos; las partes respecto del todo, las premisas respecto de la conclusión, son causas, en tanto que son el punto de donde provienen las cosas, y unas de estas causas son sustanciales, las partes, por ejemplo; las otras esenciales, como el todo, la composición y la forma. En cuanto a la semillas, al médico, al consejero, y en general al agente, todas estas causas son principios de cambio o de estabilidad. Las demás causas son el fin y bien de todas las cosas; causa final significa, en efecto, el bien por excelencia, y el fin de los demás seres. Y poco importa que se diga que este fin es el bien real o que es sólo una apariencia del bien.

A estos géneros pueden reducirse las causas. Éstas se presentan bajo una multitud de aspectos, pero pueden reducirse también estos modos a un pequeño número. Entre las causas que se aplican a objetos de la misma especie, se distinguen ya diversas relaciones. Son anteriores o posteriores las unas a las otras; y así el médico es anterior a la salud, el artista a su obra, el doble y el número lo son a la octava; en fin, lo general es siempre anterior a las cosas particulares que en él se contienen. Ciertas causas están marcadas con el sello de lo accidental, y esto en diversos grados. Policleto es causa de la estatua de una manera, y el estatuario de otra; sólo por accidente es el estatuario Policleto. Además hay lo que contiene lo accidental. Así, el hombre o, ascendiendo más aún, el animal son la causa de la estatua, porque Policleto es un hombre, y el hombre es un animal. Y entre las causas accidentales, las unas son más lejanas, las otras son más próximas. Admitimos que se diga que la causa de la estatua es el blanco, es el músico, y no Policleto o el hombre.

Además de las causas propiamente dichas y de las causas accidentales, se distinguen también las causas en potencia y las causas en acto; como, por ejemplo, el arquitecto constructor de edificios y el arquitecto que está construyendo un edificio dado. Las mismas relaciones que se observan entre las causas se observan igualmente entre los objetos a que ellas se aplican. Hay la causa de esta estatua en tanto que estatua, y la de la imagen en general; la causa de este bronce en tanto que bronce, y en general la causa de la materia. Lo mismo sucede respecto a los accidentes. Finalmente, las causas accidentales y las causas esenciales pueden encontrarse reunidas en la misma noción; como cuando se dice, por ejemplo, no ya Policleto, ni tampoco estatuario, sino Policleto estatuario.

Los modos de las causas son en suma seis, y estos modos son opuestos dos a dos. La causa propiamente dicha es particular o general, la causa accidental es igualmente particular o general: las unas y las otras pueden ser combinadas o simples. Por ejemplo, todas estas causas existen en acto o en potencia. Pero hay esta diferencia entre ellas: que las causas en acto, lo mismo que las causas particulares, comienzan y concluyen al mismo tiempo que los efectos que ellas producen; este médico, por ejemplo, no cura sino en cuanto trata a este enfermo, y este arquitecto no es constructor sino en cuanto construye esa casa. No siempre sucede así con las causas en potencia; la casa y el arquitecto no perecen al mismo tiempo.

III

Se llama Elemento la materia primera que entra en la composición, y que no puede ser dividida en partes heterogéneas; así los elementos del sonido son lo que constituye el sonido, y las últimas partes en que se le divide, partes que no se pueden dividir en otros sonidos de una especie diferente de la suya propia. Si se dividiesen, sus partes serían de la misma especie que ellas mismas: una partícula de agua, por ejemplo, es agua; pero una parte de una sílaba no es una sílaba. Los que tratan de los elementos de los cuerpos, dan siempre este nombre a las últimas partes en que se dividen los cuerpos, partes que no se pueden dividir en otros cuerpos de especies diferentes. Esto es lo que llaman ellos elementos, ya admitan sólo un elemento, ya admitan muchos. Lo mismo sucede sobre poco más o menos con los que se llaman elementos en la demostración de las propiedades de las figuras geométricas, y en general en todas las demostraciones; porque a las demostraciones primeras, y que se encuentran en el fondo de muchas demostraciones, se les llama elementos de demostraciones: éstos son los silogismos primeros, compuestos de tres términos, uno de los cuales sirve de medio.

De aquí que, por metáfora, se llama también elemento a lo que, siendo uno y pequeño, sirve para un gran número de cosas. Por esta razón se llama elemento lo que es simple, pequeño, indivisible. Por consiguiente, los atributos más universales son elementos. Cada uno de ellos es uno y simple, y existe un gran número de seres, en todos o en la mayor parte. Por último, la unidad y el punto son, según algunos, elementos.

Los géneros son universales, y además indivisibles, porque su noción es una; y así algunos pretenden que los géneros son elementos más bien que la diferencia, porque el género es más universal. En efecto, allí donde hay diferencia se muestra siempre el género; pero donde hay género no siempre hay diferencia.

Por lo demás, el carácter común a todos los elementos es que el elemento de cada ser es su principio constitutivo.

IV

Naturaleza se dice en primer lugar de la generación de todo aquello que crece; por ejemplo, cuando se pronuncia larga la primera sílaba de la palabra griega; luego la materia intrínseca de donde proviene lo que nace y además el principio del primer movimiento en todo ser físico, principio interno y unido a la esencia. Y se llama crecimiento natural de un ser el aumento que recibe de otro ser, ya por su adjunción, ya por su conexión, ya como los embriones, por su adherencia con este ser. La conexión difiere de la adjunción en que, en este último caso, no hay más que un simple contacto, mientras que en los demás casos hay en los dos seres algo que es uno, y que en lugar de un contacto, produce su conexión, y hace de estos dos seres una unidad bajo la relación de la continuidad y de la cantidad, pero no bajo la relación de la cualidad. Se dice además naturaleza la sustancia bruta inerte y sin acción sobre sí misma de que se compone y se forma un ser físico. Así el bronce es la naturaleza de la estatua y de los objetos de bronce, y la madera lo es de los objetos de madera, y lo mismo de los demás seres; esta materia primera y preexistente constituye cada uno de ellos. Como resultado de esta consideración, se entiende también por naturaleza los elementos de las cosas naturales, y así se explican los que admiten por elemento el fuego, la tierra, el aire, o el agua o cualquiera otro principio análogo, y los que admiten muchos de estos elementos, o todos ellos a la vez. Finalmente, desde otro punto de vista, la naturaleza es la esencia de las cosas naturales. En esta acepción la toman los que dicen que la naturaleza es la composición primitiva, o con Empédocles,

> … que ningún ser tiene realmente una naturaleza,
> sino que a la mezcla y a la separación de las cosas mezcladas,
> es todo lo que hay y lo que los hombres llaman naturaleza.

Por esta razón, según ellos, de todo objeto que es naturalmente, o que ya deviene o se hace, y que posee en sí el principio natural del devenir o del ser, no decimos que tiene una naturaleza, cuando aún no tiene esencia y forma. Por tanto, la reunión de la esencia y de la materia constituye la naturaleza de los seres. Esto sucede con la de los animales y la de sus partes. Pero es preciso decir que la materia primera es una naturaleza, y que puede serlo desde dos puntos de vista; porque puede ser o primera relativamente a un objeto o absolutamente primera. Para los objetos cuya sustancia es el bronce, el bronce es el primero relativamente a estos objetos; pero absolutamente hablando, es el agua quizá, si es cierto que el agua es el principio de todos los cuerpos fusibles. Y es preciso añadir que la forma y la esencia son también una naturaleza, porque son el fin de toda producción. Finalmente, por metáfora, toda esencia toma en general el nombre de la naturaleza, a causa de la misma en que hablamos, porque la naturaleza es también una especie de esencia.

Se sigue de todo lo que precede, que la naturaleza primera, la naturaleza propiamente dicha, es la esencia de los seres, que tienen en sí y por sí mismos el principio de su movimiento. La materia no se llama en efecto naturaleza, sino porque es capaz de recibir en sí este principio, y la generación, así como el crecimiento, sino porque son movimientos producidos por este principio. Y este principio del movimiento de las cosas naturales reside siempre en ellas, ya sea en potencia, ya en acto.

V

Se llama Necesario aquello que es la causa cooperante sin la cual es imposible vivir. Así la respiración y el alimento son necesarios al animal. Sin ellos le es imposible existir. Lo constituyen aquellas condiciones, sin las cuales el bien no podría ni ser ni llegar a ser, o sin las cuales no se puede ni prevenir un mal, ni librarse de él. Es necesario, por ejemplo, tomar el remedio para no estar enfermo, o hacerse a la vela a Egina para recibir dinero.

Constituye también lo necesario la violencia y la fuerza, es decir, lo que nos impide y detiene, a pesar de nuestro deseo y nuestra voluntad. Porque la violencia se llama necesidad, y por consiguiente la necesidad es una cosa que aflige, como dice Eveno:

Toda necesidad es una cosa aflictiva.

Finalmente, la fuerza es una necesidad; escuchemos a Sófocles:

La fuerza es la que me obliga necesariamente a obrar así.

La necesidad envuelve la idea de algo inevitable, y con razón, porque es lo opuesto al movimiento voluntario y reflexivo. Además, cuando una cosa no puede ser de otra manera de como es, decimos: es necesario que así sea. Y esta necesidad es, en cierta manera, la razón de todo lo que se llama necesario. Efectivamente, cuando el deseo no

puede conseguir su objeto a consecuencia de la violencia, se dice que
ha habido violencia, hecha o padecida. La necesidad es por consiguiente a nuestros ojos aquello en cuya virtud es imposible que una
cosa sea de otra manera. La misma observación cabe respecto de las
causas cooperantes de la vida, lo mismo que de las del bien. Porque
cuando hay, ya para el bien, ya para la vida y el ser, imposibilidad de
existir sin ciertas condiciones, entonces estas condiciones son necesarias, y la causa cooperante es una necesidad. Finalmente, las demostraciones de las verdades necesarias son necesarias, porque es imposible, si la demostración es rigurosa, que la conclusión sea otra que la
que es. Las causas de esta imposibilidad son estas proposiciones primeras, que no pueden ser otras que las que son, que componen el silogismo.

Entre las cosas necesarias, hay unas que tienen fuera de sí la causa
de su necesidad; otras, por lo contrario, que la tienen en sí mismas, y de
ellas es de donde sacan las primeras su necesidad. De suerte que la necesidad primera, la necesidad propiamente dicha, es la necesidad
absoluta, porque es imposible que tenga muchos modos de existencia.
Por tanto ella es la necesidad invariable; de otra manera tendría muchos
modos de existencia. Luego si hay seres eternos e inmutables, nada
puede ejercer sobre ellos violencia o contrariar su naturaleza.

VI

Hay dos clases de Unidad; hay lo que es uno por accidente y lo
que lo es en su esencia. Corisco y músico, y Corisco músico son una
sola cosa, porque hay identidad entre las expresiones: Corisco y músico, y Corisco músico. Músico y justo, y Corisco músico justo son
igualmente una sola cosa. A esto se llama unidad accidental. En efecto, de una parte justo y músico son los accidentes de una sola y misma
sustancia; de la otra músico y Corisco son recíprocamente accidentes
el uno del otro. Así mismo el músico Corisco es, desde un punto de
vista, la misma cosa que Corisco, porque una de las dos partes de esta
expresión es el accidente de la otra parte; músico lo es, si se quiere, de
Corisco. Y el músico Corisco y el justo Corisco son igualmente una
sola cosa, porque uno de los dos términos de cada una de estas expresiones es el accidente del mismo ser. Importa poco que músico sea
accidente de Corisco, o que Corisco lo sea de músico. Y lo mismo
acontece cuando el accidente se aplica al género o a cualquiera otra
cosa universal. Admitamos que hombre y hombre músico sean idén-

ticos el uno al otro. Esto se verificará, o bien porque el hombre es una sustancia una, que tiene por accidente músico, o bien porque ambos son los accidentes de un ser particular, de Corisco, por ejemplo. Sin embargo, en este último caso, los dos accidentes no son accidentes de la misma manera: el uno representa, por decirlo así, el género, y existe en la esencia; el otro no es más que un estado, una modificación de la sustancia. Todo lo que se llama unidad accidental es unidad tan sólo en el sentido que acabamos de decir.

En cuanto a lo que es uno esencialmente, hay en primer lugar lo que lo es por la continuidad de las partes: por ejemplo, el haz, que debe a la ligadura la continuidad, y las piezas de madera que la reciben de la cola que las une. La línea, hasta la línea curva, siempre que sea continua, es una; así como cada una de las partes del cuerpo, las piernas, los brazos. Digamos, sin embargo, que lo que tiene naturalmente la continuidad es más uno que lo que sólo tiene una continuidad artificial. Ahora bien, se llama continuo a aquello cuyo movimiento es uno esencialmente, y no puede ser otro que el que es. Este movimiento uno es el movimiento indivisible, pero indivisible en el tiempo. Las cosas continuas en sí mismas son las que tienen algo más que la unidad que proviene del contacto. Si ponéis en contacto trozos de maderas, no iréis a decir que hay allí unidad; y lo mismo que con la madera, sucede con el cuerpo o cualquiera otra cosa continua. Las cosas esencialmente continuas son unas, aun cuando tengan una flexión. Las que no tienen flexión lo son más: la canilla o el muslo, por ejemplo, lo son más que la pierna, la cual puede no tener un movimiento uno, y la línea recta tiene más que la curva el carácter de unidad. Decimos de la línea curva, así como de la línea angulosa, que es una y que no es una, porque es posible que no estén en sus partes todas en movimiento o que lo estén todas a la vez. Pero en la línea recta el movimiento es siempre simultáneo, y ninguna de las partes que tiene magnitud está en reposo, como en la línea curva, mientras que otra se mueve.

También se toma la unidad en otro sentido: la homogeneidad de las partes del objeto. Hay homogeneidad cuando no se puede señalar en el objeto ninguna división bajo la relación de la cualidad. Y el objeto será bien el objeto inmediato, o bien los últimos elementos a que se le pueda referir. Se dice que el vino es uno, y el agua es una, en tanto que son ambos genéricamente indivisibles, y que todos los líquidos juntos, aceite, vino, cuerpos fusibles, no son más que una cosa, porque hay identidad entre los elementos primitivos de la materia líquida, porque lo que constituye todos los líquidos es el agua y el aire.

En igual forma, cuando se pueden señalar diferencias en el género, se atribuye la unidad a los seres que contiene. Y se dice que todos son una sola cosa, porque el género que se encuentra bajo las diferencias es uno. El caballo, por ejemplo, el hombre, el perro, son una sola cosa, porque son animales. Sucede lo mismo, sobre poco más o menos, que en los casos en que hay unidad de materia. Tan pronto es, como en el ejemplo que acabamos de citar, al género próximo al que se refiere la unidad como, según acontece en el caso en que los géneros inmediatamente superiores a los objetos idénticos sean las últimas especies del género, es el género más elevado al que se refiere. Así, el triángulo isósceles y el equilátero son una sola y misma figura, porque son triángulos ambos, pero no son los mismos triángulos. También se atribuye la unidad a las cosas cuya noción esencial no puede dividirse en otras nociones, cada una de las cuales expresa la esencia de estas cosas. En efecto, de suyo toda definición puede dividirse. Hay unidad entre lo que aumenta y lo que disminuye, porque hay unidad en la definición; de la misma manera respecto de las superficies la definición es una. En general, la unidad de todos los seres, cuya idea, entiendo la idea esencial, es indivisible y no puede ser separada ni en el tiempo, ni en el espacio, ni en la definición, es la unidad por excelencia. Las esencias están en este caso. En general, en tanto que no pueden ser divididos, es como se atribuye la unidad a los objetos que no pueden serlo. Por ejemplo, si como hombre no es posible la división, tenéis un solo hombre; si como animal, un solo animal; si como magnitud, una sola magnitud.

La unidad se atribuye por tanto a la mayor parte de las cosas, o porque ellas producen, o porque soportan otra unidad, o porque están en relación con una unidad. Las unidades primitivas son sólo seres, cuya esencia es una, y la esencia puede ser una, ya por continuidad, ya genéricamente, ya por definición, porque lo que nosotros contamos como varios son o los objetos no continuos, o los que no son del mismo género, o los que no tienen la unidad de definición. Añadamos que a veces decimos que una cosa es una por continuidad, con tal que tenga cantidad y continuidad, pero que otras veces esto no basta. Es preciso también que sea un conjunto, es decir, que tenga unidad de forma. No constituirán para nosotros una unidad las partes que constituyen el calzado colocadas las unas junto a las otras de una manera cualquiera; y sólo cuando hay, no simplemente continuidad, sino partes colocadas de tal manera que constituyan un calzado, y tengan una forma determinada, es cuando decimos que hay verdadera unidad. Por esta razón la línea del escudo es la línea una por excelencia; es perfecta en todas sus partes.

La esencia de la unidad consiste en ser el principio de un número, porque la medida primera de cada género de seres es un principio. La medida primera de un género es el principio por el que conocemos un género de seres. El principio de lo cognoscible en cada género es, pues, la unidad. Sólo que no es la misma unidad para todos sólo géneros; aquí es un semitono, allá la vocal o consonante. La pesantez tiene una unidad; el movimiento tiene otra. Pero en todos sólo casos la unidad es indivisible, ya bajo la relación de la forma, ya bajo la de la cantidad.

Lo que es indivisible con relación a la cantidad, y en tanto que cantidad, lo que es absolutamente indivisible y no tiene posición, se llama mónada. Lo que lo es en todos sentidos, pero que ocupa una posición, es un punto. Lo que no es divisible, sino en un sentido, es una línea. Lo que puede ser dividido en dos sentidos es una superficie. Lo que puede serlo por todos lados y en tres sentidos, bajo la relación de la cantidad, es un cuerpo. Y si se sigue el orden inverso, lo que puede dividirse en tres sentidos por todos lados es un cuerpo; lo que puede dividirse en dos sentidos es una superficie; lo que no puede serlo más que en uno solo es una línea; lo que no se puede en ningún sentido dividir bajo la relación de la cantidad es un punto y una mónada: sin posición es la mónada; con posición es el punto.

Además, lo que es uno, lo es o relativamente al número, o relativamente a la forma, o relativamente al género, o bien por analogía. Uno en número es aquello cuya materia es una; uno en forma es aquello que tiene unidad de definición; uno genéricamente es lo que tiene los mismos atributos; dondequiera que hay relación hay unidad por analogía. Los modos de la unidad, que acabamos de enumerar los primeros, llevan consigo siempre los siguientes. Y así, el uno en número es igualmente uno en forma; pero lo que es uno en forma, no lo es siempre en número. Todo lo que es uno en forma, lo es siempre numéricamente. La unidad genérica no es siempre la unidad de forma; es siempre unidad por analogía. Pero no todo lo que es uno por analogía, es uno genéricamente.

Es también evidente que la pluralidad debe ser puesta en oposición con la unidad. Hay pluralidad: o por falta de continuidad o porque la materia, ya la materia del género, ya los últimos elementos, pueden dividirse por la forma, o porque hay pluralidad de definiciones que expresen la esencia

VII

El Ser se entiende de lo que es accidentalmente o de lo que es en sí. Hay, por ejemplo, ser accidental, cuando decimos: el justo es músico; el hombre es músico; el músico es hombre. Lo mismo, poco más o menos, que cuando decimos que el músico construye, es porque es accidental que el arquitecto sea músico o el músico arquitecto, porque, cuando se dice: una cosa es esto o aquello, significa que esto o aquello es el accidente de esta cosa; lo mismo que, volviendo a nuestro asunto, si se dice: el hombre es músico o el músico es hombre, o bien: el músico es blanco o el blanco es músico, es, en el último caso, porque uno y otro son accidentes del mismo ser. El músico no es hombre, sino porque el hombre es accidentalmente músico. En igual forma no se dice que el no-blanco es, sino porque el objeto del cual es accidente, es.

El ser toma el nombre de accidental, bien cuando el sujeto del accidente y el accidente son ambos accidentes de un mismo ser; o cuando el accidente se da en un ser; o, por último, cuando el ser, en que se encuentra el accidente, es tomado como atributo del accidente.

El ser en sí tiene tantas acepciones como categorías hay, porque tantas cuantas se distingan otras tantas son las significaciones dadas al ser. Ahora bien, entre las cosas que abrazan las categorías, unas son esencias, otras cualidades, otras designan la cantidad, otras la relación, otras la acción o la pasión, otras el lugar, otras el tiempo: el ser se toma en el mismo sentido que cada uno de estos modos. En efecto, no hay ninguna diferencia entre estas expresiones: el hombre es convaleciente y el hombre convalece; o entre éstas: el hombre es convaleciente y el hombre anda. Lo mismo sucede en todos los demás casos.

Ser, esto es, significa que una cosa es verdadera; no-ser, que no lo es, que es falsa, y esto se verifica en el caso de la afirmación como en el de la negación. Decimos: Sócrates es músico, porque esto es verdadero; o bien, Sócrates es no blanco, porque esto también es cierto. Pero decimos que la relación de la diagonal con el lado del cuadrado no es conmensurable, porque es falso que lo sea.

Finalmente, ser y siendo expresan tan pronto la potencia como el acto de estas cosas de que hemos hablado. Saber es, a la vez, poderse servir de la ciencia y servirse de ella, y la inercia se dice de lo que está en reposo y de lo que puede estarlo; lo mismo pasa con las esencias. Decimos en efecto: el Hermes está en la piedra; la mitad de la línea está en la línea; y lo mismo: he aquí el trigo, cuando aún no está maduro. Pero ¿en qué caso el ser existe en acto, y en qué caso existe en potencia? Esto lo diremos más adelante.

VIII

Sustancia se dice de los cuerpos simples, tales como la tierra, el fuego, el agua y todas las cosas análogas y, en general, de los cuerpos, así como de los animales, de los seres divinos que tienen cuerpo y de las partes de estos cuerpos. A todas estas cosas se llama sustancias, porque no son los atributos de un sujeto, sino que son ellas mismas sujetos de otros seres. Desde otro punto de vista, la sustancia es la causa intrínseca de la existencia de los seres que no se refiere a un sujeto: el alma, por ejemplo, es la sustancia del ser animado. Se da también este nombre a las partes integrantes de los seres de que hablamos, partes que los limitan y determinan su esencia, y cuyo anonadamiento sería el anonadamiento del todo. Así, la existencia del cuerpo, según algunos filósofos, depende de la de la superficie; la existencia de la superficie, de la de la línea, y, ascendiendo más, el número, según otra doctrina, es una sustancia; porque, anonadado el número, ya no hay nada, siendo él el que determina todas las cosas. Por último, el carácter propio de cada ser, carácter cuya noción es la definición del ser, es la esencia del objeto, sustancia misma.

De aquí se sigue que la palabra sustancia tiene dos acepciones: o designa el último sujeto, el que no es atributo de ningún ser, o el ser determinado, pero independiente del sujeto, es decir la forma y la figura de cada ser.

IX

Identidad. Por lo pronto hay identidad accidental; y así la hay entre lo blanco y lo músico, porque son accidentes del mismo ser; entre el hombre y el músico, porque el uno es el accidente del otro. Porque el músico es el accidente del hombre, y se dice: hombre músico. Esta expresión es idéntica a cada una de las otras dos, y cada una de éstas a aquélla; puesto que, para nosotros, hombre y músico son lo mismo que hombre músico, y recíprocamente. En todas estas identidades no hay ningún carácter universal. No es cierto que todo hombre sea la misma cosa que músico; lo universal existe de suyo, mientras que lo accidental no existe por sí mismo, sino simplemente como atributo de un ser particular. Se admite la identidad de Sócrates y de Sócrates músico, y por qué Sócrates no es la esencia de muchos seres; y así no le dice: todo Sócrates, como se dice: todo hombre.

Además de la identidad accidental, hay la identidad esencial. Se aplica, como la unidad en sí, a las cosas cuya materia es una, sea por la forma, sea por el número, sea genéricamente, así como a aquellas cuya esencia es una. Se ve, pues, que la identidad es una especie de unidad de ser, unidad de muchos objetos, o de uno solo tomado como muchos; ejemplo: cuando se dice una cosa es idéntica a sí misma, la misma cosa es considerada como dos.

Se llaman heterogéneas las cosas que tienen pluralidad de forma, de materia o de definición, y en general la heterogeneidad es lo opuesto a la identidad.

Diferente se dice de las cosas heterogéneas que son idénticas desde algún punto de vista, no cuando lo son bajo el del número, sino cuando lo son bajo el de la forma, o del género, o de la analogía. Se dice también de lo que pertenece a géneros diferentes de los contrarios, y de todo lo que tiene en la esencia alguna diversidad.

Las cosas semejantes son las sujetas a las mismas modificaciones, entre las que hay más relación que diferencia, y las que tienen la misma cualidad. Y por contrarias que puedan aparecer, si el mayor número de los caracteres o los principales se parecen, sólo por esto hay semejanza.

En cuanto a lo semejante, se toma en todos los sentidos opuestos a lo semejante.

X

Lo Opuesto se dice de la contradicción, de los contrarios y de la relación; de la privación y de la posesión; de los principios de los seres y de los elementos en que se resuelven; es decir, de la producción y de la destrucción. En una palabra, en todos los casos en que un sujeto no puede admitir la coexistencia de dos cosas, decimos que éstas son opuestas, opuestas en sí mismas, o bien opuestas en cuanto a sus principios. Lo pardo y lo blanco no coexisten en el mismo sujeto, y así sus principios son opuestos.

Se llaman Contrarias las cosas de géneros diferentes que no pueden coexistir en el mismo sujeto; y las que difieren más dentro del mismo género; las que difieren más en el mismo sujeto; las que difieren más entre las cosas sometidas a la misma potencia; finalmente, aquellas cuya diferencia es considerable, ya absolutamente, ya genéricamente, ya bajo la relación de la especie. Las demás contrarias son llamadas así, las unas porque tienen en sí mismas los caracteres de que hablamos, las otras porque admiten esos caracteres, y otras porque, activas o pasivas, agentes o pacientes, toman o dejan, poseen o no estos caracteres y otros de la misma naturaleza.

Puesto que la unidad y el ser se entienden de muchas maneras, se sigue de aquí, necesariamente, que sus modos se encuentran en igual caso; y entonces es preciso que la identidad, la heterogeneidad y lo contrario varíen en las diversas maneras de considerar el ser y la unidad.

Se llaman cosas de especies diferentes aquellas que, siendo del mismo género, no pueden sustituirse mutuamente, las que, siendo del mismo género, tienen una diferencia, y aquellas cuyas esencias son contrarias. Hay también diferencia de especie en los contrarios, ya en todos los contrarios, ya sólo en los contrarios primitivos, e igualmente en los seres que tienen la última forma del género, cuando sus nociones esenciales no son las mismas. Así el hombre y el caballo son ciertamente indivisibles por el género, pero hay diferencia entre sus nociones esenciales. Por último, los seres cuya esencia es la misma, pero con una diferencia: son especies diferentes.

La identidad de especie se entiende de todos los casos opuestos a los que acabamos de enumerar.

XI

Anterioridad y posterioridad se dice en ciertos casos de la relación con un objeto considerado en cada género como primero y como principio; es el más o el menos de proximidad a un principio determinado, ya absolutamente y por la naturaleza misma, ya relativamente a alguna cosa, sea en cualquier punto, sea bajo ciertas condiciones. En el espacio, por ejemplo, lo anterior es lo que está más próximo a un lugar determinado por la naturaleza, como el medio o la extremidad, o tomado al azar, y aquello que está más distante de este lugar es posterior. En el tiempo, lo anterior es en primer lugar lo que está más lejano del instante actual. Así sucede respecto a lo pasado. La guerra de Troya es anterior a las Guerras Médicas, porque está más lejana del instante actual. Después entra lo que está más próximo a este mismo instante actual. El porvenir está en este caso. La celebración de los juegos nemeos será anterior a la de los juegos pitios, porque está más próxima al instante actual, tomando el instante actual como principio, como cosa primera. Con relación al movimiento, la anterioridad pertenece a lo que está más próximo al principio motor; el niño es anterior al hombre. En este caso, el principio está determinado por su naturaleza. Relativamente a la potencia, lo que tiene la prioridad es lo que excede en poder, lo que puede más. De este género es todo ser a cuya voluntad se ve precisado a someterse otro ser, que es ser inferior, de tal manera que éste no se ponga en movimiento si el otro no le mueve, y que se mueva imprimiéndole el primero el movimiento. En este caso, la voluntad es el principio. Con respecto al orden, la anterioridad y la posterioridad se entienden en vista de la distancia regulada relativamente a un objeto determinado. El bailarín que sigue al corifeo es anterior al que figura en tercera fila; y la penúltima cuerda de la lira es anterior a la última. En el primer caso el corifeo es el principio; en el segundo es la cuerda del medio.

Éste es un punto de vista de la anterioridad. Hay otro: la anterioridad de conocimiento, anterioridad que es absoluta. Pero hay dos órdenes de conocimiento: el esencial y el sensible. Para el conocimiento esencial, lo universal es lo anterior, así como lo particular para el conocimiento sensible. En la esencia misma, el accidente es anterior al todo; lo músico es anterior al hombre músico, porque no podría haber todo sin partes. Y sin embargo, la existencia del músico no es posible, si no hay alguien que sea músico. La anterioridad se entiende, por último, de las propiedades de lo que es anterior; la rectitud es anterior a lo terso, porque la una es propiedad esencial de la línea, la otra es una propiedad de la superficie.

Hay, pues, la anterioridad y la posterioridad accidentales, y las de naturaleza y esencia. La anterioridad por naturaleza no tiene por condición la anterioridad accidental; pero ésta no puede nunca existir sin aquélla; distinción que Platón ha establecido. Por otra parte, el ser tiene muchas acepciones: lo que es anterior en el ser es el sujeto, y así la sustancia tiene la prioridad.

Desde otro punto de vista, la prioridad y la posterioridad se refieren a la potencia y al acto. Lo que existe en potencia es anterior; lo que existe en acto, posterior. Así, en potencia, la mitad de la línea es anterior a la línea entera, la parte al todo, la materia a la esencia. Pero en acto las partes son posteriores al todo, porque después de la disolución del todo, es cuando existen en acto.

Todo lo que es anterior y posterior entra, bajo cualquier punto de vista, en estos ejemplos. En efecto, bajo la relación de la producción es posible que ciertas cosas existan sin las otras, y así el todo será anterior a las partes; bajo la relación de la destrucción, por el contrario, la parte será anterior al todo. Lo mismo sucede en todos los demás casos.

XII

Poder o potencia se entiende del principio del movimiento o del cambio, colocado en otro ser, o en el mismo ser, pero en tanto que otro. Así el poder de construir no se encuentra en lo que es construido; el poder de curar, por el contrario, puede encontrarse en el ser que es curado, pero no en tanto que curado. Por poder se entiende, ya el principio del movimiento y del cambio, colocado en otro ser o en el mismo ser en tanto que otro; ya la facultad de ser mudado, puesto en movimiento por otra cosa o por sí mismo en tanto que otro: en este sentido es el poder de ser modificado en el ser que es modificado. Así es que a veces decimos que una cosa tiene el poder de ser modificada, cuando puede experimentar una modificación cualquiera, y a veces también cuando no puede experimentar toda especie de modificaciones, y sí sólo las mejores. Poder se dice también de la facultad de hacer bien alguna cosa, o de hacerla en virtud de su voluntad. De los que solamente andan o hablan, pero haciéndolo mal, o de distinto modo de como quisieran, no se dice que tienen el poder de hablar o de andar. Poder se entiende igualmente en el sentido de tener la facultad de ser modificado.

Además, todos los estados en los que no puede experimentar absolutamente ninguna modificación, ningún cambio, o en los que no se experimenta sino difícilmente una modificación para mal, son poderes; porque se ve uno roto, estropeado, maltratado; en una palabra, destruido, no en virtud de un poder, sino por falta de poder, y porque falta algo. Los seres que están al abrigo de estas modificaciones son los que no pueden ser mudados sino difícilmente, ligeramente, porque están dotados de una potencia, de un poder propio, de un estado particular.

Éstas son las diversas acepciones de poder o potencia. Poderoso debe ser por tanto en primer lugar lo que tiene el principio del movimiento o del cambio; porque la facultad de producir el reposo es una potencia que se encuentra en otro ser, o en el mismo ser en tanto que otro. Poderoso se dice igualmente de lo que tiene la facultad de ser mudado por otro ser; en otro sentido, es la facultad de mudar otro objeto, o para mejorarlo o para empeorarlo. En efecto, lo que se destruye parece tener la potencia de ser destruido; porque no podría ser destruido si no tuviese esta potencia; es preciso que tenga en sí alguna disposición, causa y principio de una modificación semejante. Así se dice en un sentido que un objeto es poderoso en virtud de sus propiedades; y en otro, que es poderoso a causa de la privación de ciertas propiedades. Pero si la privación misma es una especie de propiedad, será uno poderoso siempre en virtud de una propiedad particular.

Lo mismo sucede con el ser en general: es poderoso, porque tiene ciertas propiedades, ciertos principios; lo es igualmente por la privación de estas propiedades, si la privación misma es una propiedad. Es poderoso en otro sentido, en cuanto el poder de destruirle no se encuentra ni en otro ser, ni en el mismo en tanto que otro. Finalmente, todas estas expresiones significan que una cosa puede hacerse o no hacerse, o que puede hacerse bien. De este mismo género es el poder de los seres inanimados, de los instrumentos; bajo esta condición del bien se dice de una lira que puede producir sonidos; y se dice de otra que no puede cuando no tiene sonidos armoniosos.

La impotencia es la privación de la potencia, la falta de un principio como el que acabamos de señalar, falta absoluta o falta en un ser que debería naturalmente poseerla, o en la época en que según su naturaleza debería poseerla. No se dice en el mismo concepto que el niño y el eunuco son impotentes para engendrar. Ademas, a cada potencia se opone una impotencia particular, lo mismo a la potencia simplemente motriz como a la que produce el bien. Impotente se entiende con relación a la impotencia de este género, y también se toma en otro sentido. Se trata de lo Posible y de lo Imposible. Lo imposible es aquello cuyo contrario es absolutamente verdadero. Y así, es imposible que la relación de la diagonal con el lado del cuadrado sea conmensurable, porque es falso que lo sea: no sólo lo contrario es verdadero, sino que es necesario que esta relación sea inconmensurable, y por consiguiente, no sólo es falso que la relación en cuestión sea conmensurable, síno que esto es necesariamente falso. Lo opuesto de lo imposible es lo posible, que es aquello cuyo contrario no es necesariamente falso. Y así, es posible que el hombre esté sentado, porque no es necesariamente falso que no esté sentado. Posible, en un sentido, significa, como acabamos de decir, lo que no es necesariamente falso; en otro, es lo que es verdadero o, más bien, lo que puede serlo.

Sólo metafóricamente emplea la Geometría la palabra potencia; la potencia en este caso no es un poder real. Pero todas las acepciones de potencia en tanto que poder se refieren a la primera potencia, es decir, al principio del cambio colocado en otro ser en tanto que otro.

Las demás cosas se dicen posibles o potentes: las unas porque otro ser tiene sobre ellas un poder de este género; las otras, por lo contrario, porque no están sometidas a este poder, y otras porque este poder es de una naturaleza determinada. Lo mismo sucede con las acepciones de impotencia o de imposible; de suerte que la definición de la potencia primera es: Principio del cambio colocado en otro ser en tanto que otro.

XIII

Cantidad se dice de lo que es divisible en elementos constitutivos, de los que alguno, o todos, es uno y tienen por naturaleza una existencia propia. La pluralidad es una cantidad cuando puede contarse; una magnitud cuando puede medirse. Se llama pluralidad lo que es en potencia divisible en partes no continuas; magnitud lo que puede dividirse en partes continuas. Una magnitud continua en un solo sentido se llama longitud; en dos sentidos, latitud, y en tres, profundidad. Una pluralidad finita es el número; una longitud finita es la línea. Lo que tiene latitud determinada es una superficie; lo que tiene profundidad determinada, un cuerpo. Finalmente, ciertas cosas son cantidades por sí mismas, otras accidentalmente. Y así, la línea es por sí misma una cantidad; el músico lo es tan sólo accidentalmente.

Entre las cosas que son cantidades por sí mismas hay unas que lo son por su esencia: la línea, por ejemplo, porque la cantidad entra en la definición de la línea; otras no lo son sino como modos, estados de la cantidad; como lo mucho y lo poco, lo largo y lo corto, lo ancho y lo estrecho, lo profundo y su contrario, lo pesado y lo ligero, y las demás cosas de este género. Lo grande y lo pequeño, lo mayor y lo menor, considerados, ya en sí mismos, ya en sus relaciones, son igualmente modos esenciales de la cantidad. Estos nombres, sin embargo, se aplican algunas veces metafóricamente a otros objetos. Cantidad, tomada accidentalmente, se entiende, como hemos dicho, de lo músico, de lo blanco, en tanto que se encuentran en seres que tienen cantidad. Al movimiento, el tiempo, se los llama cantidades en otro sentido. Se dice que tienen una cantidad, que son continuos, a causa de la divisibilidad de los seres de que son modificaciones; divisibilidad, no del ser en movimiento, sino del ser a que se ha aplicado el movimiento. Porque este ser tiene cantidad, es por lo que hay también cantidad para el movimiento; y el tiempo no es una cantidad, sino porque el movimiento lo es.

XIV

La Cualidad es, en primer lugar, la diferencia que distingue la esencia; y así el hombre es un animal que tiene tal cualidad, porque es bípedo; el caballo, porque es cuadrúpedo. El círculo es una figura que tiene también tal cualidad: no tiene ángulos. En este sentido, por tanto, cualidad significa la diferencia que distingue la esencia. Cualidad puede decirse igualmente de los seres inmóviles y de los seres matemáticos; de los números, por ejemplo. En este caso están los números compuestos, y no los que tienen por factor la unidad; en una palabra, los que son imitaciones de la superficie y del sólido, es decir, los números cuadrados, los números cúbicos, y, en general, la expresión cualidad se aplica a todo lo que es en la esencia del número distinto de la cantidad. La esencia del número es el ser producto de un número multiplicado por la unidad: la esencia de seis no es dos veces, tres veces un número, sino una vez, porque seis es una vez seis. Cualidad se dice también de los atributos de las sustancias en movimiento. Tales son el calor y el frío, la blancura y la negrura, la pesantez y la ligereza, y todos los atributos de este género que pueden revestir alternativamente los cuerpos en sus cambios. Por último, esta expresión se aplica a la virtud y al vicio, y en general, al mal y al bien.

Pueden, pues, reducirse los diferentes sentidos de cualidad a dos principales, uno de los cuales es por excelencia el propio de la palabra. La cualidad primera es la diferencia en la esencia. La cualidad en los números forma parte de los números mismos; es realmente una diferencia entre esencias, pero esencias inmóviles o consideradas en tanto que inmóviles.

En la segunda clase de cualidades, por lo contrario, se colocan los modos de los seres en movimiento, en tanto que están en movimiento, y las diferencias de los movimientos. La virtud y el vicio pueden considerarse como formando parte de estos modos, porque son la expresión de las diferencias de movimiento o de acción en los seres en movimiento que hacen o experimentan el bien o el mal. Por ejemplo, este ser puede ser puesto en movimiento y obrar de tal manera; entonces es bueno: aquel otro de una manera contraria, y entonces es malo. El bien y el mal sobre todo reciben el nombre de cualidades que se dan en los seres animados, y entre éstos principalmente en los que tienen voluntad.

XV

Relación se dice, o bien del doble con relación a la mitad, del triple con relación a la tercera parte y, en general, de lo múltiplo con relación a lo submúltiplo, de lo más con relación a lo menos; o bien es la relación de lo que calienta a lo que es calentado, de lo que corta a lo que es cortado y, en general, de lo que es activo a lo que es pasivo. También es la relación de lo conmensurable a la medida, de lo que puede ser sabido a la ciencia, de lo sensible a la sensación. Las primeras relaciones son las numéricas, relaciones indeterminadas o relaciones de números determinados entre sí o relaciones de un número con la unidad. Así, la relación numérica de la pluralidad a la unidad no es determinada: puede ser tal o cual número. La relación de uno y medio con un medio es una relación de números determinados; la relación del número fraccionario en general a la fracción no es una relación de números determinados: sucede con ella lo que con la de la pluralidad a la unidad. En una palabra, la relación del más o menos es una relación numérica completamente indeterminada. El número inferior es ciertamente conmensurable, pero se le compara a un número inconmensurable. En efecto lo más relativamente a lo menos es lo menos y un resto; este resto es indeterminado; puede o no ser igual a lo menos.

Todas estas relaciones son relaciones de números o de propiedades de números, y también relaciones por igualdad, por semejanza, por identidad; pero éstas son de otra especie. En efecto, bajo cada uno de estos modos hay unidad: se llama idéntico aquello cuya esencia es una; semejante, lo que tiene la misma cualidad; igual, lo que tiene la misma cantidad. Ahora bien, la unidad es el principio, la medida del número. De suerte que puede decirse que todas estas relaciones son relaciones numéricas, pero no de la misma especie que las precedentes. Las relaciones de lo que es activo a lo que es pasivo son relaciones, ya de las potencias activa y pasiva, ya de los actos de estas potencias. Así hay relación de lo que puede calentar a lo que tiene la posibilidad de calentarse, porque hay potencia. Hay igualmente relación de aquello que calienta a lo que es calentado, de lo que corta a lo que es cortado, pero relación de seres en acto. Para las relaciones numéricas, por lo contrario, no hay acto, a menos que se entienda por esto las propiedades de que hemos hablado en otra parte; el acto como movimiento no se encuentra en ellas.

En cuanto a las relaciones de potencia, hay por lo pronto las que son determinadas por el tiempo: éstas son las relaciones del que hace a lo que es hecho, del que debe hacer a lo que debe ser hecho. En este sentido se dice que el padre es padre de su hijo; el uno ha hecho, el otro ha padecido la acción. Hay finalmente cosas que se dicen relativas, como siendo privaciones de potencia; como lo imposible y demás de este género; lo invisible, por ejemplo.

Lo que es relativo numéricamente o en potencia es relativo en el concepto de referirse él a otra cosa, pero no otra cosa a él. Por el contrario, lo que es conmensurable, científico, inteligible, se llama relativo, porque se refiere a otra cosa. Decir que una cosa es inteligible es decir que se puede tener inteligencia de esta cosa; porque la inteligencia no es relativa al ser a que pertenece: hablar de esta manera sería repetir dos veces la misma cosa. De igual modo la vista es relativa a algún objeto, no al ser a quien pertenece la vista, bien que sea cierto decirlo. La vista es relativa o al color o a otra cosa semejante. En la otra expresión habría dos veces la misma cosa; la vista es la vista del ser a que pertenece la vista.

Las cosas que en sí mismas son relativas, lo son, o como aquellas de que acabamos de hablar, o bien porque los géneros de que ellas dependen son relativos de esta manera. La medicina, por ejemplo, es una de las cosas relativas, porque la ciencia, de la que es ella una especie, parece una cosa relativa. También se da el nombre de relativos a los atributos en cuya virtud los seres que les poseen se dicen relativos: a la igualdad, porque lo igual es relativo; a la semejanza, porque lo semejante lo es igualmente. Hay, por último, relaciones accidentales: en este concepto el hombre es relativo, porque accidentalmente es doble, y lo doble es una cosa relativa. Lo blanco igualmente puede ser relativo de la misma manera, si el mismo ser es accidentalmente doble y blanco.

XVI

Perfecto, se dice por de pronto de aquello que contiene en sí todo, y fuera de lo que no hay nada, ni una sola parte. Así, tal duración determinada es perfecta cuando fuera de esta duración no hay ninguna duración que sea parte de la primera. Se llama también perfecto aquello que, bajo las relaciones del mérito y del bien, no es superado en un genero particular. Se dice: un médico perfecto, un perfecto tocador de flauta, cuando no les falta ninguna de las cualidades propias de su arte. Esta calificación se aplica metafóricamente lo mismo a lo que es malo. Se dice: un perfecto sicofanta, un perfecto ladrón, y también se le suele dar el nombre de buenos, un buen ladrón, un buen sicofanta. El mérito de un ser es igualmente una perfección. Una cosa, una esencia es perfecta, cuando en su género propio no le falta ninguna de las partes que constituyen naturalmente su fuerza y su grandeza. Se da también el nombre de perfectas a las cosas que tienden a un buen fin. Son perfectas en tanto que tienen un fin. Y como la perfección es un punto extremo, se aplica metafóricamente esta palabra a las cosas malas, y se dice: esto está perfectamente perdido, perfectamente destruido, cuando nada falta a la destrucción y al mal, cuando éstos han llegado al último término. Por esto la palabra perfecta se aplica metafóricamente a la muerte: ambos son el último termino. Por último, la razón por qué se hace una cosa es un fin, una perfección.

Perfecto en sí se dice, por tanto, o de aquello a que no falta nada de lo que constituye el bien, de aquello que no es superado en su género propio, o de lo que no tiene fuera de sí absolutamente ninguna parte. Otras cosas, sin ser perfectas por si mismas, lo son en virtud de aquéllas, o porque producen la perfección, o la poseen o están en armonía con ella, o bien porque sostienen alguna otra especie de relación con lo que propiamente se llama perfecto.

XVII

Término se dice del extremo de una cosa después del cual ya no hay nada y antes del que está todo. Es también el límite de las magnitudes o de las cosas que tienen magnitud. Por término de una cosa entiendo el punto adonde va a parar el movimiento, la acción, y no el punto de partida. Algunas veces, sin embargo, se da este nombre al punto de partida, al punto de detención, a la causa final, a la sustancia de cada ser y a su esencia; porque estos principios son el término del conocimiento, y como término del conocimiento son igualmente el término de las cosas. Es evidente que, según esto, la palabra término tiene tantas acepciones como principio, y más aún: el principio es un término, pero el término no es siempre un principio.

XVIII

En qué o Por qué se toma en mucha acepciones. En un sentido designa la forma, la esencia de cada cosa; y así aquello en que se es bueno es el bien en sí. En otro sentido se aplica al sujeto primero en que se ha producido alguna cosa, como a la superficie que ha recibido el color. En qué o por qué en su acepción primera significa, por tanto, en primer lugar la forma; y en segundo la materia, la sustancia primera de cada cosa; en una palabra, tiene todas las acepciones del término causa. En efecto, se dice: ¿por qué ha venido?, como si se dijera: ¿con qué fin ha venido?, ¿por qué se ha hecho un paralogismo o un silogismo?, en el sentido de: ¿cuál ha sido la causa del silogismo o del paralogismo? Por qué y en qué se dice también respecto a la posición: ¿por qué se está en pie?, ¿por qué se anda? En estos dos casos se trata de la posición y del lugar.

Conforme a esto, En sí y Por sí se entenderán también necesariamente de muchas maneras. En sí significará la esencia de un ser, como Calias y la esencia propia de Calias. Expresará además todo lo que se encuentra en la noción del ser: Calias es en sí un animal; porque en la noción de Calias se encuentra el animal: Calias es un animal. En sí se entiende igualmente del sujeto primero que ha recibido en sí o en alguna de sus partes alguna cualidad: la superficie en sí es blanca; el hombre en sí es vivo; porque el alma, parte de la ciencia del hombre, es el principio de la vida. Se dice también de aquello que no tiene otra causa que ello mismo. Es cierto que el hombre tiene muchas causas, lo animal, lo bípedo; sin embargo, el hombre es hombre en sí y por sí. Se dice finalmente de lo que se encuentra sólo en un ser, en tanto que es solo; y en este sentido lo que está aislado se dice que existe en sí y por sí.

XIX

La Disposición es el orden de lo que tiene partes, o con relación al lugar, o con relación a la potencia, o con relación a la forma Es preciso, en efecto, que haya en este caso cierta posición, como indica el nombre mismo: disposición.

XX

Estado en un sentido significa la actividad o la pasividad en acto; por ejemplo, la acción o el movimiento, porque entre el ser que hace y el que padece, hay siempre acción. Entre el ser que viste un traje y el traje vestido, hay siempre un intermedio, el vestir y el traje. Evidentemente, el vestir el traje no puede ser el estado del traje vestido, porque se iría así hasta el infinito si se dijese que el estado es el estado de un estado. En otro sentido, el estado se toma por disposición, situación buena o mala de un ser, ya en sí, ya con relación a otro. Así la salud es un estado, porque es una disposición particular. Estado se aplica también a las diferentes partes, cuyo conjunto constituye la disposición; en este sentido, la fuerza o la debilidad de los miembros es un estado de los miembros.

XXI

Pasión se dice de las cualidades que puede alternativamente revestir un ser: como lo blanco y lo negro, lo dulce y lo amargo, la pesantez y la ligereza, y todas las demás de este género. En otro sentido, es el acto mismo de estas cualidades, el tránsito de una a la otra. Pasión, en este último caso, se dice más bien de las cualidades malas, y sobre todo se aplica a las tendencias deplorables y perjudiciales. En fin, se da el nombre de pasión a una grande y terrible desgracia.

XXII

Se dice que hay Privación ya cuando un ser no tiene alguna cualidad que no debe encontrarse en él, y que por su naturaleza no debe tener, y en este sentido se dice que una planta está privada de ojos; ya cuando, debiendo naturalmente encontrarse esta cualidad en él, o en el género a que pertenece, sin embargo no la posee. Así el hombre ciego está privado de vista, de distinta manera que lo está el topo; en el último caso la privación es un hecho general, en el otro es un hecho individual. Hay también privación cuando, debiendo un ser tener naturalmente una cualidad en una época determinada, llega esta época y no la tiene. La ceguera es una privación, pero no se dice que un ser es ciego a una edad cualquiera, sino sólo si no tiene la vista a la edad que naturalmente debe tenerla. Hay igualmente privación cuando no se tiene tal facultad en la parte que se debe tener, aplicada a los objetos a que debe aplicarse, en las circunstancias y manera convenientes. La supresión violenta también se llama privación.

En fin, todas las negaciones indicadas por la partícula *in* o cualquiera otra semejante, expresan otras tantas privaciones. Se dice que un objeto es desigual, cuando no hay igualdad que le sea natural; invisible, cuando está absolutamente sin color, o cuando está débilmente coloreado; se llama sin pies el que no tiene pies o los tiene malos. Hay igualmente privación de una cosa cuando está en pequeña cantidad: como un fruto sin pepita, por un fruto que tiene sólo una pequeña pepita; o bien cuando esta cosa se hace difícilmente o mal: incontable no significa sólo que no puede ser cortado, sino que se corta difícilmente o se corta mal. En fin, privación significa falta absoluta. No se llama ciego al que sólo ve con un ojo, sino al que no ve con ninguno de los dos. Conforme a esto, no es todo ser bueno o malo, justo o injusto; hay grados intermedios entre éstos.

XXIII

La Posesión se expresa de muchas maneras. Por de pronto indica lo que imprime una acción en virtud de su naturaleza o de un efecto propio, y así se dice que la fiebre posee al hombre, que el tirano posee la ciudad, que los que están vestidos poseen su vestido. También se entiende por el objeto que padece la acción: por ejemplo, el bronce tiene o posee la forma de una estatua, el cuerpo posee la enfermedad; además, lo que envuelve con relación a lo envuelto, porque el objeto que envuelve otro es claro que lo contiene. Decimos: el vaso contiene el líquido, la ciudad contiene los hombres, la nave los marineros, así como el todo contiene las partes. Lo que impide a un ser moverse u obrar conforme a su tendencia retiene este ser. En este sentido se dice que las columnas sostienen las masas que tienen encima; que Atlas, como dicen los poetas, sostiene el Cielo. Sin sostén, caería sobre la Tierra, como pretenden algunos sistemas de física. En el mismo sentido se aplica también la palabra tener a lo que retiene los objetos; sin esto, se separarían en virtud de su fuerza propia. En fin, lo contrario de la posesión se explica de tantas maneras como la posesión y en correspondencia con las expresiones que acabamos de enumerar.

XXIV

Ser o Provenir de se aplica en un sentido a aquello de que está hecha una cosa, como la materia; en cuyo caso hay un doble punto de vista que considerar: la materia primera o tal especie particular de materia. Ejemplo de lo primero: lo que es fusible proviene del agua. Segundo punto de vista: la estatua proviene del bronce. En otro sentido se dice del principio del movimiento. ¿De dónde proviene el combate, por ejemplo? Del insulto, porque es el principio del combate. Se aplica igualmente al conjunto de la materia y de la forma. Y así se dice: las partes provienen del todo; en verso, de la *Ilíada*; las piedras de la casa, porque una forma es un fin, y lo que tiene un fin es perfecto. Desde otro punto de vista, el todo viene de la parte; y así el hombre viene del bípedo, la sílaba del elemento. Pero no al modo que la estatua proviene del bronce: la sustancia compuesta viene de la materia sensible; la especie viene de la materia de la especie. Además de estos ejemplos, la expresión de que trata se aplica a las cosas que provienen de alguna de estas maneras, pero provienen sólo de una parte determinada. En este sentido se dice que el hijo viene del padre y de la madre, que las plantas provienen de la tierra, porque provienen de alguna de sus partes.

Provenir, en otro sentido, sólo indica la sucesión en el tiempo. Y así la noche proviene del día, la tempestad de la calma, en vez de decir que lo uno sigue al otro. A veces hay retroceso del uno al otro, como en los ejemplos que acabamos de citar; otras veces hay sucesión invariable: ha partido a seguida del equinoccio para el embarque, es decir, después del equinoccio, los targelianos a seguida de los dionisianos, queriendo decir después de los dionisianos.

XXV

Parte, en un sentido, se dice de aquello en que se puede dividir una cantidad cualquiera. Porque siempre lo que se quita de una cantidad, en tanto que cantidad, se llama parte de esta cantidad. Y así dos pueden considerarse como parte de tres. En otro sentido, se da sólo este nombre a lo que mide exactamente las cantidades; de suerte que, bajo un punto de vista, dos será parte de tres, y bajo otro, no. Aquello en que pueda dividirse un género, el género animal, por ejemplo, de distinta manera que bajo la relación de la cantidad, se llama también parte de este género. En este sentido, las especies son parte del género. Parte se dice igualmente de aquello en que puede dividirse un objeto, o de aquello que constituye el todo o la forma, o lo que tiene la forma. El bronce, por ejemplo, es una parte de la esfera o del cubo de bronce, es la materia que recibe la forma. El ángulo es también una parte. Por último, los elementos de la definición de cada ser particular son también partes del todo. De suerte que, bajo este punto de vista, puede considerarse el género como parte de la especie; bajo otro, por lo contrario, la especie es parte del género.

XXVI

Todo se dice de aquello a que no falta ninguna de las partes que constituyen naturalmente un todo; o bien de aquello que abraza otros seres, si tiene unidad; y de los seres comprendidos, si forman una unidad. Bajo este último punto de vista se presentan dos casos: o bien cada uno de los seres comprendidos es uno, o bien la unidad resulta de su conjunto. Y así, en cuanto al primer caso, lo universal (porque lo universal recibe el nombre de todo, en tanto que designa un conjunto) es universal porque abraza muchos seres, a cada uno de los cuales se aplica, y todos estos seres particulares forman una unidad común; por ejemplo, hombre, caballo, dios, porque son todos seres vivos. En el segundo caso, lo continuo determinado se llama todo o conjunto porque es una unidad resultante de muchas partes integrantes, sobre todo cuando éstas existen en potencia, y a veces también cuando existen en acto.

Los objetos naturales tienen más bien este carácter que los de arte, como hemos hecho observar al tratar de la unidad; porque el todo o conjunto es una especie de unidad.

Añádase a esto que a las cantidades que tienen un principio, un medio y un fin, las cosas en las que la posición no produce ningún cambio, se las llama Todo; a las que experimentan un cambio por la posición, se las llama Conjunto. Las que pueden reunir los dos caracteres son a la vez conjunto y todo. En este caso se encuentran aquellas cuya naturaleza permanece la misma en la dislocación de las partes, pero cuya forma varía; como la cera, un traje. Se aplica a estos objetos las expresiones todo y conjunto, porque tienen los dos caracteres. Pero el agua, los cuerpos líquidos, los números, reciben solamente la denominación de todo. La palabra conjunto no se aplica ni a los números ni al agua, sino metafóricamente. La expresión Todos se aplica a las cosas que se llamarían todo, considerándolas como unidad; si se las considera como divididas, se les aplica el plural: todo este número, todas estas mónadas.

XXVII

Mutilado o Truncado se dice de las cantidades, pero no de todas indistintamente; es preciso no sólo que puedan ser divididas, sino también que formen un conjunto: el número dos no resulta mutilado si se quita una de las dos unidades, porque la parte quitada por mutilación jamás es igual a lo que queda del objeto. Lo mismo sucede con todos los números. Para que haya mutilación, es preciso que la esencia persista; cuando una copa se mutila, es aún una copa. Ahora bien, el número, después de la mutíplicación, no queda el mismo. No basta, sin embargo, para que haya mutilación, que las partes del objeto sean diferentes. Hay números cuyas partes difieren: estas partes pueden ser dos y tres. En general, no hay mutilación respecto de las cosas en que la colocación de las partes es indiferente, como el fuego y el agua; para que haya mutilación, es preciso que la colocación de las partes afecte a la esencia misma del objeto. Es preciso, además, que haya continuidad; porque hay en una armonía tonos diferentes dispuestos en un orden determinado y, sin embargo, no se dice jamás que se mutila una armonía. Unid a esto que esta expresión no se aplica ni a todo conjunto, cualquiera que él sea, ni a un conjunto privado de una parte cualquiera. No es preciso arrancar las partes consecutivas de la esencia; el punto que ocupaban las partes no es tampoco indiferente. No se dice mutilada una copa por estar rajada; lo está cuando el asa o el borde han sido arrancados. Un hombre no está mutilado por haber perdido parte de la gordura o el bazo, si no ha perdido alguna extremidad, y esto no respecto a todas las extremidades; es preciso que sea tal que, una vez mutilada, no puede reproducirse jamás. Por esto no se dice de los calvos que están mutilados.

XXVIII

Género o Raza se emplea, en primer lugar, para expresar la generación continua de los seres que tienen la misma forma. Y así se dice: mientras subsista el género humano; en lugar de decir: mientras haya generación no interrumpida de hombres. Se dice igualmente con relación a aquello de que se derivan los seres, al principio que los ha hecho pasar a ser los helenos, los jonios. Estos nombres designan razas, porque son seres que tienen los unos a Helen y los otros a Jon por autores de su existencia. Raza se dice más bien con relación al generador que con relación a la materia. Sin embargo, el género viene también de la hembra, y así se dice: la raza de Pirra.

Otro sentido de la palabra género: la superficie es el género de las figuras planas, el sólido de las figuras sólidas; porque cada figura es o tal superficie o tal sólido: la superficie y el sólido en general son los objetos que se diferencian en los casos particulares. En las definiciones se da el nombre de género a la noción fundamental y esencial, cuyas cualidades son las diferencias.

Tales son las diversas acepciones de la palabra género. Se aplica, pues, o a la generación continua de los seres que tienen la misma forma, o a la producción de una misma especie por un orden motor común, o a la comunidad de materia; porque lo que tiene diferencia, cualidad, es el sujeto común, es lo que llamamos la materia.

Se dice que hay diferencia de género cuando el sujeto primero es diferente, cuando las cosas no pueden resolverse las unas en las otras, ni entrar todas en la misma cosa. Y así la forma y la materia difieren por el género, y lo mismo sucede con todos los objetos que se refieren a categorías del ser diferentes (recuérdese que el ser expresa, ya la forma determinada, ya la cualidad, y todas las demás distinciones que hemos establecido precedentemente): estos modos no pueden efectivamente entrar los unos en los otros ni resolverse en uno solo.

XXIX

Falso se entiende en un sentido de la falsedad en las cosas, y entonces hay falsedad, o porque las cosas no son realmente, o porque es imposible que sean; como si se dijese, por ejemplo, que la relación de la diagonal con el lado del cuadrado es conmensurable, o que no está sentado: lo uno es absolutamente falso, lo otro lo es accidentalmente, pero en uno y otro caso el hecho no es cierto.

Falso se dice también de las cosas que existen realmente, pero que aparecen de otra manera de como son o lo que no son; por ejemplo, la sombra, los ensueños, que tienen alguna realidad, pero que son los objetos cuya imagen representan. Y así se dice que las cosas son falsas, o porque no existen absolutamente, o porque no son más que apariencias y no realidades.

Una definición falsa es la que expresa cosas que no hay; digo falsa en tanto que falsa. Y así una definición será falsa cuando recaiga sobre otro objeto que aquel con relación al que es verdadero: por ejemplo, lo que es verdadero del círculo es falso del triángulo. La definición de cada ser es una, bajo un punto de vista, porque se define por la esencia; bajo otro punto de vista es múltiple, porque hay el ser en sí, y después el ser con sus modificaciones; hay Sócrates y Sócrates músico. Pero la definición falsa no es propiamente definición de cosa alguna.

Estas consideraciones prueban la necedad de lo que dice Antístenes; que no se puede hacer de un mismo ser más que una sola definición, la definición propia; de donde resultaría que no hay contradicción y, en último resultado, que nada es falso. Pero observemos que se puede definir todo ser, no sólo por su propia definición, sino por la de otro ser; definición falsa en tal caso, o absolutamente falsa, o verdadera desde cierto punto de vista: puede decirse que ocho es doble, y tal es la noción misma del número dos. Tales son las significaciones de la palabra falso.

Se dice que un hombre es falso cuando ama y busca la falsedad, sin ningún otro fin, y sólo por la falsedad misma, o bien cuando arrastra a otros a la falsedad. En este último sentido damos el nombre de falsas a cosas que presentan una imagen falsa, y por tanto es falsa la proposición do Ilipias, de que el mismo ser es a la vez verídico y mentiroso. Sócrates llama embustero al que puede mentir, y por esto entiende el que es instruido y sagaz. Añade que el que es malo voluntariamente vale más que el que lo es involuntariamente. Y esta falsedad intenta demostrarla por una inducción. El que cojea con intención vale más que el que cojea involuntariamente, y por cojear entiende imitar a un cojo. Pero, en realidad, el que cojea con intención será peor seguramente. En esto sucede lo que con la maldad en el carácter.

XXX

Accidente se dice de lo que se encuentra en un ser y puede afirmarse con verdad, pero que no es, sin embargo, ni necesario ni ordinario. Supongamos que cavando un hoyo para poner un árbol se encuentra un tesoro. Es accidental que el que cava un hoyo encuentre un tesoro; porque ni es lo uno consecuencia ni resultado necesario del otro, ni es ordinario tampoco que plantando un árbol se encuentre un tesoro. Supongamos también que un músico sea blanco; como no es necesario ni general, a esto llamamos accidente. Por tanto, si sucede una cosa, cualquiera que ella sea, a un ser, aun en ciertas circunstancias de lugar y de tiempo, pero sin que haya causa que determine su esencia, sea actualmente, sea en tal lugar, esta cosa será un accidente. El accidente no tiene, pues, ninguna causa determinada; tiene sólo una cosa fortuita; y por lo fortuito es lo indeterminado. Por accidente se arriba a Egina, cuando no se hizo ánimo de ir allí, sino que le ha llevado a uno la tempestad o los piratas. El accidente se produce, existe, pero no tiene la causa en sí mismo, y sólo existe en virtud de otra cosa. La tempestad ha sido causa de que hayáis arribado a donde no queríais, y este punto es Egina.

La palabra accidente se entiende también de otra manera; se dice de lo que existe de suyo en un objeto, sin ser uno de los caracteres distintivos de su esencia: tal es la propiedad del triángulo, de que sus tres ángulos valgan dos ángulos rectos. Estos accidentes pueden ser eternos; los accidentes propiamente dichos no lo son; ya hemos dado la razón de esto en otra parte.

LIBRO SEXTO

I.   La ciencia teórica es la que trata del ser. Hay tres ciencias teóricas: la física, la ciencia matemática y la teología.

II.   Del accidente. No hay ciencia del accidente.

III. Los principios y las causas del accidente se producen y se destruyen, sin que en el mismo acto haya ni producción ni destrucción.

I

Indagamos los principios y las causas de los seres, pero evidentemente de los seres en tanto que seres. Hay una causa que produce la salud y el bienestar; las matemáticas tienen también principios, elementos, causas, y, en general, toda ciencia intelectual o que participa de la inteligencia en cualquier concepto recae sobre las causas y principios más o menos rigurosos, más o menos simples. Pero todas estas ciencias sólo abrazan un objeto determinado; tratan sólo de este género, de este objeto, sin entrar en ninguna consideración sobre el ser propiamente dicho, ni sobre el ser en tanto que ser, ni sobre la esencia de las cosas. Ellas parten del ser, unas del ser revelado por los sentidos, otras de la esencia admitida como hecho fundamental; después, estudiando los problemas esenciales del género de ser de que se ocupan, deducen principios, demostraciones más o menos absolutas, más o menos probables; y es claro que de semejante inducción no resulta ni una demostración de la sustancia, ni una demostración de la esencia, porque para llegar a este resultado se necesita otro género de demostración. Por la misma razón estas ciencias nada dicen de la existencia o de la no existencia del género de seres de que tratan; porque el demostrar que es la esencia y el probar la existencia dependen de la misma operación intelectual.

La Física es la ciencia de un género de seres determinado; se ocupa de la sustancia que posee en sí el principio del movimiento y del reposo. Evidentemente no es una ciencia práctica ni una ciencia creadora. El principio de toda creación es, en el agente, el espíritu, el arte o cierta potencia. La voluntad es en el agente el principio de toda práctica, es lo mismo que el objeto de acción y el de la elección. Por tanto, si toda concepción intelectual tiene en vista la práctica, la creación o la teoría, la Física será una ciencia teórica, pero la ciencia teórica de los seres que son susceptibles de movimiento, y la ciencia de una sola esencia, de aquella cuya noción es inseparable de un objeto material.

Pero es preciso ignorar lo que es la forma determinada, la noción esencial de los seres físicos; indagar la verdad sin este conocimiento es hacer vanos esfuerzos. En cuanto a la definición, a la esencia, se distinguen dos casos: tomemos por ejemplo lo chato y lo romo. Estas dos cosas difieren, en cuanto lo chato no se concibe sin la materia: lo chato es la nariz roma; mientras que, por lo contrario, el de nariz arremangada se concibe independientemente de toda materia sensible. Ahora bien, si todos los objetos físicos están en el mismo caso que lo chato, como la nariz, ojo, cara, carne, hueso y, en fin, el animal; las hojas, raíces, corteza y, por último, la planta (porque la noción de cada uno de estos objetos va siempre acompañada de movimiento, y tienen siempre una materia), se ve claramente cómo es preciso indagar y definir la forma esencial de los objetos físicos, y por qué el físico debe ocuparse de esta alma, que no existe independientemente de la materia.

Es evidente, en vista de lo que precede, que la Física es una ciencia teórica. La ciencia matemática es teórica igualmente, ¿pero los objetos de que se ocupa son realmente inmóviles e independientes? Esto es lo que no sabemos aún, y lo que sabemos, sin embargo, es que hay seres matemáticos que esta ciencia considera en tanto que inmóviles, en tanto que independientes. Si hay algo que sea realmente inmóvil, eterno, independiente, a la ciencia teórica pertenece su conocimiento. Ciertamente este conocimiento no es patrimonio de la Física, porque la Física tiene por objeto seres susceptibles de movimiento; tampoco pertenece a la ciencia matemática, sino que es de la competencia de una ciencia superior a ambas. La Física estudia seres inseparables de la materia, y que pueden ser puestos en movimiento. Algunos de aquellos de que trata la ciencia matemática son inmóviles, es cierto, pero inseparables quizá de la materia, mientras que la ciencia primera tiene por objeto lo independiente y lo inmóvil. Todas las causas son necesariamente eternas, y las causas inmóviles e independientes lo son por excelencia, porque son las causas de los fenómenos celestes.

Por tanto, hay tres ciencias teóricas: Ciencia matemática, Física y Teología. En efecto, si Dios existe en alguna parte, es en la naturaleza inmóvil e independiente donde es preciso reconocerle. De otro lado la ciencia por excelencia debe tener por objeto el ser por excelencia. Las ciencias teóricas están a la cabeza de las demás ciencias, y ésta de que hablamos está a la cabeza de las ciencias teóricas.

Puede preguntarse si la filosofía primera es una ciencia universal, o bien si se trata de un género único y de una sola naturaleza. Con esta ciencia no sucede lo que con las ciencias matemáticas; la Geometría y la Astronomía tienen por objeto una naturaleza particular, mientras la filosofía primero abraza, sin excepción, el estudio de todas las naturalezas. Si entre las sustancias que tienen una materia, no hubiese alguna sustancia de otra naturaleza, la Física sería entonces la ciencia primera. Pero si hay una sustancia inmóvil, esta sustancia es anterior a las demás, y la ciencia primera es la Filosofía. Esta ciencia, por su condición de ciencia primera, es igualmente la ciencia universal, y a ella pertenece el estudiar el ser en tanto que ser, la esencia y las propiedades del ser en tanto que ser.

II

El ser propiamente dicho se entiende en muchos sentidos. Por lo pronto hay el ser accidental, después el ser que designa la verdad, y también el no-ser que designa lo falso; además, cada forma de la atribución es una manera de examinar el ser: se le considera bajo la relación de la esencia, de la cualidad, de la cantidad, del lugar, del tiempo, y bajo otros puntos de vista análogos; hay, por último, el ser en potencia y el ser en acto. Puesto que se trata de las diversas acepciones que se dan al ser, debemos observar, ante todo, que no hay ninguna especulación que tenga por objeto el ser accidental, y la prueba es que ninguna ciencia, ni práctica, ni creadora, ni teórica, toma en cuenta el accidente. El que hace una casa no hace los diversos accidentes, cuyo sujeto es esta construcción, porque el número de los accidentes es infinito. Nada impide que la casa construida parezca agradable a los unos, desagradable a los otros, útil a éstos, y revista, por decirlo así, toda clase de seres diversos, no siendo ninguno de ellos producto del arte de construir. De igual modo el geómetra no se ocupa ni de los accidentes de este género, cuyo sujeto son las figuras, ni de la diferencia que pueda haber entre el triángulo realizado y el triángulo que tiene la suma de los tres ángulos igual a dos rectos. Y hay motivo para que esto sea así; el accidente no tiene, en cierta manera, más que una existencia nominal. Así, no sin razón, bajo cierto punto de vista, Platón ha colocado en la clase del no-ser el objeto de la Sofística. El accidente es el que los sofistas han tomado, prefiriéndolo a todo, si puedo decirlo así, por texto de sus discursos. Se preguntan si hay diferencia o identidad entre músico y gramático, entre Corisco músico y Corisco; si todo lo que existe, pero que no ha existido en todo tiempo, ha devenido o llegado a ser; y por consiguiente si el que es músico se ha hecho gramático, o el que es gramático, músico; y plantean otras cuestiones análogas. Ahora bien, el accidente parece que es algo que difiere poco del no-ser, como se ve en semejantes cuestiones. Todos los demás seres de distinta especie se hacen, no devienen y se destruyen, lo cual no sucede con el ser accidental.

Sin embargo, deberemos decir, en cuanto nos sea posible, cuál es la naturaleza de lo accidental y cuál es su causa de existencia: quizá se verá por este medio por qué no hay ciencia de lo accidental.

Entre los seres hay unos que permanecen en el mismo estado siempre y necesariamente, no a consecuencia de esa necesidad que equivale a la violencia, sino de la que se define diciendo que es la imposibilidad de ser de otra manera; mientras que los otros no permanecen necesariamente, ni siempre, ni de ordinario: he aquí el principio, la causa del ser accidental. Lo que no subsiste, ni siempre, ni en la mayoría de los casos, es lo que llamamos accidente. Hace gran frío y viento en la canícula, y decimos que es accidental, y nos servimos de otras expresiones, cuando hace calor y sequedad. Esto último es lo que sucede siempre, o al menos ordinariamente, mientras que lo primero es accidental. Es un accidente que el hombre sea blanco, porque no lo es siempre, ni ordinariamente; pero no es accidental el ser animal. Que el arquitecto produzca la salud no deja de ser un accidente, porque no es propio de la naturaleza del arquitecto producir la salud, sino de la del médico, y es un accidente que el arquitecto sea médico. Aun cuando el cocinero sólo atienda a satisfacer el gusto, puede suceder que sus viandas sean útiles a la salud; pero este resultado no proviene del arte culinario, y así decimos que es un resultado accidental: el cocinero llega a veces a conseguir este resultado, pero no absolutamente.

Hay seres que son producto de ciertas potencias: los accidentes, al contrario, no son productos de un arte, ni de ninguna potencia determinada. Lo que existe o deviene accidentalmente, no puede tener sino una causa accidental. No hay necesidad ni eternidad en todo lo que existe o deviene: las más de las cosas no existen sino frecuentemente; es preciso, pues, que haya un ser accidental. Y así, lo blanco no es músico, ni siempre, ni ordinariamente. Esto se verifica algunas veces, y esto es un accidente, porque de otro modo todo sería necesario. De suerte que la causa de lo accidental es la materia, en tanto que es susceptible de ser otra de lo que es ordinariamente.

Una de las dos cosas: o no hay nada que exista siempre, ni ordinariamente, o esta suposición es imposible. Luego hay otras cosas, que son efectos del azar y los accidentes. Pero en los seres, ¿tiene lugar sólo el «frecuentemente» y de ninguna manera «el siempre», o bien hay seres eternos? Éste es un punto que discutiremos más adelante.

Se ve claramente que no hay ciencia de lo accidental. Toda ciencia tiene por objeto lo que acontece siempre y de ordinario. ¿Cómo sin esta circunstancia puede uno mismo aprender o enseñar a otros? Para que haya ciencia es precisa la condición del siempre o del frecuentemente. Y así: el agua con la miel es ordinariamente buena para la fiebre. Pero no se podrá fijar la excepción, y decir que no es buen remedio, por ejemplo, en la luna nueva, porque lo mismo en la luna nueva que en todos o la mayor parte de los casos lo puede ser. Ahora bien, lo accidental es la excepción.

He aquí lo que teníamos que decir en cuanto a la naturaleza del accidente, a la causa que le produce y a la imposibilidad de una ciencia del ser accidental.

III

Es claro que los principios y causas de los accidentes se producen y destruyen, sin que haya en este caso ni producción ni destrucción. Si no se verificase así, si la producción y destrucción del accidente tuviesen necesariamente una causa no accidental, entonces todo sería necesario.

¿Será o no será esto? Sí, si tal cosa tiene lugar; si no, no. Y esta cosa tendrá lugar, si no tiene otra cosa. Y prosiguiendo de esta manera, y quitando siempre del tiempo un tiempo finito, evidentemente se llegará al instante actual. Tal hombre, ¿morirá de enfermedad o de muerte violenta? De muerte violenta, si sale de la ciudad; saldrá de la ciudad, si tiene sed, y tendrá sed mediante otra condición. De esta manera se llega a un hecho actual, o a algún hecho ya realizado. Por ejemplo, saldrá de la ciudad, si tiene sed; tendrá sed, si come alimentos salados; este último hecho existe o no existe. Es de toda necesidad, por tanto, que este hombre muera o no de muerte violenta. Si nos remontamos a los hechos realizados, también se aplica el mismo razonamiento; porque ya hay en el ser dado la condición de lo que será, a saber, el hecho que se ha realizado. Todo lo que sucederá, por tanto, necesariamente. Así, es necesario que el ser que vive, muera; porque hay ya en él la condición necesaria; por ejemplo, la reunión de los elementos contrarios en un mismo cuerpo. Pero ¿morirá de enfermedad o de muerte violenta? La condición necesaria no está aún cumplida, y no lo estará mientras no tenga lugar tal cosa.

Por tanto, es evidente que de esta manera se asciende hasta un principio, el cual no se resuelve en ningún otro. Éste es el principio de lo que sucede de una manera indeterminada; este principio ninguna causa le ha producido. Pero ¿a qué causa y principio conduce semejante reducción? ¿A la materia, a la causa final, a la del movimiento? Esto es lo que examinaremos con el mayor cuidado.

En cuanto al ser accidental, atengámonos a lo que precede, pues que hemos determinado suficientemente cuáles son sus caracteres. Por lo que hace al ser en tanto que verdadero, y al no-ser en tanto que falso, sólo consiste en la reunión y la separación del atributo y del sujeto; en una palabra, en la afirmación o la negación. Lo verdadero es la afirmación de la conveniencia del sujeto con el atributo; la negación, la afirmación de su disconveniencia. Lo falso es lo opuesto de esta afirmación y de esta negación. Pero ¿en qué consiste que concebimos, ya reunidos, ya separados, el atributo y el sujeto? (Cuando hablo de reunión o de separación, entiendo una reunión que produce, no una sucesión del objeto, sino un ser uno.) De esto no se trata al presente. Lo falso y lo verdadero no están en las cosas, como, por ejemplo, si el bien fuese lo verdadero, y el mal lo falso. Sólo existen en el pensamiento; y las nociones simples, la concepción de las puras esencias, tampoco producen nada semejante en el pensamiento. Más adelante nos ocuparemos del ser y del no-ser en tanto que verdadero y falso. Bástenos haber observado que la conveniencia o la disconveniencia del sujeto con el atributo existen en el pensamiento y no en las cosas, y que el ser en cuestión no tiene existencia propia; porque lo que el pensamiento reúne o separa del sujeto, puede ser, o la esencia, o la cualidad, o la cantidad, o cualquiera otro modo del ser. Dejemos, pues, aparte el ser en tanto que verdadero, como lo hemos hecho respecto al ser accidental. En efecto, la causa de éste es indeterminada; la del otro no es más que una modificación del pensamiento. Ambos tienen por objeto los diversos géneros del ser, y no manifiestan, ni el uno ni el otro, naturaleza alguna particular del ser. Pasémoslos, pues, ambos en silencio, y ocupémonos del examen de las causas y de los principios del ser mismo en tanto que ser, y recordemos que, al fijar el sentido de los términos de la filosofía, hemos sentado que el ser se toma en muchas acepciones.

LIBRO SÉPTIMO

I.   Del primer ser.

II.   Dificultades relativas a la sustancia.

III.   De la sustancia.

IV, V y VI. De la forma sustancial.

VII.   De la producción.

VIII.   La forma y la esencia del objeto no se producen.

IX.   Por qué ciertas cosas provienen del arte y del azar.

X.   La definición de las partes, ¿debe o no entrar en la del todo? ¿Son las partes anteriores al todo o el todo a las partes?

XI.   De las partes de la especie.

XII.   Condiciones de la definición.

XIII.   Lo universal no es sustancia.

XIV.   Refutación de los que admiten las ideas como sustancias y que les atribuyen una existencia independiente.

XV.   No puede haber definición ni demostración de la sustancia de los seres sensibles particulares.

XVI.   No hay sustancia compuesta de sustancia.

XVII.   Algunas observaciones sobre la sustancia y la forma sustancial.

I

El ser se entiende de muchas maneras, según lo hemos expuesto más arriba, en el libro de las diferentes acepciones. Ser significa ya la esencia, la forma determinada, ya la cualidad, la cantidad o cada uno de los demás atributos de esta clase. Pero entre estas numerosas acepciones del ser, hay una acepción primera, y el primer ser es sin contradicción la forma distintiva, es decir, la esencia. En efecto, cuando atribuimos a un ser tal o cual cualidad, decimos que es bueno o malo, etc., y no que tiene tres codos o que es un hombre; cuando queremos, por lo contrario, expresar su naturaleza, no decimos que es blanco o caliente ni que tiene tres codos de altura, sino que decimos que es un hombre o un dios. A las demás cosas no se las llama seres, sino en cuanto son: o cantidades del ser primero, o cualidades, o modificaciones de este ser, o cualquier otro atributo de este género. No es posible decidir si andar, estar sano, sentarse son o no seres, y lo mismo sucede con todos los demás estados análogos. Porque ninguno de estos modos tiene por sí mismo una existencia propia; ninguno puede estar separado de la sustancia. Si éstos son seres, con más razón lo que anda es un ser, así como lo que está sentado y lo que está sano. Pero estas cosas no parecen tan grabadas con el carácter del ser, sino en cuanto bajo cada una de ellas se oculta un ser, un sujeto determinado. Este sujeto es la sustancia, es el ser particular, que aparece bajo los diversos atributos. Bueno, sentado, no significan nada sin esta sustancia. Es evidente que la existencia de cada uno de estos modos depende de la existencia misma de la sustancia. En vista de esto, es claro que la sustancia será el ser primero, no tal o cual modo del ser, sino el ser tomado en su sentido absoluto.

Primero se entiende en diferentes sentidos; sin embargo, la sustancia es absolutamente primera bajo la relación de la noción, del conocimiento, del tiempo y de la naturaleza. Ninguno de los atributos del ser puede darse separado; la sustancia es la única que tiene este privilegio, y en esto consiste su prioridad bajo la relación de la noción. En la noción de cada uno de los atributos es necesariamente preciso que haya la noción de la sustancia misma, y creemos conocer mejor una cosa cuando sabemos cuál es su naturaleza; por ejemplo, qué es el hombre o el fuego, mejor que cuando sabemos cuál es su calidad, su cantidad y el lugar que ocupa. Sólo llegamos a tener un conocimiento perfecto de cada uno de estos mismos modos cuando sabemos en qué consiste, y qué es la cantidad, qué es la cualidad. Así el objeto de todas las indagaciones pasadas y presentes; la pregunta que eternamente se formula: ¿qué es el ser?, viene a reducirse a ésta: ¿qué es la sustancia?

Unos dicen que no hay más que un ser, otros que hay muchos; éstos que hay cierto número de ellos, aquéllos que hay una infinidad. Nuestras indagaciones deben también tener por fin, por primer fin, y en cierta manera único, examinar qué es el ser desde este punto de vista.

II

La existencia de la sustancia parece manifiesta, sobre todo en los cuerpos, y así llamamos sustancias a los animales, a las plantas y a las partes de las plantas y de los animales, así como a los cuerpos físicos, como el fuego, el agua, la tierra, o cualquiera de los seres de este género, sus partes y lo que proviene de una de sus partes o de su conjunto, como el cielo; finalmente, las partes del cielo, los astros, la Luna, el Sol. ¿Son éstas las únicas sustancias? ¿Hay, además, otras, o bien ninguna de éstas es sustancia, y pertenece este carácter a otros seres? Esto es lo que debemos examinar.

Algunos creen que los límites de los cuerpos, como la superficie, la línea, el punto, y también la mónada, son sustancias, más sustancias, si se quiere, que el cuerpo y el sólido. Además, unos creen que no hay nada que sea sustancia fuera de los seres sensibles; otros admiten varias sustancias, y son sustancias ante todo, según ellos, los seres eternos; y así Platón dice que las ideas y los seres matemáticos son por lo pronto dos sustancias, y que hay una tercera, la sustancia de los cuerpos sensibles. Espeusipo admite un número mucho mayor de ellas, siendo la primera, en su opinión, la unidad; después aparece un principio particular para cada sustancia, uno para los números, otro para las magnitudes, otro para el alma, y de esta manera multiplica el número de las sustancias. Hay, por último, algunos filósofos, que consideran como una misma naturaleza las ideas y los números; derivándose, en su opinión, de ellos todo lo demás, como líneas, superficies, hasta la sustancia del cielo y los cuerpos sensibles.

¿Quién tiene razón, quién no la tiene? ¿Cuáles son las verdaderas sustancias? ¿Hay o no otras sustancias que las sensibles? Y si hay otras, ¿cuál es su modo de existencia? ¿Hay una sustancia separada de las sustancias sensibles? ¿Por qué y cómo? ¿O bien no hay más que las sustancias sensibles? Tales son las cuestiones que es preciso examinar, después de haber expuesto lo que es la sustancia.

III

Sustancia, según la distinta inteligencia que se le da, tiene si no muchos, por lo menos cuatro sentidos principales: la sustancia de un ser es, al parecer, o la esencia, o lo universal, o el género, o el sujeto. El sujeto es aquel del que todo lo demás es atributo, no siendo él atributo de nada. Examinemos por de pronto el sujeto: porque la sustancia debe ser, ante todo, el sujeto primero. El sujeto primero es, en un sentido, la materia; en otro, la forma, y en tercer lugar el conjunto de la materia y de la forma. Por materia entiendo el bronce, por ejemplo: la forma es la figura ideal; el conjunto es la estatua realizada. En virtud de esto, si la forma es anterior a la materia; si tiene, más que ella, el carácter del ser será igualmente anterior, por la misma razón, al conjunto de la forma y de la materia.

Hemos hecho una definición figurada de la sustancia, diciendo qué es lo que no es atributo de un sujeto, aquello de lo que todo lo demás es atributo. Pero necesitamos algo mejor que esta definición; es insuficiente y oscura y, además, conforme a ésta la materia debería considerarse como sustancia; porque si no es una sustancia, no vemos a qué otra cosa podrá aplicársele este carácter; si se suprimen los atributos, no queda más que la materia. Todas las demás cosas son, o modificaciones, acciones, poderes de los cuerpos, o bien, como la longitud, la latitud y la profundidad, cantidades, pero no sustancias, porque la cantidad no es una sustancia; sustancia es más bien el sujeto primero en el que se da la cantidad. Suprímase la longitud, latitud y profundidad, y no quedará nada, sino lo que estaba determinado por estas propiedades. Bajo este punto de vista, la materia es necesariamente la única sustancia; y llamo ratería a lo que no tiene en sí forma, ni cantidad, ni ninguno de los caracteres que determinan el ser; porque hay algo de lo que cada uno de estos caracteres es un atributo, algo que difiere, en su existencia, del ser según todas las categorías. Todo lo demás se refiere a la sustancia: la sustancia se refiere a la materia. La materia primera es, por tanto, aquello que, en sí, no tiene forma, ni cantidad, ni ningún otro atributo. No será, sin embargo, la negación de estos atributos, porque las negaciones no son seres sino por accidente.

Considerada la cuestión bajo este punto de vista, la sustancia será la materia; pero, por otra parte, esto es imposible. Porque la sustancia parece tener por carácter esencial el ser separable y el ser cierta cosa determinada. Conforme a esto, la forma y el conjunto de la forma y de la materia parecen ser más bien sustancia que materia. Pero la sustancia realizada (quiero decir, la que resulta de la unión de la materia y de la forma) no hay que hablar de ella. Evidentemente, es posterior a la forma y a la materia, y por otra parte sus caracteres son manifiestos: la materia cae, hasta cierto punto, bajo los sentidos. Resta, pues, estudiar la tercera, la forma. Ésta ha dado lugar a prolongadas discusiones. Se reconoce, generalmente, que hay sustancias de los objetos sensibles, y de estas sustancias vamos a ocuparnos en primer lugar.

IV

Hemos fijado al principio las diversas acepciones de la palabra sustancia, y una de estas acepciones es la forma esencial; ocupémonos, pues, ante todo de la esencia; porque es bueno pasar de lo más conocido a lo que lo es menos. Así procede todo el mundo en el estudio: se va de lo que no es un secreto de la naturaleza, y sí un conocimiento personal, a los secretos de la naturaleza. Y lo mismo que en la práctica de la vida se parte del bien particular para llegar al bien general, el cual es el bien de todos, en igual forma el hombre parte de sus conocimientos propios para hacerse dueño de los secretos de la naturaleza. Estos conocimientos personales y primeros son muchas veces muy débiles, encierran poca o ninguna verdad y, sin embargo, partiendo de estos conocimientos vagos, individuales, es como se hace un esfuerzo para llegar a conocimientos absolutos; y, como acabamos de decir, por medio de los primeros llegamos a adquirir los demás.

Procedamos, ante todo, por vía de definición, y digamos que la esencia de un ser es este ser en sí. Ser tú no es ser músico; tú no eres en ti músico, y tu esencia es lo que eres tú en ti mismo. Hay, sin embargo, restricciones; no es el ser en sí, al modo que una superficie es blanca, porque ser superficie no es ser blanca. La esencia tampoco es la reunión de las dos cosas: superficie, blanco. ¿Por qué? Porque la palabra superficie se encuentra en la definición. Para que haya definición de la esencia de una cosa es preciso que en la proposición que expresa su carácter no se encuentre el nombre de esta cosa. De suerte que si ser superficie blanca fuera ser superficie lisa, ser blanco y ser liso serían una sola y misma cosa.

El sujeto puede igualmente encontrarse unido a los otros modos del ser, porque cada cosa tiene un sujeto, como la cualidad, el tiempo, el lugar, el movimiento. Es preciso por tanto examinar si hay una definición de la forma sustancial de cada uno de estos compuestos y si tienen una forma sustancial. Para un hombre blanco, ¿hay forma sustancial de hombre blanco? Expresemos hombre blanco por la palabra vestido, y entonces, ¿qué es ser vestido? Seguramente no es un ser en sí. Una definición puede no ser definición de un ser en sí, o porque diga más que este ser, o diga menos. Y así puede definirse una cosa uniéndola a otra; por ejemplo, si queriendo definir lo blanco, se diese la definición del hombre blanco. Definiendo se puede omitir alguna cosa; por ejemplo, si admitiendo que vestido significa hombre blanco, se define el vestido por lo blanco. Hombre blanco es blanco ciertamente; pero la definición de la forma sustancial de hombre blanco no es blanco, sino vestido. Pero ¿hay o no una forma sustancial? Sí, la forma sustancial es lo que es propiamente un ser. Pero cuando una cosa es el atributo de otra, no es una esencia. Y así el hombre blanco no es una esencia; sólo las sustancias tienen una esencia.

Conforme a lo que precede, hay forma sustancial para todas las cosas, cuya noción es una definición. Una definición no es simplemente la expresión adecuada a la noción de un objeto, porque en tal caso todo nombre sería una definición, puesto que todo nombre es adecuado a la noción de la cosa que expresa. La palabra *Ilíada* sería una definición. La definición es una expresión que designa un objeto primero, y por objeto primero entiendo todo aquel que en su noción se refiere a otro. Por tanto no habrá forma sustancial respecto de otros seres que de las especies en el género; ellas tendrán solamente este privilegio, porque la expresión que las designa no indica una relación con otro ser, no muestra que sean modificaciones ni accidentes. En cuanto a todos los demás seres, la expresión que los designa, si tienen un nombre, debe significar que tal se encuentra en otro ser, o bien es una perífrasis en lugar de la expresión simple; pero estos seres no tienen definición ni forma sustancial.

Sin embargo, ¿no podrá la definición entenderse también como el ser de diferentes maneras? Porque el ser significa o la sustancia y la forma esencial, o cada uno de los atributos generales, la cantidad, la cualidad y todos los demás modos de este género. En efecto, así como hay ser en todas estas cosas, pero no bajo el mismo concepto, siendo una un ser primero y consecuencia de ella las demás, en igual forma la definición conviene propiamente a la sustancia y, sin embargo, se aplica desde un punto de vista a las diversas categorías. Podemos, preguntar: ¿qué es la cualidad? La cualidad es un ser, pero no absolutamente; con la cualidad sucede lo que con el no-ser, del cual algunos filósofos, para poder hablar de él, dicen que es, no porque propiamente sea, sino que él es el no-ser.

Las indagaciones acerca de la definición de cada ser no deben traspasar las que se hagan sobre la naturaleza misma del ser. Y así, puesto que sabemos de lo que aquí tratamos, sabemos igualmente que hay forma esencial por de pronto y absolutamente para las sustancias; luego que hay forma esencial lo mismo que ser en las demás cosas; no forma esencial en el sentido absoluto, sino forma de la cualidad, forma de la cantidad. Estos diversos modos son seres, o bien en concepto de equivalentes de la sustancia, o bien en tanto que unidos a la sustancia o separados de ella, al modo que se aplica la calificación de inteligible a la no inteligible. Pero evidentemente, estos diferentes seres no son equivalentes a la sustancia, no son seres de la misma manera. En este caso sucede lo que con las diversas acepciones de la palabra medicinal, que se refiere a una y sola cosa, pero no son ni tienen el mismo sentido. La palabra medicinal, siendo una y sola cosa, puede aplicarse a un cuerpo, a una operación, a un vaso, pero no será bajo el mismo concepto, no expresará en todos los casos una y sola cosa; lo único que sucede es que sus diferentes acepciones se refieren a una misma cosa.

Poco importa la opinión que sobre esto se adopte, cualquiera que ella sea. Lo evidente es que la definición primera, la definición propiamente dicha y la forma pertenecen a las sustancias; que, sin embargo, hay definición y forma respecto de los demás objetos, pero no definición primera. Admitidos estos principios, no resulta necesariamente de ellos que toda expresión adecuada a la noción de un objeto sea una definición. Esto sólo es cierto respecto a ciertos objetos. Lo será, por ejemplo, si el objeto es uno, no uno por continuidad, como la *Ilíada*, ni por un vínculo, sino uno en las verdaderas acepciones de la palabra. La unidad se entiende de tantas maneras como el ser, y el ser expresa o tal cosa determinada, o la cantidad, o la cualidad. En virtud de todo esto, habrá igualmente una forma sustancial, una definición de hombre blanco: pero una cosa será definición, otra la definición de lo blanco y otra la definición de la sustancia.

V

Veamos otra dificultad. Si se dice que la proposición que expresa a la vez el sujeto y el atributo no es una definición, ¿en qué caso un objeto, no un objeto simple, sino un objeto compuesto, podrá tener una definición? Porque necesariamente la definición de un objeto compuesto ha de ser compuesta también. He aquí en qué caso. Tenemos de una parte nariz y romo, y de la otra chato; chato abraza las dos cosas a la vez, porque la una está en la otra, y esto no es accidental. Lo romo, lo chato no son accidentalmente estados de la nariz; sino estados esenciales. No sucede aquí como con lo blanco, que puede aplicarse a Calias, o a hombre, porque Calias es blanco, y Calias resulta que es un hombre; sucede como con lo macho en el animal, lo igual en la cantidad, y con todas las propiedades llamadas atributos esenciales. Por atributos esenciales entiendo aquellos en cuya definición entra necesariamente la idea o el nombre del objeto del cual son ellos estados; que no pueden ser expresados, hecha abstracción de este objeto: lo blanco puede abstraerse de la idea del hombre; lo macho, por lo contrario, es inseparable de la del animal. En vista de esto, o ninguno de los objetos compuestos tendrá esencia ni definición, o no será una definición primera; esto ya lo hicimos observar.

Otra dificultad ocurre también sobre este asunto. Si nariz roma y nariz chata son la misma cosa, romo y chato no difieren tampoco. Si se dice que difieren, porque es imposible decir chato sin expresar la cosa de la que chato es atributo esencial, porque la palabra chato significa nariz roma entonces, o será imposible emplear la expresión nariz chata, o decir dos veces la misma cosa, nariz nariz roma, pues nariz chata significará nariz nariz roma. Es, pues, absurdo admitir que tengan una esencia objetos de este género; si la hay, se irá hasta el infinito, porque habrá igualmente una esencia para nariz nariz chata.

Es, pues, evidente, que no hay definición más que de la sustancia. En cuanto a las otras categorías, si se quiere que sean susceptibles de definición, serán definiciones redundantes, como las de la cualidad, de lo impar, el cual no puede definirse sin el número; de lo macho que no se define sin el animal. Por definiciones redundantes entiendo aquellas en las que se dicen dos veces las mismas cosas, en cuyo caso se encuentran estas de que tratamos. Si esto es exacto, no habrá tampoco definición que abrace a la vez el atributo y el sujeto; definición del número impar, por ejemplo. Pero se dan definiciones de esta clase de objetos, sin notar que estas definiciones son artificiales. Concedamos, por lo demás, que estos objetos pueden definirse, y entonces, o habrá que definirlos de otra manera o, como ya hemos dicho, será preciso admitir diferentes especies de definiciones, diferentes especies de esencias. Y así, desde un punto de vista no puede haber ni definición, ni esencia, sino respecto a las sustancias; desde otro, hay definición de los demás modos del ser.

Es evidente, por otra parte, que la definición es la expresión de la esencia, y que la esencia no se encuentra sino en las sustancias, o cuando menos se encuentra en las sustancias sobre todo, ante todo y absolutamente.

VI

Si la forma sustancial es lo mismo que cada ser o es diferente, es el punto que necesitamos examinar. Esto nos vendrá bien para nuestra indagación sobre la sustancia. Un ser no difiere, al parecer, de su propia esencia, y la forma es la esencia misma de cada ser. En los seres accidentales la forma sustancial parece diferir del ser mismo: hombre blanco difiere de la forma sustancial de hombre blanco. Si hubiese identidad, habría identidad igualmente entre la forma sustancial de hombre y la forma sustancial de hombre blanco, porque hombre y hombre blanco es para nosotros la misma cosa, de donde se seguiría que no hay diferencia entre la forma sustancial de hombre blanco y la forma sustancial de hombre. ¿Admitiremos, por tanto, que respecto de todos los seres accidentales el ser y la forma no son necesariamente la misma cosa? Sin duda alguna. Los términos comparados no son, en efecto, idénticos. Quizá se dirá que puede suceder accidentalmente que sean idénticos; por ejemplo, si se trata de la forma sustancial de lo blanco, de la forma sustancial de la músico. Pero al parecer no es así.

En cuanto a los seres en sí, ¿hay necesariamente identidad entre el ser y la forma sustancial, en el caso, por ejemplo, de las sustancias primeras, si es que las hay, sustancias sobre las que ninguna otra sustancia, ninguna otra naturaleza, tenga la anterioridad, como son las ideas según algunos filósofos? Si se admite la existencia de las ideas, entonces el bien en sí difiere de la forma sustancial del bien, el animal en sí de la forma del animal, el ser en sí de la forma sustancial del ser, y en este caso debe haber sustancias, naturalezas, ideas, fuera de las formas en cuestión, y estas sustancias son anteriores a ellas, puesto que se refiere la forma a la sustancia. Si se separa de esta manera el ser de la forma, no habrá ya ciencia posible del ser, y las formas, por su parte, no serán ya seres; y entiendo por separación que en el ser bueno no se encuentre la forma sustancial del bien, o que en la forma sustancial no se dé el ser bueno. Digo que no hay ciencia, porque la ciencia de un ser es el conocimiento de la forma sustancial de este ser. Esto se aplica al bien y a todos los demás seres; de suerte que si lo bueno no se encuentra unido a la forma sustancial del bien, el ser tampoco estará unido a la forma sustancial del ser, la unidad o la forma sustancial de la unidad. Además, o la forma sustancial es idéntica al ser respecto de todas las ideas, o no lo es respecto de ninguna; de suerte que si la forma sustancial de ser no es el ser, lo mismo sucederá con todo lo demás. Añádase a esto que lo que no tiene la forma sustancial del bien no es bueno. Luego es indispensable que el bien y la forma sustancial del bien sean una sola y misma cosa; que haya identidad entre lo bello y la forma sustancial de lo bello, y que lo mismo suceda con todos los seres que no son atributos de otra cosa, sino que son primeros y en sí. Esta conclusión es legítima, ya haya ideas o no, pero más quizá si las hay.

También es evidente que, si las ideas no son lo que pretenden ciertos filósofos, el sujeto del ser particular no es una sustancia. En efecto, las ideas son necesariamente sustancias y no atributos, de otro modo participarían de su sujeto.

Resulta, de lo que precede, que cada ser sólo constituye uno con su forma sustancial, que le es esencialmente idéntica. Resulta igualmente que conocer lo que es un ser es conocer su forma sustancial. Y así resulta de la demostración que estas dos cosas no son realmente más que una sola cosa.

En cuanto al ser accidental, por ejemplo, lo músico, lo blanco, no es exacto que el ser sea idéntico a su forma sustancial. El ser en este caso significa dos cosas: el sujeto del accidente y el accidente mismo; de suerte que bajo un punto de vista hay identidad entre el ser y la forma; bajo otro, no. No hay identidad entre la forma sustancial de hombre y la sustancial de hombre blanco, pero la hay en el sujeto, que experimenta la modificación.

Se advertirá fácilmente lo absurda que es la separación del ser y de la forma sustancial, si se da un nombre a toda forma sustancial. Fuera de este nombre habrá, en el caso de la separación, otra forma sustancial, y así habrá una forma sustancial del caballo fuera de la forma sustancial del caballo en general. Y, sin embargo, ¿qué impide decir, desde luego, que algunos seres tienen inmediatamente en sí mismos su forma sustancial, puesto que la forma sustancial es la esencia? No sólo hay identidad entre estas dos cosas, sino que su noción es la misma, como resulta de lo que precede, porque no es accidental que la unidad y la forma sustancial de la unidad sean una misma cosa. Si son dos casos diferentes, se irá así hasta lo infinito. Se tendrá de una parte la forma sustancial de la unidad, y de otra la unidad, y cada uno de estos dos términos estará a su vez en el mismo caso. Es, por tanto, evidente que por lo que hace a los seres primeros, a los seres en sí, cada ser y la forma sustancial de cada ser son una sola y misma cosa.

En cuanto a todas las objeciones sofísticas que pudieran suscitarse contra esta proposición, evidentemente quedaron ya contestadas al resolver esta cuestión: ¿hay identidad entre Sócrates y la forma sustancial de Sócrates? Las objeciones encierran en sí mismas todos los elementos necesarios para la solución. Y así, bajo qué condición hay identidad entre un ser y su forma sustancial, y mediante qué condición esta identidad no existe, es lo que acabamos de determinar.

VII

Entre las cosas que devienen o llegan a ser, unas son producciones de la naturaleza, otras del arte y otras del azar. En toda producción hay una causa, un sujeto, luego un ser producido; y por ser entiendo aquí todos los modos del ser: esencia, cantidad, cualidad, lugar. Las producciones naturales son las de los seres que provienen de la naturaleza. Aquello de lo que un ser proviene es lo que se llama la materia; y aquello mediante lo que una cosa es producida, es un ser natural. El ser producido es o un hombre, o una planta, o alguno de los seres de este género, a los cuales damos sobre todo el nombre de sustancias. Todos los seres que provienen de la naturaleza o del arte tienen una materia, porque todos pueden existir o no existir, y esta posibilidad depende de la materia que se da en cada uno de ellos. En general la causa productora de los seres y los seres producidos se llaman naturaleza; porque los seres que son producidos, la planta, el animal, por ejemplo, tienen una naturaleza; y la causa productora, bajo la relación de la forma, tiene una naturaleza semejante a la de los seres producidos, sólo que esta naturaleza se encuentra en otro ser: un hombre es el que produce un hombre. Así alcanzan la existencia las producciones de la naturaleza.

Las demás producciones se llaman creaciones. Todas las creaciones son efecto de un arte, o de un poder, o del pensamiento. Algunas provienen también del azar, de la fortuna: éstas son, por decirlo así, producciones colaterales. Hay, por ejemplo, en la naturaleza seres que se producen lo mismo por una semilla que sin semilla. Nos ocuparemos más adelante de las producciones casuales.

Las producciones del arte son aquellas cuya forma está en el espíritu; y por forma entiendo la esencia de cada cosa, su sustancia primera. Los contrarios tienen, desde un punto de vista, la misma forma sustancial; la sustancia de la privación es la sustancia opuesta a la privación, la salud es la sustancia de la enfermedad, y en prueba de ello la declaración de la enfermedad no es más que la ausencia de la salud. Y la salud es la idea misma que está en el alma, la noción científica; la salud viene de un pensamiento como éste: la salud es tal cosa, luego es preciso, si se quiere producirla, que haya otra tal cosa; por ejemplo, el equilibrio de las diferentes partes; ahora bien, para producir este equilibrio, es preciso el calor. De esta manera se llega sucesivamente por el pensamiento a una cosa última, que puede inmediatamente producirse. El movimiento que realiza esta cosa se llama operación, operación hecha con la mira de la salud. De suerte que, bajo un punto de vista, la salud viene de la salud, la casa de la casa, la casa material de la casa inmaterial; porque la medicina, el arte de construir, son la forma de la salud y de la casa. Por esencia inmaterial entiendo la forma pura.

Entre las producciones y los movimientos, hay unos que se llaman pensamientos, y otros que se dicen operaciones: los que provienen de la causa productora y de la forma son los pensamientos; los que tienen por principio la última idea a que llega el espíritu, son operaciones. Lo mismo se aplica a cada uno de los estados intermedios entre el pensamiento y la producción. Y así, para que haya salud, es preciso que haya equilibrio, pero ¿qué es el equilibrio? Es tal cosa, y esta cosa tendrá lugar, si hay calor. ¿Qué es calor? Tal cosa. El calor existe en potencia, y el médico puede realizarla. Por tanto, el principio productor, la causa motriz de la salud, si es fruto del arte, es la idea que está en el espíritu; si es fruto del azar tendrá ciertamente por principio la cosa misma, por medio de la cual la hubiera producido el que la produce por el arte. El principio de la curación es probablemente el calor, y se produce el calor por medio de fricciones. Ahora bien, el calor producido en el cuerpo es un elemento de la salud, o va seguido de otra cosa o de muchas que son elementos de la salud. La última cosa a que se llega, procediendo así, es la causa eficiente; es un elemento de la salud, de la casa, como las piedras; y lo mismo sucede en todo lo demás.

Es, pues, imposible, como hemos dicho, que se produzca cosa alguna, si no hay algo que preexista: evidentemente es de toda necesidad la preexistencia de un elemento. La materia es un elemento, es el sujeto, y sobre ella tiene lugar la producción. En los mismos seres respecto de los que cabe la definición, también se encuentra la materia. En efecto, en la definición de los círculos realizados, entran en general dos elementos: la materia, el bronce, por ejemplo, y luego la forma, tal figura, es decir, el género primero a que el objeto se refiere. En la definición del círculo de bronce entra la materia.

El objeto producido no toma nunca el nombre del sujeto de donde procede; sólo se dice que es de la naturaleza de este sujeto, que es de esto, pero no esto. No se dice una estatua piedra, sino una estatua de piedra. El hombre sano no toma el nombre de aquello de donde ha partido para llegar a la salud; la causa de esto es que la salud viene a la vez de la privación de la enfermedad y del sujeto mismo, al cual damos el nombre de materia; y así el hombre sano procede del hombre y del enfermo. Sin embargo, la producción se refiere más bien a la privación: se dice que de enfermo se hace uno sano, más bien que de hombre se hace sano. Por esta razón el ser sano no recibe la calificación de enfermo, sino de hombre y de hombre sano. En las circunstancias en que la privación es incierta o no tiene nombre, por ejemplo, cuando tal forma es producida sobre el bronce, cuando los ladrillos y maderas de una casa reciben tal forma, lo mismo tiene lugar, al parecer, en esta producción que en la producción de la salud, la cual viene de la enfermedad; y lo mismo que en este último caso el objeto producido no recibe el nombre del objeto de que proviene, en igual forma la estatua no se llama madera, sino que toma su nombre de la madera de que ha sido construida: es de madera y no madera; es de bronce y no bronce, de piedra y no piedra. También se dice: una casa de ladrillos y no una casa ladrillos. En efecto, si fijamos la atención, se verá que no tiene absolutamente la estatua de la madera, ni la casa de los ladrillos. Cuando una cosa proviene de otra, hay transformación de la una en la otra, y el sujeto no persiste en su estado. Éste es el motivo de esta locución.

VIII

Todo ser que deviene o se hace tiene una causa productora, entendiendo por ésta el principio de la producción; hay igualmente un sujeto (el sujeto es, no la privación, sino la materia, en el sentido en que hemos tomado esta palabra precedentemente); en fin, se hace algo esfera, por ejemplo, círculo, o cualquier otro ejemplo. Por tanto, así como el sujeto no produce el bronce, tampoco produce la esfera, sino accidentalmente, porque la esfera de bronce es accidentalmente una esfera de bronce. Lo que él produce es la esfera de bronce, porque producir un ser particular es hacer de un sujeto absolutamente indeterminado un objeto determinado. Digo, por ejemplo, que hacer redondo el bronce no es producir ni la redondez, ni la esfera, sino que es producir un objeto completamente distinto, es producir esta forma en otra cosa. Si se produjese realmente la esfera, se la sacaría de otra cosa, y entonces sería preciso un sujeto, como en la producción de la esfera de bronce. Producir una esfera de bronce no quiere decir otra cosa sino hacer de tal objeto, que es de bronce, tal otra cosa que es una esfera. Si hay producción de la esfera misma, la producción será de la misma naturaleza; no será una transformación, y la cadena de las producciones se prolongará así hasta el infinito. Es por tanto evidente que la figura, o cualquiera que sea el nombre que sea preciso dar a la forma realizada en los objetos sensibles, no puede devenir, que no hay respecto de ella producción, y que, sin embargo, la figura no es una esencia. La figura, en efecto, es lo que se realiza en otro ser, por medio del arte, de la naturaleza, o de una potencia. Lo que ella produce, al realizarse en un objeto es, por ejemplo, una esfera de bronce; la esfera de bronce es el producto del bronce y de la esfera; tal forma ha sido producida en tal objeto, y el producto es una esfera de bronce. Si se quiere que haya verdaderamente producción de la esfera, la esencia provendrá de alguna cosa, porque será preciso siempre que el objeto producido sea divisible, y que tenga en sí una doble naturaleza: de una parte la materia y de otra la forma. La esfera es una figura cuyos puntos están equidistantes del centro; habrá por tanto de una parte el sujeto sobre que obra la causa eficiente y de otra la forma que se realiza en este sujeto, y habrá, por último, el conjunto de estas dos cosas, de la misma manera que respecto de la esfera de bronce.

De lo que precede resulta, evidentemente, que lo que se llama la forma, la esencia, no se produce; la única cosa que deviene o se hace es la reunión de la forma y de la materia, porque en todo ser que ha devenido hay materia: de una parte la materia, de otra la forma.

¿Hay alguna esfera fuera de las esferas sensibles, alguna casa independientemente de las casas de ladrillos? Si las hubiese, no habría nunca producción de un ser particular, y sólo se producirían cualidades. Ahora bien, la cualidad no es la esencia, la forma determinada, sino lo que da al ser tal o cual carácter, de tal manera que después de la producción se dice: tal ser tiene tal cualidad. El ser realizado, por lo contrario, Sócrates, Calias, tomados individualmente, están en el mismo caso que una esfera particular de bronce. El hombre y el animal son como la esfera de bronce en general. Es, pues, evidente que las ideas consideradas como causas, y éste es el punto de vista de los partidarios de las ideas, suponiendo que haya seres independientes de los objetos particulares, son inútiles para la producción de las esencias, y que no son las ideas las que constituyen las esencias de los seres. También es evidente que en ciertos casos lo que produce es de la misma naturaleza que lo que es producido, pero no idéntico en número; sólo hay identidad de forma, como sucede en las producciones naturales. Y así, el hombre produce al hombre. Sin embargo, puede haber una producción contra naturaleza; el caballo engendra al mulo; y aun la ley de la producción es en este caso la misma, porque la producción tiene lugar en virtud de un tipo común al caballo y al asno, de un género que se aproxima a ambos y que no ha recibido nombre. El mulo es probablemente un género intermedio.

Se ve claramente que no hay necesidad de que un ejemplar particular suministre la forma de los seres, porque sería sobre todo en la formación de los seres individuales en la que serían útiles estos ejemplares, puesto que son estos seres los que tienen principalmente el carácter de esencia. El ser que engendra basta para la producción, él es el que da la producción; él es el que da la forma a la materia. Tal forma general realizada en estos huesos y en esta carne, he aquí a Sócrates y a Calias. Hay, sin embargo, entre ellos diferencia de materia, porque la materia difiere, pero su forma es idéntica: la forma es indivisible.

IX

Podría preguntarse por qué ciertas cosas son producidas más bien por el azar que por el arte, como la salud, mientras que con otras no sucede lo mismo; por ejemplo, con una casa. La causa es que la materia, principio de la producción de las cosas que son hechas o producidas por el arte; la materia, que es una parte misma de estas cosas, tiene en ciertos casos un movimiento propio, que no tiene en otros. Tal materia puede tener tal movimiento particular y otra no puede. Una multitud de seres tienen en sí mismos un principio de movimiento, y no les es posible tal movimiento particular; por ejemplo, no podrán bailar a compás. Por tanto, todas las cosas que tienen una materia de este género, las piedras, por ejemplo, no pueden tomar tal movimiento particular, a menos que no reciban un impulso exterior. Ellas tienen, sin embargo, un movimiento que les es propio; así sucede con el fuego. Por esta razón ciertas cosas no existirán independientemente del artista, y otras, por lo contrario, podrán existir. Estas últimas, en efecto, podrán ser puestas en movimiento por seres extraños al arte, porque pueden recibir el movimiento, o de los seres que no poseen el arte, o de sí mismas.

Resulta evidentemente, de lo que hemos dicho, que todas las cosas vienen en cierta manera de cosas que tienen el mismo nombre, como las producciones naturales, o bien de un elemento que tiene el mismo nombre; y así la casa viene de la casa, o si se quiere del espíritu; el arte, en efecto, es la forma, la forma considerada como elemento esencial, o como produciendo ella misma un elemento del objeto; porque la causa de la realización es un elemento esencial y primero. De esta manera el calor producido por la fricción es causa del calor en los cuerpos, el cual es la salud o un elemento de la salud, o bien va seguido de algo que es un elemento de la salud o la salud misma. Por esto se dice que la fricción produce la salud, porque el calor produce la salud, a la que sigue y acompaña. Y así como todos los razonamientos tienen por principio la esencia (todo razonamiento parte en efecto del ser determinado), de igual modo la esencia es el principio de toda producción. Con las producciones de la naturaleza sucede lo que con las del arte. El germen desempeña poco más o menos el mismo papel que el artista, porque tiene en potencia la forma del objeto, y aquello de donde procede el germen lleva generalmente el mismo nombre que el objeto producido. Digo generalmente, porque en este punto no hay que exigir un rigor exacto; el hombre procede del hombre ciertamente; pero la mujer procede también del hombre. Por otra parte, es preciso que el animal pueda usar de todos los órganos, y así el mulo no produce el mulo.

Las producciones del azar, en la naturaleza, son aquellas cuya materia puede tomar por sí misma el movimiento que imprime ordinariamente el germen. Todas las cosas que no se encuentran en esta condición no pueden ser producidas de otra manera que por una causa motriz del mismo género de aquellas de que hemos hablado.

No sólo por la forma de la sustancia se prueba que toda producción es imposible; el mismo razonamiento se aplica a todas las categorías, a la cantidad, a la cualidad y a todos los demás modos del ser. Porque así como se produce una esfera de bronce, y no la esfera ni el bronce (y lo mismo se puede decir con aplicación al bronce considerado como una producción, puesto que siempre en las producciones hay una materia y una forma que preexisten), lo propio sucede con la esencia, con la cualidad, con la cantidad y con todas las demás categorías. Lo que se produce no es la cualidad, sino la madera que tiene tal cualidad; tampoco la cantidad, sino la madera, el animal que tiene tal cantidad.

De todo lo que precede resulta que en la producción de un ser es absolutamente preciso que la sustancia productora exista en acto; que haya, por ejemplo, un animal preexistente, si es un animal el producido. Pero no es necesario que haya una cantidad, una cualidad, que preexistan en acto; basta que existan en potencia.

X

Toda definición es una noción, y toda noción tiene partes; por otro lado, hay la misma relación entre las partes de la noción y las partes del objeto definido, que entre la noción y el objeto. Debemos preguntarnos ahora si la noción de las partes debe o no encontrarse en la noción del todo. Se encuentra en ciertos casos al parecer, y en otros no. Y así la noción de círculo no encierra la noción de sus partes; la noción de sílaba, por el contrario, encierra la de los elementos. Y sin embargo, el circulo puede dividirse en sus partes, como la sílaba en sus elementos.

Además de esto, si las partes son anteriores al todo, siendo el ángulo agudo una parte del ángulo recto, el dedo una parte del animal, el ángulo agudo será anterior al recto, y el dedo anterior al hombre; sin embargo, el hombre y el ángulo recto parecen anteriores: por su noción es como se definen las otras cosas, y son también anteriores, porque pueden existir sin ellas. Pero la palabra parte, ¿no se entiende de diferentes maneras? Según una de las acepciones de esta palabra, significa aquello que mide, relativamente, a la cantidad: dejemos aparte este punto de vista; se trata aquí de las partes constitutivas de la esencia. Si de un lado está la materia, de otro la forma y, por último, el conjunto de la materia y de la forma, y si la materia, la forma, el conjunto de las dos cosas son, como hemos dicho, sustancias, se sigue que la materia es, desde un punto de vista, parte del ser, y desde otro punto de vista no lo es. Las partes que entran en la noción de la forma constituyen solas, en este último caso, la noción del ser, y así, la carne no es una parte de lo romo, es la materia sobre que se opera la producción; pero es una parte de lo chato; el bronce es una parte de la estatua realizada, no una parte de la estatua ideal. Es la forma lo que se expresa, y cada cosa se designa por su forma; jamás se debe designar un objeto por la materia. Por esto en la noción de círculo no entra la de sus partes, mientras que en la noción de la sílaba entra la de sus elementos. Consiste en que los elementos del discurso son partes de la forma, y no materia. Los segmentos del círculo, al contrario, son partes del círculo en concepto de materia; en ellos se realiza la forma. Sin embargo, estos segmentos tienen más relación con la forma que el bronce, en el caso de que la forma circular se realice en el bronce.

Los mismos elementos de la sílaba no entrarán siempre en la noción de la sílaba; las letras formadas sobre la cera, la pronunciación que hiere el aire, todas estas cosas son partes de la sílaba en concepto de materia sensible. Porque la línea no existe, si se la divide en dos partes; porque el hombre si se le divide en huesos, en nervios, en carne, perezca, no es preciso decir por esto que son partes de la esencia, sino que son partes de la materia. Son ciertamente partes del ser realizado, pero no son partes de la forma; en una palabra, de lo que entra en la definición. Las partes, desde este punto de vista, no entran en la noción. En ciertos casos la definición de las partes entrará en la definición del todo, y en otros no entrará, como, por ejemplo, cuando no haya definición del ser realizado. Por esta razón, ciertas cosas tienen por principios los elementos en que se resuelven, y otras no los tienen. Todos los objetos compuestos, que tienen forma y materia, lo chato, el círculo de bronce, se resuelven en sus partes, y la materia es una de estas partes. Pero todos aquellos seres, en cuya composición no entra la materia, todos los seres inmateriales, como, por ejemplo, la forma considerada en sí misma, no pueden absolutamente resolverse en sus partes, o se resuelven de otra manera. Ciertos seres tienen en sí mismos sus principios constitutivos, sus partes; pero la forma no tiene principios, ni partes de este género. Por esta razón la estatua de arcilla se resuelve en arcilla, la esfera en bronce, Calias en carne y en huesos, y por lo mismo el círculo se resuelve en diversos segmentos. Porque hay el círculo material, y se aplica igualmente el nombre de círculo a los círculos propiamente dichos y a los círculos particulares, porque no hay nombre propio para designar los círculos particulares. Ésta es la verdad sobre esta cuestión.

Sin embargo, volvamos la vista atrás para aclarar más esta materia. Las partes de la definición, los elementos en que puede ésta descomponerse, son primeros todos o solamente algunos. Pero la definición del ángulo recto no puede dividirse en muchas partes, una de las cuales sea la noción del ángulo agudo; la definición del ángulo agudo, por lo contrario, puede dividirse también con relación al ángulo recto. Porque se define el ángulo agudo con referencia al ángulo recto, diciendo: un ángulo agudo es un ángulo más pequeño que un recto. Lo mismo sucede con el círculo y el semicírculo. Se define el semicírculo por medio del círculo, el dedo por medio del todo, porque el dedo es una parte del cuerpo que tiene tales caracteres. De suerte que todas las cosas que son partes de un ser en tanto que materia, y los elementos materiales en que puede dividirse, son posteriores. Por lo contrario, las cosas que son partes de la definición de la forma sustancial son todas anteriores, o por lo menos algunas.

Conforme a esto, puesto que el alma de los seres animados es la forma sustancial, la esencia misma del cuerpo animado, porque el alma es la esencia de los seres animados, la función de cada parte y el conocimiento sensible que es su condición deberán entrar en la definición de las partes del animal, si se las quiere definir bien. De suerte que hay prioridad de las partes del alma, de todas o de algunas, relativamente al conjunto del animal. La misma prioridad hay relativamente a las diferentes partes del cuerpo. El cuerpo y sus partes son posteriores al alma, el cuerpo puede dividirse en sus diversas partes, consideradas como materia; no el cuerpo esencia, sino el conjunto que constituye el cuerpo. Desde un punto de vista las partes del cuerpo son anteriores al conjunto; desde otro son posteriores; no pueden, en efecto, existir independientemente del cuerpo; un dedo no es realmente un dedo en todo estado posible, sino tan sólo cuando tiene vida; sin embargo, se da el mismo nombre al dedo muerto. Hay ciertas partes que no sobreviven al conjunto; por ejemplo, aquellas partes que son esenciales, el asiento primero de la forma y de la sustancia; como el corazón o el cerebro si realmente desempeñan este papel, importando poco que sea el uno o el otro. El hombre, el caballo, todos los universales residen en los individuos; la sustancia no es cierta cosa universal; es un conjunto, un compuesto de tal forma y de tal materia: la materia y la forma son universales; pero el individuo, Sócrates, o cualquier otro, es un conjunto de forma y de materia.

La forma misma, y por forma entiendo la esencia pura, tiene igualmente parte, lo mismo que el conjunto de la forma y de la materia; pero las partes de la forma no son más que partes de la definición, y la definición no es más que la noción general, porque el círculo y la esencia del círculo, el alma y la esencia del alma, son una sola y misma cosa. Pero respecto a lo compuesto, por ejemplo, a tal círculo particular sensible o inteligible (por inteligible entiendo el círculo matemático, y por sensible el círculo de bronce o de madera), no hay definición. No por definiciones, sino por medio del pensamiento y de los sentidos es como se los conoce. Cuando hemos cesado de ver realmente los círculos particulares, no sabemos si existen o no; sin embargo, conservamos la noción general de círculo, no una noción de su materia, porque nosotros no percibimos la materia por sí misma. La materia es sensible o inteligible; la materia sensible es, por ejemplo, el bronce, la madera, y toda materia susceptible de movimiento. La materia inteligible es la que se encuentra ciertamente en los seres sensibles, pero no en tanto que sensibles; por ejemplo, en los seres matemáticos.

Acabamos de determinar todo lo que concierne al todo, a la parte, a la anterioridad y a la posterioridad. Si se pregunta si la línea recta, el círculo, el animal, son anteriores a las partes en que pueden dividirse y que los constituyen, es preciso, para responder, establecer una distinción. Si efectivamente el alma es el animal, o cada ser animado, o la vida de cada ser; si el círculo es idéntico a la forma sustancial del círculo; el ángulo recto a la forma sustancial del ángulo recto; si es la esencia misma del ángulo recto, ¿qué será lo posterior y qué será lo anterior? ¿Será el ángulo recto en general expresado por la definición, o tal ángulo particular? Porque el ángulo recto material formado de bronce, por ejemplo, es tan ángulo recto como el formado de líneas. El ángulo inmaterial será posterior a las partes que entran en su noción, pero es anterior a las partes del ángulo realizado. Sin embargo, no puede decirse absolutamente que es anterior. Si el alma, por lo contrario, no es el animal, si difiere de él, habrá anterioridad para las partes. Y así, en ciertos casos es preciso decir que hay anterioridad, y en otros que no la hay.

XI

Es una verdadera dificultad el determinar qué partes pertenecen a la forma y qué partes pertenecen, no a la forma, sino al conjunto de la forma y de la materia; y sin embargo, si este punto no resulta aclarado, no es posible definir los individuos. Lo que entra en la definición es lo universal y la forma; si no se ve, por tanto, qué partes son o no son materiales, no se verá tampoco cuál deberá ser la definición del objeto. En los casos en que la forma se aplica a cosas de especies diferentes, por ejemplo, el círculo, el cual puede aparecer en bronce, en madera, en piedra, en todos estos casos la distinción parecerá fácil; ni el bronce ni la piedra forman parte de la esencia del círculo, puesto que el círculo tiene una existencia independiente de la suya. ¿Pero qué obsta a que suceda lo mismo en todos los casos en que esta independencia no salte a la vista? Aunque todos los círculos visibles fueran de bronce, no por esto el bronce sería una parte de la forma. Sin embargo, es difícil al pensamiento verificar esta separación. Y así lo que a nuestros ojos constituye la forma es la carne, los huesos y las partes análogas. ¿Serán éstas, por tanto, partes de la forma, las cuales entren en la definición, o es más bien la materia? Pero la forma no se aplica nunca a otras cosas que a aquellas de que hablamos; de aquí la imposibilidad para nosotros de separarlas.

La separación parece posible, es cierto, pero no se ve claramente en qué circunstancias, y esta dificultad, según algunos, recae igualmente sobre el círculo y el triángulo. Creen que no se les debe definir por la línea y por la continuidad, las cuales se dan en ellos bajo el mismo concepto que se dan la carne y los huesos en el hombre, y la piedra y el bronce en el círculo. Todo lo reducen a los números, y pretenden que la definición de la línea es la noción misma de la dualidad.

Entre los que admiten las ideas, unos dicen que la díada es la línea en sí, otros que es la idea de la línea, porque si algunas veces hay identidad entre la idea y el objeto de la idea, entre la díada, por ejemplo, y la idea de la díada, la línea no está en este caso. De aquí se sigue que una sola idea es la idea de muchas cosas, que parecen heterogéneas, y a esto conducía ya el sistema de los pitagóricos; y por último, la posibilidad de constituir una sola idea en sí de todas las ideas; es decir, el anonadamiento de las demás ideas y la reducción de todas las cosas a la unidad.

Nosotros hemos consignado la dificultad relativa a las definiciones y hemos dicho la causa de esta dificultad. Y así no tenemos necesidad de reducir de este modo todas las cosas y de suprimir la materia. Lo probable es que en algunos seres hay reunión de la materia y de la forma, en otros de la sustancia y de la cualidad. Y la comparación de que se servía ordinariamente Sócrates, el joven con relación al animal, carece de exactitud. Ella nos hace salir de la realidad y da ocasión a pensar que el hombre puede existir independientemente de sus partes, como el círculo existe independientemente del bronce. Pero no hay paridad. El animal es un ser sensible y no se le puede definir sin el movimiento; por consiguiente, sin partes organizadas de cierta y determinada manera. No es la mano, absolutamente hablando, la que es una parte del hombre, sino la mano capaz de realizar la obra, la mano animada; inanimada, no es una parte del hombre.

Pero ¿por qué en los seres matemáticos las definiciones no entran como partes en las definiciones? ¿Por qué, por ejemplo, no se define el círculo por los semicírculos? Los semicírculos, se dirá, no son objetos sensibles. Pero ¡qué importa! Puede haber una materia hasta en seres no sensibles; todo lo que no es la esencia pura, la forma propiamente dicha, todo lo que tiene existencia real, tiene materia. El círculo, que es la esencia de todos los círculos, no puede tenerla; pero los círculos particulares deben tener partes materiales, como ya dijimos; porque hay dos clases de materia: la una sensible, la otra inteligible.

Es evidente, por otra parte, que la sustancia primera en el animal es el alma, y que el cuerpo es la materia. El hombre o el animal, en general, es la unión del alma y del cuerpo; pero Sócrates, y lo mismo Corisco, es, a causa de la presencia del alma, un animal doble; porque su nombre designa tan pronto un alma como el conjunto de un alma y un cuerpo. Sin embargo, si se dice simplemente: el alma de este hombre, su cuerpo, lo que hemos dicho del hombre en general, se aplica entonces al individuo.

¿Existe alguna otra sustancia fuera de la materia de estos seres, y es preciso que averigüemos, si acaso tienen ellos mismos otra sustancia, por ejemplo los números u otra análoga? Este punto lo examinaremos más adelante, porque en interés de esta indagación nos esforzamos por llegar a la definición de las sustancias sensibles, sustancias cuyo estudio pertenece más bien a la física y a la segunda filosofía. Lo que efectivamente debe conocer el físico no es sólo la materia, sino también la materia inteligible, y ésta sobre todo. ¿Cómo, pues, las partes son partes en la definición, y por qué hay unidad de noción en la definición de la esencia pura? Ver en qué consiste la unidad de un objeto compuesto de partes, lo examinaremos más adelante.

Hemos demostrado respecto de todos los seres en general lo que era la esencia pura, cómo existía en sí y por qué en ciertos casos las partes del definido entraban en la definición de la esencia pura, mientras que no entraban en las demás. Ya hemos dicho también que las partes materiales del definido no entraban en la definición de la sustancia, porque las partes materiales no son partes de la sustancia y sí sólo de la sustancia total. Ésta tiene una definición y no la tiene, según el punto de vista. No se puede abrazar en la materia, la cual es lo indeterminado, pero se puede definir por la sustancia primera: la definición del alma, por ejemplo, es una definición del hombre. Porque la esencia es la forma intrínseca que, mediante su concurso con la materia, constituye lo que se llama sustancia realizada. Tomemos por ejemplo lo romo. Su unión con la nariz es lo que constituye la nariz chata, y lo chato, porque la noción de nariz es común a estas dos expresiones. Pero en la sustancia realizada, en nariz chata, en Calias, hay a la vez esencia y materia.

Respecto a ciertos seres, respecto de las sustancias primeras, ya lo hemos dicho, hay identidad entre la esencia y la existencia individual. Y así hay identidad entre la curvatura y la forma sustancial de la curvatura, con tal que la curvatura sea primera, y entiendo por primero lo que no es atributo de otro ser, que no tiene sujeto, materia. Pero en todo lo que existe materialmente, o formando un todo con la materia, no puede haber identidad, ni aun identidad accidental, como la identidad de Sócrates y del músico, los cuales son idénticos entre sí accidentalmente.

XII

Discutamos ante todo los puntos relativos a la definición, que hemos pasado en silencio en los Analíticos. La solución de la dificultad que no hemos hecho más que indicar, nos servirá para nuestras indagaciones concernientes a la sustancia. He aquí esta dificultad. ¿Por qué hay unidad en el ser definido, en el ser cuya noción es una definición? El hombre es un animal de dos pies. Admitamos que sea ésta la noción del hombre. ¿Por qué este ser es un solo ser, y no varios, animal y bípedo? Si se dice hombre y blanco hay pluralidad de objetos, cuando el uno no existe en el otro, pero hay unidad cuando el uno es atributo del otro, cuando el sujeto, el hombre, experimenta cierta modificación. En el último caso, los dos objetos se hacen uno solo, y se tiene el hombre blanco; en el primero, por lo contrario, los objetos no participan el uno del otro, porque el género no participa, al parecer, de las diferencias; de no ser así, la misma cosa participaría a la vez de los contrarios, siendo contrarios la una a la otra las diferencias que marcan las distinciones en el género. Si hubiera participación, el resultado sería el mismo. Hay pluralidad en las diferencias: animal, que anda, con dos pies, sin pluma. ¿Por qué hay en este caso unidad y no pluralidad? No es porque sean éstos los elementos del ser, porque en tal caso la unidad sería la reunión de todas las cosas. Pero es preciso que todo lo que está en la definición sea realmente uno, porque la definición es una noción una, es la noción de la esencia. La definición debe ser la noción de un objeto uno, puesto que esencia significa, como hemos dicho, un ser determinado.

Por lo pronto tenemos que ocuparnos de las definiciones que se hacen para las divisiones del género. En la definición no hay más que el género primero y las diferencias. Los demás géneros no son más que el género primero y las diferencias reunidas al género primero. Y así el primer género es animal; el siguiente, animal de dos pies, y otro, animal de dos pies sin plumas. Lo mismo sucede si la proposición contiene un número mayor de términos, y en general poco importa que contenga un gran número de ellos o uno pequeño, o dos solamente. Cuando no hay más que dos términos, el uno es la diferencia, el otro el género. En animal de dos pies, animal es el género; la diferencia es el término. Sea, por tanto, que el género no exista absolutamente fuera de las especies del género, o bien que exista, pero exista sólo como materia (el sonido es, por ejemplo, género y materia, y de esta materia derivan las diferencias, las especies y los elementos); es evidente que la definición es la noción suministrada por las diferencias

Aún hay más: es preciso marcar la diferencia en la diferencia; tomemos un ejemplo: una diferencia en el género animal es el animal que tiene pies. Es preciso conocer en seguida la diferencia del animal que tiene pies, en tanto que tiene pies. Por consiguiente, no se debe decir: entre los animales que tienen pies, hay unos que tienen plumas y otros que no las tienen; aunque esta proposición sea verdadera, no deberá emplearse este método, a no mediar la imposibilidad de dividir la diferencia. Se dirá, pues: unos tienen el pie dividido en dedos, otros no tienen el pie dividido en dedos. Éstas son las diferencias del pie: la división del pie en dedos es una manera de ser del pie. Y es preciso proseguir de esta manera hasta que se llegue a objetos entre los que no haya diferencias. En este concepto, habrá tantas especies de pies como diferencias, y las especies de animales que tienen pies serán iguales en número a las diferencias de pie. Ahora bien, si es así, es evidente que la última diferencia debe ser la esencia del objeto y la definición; porque en las definiciones no es preciso repetir muchas veces la misma cosa; esto sería inútil. Y, sin embargo, se hace cuando se dice: animal con pies, bípedo. ¿Qué quiere decir esto, sino animal que tiene pies, que tiene dos pies? Y si se divide este último término en las divisiones que le son propias, habrá muchas tautologías, tantas como diferencias.

Si se ha llegado a la diferencia de la diferencia, una sola, la última, es la forma, la esencia del objeto. Pero si es por el accidente por el que se distingue, como, por ejemplo, si se dividiesen sólo animales que tienen pies en blancos y negros, entonces habría tantas esencias como divisiones.

Se ve, por tanto, que la definición es la noción suministrada por las diferencias, y que conviene que sea la de la última diferencia. Esto es lo que se demostraría claramente, si se invirtiesen los términos de las definiciones que contienen muchas diferencias, como si por ejemplo se dijese: el hombre a un animal de dos pies, que tiene pies. Que tiene pies es inútil, cuando se ha dicho: que tiene dos pies. Además, en la esencia no hay precedencia o categorías, porque, ¿cómo se puede concebir en ella la relación de prioridad y de posteridad?

Tales son las primeras observaciones a hacer sobre las definiciones que se forman por la división del género.

XIII

Lo que nosotros tratamos de estudiar es la sustancia: volvamos, pues, a nuestro asunto. Sustancia se toma por el sujeto, por la esencia pura, por la reunión de ambos, por lo universal. Dos de estas acepciones han sido examinadas: la esencia pura y el sujeto. Hemos dicho que el sujeto se entiende de dos maneras: hay el ser determinado, como el animal, sujeto de las modificaciones, y hay la materia, sujeto del acto. Al parecer el universal es también, y más que ningún otro, causa de ciertos seres, y el universal es un principio. Ocupémonos, pues, del universal.

Es imposible, en nuestra opinión, que ningún universal, cualquiera que él sea, sea una sustancia. Por lo pronto, la sustancia primera de un individuo es aquella que le es propia, que no es la sustancia de otro. El universal, por lo contrario, es común a muchos seres; porque lo que se llama universal es lo que se encuentra, por la naturaleza, en un gran número de seres. ¿De qué será el universal sustancia? Lo es de todos los individuos, o no lo es de ninguno; y que lo sea de todos no es posible. Pero si el universal fuese la sustancia de un individuo, todos los demás serían este individuo, porque la unidad de sustancia y la unidad de esencia constituyen la unidad del ser. Por otra parte, la sustancia es lo que no es atributo de un sujeto, pero el universal es siempre atributo de algún sujeto.

¿El universal no puede ser, por tanto, sustancia a título de forma determinada, el animal no puede ser la esencia del hombre y del caballo? Pero en este caso habrá una definición de lo universal. Ahora bien, que la definición encierre o no todas las nociones que están en la sustancia, no importa; el universal no por eso dejará de ser la sustancia de algo: hombre será la sustancia del hombre en quien él reside. De suerte que pararemos en la misma consecuencia que antes. En efecto, la sustancia será sustancia de un individuo; el animal lo será del individuo en que reside.

Es imposible, por otra parte, es absurdo que la esencia y la sustancia, si son un producto, no sean ni un producto de sustancia ni un producto de esencia, y que ellas procedan de la cualidad. Entonces lo que no es sustancia, la cualidad, tendría la prioridad sobre la sustancia y sobre la esencia, lo cual es imposible. No es posible que ni en el orden de las nociones, ni en el orden cronológico, ni en el de producción, las modificaciones sean anteriores a la sustancia; de otro modo serían susceptibles de tener una existencia independiente. Por otra parte, en Sócrates, en una sustancia existiría entonces otra sustancia, y Sócrates sería la sustancia de dos sustancias. La consecuencia en general es que si el individuo hombre es una sustancia, y todos los individuos como él, nada de lo que entra en la definición es sustancia de cosa alguna, ni existe separada de los individuos, ni en otra cosa que en los individuos; es decir, que, fuera de los animales particulares, no hay ningún otro, ni nada de lo que entra en la definición.

Es, por tanto, evidente, conforme a lo que precede, que nada de lo que se encuentra universalmente en los seres es una sustancia, y que ninguno de los atributos generales señala la existencia determinada, sino que designan el modo de la existencia. Sin esto, prescindiendo de otras muchas consecuencias, se cae en la del tercer hombre.

Hay aún otra prueba. Es imposible que la sustancia sea un producto de sustancias contenidas en ella en acto. Dos seres en acto jamás se harán un solo ser en acto. Pero si los dos seres sólo existen en potencia, podrá haber unidad. En potencia, el doble, por ejemplo, se compone de dos mitades. El acto separa los seres. Por consiguiente, si hay unidad en sustancia, la sustancia no puede ser un producto de sustancias contenidas en ella, y de esta manera la expresión de que se sirve Demócrito está fundada en razón: es imposible, dice, que la unidad venga de dos, o dos de la unidad. En efecto, para Demócrito, las magnitudes individuales son las sustancias.

La misma consecuencia se aplica también al número, si el número es, como dicen algunos, una colección de mónadas. O la díada no es una unidad, o la mónada no existe en acto en la díada.

Sin embargo, estas consecuencias suscitan una dificultad. Si el universal no puede constituir ninguna sustancia, porque designa la manera de ser, y no la existencia determinada, y si ninguna sustancia puede componerse de sustancias en acto, en este caso toda sustancia debe ser simple. No podrá, por tanto, definirse ninguna sustancia. Sin embargo, todo el mundo cree, y nosotros lo hemos dicho más arriba, que sólo la sustancia, o al menos ella principalmente, tiene una definición. Y ahora resulta que ni ella la tiene. ¿Será que no es posible la definición de absolutamente nada? ¿O bien lo será en un sentido y en otro no? Éste es un punto que se aclarará más adelante.

XIV

Vense claramente las consecuencias de lo que precede en el sistema de los que admiten las ideas como sustancias, y como si tuviesen una existencia independiente, y que constituyen al mismo tiempo la idea con el género y las diferencias. Si en el hombre, si en el caballo hay las ideas y el animal, o el animal y las ideas son una sola y misma cosa numéricamente, o difieren. Es evidente que hay unidad de noción: para definir uno y otro término sería preciso enumerar los mísmos caracteres. Luego si hay un hombre en sí que tenga una existencia determinada e independiente, necesariamente en este caso lo que le constituye, el animal y lo bípedo, tiene igualmente una existencia determinada, son independientes, son sustancias y, por consiguiente, son el animal en sí. Supongamos que el animal en sí reside en el caballo, en el mismo concepto que tú estás en ti mismo, ¿cómo será uno en seres que existen separadamente y por qué en este caso el animal de que hablamos no ha de estar separado de sí mismo?

Pero más aún: si el animal en sí participa del animal que sólo tiene dos pies y del que tiene un mayor número de ellos, resulta de aquí una cosa imposible; el mismo ser, un ser uno y determinado, reunirá a la vez los contrarios.

Pero si no hay participación, ¿en qué concepto se dirá que el animal es un bípedo, que es un ser que anda? ¿Podrá quizá admitirse que hay composición, contacto, mezcla? Pero todas estas suposiciones son absurdas. ¿Será diferente el animal en cada individuo? Habría en este caso una infinidad de seres, si puede decirse así, que tendrían lo animal por sustancia; porque el hombre no es un accidente de lo animal. Añádase que el animal en sí sería múltiple. Por una parte el animal es efectivamente en cada individuo sustancia; no es el atributo de otro ser, porque si no este ser sería el que constituiría el hombre, y sería su género. De otro lado, todas las cosas que constituyen el hombre son ideas. El animal no será, pues, la idea de una cosa, la sustancia de otra; esto es imposible; el animal en sí sería cada una de las cosas contenidas en los animales. Y, por otra parte, ¿qué animal en sí constituiría los animales, y cómo sería el mismo animal en sí? ¿Cómo es posible que el animal, cuya sustancia es el animal en sí, exista fuera del animal en sí?

Las mismas consecuencias aparecen con respecto a los seres sensibles, y más absurdas todavía. Si hay imposibilidad de mantener la suposición, es evidente que no hay idea de los objetos sensibles, en el sentido en que lo entienden algunos filósofos.

XV

El conjunto y la forma definida son sustancias diferentes la una de la otra. Entiendo por conjunto la sustancia que se compone mediante la reunión de la forma definida y de la materia; la otra sustancia es pura y simplemente la forma definida. Todo lo que es sustancia en concepto de conjunción está sujeto a la destrucción, porque hay producción de semejante sustancia. Por lo que hace a la forma definida, no está sujeta a destrucción, porque no es producida: es producto, no la forma sustancial de la casa, sino tal casa particular. Las sustancias formales existen o no existen, independientemente de toda producción, de toda destrucción. Hemos demostrado que nadie las produce, que nadie las hace. Y por esta razón no cabe definición ni demostración de las sustancias sensibles particulares. Estas sustancias tienen una materia, y es tal la naturaleza de la materia que puede ser o no ser; de donde se sigue que todas las sustancias sensibles particulares son sustancias perecederas. Ahora bien, la demostración se aplica a lo que es necesario, y la definición pertenece a la ciencia; y así como es imposible que la ciencia sea tan pronto ciencia como ignorancia, y que lo que en este caso es tan sólo una opinión, en igual forma no hay tampoco demostración ni definición, sino una opinión relativa a lo que es susceptible de ser de otra manera de como es. Las sustancias sensibles no deben evidentemente tener definición ni demostración. Los seres perecederos no se manifiestan al conocimiento cuando están fuera del alcance de los sentidos y, por tanto, aunque las nociones sustanciales se conserven en el alma, no puede haber definición ni demostración de estos seres. Así es que los que sirven de definiciones deben saber que siempre se puede suprimir la definición de un ser particular, no habiendo posibilidad de definir verdaderamente estos seres.

No para en esto: ninguna idea es susceptible de definición. La idea, tal como se entiende, es un ser particular, y es independiente. Ahora bien, la definición se compone necesariamente de palabras, y estas palabras no deben ser obra del que define, porque no tendrían significación conocida. Las expresiones de que se sirva deben ser inteligibles para todos. Sería preciso, además, que las que entrasen en la definición de la idea formaran parte de la definición de los demás seres. Si se tratare de definirte a ti, se diría: animal, flaco o blanco, o cualquiera otra palabra, la cual puede convenir a otro ser y no a ti. Se pretenderá, sin duda, que nada obsta a que todas las expresiones convengan separadamente a un gran número de seres, y que al mismo tiempo sólo convengan a tal ser determinado. Pero por lo pronto animal bípedo es común a los dos seres; quiero decir, al animal y al bípedo. Esta observación se aplica necesariamente a los seres eternos. Son anteriores a todo, y son parte de los compuestos. Son, además, independientes, porque o ningún ser lo es o el hombre y el animal lo son ambos. Ahora bien, si ninguno lo fuese, no habría género fuera de las especies; y si el género es independiente, la diferencia lo es igualmente. Por otra parte, ella tiene la anterioridad de ser, y no hay reciprocidad de destrucción entre el género y la diferencia. Diremos, además, que si las ideas se componen de ideas, las más simples son las ideas componentes. Será preciso también que lo que constituye la idea, el animal y lo bípedo, por ejemplo, se refieran a un gran número de seres. Sin esto, ¿cómo llegar a conocer? Resultaría una idea particular, que sería imposible aplicar a más de un individuo. Pues bien, en el sistema, por lo contrario, toda idea es susceptible de participación en los seres.

Conforme con lo que hemos dicho, no se ve que hay imposibilidad de definir los seres eternos, y sobre todo los que son únicos, como el Sol y la Luna. Es un error añadir caracteres cuya supresión no impediría que hubiese aún Sol, como, por ejemplo, los epítetos: que da vuelta a la Tierra, que se oculta durante la noche. Sin esto, si el Sol se detuviera o apareciera durante la noche, no habría ya Sol, y sería un absurdo que no lo hubiese, porque el Sol es una sustancia. Además, estos caracteres pueden convenir a otros seres, y si otro ser los posee, este ser será el Sol, y habrá comunidad de definición. Pero es cosa admitida que el Sol es un ser particular, como Cleón, como Sócrates. En fin, ¿en qué consiste que ninguno de los que admiten las ideas da una definición de ellas? Si intentasen hacerlo, se vería claramente la verdad de lo dicho.

XVI

Es evidente que, entre las cosas que parecen ser sustancias, la mayor parte de ellas sólo lo son en potencia, como las partes de los animales, ninguna de las cuales tiene una existencia independiente. Si están separadas de su sujeto, en este caso ya sólo existen en el estado de materia, y lo que con ellas sucede con la tierra, el fuego y el aire, porque no hay unidad en los elementos; son como un montón de cosas antes de la cocción, antes de componer algo que sea uno. Podría creerse que las partes, sobre todo los seres animales y las partes del alma, reúnen en cierta manera los dos caracteres, que existen en acto y en potencia. Hay en las articulaciones principios de movimiento, principios producidos ciertamente por otro principio, pero que hacen que ciertos animales continúen viviendo aun después de ser divididos en partes. Sin embargo, no hay sustancia en potencia, sino cuando hay unidad y continuidad natural; cuando la unidad y la continuidad son resultado de la violencia o de una conexión arbitraria, entonces no es más que una multiplicación.

La unidad se toma en el mismo sentido que el ser, y la sustancia de la unidad es una, y los seres, cuya sustancia es una en número, son numéricamente un solo ser. Se ve, puesto que así es, que ni la unidad ni el ser pueden ser sustancias de las cosas, como tampoco pueden serlo el elemento ni el principio. Cuando preguntamos: ¿cuál es el principio?, lo que queremos es referir el objeto en cuestión a un término más conocido. El ser y la unidad tienen más títulos a ser sustancia de las cosas que el principio, el elemento y la causa; sin embargo, no lo son. Lo que es común a los seres no es sustancia; la sustancia no existe en ningún otro ser que sí misma, y en el ser a que pertenece, del que es sustancia. Por otra parte, tampoco la unidad puede ser al mismo tiempo sustancia en muchos seres; pero lo que es común a todos los seres debe encontrarse al mismo tiempo en cada uno de ellos.

Es, pues, evidente que nada que sea universal tiene una existencia aislada de los seres particulares. Sin embargo, los que admiten las ideas tienen razón en un sentido, al darle una existencia independiente, puesto que son sustancias. Pero en otro no tienen razón al hacer de la idea una unidad en la pluralidad. La causa de su error es la imposibilidad en que están de decir cuál es la naturaleza de estas sustancias imperecederas, que están fuera de las particulares y sensibles. De esta manera hacen estas sustancias a imagen de las sustancias perecederas, de aquellas que nosotros conocemos: el hombre en sí, el caballo en sí; no hacen más que añadir al ver sensible la expresión: *en sí*. Y sin embargo, aun cuando no viésemos los astros, no por eso dejaría de haber, creo, sustancias sensibles, eternas, fuera de las sustancias que nosotros conociésemos. Y así, aun cuando ignoráramos qué sustancias son eternas, deberían, sin embargo, existir algunas.

Hemos demostrado que nada de lo que se aplica a todos los seres es sustancia, y que no hay ninguna sustancia compuesta de sustancias.

XVII

¿Qué es la sustancia y en qué consiste? Vamos a decirlo. De esta manera haremos, por decirlo así, otro principio; porque saldrá probablemente de esta indagación alguna luz relativa a esta sustancia, que existe separada de las sustancias sensibles.

La sustancia es un principio y una causa; de este punto de vista debemos partir. Preguntar el porqué es preguntar siempre por qué una cosa existe en otra. En efecto, si se indaga por qué el hombre músico es un hombre músico, o equivale a indagar lo que se acaba de expresar, es decir, por qué el hombre es músico, o bien se indaga otra cosa. Indagar por qué una cosa es una cosa es no indagar nada. Es preciso que el porqué de la cosa que se busca se manifieste realmente; es preciso, por ejemplo, que se haya visto que la Luna está sujeta a eclipses. En los casos en que se pregunta por qué un ser es el mismo, por qué el hombre es hombre, o el músico músico, no cabe más que una respuesta a todas estas preguntas, no hay más que una razón que dar, a menos, sin embargo, que no se responda: es porque cada uno de estos seres es indivisible en sí mismo, es decir, porque es uno; respuesta que se aplica igualmente a todas las preguntas de este género, y que las resuelve en pocas palabras. Pero se puede preguntar: ¿por qué el hombre es tan animal? En este caso, evidentemente no se trata de indagar por qué el ser que es un hombre es un hombre, y sí de indagar por qué un ser se encuentra en otro ser. Es preciso que se vea claro que se encuentra en él, pues de no ser así la indagación no tendría objeto. ¿Por qué truena?: porque se produce un ruido en las nubes. En este ejemplo lo que se busca es la existencia de una cosa en otra, lo mismo que cuando se pregunta: ¿por qué estas piedras y ladrillos son una casa?

Es, pues, evidente que lo que se busca es la causa. Pero la causa, desde el punto de vista de la definición, es la esencia. En ciertos casos la esencia es la razón de ser; como sucede probablemente respecto a la cama y a la casa; ella es el primer motor en otros, porque también es una causa. Pero esta última causa sólo se encuentra en los hechos de producción y destrucción, mientras que la causa formal obra hasta en el hecho de la existencia.

La causa se nos oculta, sobre todo, cuando no se refieren los seres a otros: si no se ve por qué el hombre es hombre, es porque el ser no es referido a otra cosa, porque no se determina que es tales cosas o tal cosa. Pero esto es preciso decirlo, y decirlo claramente, antes de indagar la causa; porque si no sería a la vez buscar algo y no buscar nada. Puesto que es preciso que el ser por cuya causa se pregunta tenga una existencia cierta y que se refiera a otro ser, es evidente que lo que se busca es el porqué de los estados de la materia. Esto es una casa. ¿Por qué?, porque se encuentra en ella tal carácter, que es su esencia. Por la misma causa, tal hombre, tal cuerpo es tal o cual cosa. Lo que se busca es la causa de la materia. Y esta causa es la forma que determina el ser, es la esencia. Se ve que respecto de los seres simples no da lugar a pregunta ni respuesta sobre este punto, y que las preguntas que se refieren a estos seres son de otra naturaleza.

Lo que tiene una causa es compuesto, pero hay unidad en el todo; no es una especie de montón, sino que es uno como la sílaba. Pero la sílaba no es solamente las letras que la componen, no es lo mismo que A y B. La carne tampoco es; el fuego y la tierra solamente. En la disolución, la carne, la sílaba, cesan de existir, mientras que las letras, el fuego y la tierra subsisten. La sílaba es, por tanto, algo más que las letras; la vocal y la consonante son también otra cosa, y la carne no es sólo el fuego y la tierra, lo caliente y lo frío, sino que es también otra cosa.

¿Se admitirá como una necesidad que esta otra cosa sea también o un elemento o un compuesto de elementos? Si es un elemento, repetiremos nuestro razonamiento de antes: lo que constituirá la carne será este elemento con el fuego y la tierra, y otra cosa además, y de esta manera se irá hasta el infinito. Si es un compuesto de elementos, evidentemente ya no se compone de uno solo, sino de muchos; de lo contrario, sería el elemento componiéndose a sí mismo. El mismo razonamiento que hacemos respecto de la carne se puede hacer en cuanto a la sílaba.

La causa en cuestión es, al parecer, algo que no es elemento, y que es la causa de que aquello sea carne y esto una sílaba, y lo mismo en los demás casos. Ahora bien, esta causa es la sustancia de cada ser, porque ésta es la causa primera de la existencia. Pero entre las cosas las hay que no son sustancias; sólo son sustancias los seres que existen por sí mismos, y cuya naturaleza no está constituida por otra cosa que por ellos mismos. Por consiguiente, esta naturaleza que es en los seres, que es no un elemento, sino un principio, es evidentemente una sustancia. El elemento es aquello en que se divide un ser; es una materia intrínseca. Los elementos de la sílaba son A y B.

LIBRO OCTAVO

I.   Recapitulación de las observaciones relativas a la sustancia.
      De las sustancias sensibles.

II.   De la sustancia en acto de los seres sensibles.

III. ¿El nombre del objeto designa el conjunto de la materia y
      de la forma, o sólo el acto y la forma? Consideraciones
      sobre la producción y la destrucción de las sustancias.
      Soluciones a las objeciones suscitadas por la escuela de
      Antístenes.

IV.   De la sustancia material. De las causas.

V.   No todos los contrarios se producen recíprocamente.
      Diversas cuestiones.

VI.   Causa de la forma sustancial.

I

Necesitamos ahora deducir las consecuencias de lo que hemos dicho, y resumiendo sumariamente cada punto llegar a la conclusión. Hemos dicho que el objeto de nuestras indagaciones era averiguar las causas de las sustancias, sus principios y sus elementos. Entre las sustancias hay unas que son universalmente admitidas; otras, por lo contrario, sólo son reconocidas por algunos filósofos. Las sustancias universalmente admitidas son las físicas, como, por ejemplo, el fuego, la tierra, el agua, el aire y los demás cuerpos simples; después las plantas y sus partes, los animales y las partes de los animales; en fin, el cielo y las partes del mismo. Las sustancias admitidas sólo por algunos filósofos son las ideas y los seres matemáticos. Hay también, como hemos mostrado, otras sustancias, que son la forma sustancial y el sujeto. Además hemos dicho que el género es sustancia más bien que las especies, y lo universal más que lo particular; las ideas son análogas a lo universal y al género, porque por el mismo motivo se las considera como esencias.

Siendo la forma sustancial una esencia, y estando su noción encerrada en la definición, hemos debido determinar lo que era la definición y el ser en sí. Y como la definición es la expresión de la noción del ser, y esta noción tiene partes, era necesario ocuparse de las partes, ver cuáles son partes de la sustancia y cuáles no y, por último, si hay identidad entre las de la sustancia y las de la definición.

Después hemos visto que ni lo universal ni el género eran sustancias. De las ideas y de los seres matemáticos nos ocuparemos más tarde, pues algunos hacen de ellas sustancias independientes de las sustancias sensibles. Ocupémonos ahora de las sustancias unánimemente reconocidas. Éstas son las sustancias sensibles, y todas las sustancias sensibles tienen una materia: el sujeto es una sustancia, ya se le considere como materia, y por materia entiendo lo que es en potencia tal ser determinado, pero no en acto; ya se le considere como forma y figura del ser, es decir, esta esencia que es separable del ser, pero separable sólo por el pensamiento. En tercer lugar viene el conjunto de la materia y de la forma, único que está sometido a producción y a destrucción, y único que es completamente separable. Porque entre las sustancias que no hacemos más que concebir hay unas que son separables, otras que no.

Es, por tanto, evidente que la materia es una sustancia; porque en todos los cambios de lo contrario a lo contrario hay un sujeto sobre el cual se opera el cambio, y así, en los cambios de lugar, lo que ahora está aquí más tarde estará en otra parte; en los cambios por aumento y disminución, lo que ahora tiene tal magnitud será más tarde menor o mayor; en los cambios por alteración, lo que hoy está sano mañana está enfermo, y de igual modo, por lo que respecta a la sustancia, lo que ahora se produce más tarde se destruye; el que es actualmente sujeto como ser determinado será más tarde sujeto por privación. Todos los demás cambios acompañan siempre a este último, la producción y la destrucción; éste, por lo contrario, no se encuentra necesariamente unido a uno o algunos de los otros. Porque no hay necesidad de que, porque tenga un ser una materia que ocupa un lugar, esté sujeta esta materia a producción y destrucción. ¿Qué diferencia hay entre la producción simple y la que no lo es? Esto es lo que hemos explicado ya en los tratados relativos a la Naturaleza.

II

Puesto que hay acuerdo unánime relativamente a la sustancia considerada como sujeto y como materia, y que esta sustancia sólo existe en potencia, nos resta decir cuál es la sustancia en acto de los objetos materiales.

Demócrito, al parecer, cree que hay entre los diversos objetos tres diferencias esenciales: el cuerpo, sujeto común en tanto que materia, es uno e idéntico; pero los objetos difieren o por la configuración, es decir, la forma; o por la estructura, que es la posición; o por la colocación, es decir, el orden. Pero hay, al parecer, un gran número de diferencias, y así ciertas cosas resultan de una composición material; por ejemplo, las que provienen de la mezcla, como el aguamiel; en otras entran las clavijas, como en un cofre; en otras las ataduras, como en un manojo; en otras la cola, como en un libro, y en algunos objetos entran varias de estas cosas a la vez. Para ciertas cosas sólo hay diferencia de posición, como el umbral de la puerta y el coronamiento; diferencia de tiempo: el comer y el cenar; diferencia de lugar: los vientos. Los objetos pueden diferir también por las cualidades sensibles, la dureza y la blandura, lo denso y lo poroso, lo seco y lo húmedo; unos difieren en algunas de estas relaciones y otros en todas a la vez. En fin, puede haber diferencia en más o en menos. Es evidente, en vista de todo esto, que el ser se tomará en tantas acepciones como diferencias hemos señalado: tal objeto es un umbral de puerta, porque tiene tal posición; ser respecto de él significa estar colocado de tal manera. Ser hielo significa, respecto del agua, tener tal densidad. En algunas circunstancias, el ser estará determinado por todas estas diferencias a la vez, por la mezcla, la composición, el encadenamiento, la densidad y todas las demás: por ejemplo, la mano y el pie. Necesitamos, por tanto, tomar los géneros de las diferencias, y estos géneros serán los principios del ser. Y así lo más grande y lo más pequeño, lo denso y lo raro, y otros modos análogos pueden referirse a un mismo género; porque todo se reduce al más y al menos. La forma, lo liso, lo áspero, se pueden reducir a lo recto y a lo curvo. Respecto de otros objetos, ser equivaldría a ser mezclado; lo contrario será el no-ser.

Es evidente, según esto, que si la sustancia es la causa de la existencia de cada ser, en la sustancia es donde es preciso buscar cuál es la causa de la existencia de cada una de estas diferencias. Ninguna de estas diferencias es sustancia, ni tampoco lo es la reunión de muchas de estas diferencias: tienen, sin embargo, con la sustancia algo de común. Así como tratándose de sus sustancias, cuando se quiere hablar de la materia, por ejemplo, se habla siempre de la materia en acto, lo mismo y con más razón sucede con las demás definiciones: y así, si se quiere definir el umbral, se dirá que es una piedra o un pedazo de madera dispuesto de tal manera; si de una casa, que son vigas y ladrillos dispuestos de cierto modo. Se define también algunas veces por el fin. Por último, si se quiere definir el hielo, se dirá que es el agua congelada, condensada de tal madera. Un acorde músico será cierta mezcla del sonido agudo y del sonido grave, y lo mismo sucederá en todo lo demás. De aquí resulta claramente que para las diferentes materias hay diferentes actos, nociones diversas: el acto es para la una la composición, para la otra la mezcla, o alguno de los demás caracteres que hemos señalado. De donde se sigue que los que definen una casa, diciendo que es piedra, ladrillos, madera, hablan de la casa en potencia, porque todo esto es la materia; los que dicen que es un abrigo destinado a refugiarse los hombres y guardar los muebles, o determinan algún otro carácter de este género, éstos definen la casa en acto. Los que reúnen estas dos especies de caracteres definen la tercera sustancia, el conjunto de la materia y de la forma (en efecto, la definición por las diferencias al parecer es la definición de la forma y del acto: aquella que sólo recae sobre el objeto constitutivo es más bien la definición de la materia). Las definiciones que ha hecho Arquitas son de este género, recaen sobre el conjunto de la forma y de la materia. Por ejemplo: ¿qué es la calma? Es el reposo en la inmensidad de los aires.

El aire es, en este caso, la materia, y el reposo es el acto y la esencia. ¿Qué es la bonanza? Es la tranquilidad del mar: el sujeto material es el mar, el acto y la forma es la tranquilidad.

Se ve claramente, después de lo que hemos dicho, qué es la sustancia sensible y en cuántos sentidos se toma; es la materia, o la forma cuando hay acto o, en tercer lugar, el conjunto de la forma y de la materia.

III

No conviene olvidar que a veces no se puede reconocer si el nombre expresa la sustancia compuesta, o solamente el acto y la forma: por ejemplo, si casa quiere decir el conjunto de la forma y de la materia; un abrigo compuesto de ladrillos, maderas y piedras dispuestas de tal manera; o solamente el acto y la forma; un abrigo. Línea ¿significa la díada en longitud o simplemente la díada? Animal ¿expresa el alma en un cuerpo o simplemente el alma? Porque el alma es la esencia y el acto de un cuerpo. En uno y otro caso podrá decirse animal; pero será en dos sentidos diferentes, aunque ambos se refieren a algo común. Esta distinción puede ser útil en otro concepto; mas en nuestras indagaciones sobre la sustancia sensible es inútil, porque respecto a la esencia siempre hay forma y acto. Hay identidad entre alma y forma sustancial del alma. Pero no hay identidad entre hombre y forma sustancial del hombre; a menos, sin embargo, que por hombre se quiera entender sólo el alma. De esta manera hay identidad en un sentido, y en otro no.

Si se reflexiona, no se dirá que la sílaba resulte de los elementos y de la composición; que en la casa hay ladrillos y composición, y con razón, porque la composición, la mezcla, no son cosas que se unan a los seres compuestos y mezclados. Y lo mismo sucede en los demás casos, y así, a causa de la posición es tal cosa un umbral; pero la posición no es cosa extraña al umbral, mas bien lo contrario. En igual forma el hombre no es el animal, y es bípedo; pero es preciso que además de esto haya algo, si se toman el animal y el bípedo como materia. Este algo no es un elemento, ni proviene de un elemento: es la esencia, aquello que, suprimido, sólo deja subsistente la materia indeterminada. Luego, si esta esencia es la causa de la existencia, si es la sustancia, a ella debe darse el nombre de sustancia. La esencia debe ser necesariamente eterna, o bien perecer en un objeto, sin perecer ella por esto; o producirse en un ser, sin estar ella misma sujeta a la producción. Hemos probado y demostrado, más arriba, que nadie produce la forma, que no nace y que solamente se realiza en un objeto. Lo que nace es el conjunto de la materia y de la forma.

Si están separadas las sustancias de los seres perecederos, no es aún una cosa evidente. Sin embargo, sí lo es que respecto a algunos seres no puede ser así, como sucede con los que no pueden tener existencia fuera de lo particular; por ejemplo, una casa, un vaso. Quizá estos objetos no son verdaderamente sustancias, quizá debe decirse que la forma natural es la única sustancia de los seres perecederos.

Esto nos da ocasión para resolver la objeción hecha por la escuela de Antístenes y por otros ignorantes de esta especie. Dicen que no se puede definir la forma sustancial, porque la definición es una larga serie de palabras; que se puede muy bien dar a conocer cuál es la cualidad de un objeto, la de la plata, por ejemplo; pero no decir en qué consiste: podrá decirse que la plata es análoga al estaño. Ahora bien, resulta de lo que hemos dicho que hay sustancias respecto de las que son posibles la noción y la definición; éstas son las sustancias compuestas, sean sensibles o inteligibles. Pero no se pueden definir los elementos primeros de estas sustancias, porque definir una cosa es referirla a otra. Es preciso que haya en toda definición: de una parte la materia, de la otra la forma.

Es evidente igualmente que las sustancias, si son números, es a título de definición, y no, según la opinión de algunos, como compuestas de mónadas. La definición, en efecto, es una especie de número (es divisible como el número en partes indivisibles, porque no hay una infinidad de nociones en la definición); hay, pues, bajo esta relación, analogía entre el número y la definición. Y así como, si se quita alguna de las partes que constituyen el número, o si se añade, no se tiene ya el mismo número, sino uno diferente, por pequeña que sea la parte añadida o quitada, así la forma sustancial no queda la misma, si de ella se quita o se añade algo.

Además, es preciso que haya en el número algo que constituya su unidad, y los que le componen con mónadas no pueden decirnos en qué consiste esta unidad, si él es uno. Porque, o el número no es uno, y se parece a un montón, o, si es uno, es preciso que se nos diga lo que constituyen la unidad de la pluralidad. En igual forma la definición es una; pero tampoco pueden afirmarlo, y es muy natural. Es una por la misma razón que el número; no, como dicen algunos, en tanto que mónada o punto, sino porque cada esencia es un acto, una naturaleza particular. Y así como el número, si permanece el mismo, no es susceptible de más o de menos, lo mismo sucede con la sustancia formal; sin embargo, unida a la materia, es susceptible de más o menos.

Bástenos con lo dicho, por lo que hace a la producción y destrucción de las sustancias. Hemos expuesto claramente en qué sentido se puede decir que hay o no posibilidad de producción, y cuál es la analogía entre definición y número.

IV

En cuanto a la sustancia material, es preciso no perder de vista que si todos los objetos vienen de uno o de muchos elementos primeros, y si la materia es el principio de todos los seres materiales, cada uno, sin embargo, tiene una materia propia. Así la materia inmediata de la flema es lo dulce y craso, la de la bilis lo amargo, o cualquier otra cosa de este género; pero quizá estas diversas sustancias procedan todas de una misma materia. Un mismo objeto puede tener muchas materias, cuando una de éstas viene de otra, y en este sentido es como podrá decirse que la flema viene de lo craso y de lo dulce, si lo craso viene de lo dulce. La flema, en fin, podrá venir de la bilis, mediante la resolución de la bilis en su materia primera. Porque una cosa viene de otra de dos maneras: puede haber producción inmediata o bien producción después de la resolución de la una en sus primeros elementos.

Es posible que de una sola materia provengan objetos diferentes, en virtud de una causa motriz diferente. Y así de madera pueden provenir un cofre, una cama. Sin embargo, hay también objetos cuya materia debe necesariamente ser diferente; no se puede hacer una sierra con madera; la causa motriz no hará nunca una sierra con lana o madera, si es posible producir las mismas cosas con materias diferentes, es preciso que en este caso el arte, el principio motor, sea el mismo, porque si la materia y el motor difieren a un tiempo, el producto será también diferente.

Cuando se quiera, por tanto, estudiar las causas, será preciso enumerar todas las causas posibles, puesto que la causa se entiende de diferentes maneras. Así, ¿cuál es la causa material del hombre? Los menstruos. ¿Cuál es la causa motriz? La esperma, quizá. ¿Cuál es la causa formal? La esencia pura. ¿Cuál es la causa final? El fin. Quizá estas dos últimas causas son idénticas. Es preciso también tener cuidado de indicar siempre la causa más próxima; si se pregunta, por ejemplo, cuál es la materia, no responder el fuego o la tierra, sino decir la materia propia. Tal es, relativamente a las sustancias físicas sujetas a producción, el orden de indagación que necesariamente debe seguirse, si se quiere proceder en debida forma, puesto que tal es el número y tal la naturaleza de las causas, y lo que es preciso conocer son las causas.

En cuanto a las sustancias físicas eternas, es preciso proceder de otra manera; porque algunas quizá no tienen materia, o por lo menos su materia no es de la misma naturaleza que la de los demás seres, y sólo es móvil en el espacio. Tampoco hay materia en las cosas que, aunque producciones de la naturaleza, no son sustancias; su sustancia es el sujeto mismo, que es modificado. Por ejemplo, ¿cuál es la causa, cuál es la materia del eclipse? No la hay, y sólo la Luna experimenta el eclipse. La causa motriz, la causa de la destrucción de la luz, es la Tierra. En cuanto a la causa final, quizá no la haya. La causa formal es la noción misma del objeto, pero esta noción es vaga, si no se le une la de la causa productora. Y así, ¿qué es el eclipse? Es la privación de la luz. Se añade: esta privación resulta de la interposición de la Tierra entre el Sol y la Luna; esto es indicar, al definir el objeto, la causa productora. No se sabe cuál es, en el sueño, la parte que es primero afectada. ¿No es el animal? Sí, sin duda; pero el animal en una de sus partes. ¿Cuál es esta parte, asiento primero de la afección? Es el corazón o cualquiera otra parte. En seguida hay que examinar la causa motriz; después en qué consiste esta afección de una parte, que no es común al todo. Se dirá: ¿qué es tal especie de inmovilidad? Muy bien; pero esta inmovilidad, es preciso añadir, proviene de que el asiento primero del sueño ha experimentado cierta afección.

V

Hay seres que existen o no existen, sin que haya para ellos producción, ni destrucción: como los puntos, si hay realmente puntos, y también las formas y las figuras. No es lo blanco lo que deviene, es la madera la que deviene o se hace blanca. Y todo lo que se produce proviene de algo, y se hace o deviene algo. De aquí se sigue que los contrarios no pueden provenir todos los unos de los otros. El hombre negro se hace un hombre blanco de otra manera que lo negro se hace blanco. Tampoco tienen los seres una materia, sino sólo aquellos para los que hay producción, y que se transforman unos en otros. Todos aquellos seres que existen o no, sin estar sujetos a cambio, no tienen materia.

Pero ocurre una dificultad: ¿Cómo se relaciona la materia de cada ser con los contrarios? Cuando el cuerpo, por ejemplo, tiene la salud en potencia, siendo la enfermedad lo contrario de la salud, ¿es que se encuentran en potencia una y otra en el cuerpo? ¿Es en potencia como el agua es vinagre y vino? ¿O bien uno de los contrarios constituye el estado habitual y la forma de la materia, mientras que el otro no es más que una privación, una corrupción contra la naturaleza? Otra dificultad es la de saber por qué el vino no es ni la materia del vinagre ni el vinagre en potencia, por más que sea del vino de donde provenga el vinagre. ¿Y el ser vivo es un cadáver en potencia, o bien no lo es, y toda destrucción es tan sólo un accidente?

Pero la materia del animal es en potencia el cadáver por el hecho de la destrucción, y es el agua la materia del vinagre. El vinagre y el cadáver vienen del agua y del animal, como la noche viene del día. En todos los casos en que hay, como en éste, transformación recíproca, es preciso que en la transformación los seres vuelvan a sus elementos materiales. Para que el cadáver se haga un animal, debe por lo pronto pasar de nuevo por el estado de materia, y después, mediante esta condición, podrá hacerse un animal. Es preciso que el vinagre se cambie en agua para hacerse vino luego.

VI

Hemos indicado una dificultad relativa a las definiciones y a los números. ¿Cuál es la causa de la unidad? Porque la unidad de lo que tiene muchas partes, cuya reunión no es una especie de montón, cuyo conjunto es algo independiente de las partes, tiene sin duda una causa.

La causa de la unidad de los cuerpos es, según unos, el contacto; según otros, la viscosidad o cualquiera otra modificación de este género. En cuanto a la definición, es un discurso que es uno, no a la manera de la *Ilíada* a causa del encadenamiento, sino mediante la unidad del ser definido. ¿Qué es lo que constituye la unidad del hombre y por qué es uno y no múltiple, animal y bípedo, por ejemplo, sobre todo si hay, como algunos pretenden, un animal en sí y un bípedo en sí? ¿Por qué el hombre en sí no será lo uno y lo otro, existiendo los hombres a causa de su participación, no es un solo ser, el hombre en sí, sino en dos seres en sí, el animal y el bípedo? En la hipótesis en que hablamos, el hombre no puede absolutamente ser uno; es varios, animal y bípedo. Se ve, por tanto, que, con esta manera de definir las cosas y de tratar la cuestión, es imposible mostrar la causa y resolver la dificultad. Pero si hay, según nuestra opinión, de una parte la materia, de otra la forma, de una el ser en potencia, de otra el ser en acto, tenemos, al parecer, la solución que buscábamos.

Si se da el nombre de vestido al cilindro de bronce, no ofrecería embarazo la dificultad. Entonces la palabra vestido representaría lo que contiene la definición. Sería preciso indagar cuál es la causa de la unidad del ser, del cilindro y del metal, cuestión que se resuelve por sí misma: el uno es la materia, el otro la forma. ¿Cuál es, pues, independiente del agente, la causa que hace pasar de la potencia al acto los seres respecto de los que tiene lugar la producción? No hay otra que la que hemos dicho, que haga que la esfera en potencia sea una esfera en acto: de la esfera, como del hombre, lo es la esencia individual.

Hay dos clases de materia: la materia inteligible y la sensible, y, en toda definición, en ésta, el círculo es una figura plana, hay la materia de una parte, el acto de la otra En cuanto a las cosas que no tienen materia ni inteligible ni sensible, cada una es una unidad inmediata, una unidad pura y simple, y cada una pertenece al ser propiamente dicho. Tales son la esencia, la cualidad, la cantidad, etc. Por esto no entran en las definiciones ni el ser ni la unidad. La forma sustancial es igualmente una unidad pura y simple, un ser propiamente dicho. Para estas cosas no hay ninguna causa extraña que constituya su unidad ni su ser; cada una de ellas es por sí misma un ser y una unidad, no porque tengan un género común ni porque tengan una existencia independiente de los seres particulares.

Hay algunos que, para resolver esta cuestión de la unidad, admiten la participación; pero no saben ni cuál es la causa de la participación, ni lo que es particular. Según otros, lo que forma la unidad es el enlace con el alma: la ciencia, dice Licofrón, es el enlace del saber con el alma. Otros, en fin, dicen que la vida es la reunión, el encadenamiento del alma con el cuerpo. Lo mismo puede decirse de todas las cosas. La salud será en este caso el enlace, el encadenamiento, la reunión del alma con la salud; el triángulo de metal, la reunión del metal y del triángulo; lo blanco, la reunión de la superficie y de la blancura.

La indagación de la causa es la que produce la unidad de la potencia y del acto, y el examen de su diferencia es lo que ha dado origen a estas opiniones. Ya dijimos: la materia inmediata y la forma son una y sola cosa, sólo que la una es el ser en potencia, y la otra el ser en acto. Indagar la causa de la unidad y la de la forma sustancial es indagar lo mismo. Porque cada unidad individual, sea en potencia, sea en acto, es, desde este punto de vista, la unidad. No hay otra causa de unidad que el motor que hace pasar los seres de la potencia al acto. Respecto a los seres que no tienen materia, no son todos ellos más que pura y simplemente seres.

LIBRO NOVENO

I. De la potencia y de la privación.

II. Potencias irracionales, potencias racionales.

III. Refutación de los filósofos de la escuela de Megara, que pretendían que no hay potencia más que cuando hay acto y que donde no hay acto no hay potencia.

IV. ¿Una cosa posible es susceptible de no existir jamás ni en lo presente ni en lo porvenir?

V. Condiciones de la acción de la potencia.

VI. Naturaleza y cualidad de la potencia.

VII. En qué casos no la hay y en qué casos la hay.

VIII. El acto es anterior a la potencia y a todo principio de cambio.

IX. La actualidad del bien es superior a la potencia del bien; lo contrario sucede con el mal. Mediante la reducción al tacto es como se ponen en claro las propiedades de los seres.

X. De lo verdadero y de lo falso.

I

Hemos hablado del ser primero, de aquel al que se refieren todas las demás categorías; en una palabra, de la sustancia. A causa de su relación con la sustancia los demás seres son seres, y en este caso están la cantidad, la cualidad y los atributos análogos. Todos estos seres, como hemos dicho en los libros precedentes, contienen implícitamente la noción de la sustancia. El ser no sólo se toma en el sentido de sustancia, de cualidad, de cantidad, sino que hay también el ser en potencia y el ser en acto, el ser relativamente a la acción. Hablemos, pues, de la potencia y del acto. Por lo pronto, en cuanto a la potencia, observemos que lo que merece verdaderamente este nombre no es el objeto único de nuestro estudio presente; la potencia, lo mismo que sucede con el acto, se aplica a otros seres que los que son susceptibles de movimiento. Hablaremos de la potencia motriz en lo que vamos a decir de la actualidad; pero también hablaremos de otras clases de potencia.

La potencia y el poder, que ya hemos caracterizado en otro lugar, se toman en muchas acepciones. No tenemos que ocuparnos de las potencias que sólo son de nombre. Una semejanza ha sido motivo de que se diera a algunos objetos, en la geometría por ejemplo, el nombre de potencias, y otras cosas se las ha supuesto potentes o impotentes a causa de una cierta manera de ser o de no ser.

Las potencias pueden referirse a un mismo género; todas ellas son principios, y se ligan a un poder primero y único, el de cambio, que reside en otro ser en tanto que otro. La potencia de ser modificado es en el ser pasivo el principio del cambio, que es capaz de experimentar mediante la acción de otro ser en tanto que otro. La otra potencia es el estado del ser, que no es susceptible de ser modificado en mal, ni destruido por otro ser en tanto que otro por el ser que es el principio del cambio. La noción de la potencia primera entra en todas estas definiciones. Las potencias de que hablamos se distinguen, además, en potencia simplemente activa o simplemente pasiva, y en potencia de hacer bien o de padecer el bien. Las nociones de estas últimas encierran, por tanto, en cierta manera, las nociones de las potencias de que ellas se derivan.

Un ser tiene poder, ya porque tiene la potencia de modificarse a sí mismo, ya porque tiene la de modificar a otro ser. Ahora bien: es evidente que la potencia activa y la potencia pasiva son, desde un punto de vista, una sola potencia, y desde otro son dos potencias. Se da ante todo la potencia en el ser pasivo; y porque hay en él un principio, porque la materia es un principio, por esto el ser pasivo es modificado y un ser modifica a otro ser. Y así, lo que es graso es combustible; lo que cede de cierta manera es frágil y lo mismo en todo lo demás. Luego hay la potencia en el agente: como el calor y el arte de construir, el uno en lo que calienta y el otro en la arquitectura. Un agente natural no puede hacerse experimentar a sí mismo ninguna modificación; hay unidad en él, y no es otro que él mismo. La impotencia y la imposibilidad son lo contrario de la potencia, la privación de ésta; de suerte que hay respecto de cada potencia la impotencia de la misma cosa sobre el mismo ser. Pero la privación se entiende de muchas maneras. Hay la privación de una cosa que naturalmente no se tiene, y la privación de lo que se debería naturalmente tener; un ser padece privación, bien absolutamente, bien en la época de la posesión; también la privación es completa o parcial; en fin, cuando la violencia impide a los seres tener lo que es propio de su naturaleza, decimos que estos seres padecen privación.

II

Entre los principios de que hablamos, hay unos que residen en los seres inanimados, otros en los seres animados, en el alma, en la parte del alma en que se encuentra la razón. Como se ve, debe haber potencias irracionales y racionales, y todos los actos, todas las ciencias prácticas, todas las ciencias, en fin, son potencias, pues son principio de cambio en otro ser en tanto que otro. Cada potencia racional puede producir por sí sola efectos contrarios, pero cada una de las potencias irracionales produce un solo y mismo efecto. El calor sólo es causa de la calefacción, mientras que la medicina puede serlo de enfermedad y de salud. Se verifica así, porque la ciencia es una explicación racional. Ahora bien, la explicación racional explica el objeto y la privación del objeto, sólo que no es de la misma manera. Desde un punto de vista, el conocimiento de lo uno y de lo otro es el objeto de la explicación racional; pero desde otro punto, es principalmente el del objeto mismo.

Las ciencias de esta especie son por lo mismo necesariamente ciencias de los contrarios, pero uno de los contrarios es su propio objeto, mientras que el otro no lo es. Ellas explican el uno en sí mismo, y sólo accidentalmente, si puede decirse así, tratan del otro. Valiéndose de la negación es como muestran en contrario, haciéndole desaparecer. La privación primera de un objeto es en efecto su contrario, y esta privación es la supresión del objeto.

Los contrarios no se producen en el mismo ser; pero la ciencia es una potencia en tanto que contiene la razón de las cosas, y que hay en el alma el principio del movimiento. Y así lo sano no produce más que salud, lo caliente calor, lo frío la frialdad, mientras que el que sabe produce los dos contrarios. La ciencia conoce lo uno y lo otro, pero de una manera diferente. Porque la noción de los dos contrarios se encuentra, pero no de la misma manera, en el alma que tiene en sí el principio del movimiento; y del mismo principio, del alma, aplicándose a un solo y mismo objeto, hará salir ambos contrarios. Los seres racionalmente potentes están en un caso contrario al en que se encuentran los que no tienen más que una potencia irracional; no hay en la noción de estos últimos más que un principio único.

Es claro que la potencia del bien lleva consigo la idea de la potencia activa o pasiva; pero no acompaña siempre a ésta. El que obra el bien, necesariamente obra; mientras el que solamente obra, no obra necesariamente el bien.

III

Hay filósofos que pretenden, como los de Megara por ejemplo, que no hay potencia más que cuando hay acto; que cuando no hay acto no hay potencia; así que el que no construye no tiene el poder de construir, pero que el que construye tiene este poder cuando construye, y lo mismo en todo lo demás. No es difícil ver las consecuencias absurdas de este principio. Evidentemente, entonces no se será constructor si no se construye, porque la esencia del constructor es el tener el poder de construir. Lo mismo sucede con las demás artes. Es imposible poseer un arte sin haberlo aprendido, sin que se nos haya transmitido, y el dejar de poseerle sin haberle perdido (se pierde olvidándole, o por cualquiera circunstancia, o por efecto del tiempo; porque no hablo del caso de la destrucción del objeto sobre que el arte opera; en esta hipótesis el arte subsiste siempre). Ahora bien, si se cesa de obrar, no se poseerá ya el arte. Sin embargo, se podrá poner a construir inmediatamente; ¿cómo habrá recobrado el arte? Lo mismo será respecto de los objetos inanimados, lo frío, lo caliente, lo dulce; en una palabra, todos los objetos sensibles no serán cosa alguna independientemente del ser que siente. Se viene a parar entonces al sistema de Protágoras. Añádase a esto que ningún ser tendrá ni siquiera la facultad de sentir si realmente no siente, si no tiene sensación en acto. Si llamamos ciego al ser que no ve, cuando está en su naturaleza el ver y en la época en que debe por su naturaleza ver, los mismos seres serán ciegos y sordos muchas veces al día. Más aún: como aquello para lo que no hay potencia es imposible, será posible que lo que no es producido actualmente sea producido nunca. Pretender que lo que tiene la imposibilidad de ser existe o existirá, sería sentar una falsedad, como lo indica la misma palabra imposible.

Semejante sistema suprime el movimiento y la producción. El ser que está en pie estará siempre en pie; el ser que está sentado estará eternamente sentado. No podrá levantarse si está sentado, porque el que no tiene el poder de levantarse está en la imposibilidad de levantarse. Si no se pueden admitir estas consecuencias, es evidente que la potencia y el acto son dos cosas diferentes, y este sistema lo que hace es identificar la potencia y el acto. Lo que aquí se intenta suprimir es una cosa de grandísima importancia. Queda, pues, sentado que unas cosas pueden existir en potencia y no existir en acto, y que otras pueden existir realmente y no existir en potencia. Lo mismo sucede con todas las demás categorías. Suele suceder que un ser que tiene el poder de andar no ande; que ande un ser que tiene el de no andar. Digo que una cosa es posible cuando su tránsito de la potencia al acto no entraña ninguna imposibilidad. Por ejemplo: si un ser tiene el poder de estar sentado, si es posible, en fin, que este ser esté sentado, el estar sentado no producirá para este ser ninguna imposibilidad. Igual sucede si tiene el poder de recibir o imprimir el movimiento, de tenerse en pie o mantener en pie a otro objeto, de ser o de devenir, de no ser o de no devenir.

Con relación al movimiento se ha dado principalmente el nombre de acto a la potencia activa y a las demás cosas; el movimiento, en efecto, parece ser el acto por excelencia. Por esta razón no se atribuye el movimiento a lo que no existe; se le refiere a algunas de las demás categorías. De las cosas que no existen se dice con razón que son inteligibles, apetecibles, pero no que están en movimiento. Y esto porque no existen al presente en acto, sino que sólo pueden existir en acto; porque entre las cosas que no existen, algunas existen en potencia, aunque realmente no existen porque no existen en acto.

IV

Si lo posible es, como dijimos, lo que pasa al acto, evidentemente no es exacto decir: tal cosa es posible, pero no se verificará. De otra manera el carácter de lo imposible se nos escapa. Decir por ejemplo: la relación de la diagonal con el lado del cuadrado puede ser medida, pero no lo será, es no tener en cuenta lo que es la imposibilidad. Se dirá que nada obsta a que respecto a una cosa que no existe o no existirá haya posibilidad de existir o de haber existido. Pero admitir esta proposición, y suponer que lo que no existe, pero que es posible, existe realmente o ha existido, es admitir que no hay nada imposible. Pero hay cosas imposibles: medir la relación de la diagonal con el lado del cuadrado. No hay identidad entre lo falso y lo imposible. Es falso que estés en pie ahora, pero no es imposible.

Es evidente, por otra parte, que si existiendo A lleva consigo necesariamente la existencia de B, pudiendo existir A, necesariamente B puede existir igualmente. Porque si la existencia de B no es necesariamente posible, nada obsta a que su existencia sea posible. Supóngase, pues, que A es posible; en el caso de la posibilidad de la existencia de A, admitir que A existe no supone ninguna imposibilidad. Ahora bien, en este caso B existe necesariamente. Pero hemos admitido que B podría ser imposible. Supóngase a B imposible. Si B es imposible, necesariamente A lo es igualmente. Pero antes A era posible, luego B es posible; luego siendo posible A, necesariamente B es posible si entre A y B hay una relación tal, que, existiendo A, B necesariamente existe. Luego si A y B están en este caso, admitir entonces que B no es posible es admitir que A y B no están entre sí como lo habíamos admitido. Y si siendo posible A, es necesariamente posible B; la existencia de A arrastra tras sí la de B. En efecto, B es necesariamente posible cuando A lo es, lo cual significa que cuando A existe en cualquier circunstancia y de cualquier manera que pueda existir, entonces B existe igualmente y es necesario que exista en el mismo concepto que A.

V

Unas potencias son puestas en nosotros por la naturaleza, como los sentidos; otras nos vienen de un hábito contraído, como la habilidad de tocar la flauta, y otras son fruto del estudio: por ejemplo, las artes. Es preciso que haya habido un ejercicio anterior para que poseamos las que se adquieren por el hábito o por el razonamiento; pero las que son de otra clase, así como las potencias pasivas, no exigen este ejercicio. Potente es el que puede algo en cualquiera circunstancia y manera y con todos los demás caracteres que entran necesariamente en la definición. Ciertos seres pueden producir el movimiento racionalmente, y sus potencias son racionales, mientras que los otros están privados de razón y sólo tienen potencias irracionales; las primeras residen necesariamente en un ser animado, mientras que éstas residen en seres animados y en seres inanimados. Respecto a las potencias de esta última especie, desde que el ser pasivo y el ser activo se aproximan en las condiciones requeridas por la acción de la potencia, entonces es necesario que el uno obre y el otro padezca la acción; pero esto no es necesario en las potencias de la otra especie. Esto consiste en que cada una de las primeras, todas sin excepción, sólo producen un solo efecto, mientras que cada una de las racionales produce lo contrario.

La potencia, se dirá, produce entonces simultáneamente lo contrario. Pero esto es imposible. Es preciso, por tanto, que exista alguna otra cosa que determine el modo, la acción; como, por ejemplo, el deseo o la resolución. La cosa cuya realización se desee, será la cosa que deberá realizarse cuando haya verdaderamente potencia y el ser activo esté en presencia del ser pasivo. Luego desde el momento en que el deseo se deje sentir en él, el ser dotado de una potencia racional hará la cosa que tiene poder de hacer con tal que la condición requerida se cumpla. Ahora bien, la condición de su acción es la presencia del objeto pasivo y cierta manera de ser en este objeto. En el caso contrario habría imposibilidad de obrar. Por lo demás, no tenemos necesidad de añadir que es indispensable que ningún obstáculo exterior impida la acción de la potencia. Un ser tiene la potencia en tanto que tiene poder de obrar; poder, no absoluto, sino sometido a ciertas condiciones, en las que va embebida la de que no habrá obstáculos exteriores. La supresión de éstos es la consecuencia misma de algunos caracteres que entran en la definición de potencia. Por esto la potencia no puede producir a un tiempo, bien se quiera o desee, dos efectos, o los efectos contrarios. No tiene el poder de producirlos simultáneamente, ni tampoco el poder de producir simultáneamente efectos diversos. Lo que puede hacer es lo que hará.

VI

Hemos hablado de la potencia motriz; ocupémonos del acto, y determinemos qué es el acto y cuáles son sus modos. Esta indagación nos llevará a demostrar que por potente no se entiende sólo lo que tiene la propiedad de mover otra cosa, o de recibir de ella el movimiento; movimiento propiamente dicho, o movimiento de tal o cual naturaleza, sino que tiene también otras significaciones, y fijaremos estas significaciones en el curso de esta indagación. El acto es, respecto a un objeto, el estado opuesto a la potencia: decimos, por ejemplo, que el Hermes está en potencia en la madera; que la mitad de la línea está en potencia en la línea entera, porque podría sacarse de ella. Se da igualmente el nombre de sabio en potencia hasta al que no estudia, si puede estudiar. Puede concluirse de estos diferentes ejemplos particulares lo que entendemos por acto, no precisamente para definirle con exactitud, pues debemos a veces contentarnos con analogías. El acto será el ser que construye, relativamente al que tiene la facultad de construir; el ser despierto, relativamente al que duerme; el ser que ve, con respecto al que tiene los ojos cerrados, teniendo la facultad de ver; el objeto que sale de la materia, relativamente a la materia; lo hecho, con relación a lo no hecho. Demos el nombre de acto a los primeros términos de estas diversas relaciones; los otros son la potencia.

Acto no se entiende siempre de la misma manera, como no sea por analogía. Se dice: tal objeto está en tal otro, o es relativamente a tal otro; se dice igualmente: tal objeto está en acto en tal otro, o es relativamente a tal otro. Porque el acto significa tan pronto el movimiento relativamente a la potencia, como la esencia relativamente a una cierta materia. La potencia y el acto, respecto del infinito, del vacío y de todos los seres del género, se entienden de otra manera que respecto de la mayoría de los demás seres, tales como lo que se ve, lo que anda, lo que es visto. En estos últimos casos la afirmación de la existencia puede ser verdadera, ya absolutamente, ya en tal circunstancia dada. Visible se dice de lo que es visto realmente, o de lo que puede ser visto. Pero la potencia respecto al infinito no es de una naturaleza tal que el acto pueda jamás realizarse, como no sea por el pensamiento; en tanto que la división se prolonga hasta el infinito, se dice que el acto de la división existe en potencia, pero no existe jamás separado de la potencia.

Como todas las acciones que tienen un término no constituyen ellas mismas un fin, sino que tienden a un fin, como el fin de la demacración que es el enflaquecimiento, tales acciones como la demacración son ciertamente movimientos, pero no son el fin del movimiento. Estos hechos no pueden considerarse como actos, por lo menos como actos completos, porque no constituyen un fin, sino solamente tienden a un fin y al acto. Se puede ver, concebir, pensar y haber visto, concebido, pensado; pero no se puede aprender y haber aprendido la misma cosa, curar y haber sido curado; se puede vivir bien y haber vivido bien, ser dichoso y haber sido dichoso todo a la vez; sin esto sería preciso que hubiera puntos de detenida en la vida, como puede suceder con la demacración; pero jamás se ha verificado esto: se vive y se ha vivido. De estos diferentes modos llamaremos a los unos movimientos, a los otros actos, porque todo movimiento es incompleto, como la demacración, el estudio, la marcha, la construcción, y los diferentes modos incompletos. No se puede dar un paso y haberle dado al mismo tiempo, construir y haber construido, devenir y haber devenido, imprimir o recibir un movimiento y haberle recibido. El motor difiere del ser en movimiento; pero el mismo ser, por el contrario, puede al mismo tiempo ver y haber visto, pensar y haber pensado: estos últimos hechos son los que yo llamo actos; los otros no son más que movimientos. Estos ejemplos, o cualquier otro del mismo género, bastan para probar claramente qué es el acto y cuál es su naturaleza.

VII

Necesitamos fijar cuándo un ser es o no es, en potencia, otro ser, porque no hay potencia en todos los casos. Y así, ¿la tierra es o no el hombre en potencia? Tendrá más bien este carácter cuando se haya hecho esperma, y quizá ni aun entonces será el hombre en potencia. En igual forma la salud no lo recibe todo de la medicina y del azar; pero hay seres que tienen esta propiedad, y son los que se llaman sanos en potencia. El tránsito de la potencia al acto para el pensamiento puede definirse: la voluntad realizándose sin encontrar ningún obstáculo exterior; aquí, por el contrario, para el ser que es objeto de curación habrá potencia si no hay en el mismo ningún obstáculo. De igual modo la casa existirá también en potencia, si no hay nada en ella y si nada hay en la materia que se oponga a que una casa sea construida. Si no hay nada que añadir, ni quitar, ni mudar, la materia será la casa en potencia. Lo mismo sucederá con todos los seres que tienen fuera de sí mismos el principio de su producción; y lo mismo con los que, teniendo en sí este principio, existirán por sí mismos, si nada exterior se opone a ello. La esperma no es aún el hombre en potencia; es preciso que esté en otro ser y que sufra un cambio. Cuando ya, en virtud de la acción de su propio principio, tenga este carácter; cuando por fin tenga la propiedad de producir si nada exterior se opone a ello, entonces será el hombre en potencia; pero es preciso para esto la acción de otro principio. Así, la tierra no es todavía la estatua en potencia; es preciso que se convierta en bronce para tener este carácter.

El ser que contiene otro ser en potencia es aquel de quien se dice, no que es esto, sino que es de esto: un cofre no es madera, sino de madera; la madera no es tierra, sino de tierra. Si es así, si la materia que contiene un ser en potencia es aquella con relación a la cual se dice: este ser es, no este otro, sino de este otro, la tierra no contendrá el ser en potencia sino de una manera secundaria, y así no se dice que el cofre es de tierra o que es tierra, sino que es de madera, porque la madera es el cofre en potencia: la madera en general es la materia del cofre en general; tal madera es la materia de tal cofre. Si hay algo que sea primero, alguna cosa que no pueda referirse a otra, diciendo es de esto, ésta será la materia primera: si la tierra es de aire; si el aire no es fuego, sino de fuego, el fuego será la materia primera, el esto, la sustancia. En esto es en lo que difieren lo universal y el sujeto; el uno es un ser real, pero no el otro: de este modo el hombre, el cuerpo, el alma son los sujetos de las diversas modificaciones; la modificación es lo músico, lo blanco. Cuando la música es una cualidad de tal sujeto, no se dice que él es música, sino músico; no se dice que el hombre es blancura, sino que es blanco; que es marcha o movimiento, sino que está en marcha o en movimiento, como se dice que el ser es de esto. Los seres que están en este caso, los seres primeros, son sustancias; los otros no son más que formas, el sujeto determinado; el sujeto primero es la materia y la sustancia material. Con razón no se dice cuando se habla de la materia, y lo mismo sucede respecto de las modificaciones, que son de esto; porque la materia y las modificaciones son igualmente indeterminadas.

Hemos visto cuándo debe decirse que una cosa tiene otra en potencia y cuándo que no la contiene.

VIII

Hemos dejado sentado de cuántas maneras se entiende la prioridad, y es evidente, conforme a lo que hemos dicho, que el acto es anterior a la potencia. Y por potencia no entiendo sólo la potencia determinada, aquella que se define diciendo que es el principio del cambio colocado en otro ser en tanto que otro, sino en general todo principio de movimiento o de reposo. La naturaleza se encuentra en este caso; hay entre ella y la potencia identidad de género; es un principio de movimiento, no colocado en otro ser, sino en el mismo ser en tanto que él mismo. En todas las potencias de este género el acto es anterior a la potencia bajo la relación de la noción y de la esencia; bajo la relación del tiempo, el acto es algunas veces anterior, otras no. Que el acto es anterior bajo la relación de la noción, es evidente. La potencia primera no es potente sino porque puede obrar. En este sentido es en el que yo llamo constructor al que puede construir, dotado de vista al que ve, visible aquello que puede ser visto. El mismo razonamiento se aplica a lo demás. Es de toda necesidad que la noción preceda; todo conocimiento debe apoyarse sobre un conocimiento.

He aquí, bajo la relación del tiempo, cómo es preciso entender la anterioridad. El ser que obra es anterior genéricamente, pero no en cuanto al número; la materia, la semilla, la facultad de ver son anteriores, bajo la relación del tiempo, a este hombre que existe actualmente en acto, al trigo, al caballo, a la visión; son en potencia el hombre, el trigo, la visión, pero no lo son en acto. Estas mismas potencias vienen de otros seres, los cuales, bajo la relación del tiempo, son en acto anteriores a ellas, porque es preciso siempre que el acto provenga de la potencia mediante la acción de un ser que existe en acto; así el hombre viene del hombre, el músico se forma bajo la dirección del músico; hay siempre un primer motor, y éste existe ya en acto.

Hemos dicho, hablando de la sustancia, que todo lo que es producido viene de algo, es producido por alguna cosa, y que el ser producido es de la misma especie que el motor. Y así es imposible, al parecer, ser constructor sin haber construido jamás nada; tocador de flauta sin haber tocado, porque tocando la flauta es como se aprende a tocarla. Lo mismo sucede en todos los demás casos. Y de aquí este argumento sofístico: que el que no conoce una ciencia hará las cosas que son objeto de esta ciencia. Sí, sin duda el que estudia no posee aún la ciencia; pero así como en toda producción existe ya alguna cosa producida, y que en todo movimiento hay ya un movimiento realizado (y ya lo hemos demostrado en nuestro *Tratado sobre el movimiento*), así es de necesidad que el que estudie posea ya algunos elemento de la ciencia. Resulta de lo que precede que en este sentido el acto es anterior a la potencia bajo la relación de la producción y del tiempo.

Es igualmente anterior bajo la relación de la sustancia: por lo pronto, porque lo que es posterior en cuanto a la producción es anterior en cuanto a la forma y a la sustancia, y así el hombre formado es anterior al niño, el hombre es anterior a la esperma, porque el uno tiene ya la forma, la otra no la tiene; además, porque todo lo que se produce tiende a un principio y a un fin, porque la causa final es un principio y la producción tiene por fin este principio. El acto también es un fin, y la potencia existe en vista de este fin. En efecto, los animales no ven por tener vista, sino que tienen la vista para ver; de igual modo se posee el arte de construir para construir y la ciencia especulativa para elevarse a la especulación; pero no se eleva a la especulación para poseer la ciencia, sino cuando se aprende, y aun en este último caso no hay realmente especulación, sino un ejercicio; la especulación pura no tiene por objeto la satisfacción de nuestras necesidades. Igualmente la materia propiamente dicha es una potencia, pues es susceptible de recibir una forma; cuando existe en acto entonces posee forma, y lo mismo sucede en todos los demás casos, y lo mismo respecto de las cosas cuyo objeto es un movimiento. Con la naturaleza acontece lo que con los maestros, que creen haber conseguido su fin cuando han mostrado trabajando a sus discípulos. Y en efecto, si no fuera así podrían compararse sus discípulos al Hermes de Pasón; no se reconocería si tienen o no la ciencia, como no podría reconocerse si el Hermes estaba dentro o fuera de la piedra. La obra es el fin, y la acción se aplica a la obra y porque la acción es una dirección hacia el acto.

Añádase a esto que el fin de ciertas cosas es simplemente el ejercicio: el fin de la vista es la visión, y la vista no produce absolutamente otra cosa que la visión en otros casos, por lo contrario, se produce otra cosa: así del arte de construir se deriva, no sólo la construcción, sino la casa. Sin embargo, no hay realmente fin en el primer caso, y es sobre todo en el segundo donde la potencia tiene un fin. Porque la construcción existe en lo que es construido; nace y existe al mismo tiempo que la casa. Conforme a esto, en todos los casos en que independientemente del ejercicio puro y simple hay alguna cosa producida, la acción se da en el objeto mismo que es producido: la construcción, por ejemplo, en lo construido, la tejedura en lo que es tejido. Lo mismo sucede en todo lo demás, y en general en estos casos el movimiento está en el objeto mismo que está en movimiento. Pero siempre que fuera del acto no haya algo producido, el acto existe en el sujeto mismo: la visión está en el ser que ve; la teoría, en el que hace la teoría; la vida, en el alma, y por ende la felicidad misma es un acto del alma, porque también es una especie de vida.

Es, por tanto, muy claro que la esencia y la forma son actos; de donde se sigue evidentemente que el acto bajo la relación de la sustancia es anterior a la potencia. Por la misma razón el acto es anterior bajo la relación del tiempo y se asciende, como hemos dicho, de acto en acto hasta que se llega al acto del motor primero y eterno.

Por lo demás, puede hacerse más palpable aún la verdad de nuestra proposición. Los seres eternos son anteriores, en cuanto a la sustancia, a los seres perecederos, y nada de lo que existe en potencia es eterno. Puede probarse así: toda potencia supone al mismo tiempo lo contrario; lo que no tiene la potencia de existir no existirá necesariamente nunca; pero todo lo que existe en potencia puede muy bien pasar al acto: lo que tiene la potencia de ser puede ser o no ser, y la misma cosa tiene entonces la potencia de ser y de no ser. Pero puede suceder que lo que tiene la potencia de no ser no sea. Pero lo que puede no ser es perecedero absolutamente, o muy perecedero desde el punto de vista de que puede no ser en cuanto al lugar, a la cantidad, a la cualidad; y perecedero absolutamente significa perecedero en cuanto a la esencia. Nada de lo que es perecedero absolutamente existe absolutamente en potencia; pero puede existir en potencia desde ciertos puntos de vista, como en cuanto a la cualidad y en cuanto al lugar. Todo lo que es imperecedero existe en acto, y lo mismo sucede con los principios necesarios. Porque son principios primeros, y si no lo fuesen no existiría nada. Lo mismo respecto al movimiento, si hay algún movimiento eterno. Y si hay algún objeto que esté en movimiento eterno, no se mueve en potencia, a no entenderse por esto el poder pasar de un lugar a otro. Nada obsta a que este objeto, sometido a un movimiento eterno, no lo sea. Por esto el Sol, los astros, el cielo, todo existe siempre en acto, y no hay que temer que se detengan nunca como temen los físicos; jamás se cansan en su marcha, pues su movimiento no es como el de los seres perecederos, la acción de una potencia que admite los contrarios. Lo que hace que la continuidad del movimiento sea fatigosa para los últimos es que la sustancia de los seres perecederos es la materia, y que la materia existe sólo en potencia y no en acto. Sin embargo, ciertos seres sometidos a cambio son, bajo esta relación, una imagen de los seres imperecederos; en el caso están el fuego y la tierra. En efecto, ellos existen siempre en acto, porque tienen el movimiento por sí y en sí mismos.

Las demás potencias que hemos consignado admiten todos los contrarios: lo que tiene la potencia de producir un movimiento de tal naturaleza puede igualmente no producirle (hablo aquí de las potencias racionales). En cuanto a las irracionales, también admiten los contrarios en tanto que pueden ser o no ser. Si existiesen naturaleza y sustancias del género de que hablan los partidarios de las doctrinas de las ideas, un ser cualquiera sería más sabio que la ciencia en sí; un objeto en movimiento estaría más en movimiento que el movimiento en sí, porque el uno sería el acto y el otro solamente la potencia. Es evidente que el acto es anterior a la potencia y a todo principio de cambio.

IX

Es evidente, conforme con lo que va dicho, que la actualidad del bien es preferible a la potencia del bien y es más digna de nuestra veneración. En todos los seres de quienes se dice que pueden, el mismo ser puede ser los contrarios. Aquel de quien se dice, por ejemplo: puede estar sano, este mismo puede estar enfermo, y esto al mismo tiempo que puede estar sano. La misma potencia produce la salud y la enfermedad; la misma, el reposo y el movimiento; es la misma potencia la que construye la casa y la que la destruye, y en virtud de la misma potencia la casa es construida y destruida. El poder de lo contrario reside simultáneamente en los seres; pero es imposible que los contrarios existan simultáneamente; imposible que haya simultaneidad en los actos diversos, que haya, a la vez, salud y enfermedad. Luego el bien en acto es necesariamente uno de los dos contrarios. Pero la potencia o es igualmente uno y otro contrario, o no es ninguno. Luego la actualidad del bien es mejor que la potencia del bien.

En cuanto al mal, su fin y su actualidad son por fuerza peores que su potencia. Cuando no hay más que poder, el mismo ser es a la vez los dos contrarios. El mal no tiene existencia independiente de las cosas, porque por su naturaleza es inferior a la potencia. No hay, en los principios, en los seres eternos, ni mal, ni pecado, ni destrucción, porque la destrucción se cuenta también en el número de los males.

Reduciendo al acto las figuras geométricas es como descubrimos sus propiedades, porque por medio de una descomposición encontramos las propiedades de estas figuras. Si estuviesen descompuestas por naturaleza, sus propiedades serían evidentes; pero existen en potencia las propiedades antes de la descomposición. ¿Por qué la suma de los tres ángulos de un triángulo equivalen a dos rectos? Porque la suma de los ángulos formados alrededor de un mismo punto, sobre una misma línea, es igual a dos ángulos rectos. Si se formase el ángulo exterior prolongando uno de los lados del triángulo, la demostración se haría evidente. ¿Por qué el ángulo inscrito en el semicírculo es invariablemente un ángulo recto? Por la igualdad en estas tres líneas, a saber: las dos mitades de la base y la recta llevada del centro del círculo al vértice del ángulo opuesto a la base; esta igualdad, si nos penetramos de la demostración, nos hace reconocer la propiedad del ángulo inscrito. Es, pues, evidente que por medio de la reducción al acto se descubre lo que existe en la potencia, y la causa es que la actualidad es la concepción misma. Luego del acto se deduce la potencia; luego por el acto también se la conoce. En cuanto a la actualidad numérica, ésta es posterior a la potencia en el orden de producción.

X

El ser y el no ser se toman en diversas acepciones. Hay el ser según las diversas formas de las categorías, después el ser en potencia o el ser en acto de las categorías; hay los contrarios de estos seres. Pero el ser propiamente dicho es sobre todo lo verdadero; el no ser, lo falso. La reunión o separación, he aquí lo que constituye la verdad o la falsedad de las cosas. Por consiguiente, está en lo verdadero el que cree que lo que realmente está separado está separado, que lo que está unido está unido. Pero está en lo falso el que piensa lo contrario de lo que en circunstancias dadas son o no son las cosas. Por tanto, todo lo que se dice es verdadero o falso, porque es preciso que se reflexione lo que se dice. No porque creamos que tú eres blanco, eres blanco en efecto, sino porque eres en efecto blanco, y al decir nosotros que lo eres, decimos la verdad.

Hay cosas que están eternamente reunidas y su separación es imposible; otras están eternamente separadas y es imposible reunirlas; otras, en fin, admiten los estados contrarios. Entonces ser es estar reunido, es ser uno; no ser es estar separado, ser muchos. Cuando se trata de las cosas que admiten estados contrarios, el mismo pensamiento, la misma proposición se hace sucesivamente falsa y verdadera, y se puede estar ya en lo verdadero, ya en lo falso. Pero cuando se trata de cosas que no pueden ser de otra manera, no hay entonces tan pronto verdad como falsedad; estas cosas son eternamente verdaderas o falsas.

¿Pero qué es el ser y qué el no ser, qué lo verdadero y qué lo falso, en las cosas que no son compuestas? En este caso, sin duda alguna, el ser no es la composición; no es que las cosas sean cuando son compuestas, y que no sean cuando no son compuestas, como la madera es blanca, como la relación de la diagonal al lado del cuadrado es inconmensurable. ¿Lo verdadero y lo falso son entonces en estas cosas lo que son en las demás, o bien la verdad, y el ser como la verdad, no son aquí diferentes de lo que son en otra parte? He aquí lo que es verdadero y lo que es falso en estos objetos. Lo verdadero es percibir y decir lo que se percibe, y decir no es lo mismo que afirmar. Ignorar es no percibir, porque sólo se puede estar en lo falso accidentalmente cuando se trata de esencias. Lo mismo sucede respecto a las sustancias simples, porque es imposible estar en lo falso respecto a ellas. Todas ellas existen en acto, no en potencia; de otro modo nacerían y perecerían, porque no hay para el ser en sí producción ni destrucción: sin esto procedería de otro ser. Luego no puede haber error respecto a seres que tienen una existencia determinada, que existen en acto; solamente hay o no pensamiento de estos seres. Sin embargo, se examinan cuáles son sus caracteres, si son o no tales o cuales.

El ser considerado como lo verdadero, y el no ser como lo falso, significan bajo un punto de vista lo verdadero cuando hay reunión, lo falso cuando no la hay. Bajo otro punto de vista el ser es la existencia determinada, y la existencia indeterminada es el no ser. En este caso, la verdad es el pensamiento que se tiene de estos seres, y entonces no hay falsedad ni error; no hay más que ignorancia, la cual no se parece al estado del ciego, porque el estado del ciego equivaldría a no tener absolutamente la facultad de concebir.

Es evidente, además, si se admiten seres inmóviles, que éstos no pueden en ningún tiempo estar sujetos a error. Si el triángulo no está sujeto a cambio, no puede creerse que tan pronto la suma de sus ángulos vale como no valen dos ángulos rectos, pues en otro caso estaría sujeto a cambio. Pero puede creerse que este ser es inmóvil, y aquel otro no. Y así puede pensarse que no hay ningún número par que sea primo, o que entre los números pares hay unos que son primos, los otros no. Pero si se trata de seres que son unos numéricamente, esto no es ni siquiera posible. No se puede tampoco creer que en ciertos casos haya unidad, mientras que no la habría en los otros: entonces se estará en lo verdadero o en lo falso, porque hay siempre unidad.

LIBRO DÉCIMO

I. De la unidad y de su esencia.

II. La unidad es en cada género una naturaleza particular; la unidad no constituye por sí misma la naturaleza de ningún ser.

III. De los diversos modos de oposición entre la unidad y la multiplicidad. Heterogeneidad, diferencia.

IV. De la contrariedad.

V. Oposición de lo igual con lo grande y lo pequeño.

VI. Dificultad relativa a la oposición entre la unidad y la multiplicidad.

VII. Es preciso que los intermedios entre los contrarios sean de la misma naturaleza que los contrarios.

VIII. Los seres diferentes de especie pertenecen al mismo género.

IX. En qué consiste la diferencia de especie. Razón por la que hay seres que difieren y otros que no difieren de especie.

X. Diferencia entre lo perecedero y lo imperecedero.

I

Hemos dicho precedentemente, en el libro de las diferentes acepciones, que la unidad se entiende de muchas maneras. Pero estos modos numerosos pueden reducirse en suma a cuatro principales que abrazan todo lo que es uno primitivamente y en sí, y no accidentalmente. Hay en primer lugar la continuidad, continuidad pura y simple, o bien, y sobre todo, continuidad natural, que no es sólo el resultado de un contacto o de un vínculo. Entre los seres continuos tienen más unidad, y una unidad anterior, aquellos cuyo movimiento es más indivisible y más simple. Hay igualmente unidad, y más fuerte aún en el conjunto, en lo que tiene una figura y una forma, sobre todo si el conjunto es un producto natural, y no como en las cosas unidas por la cola, por un clavo, por una atadura, resultado de la violencia. Semejante conjunto lleva en sí la causa de su continuidad, y esta causa es que su movimiento es uno, indivisible en el espacio y en el tiempo. Es, pues, evidente que si hay alguna cosa que por su naturaleza tenga el primer principio del movimiento primero, y por movimiento primero entiendo el movimiento circular, esta cosa es la unidad primitiva de magnitud. La unidad de que hablamos es, por tanto, o la continuidad o el conjunto. Pero la unidad se aplica también a aquello cuya noción es una, lo que tiene lugar cuando hay unidad de pensamiento, siendo el pensamiento indivisible. El pensamiento indivisible es el pensamiento de lo que es indivisible, ya bajo la relación de la forma, ya bajo la relación del número. El ser particular es indivisible numéricamente; lo indivisible bajo la relación de la forma es lo que es indivisible bajo la relación del conocimiento y de la ciencia. La unidad primitiva es, por consiguiente, la misma que es causa de la unidad de las sustancias.

Cuatro son, pues, los modos de la unidad: continuidad natural, conjunto, individuo, universal. Lo que constituye la unidad en todos los casos es la indivisibilidad del movimiento en ciertos seres, y respecto de los demás la indivisibilidad del pensamiento y de la noción.

Observemos que no hay que confundir todo lo que tiene la denominación de unidad con la esencia misma y la noción de la unidad. La unidad tiene todas las acepciones que acabamos de decir, y es uno todo ser que tiene en sí uno de estos caracteres de la unidad. Pero la unidad esencial puede existir ya en algunas de las cosas que acabamos de indicar, ya en otras cosas que se refieren aún más a la unidad propiamente dicha; las primeras sólo son unidades en potencia.

Cuando se trata del elemento y de la causa, es preciso establecer distinciones en los objetos y dar la definición del nombre. En efecto, el fuego, el infinito quizá, si el infinito existe en sí, y todas las cosas análogas son elementos desde un punto de vista, y desde otro no lo son. Fuego y elemento no son idénticos entre sí en la esencia; pero el fuego es un elemento porque es cierto objeto, cierta naturaleza. Por la palabra elemento se entiende que una cosa es la materia primitiva que constituye otra cosa. Esta distinción se aplica igualmente a la causa, a la unidad, a todos los principios análogos. Y así la esencia de la unidad es, de una parte, la indivisibilidad, es decir, la existencia determinada, inseparable, ya en el espacio, ya bajo la relación de la forma, ya por el pensamiento, ya en el conjunto y en la definición, mientras que, por otra parte, la unidad es sobre todo la medida primera de cada género de objetos, y por excelencia la medida primera de la cuantidad. De esta medida proceden todas las demás; porque la medida de la cantidad es la que hace conocer la cantidad, y la cantidad, en tanto que cantidad, se conoce por la unidad o por el número. Ahora bien, todo número es conocido por medio de la unidad. Lo que da a conocer toda cantidad, en tanto que cantidad, es por tanto la unidad, y la medida primitiva por la cual se conoce es la unidad misma. De donde se sigue que la unidad es el principio del número en tanto que número.

Por analogía con esta medida se llama en todo lo demás medida a una cosa primera, por cuyo medio se conoce, y la medida de los diversos géneros de ser es una unidad, unidad de longitud, de latitud, de profundidad, de peso, de velocidad. Es que el peso y la velocidad se encuentran a la vez en los contrarios, porque ambos son dobles: hay, por ejemplo, la pesantez de lo que tiene un peso cualquiera, y la pesantez de lo que tiene un peso considerable; hay la velocidad de lo que tiene un movimiento cualquiera, y la velocidad de lo que tiene un movimiento precipitado. En una palabra, lo que es lento tiene su velocidad; lo que es ligero tiene su pesantez. En todos los casos de que ahora se trata, la medida, el principio, es algo uno e indivisible. En cuanto a la medida de las líneas, se llega a considerar el pie como una línea indivisible por la necesidad de encontrar en todos los casos una medida una e indivisible. Esta medida es simple, ya bajo la relación de la cualidad, ya bajo la de la cantidad. Una cosa a la que no se pueda quitar ni añadir nada, he aquí la medida exacta. La del número es por tanto la más exacta de las medidas: se define, en efecto, la mónada, diciendo que es indivisible en todos los sentidos. Las otras medidas no son más que imitaciones de la mónada. Si se añadiese o se quitase algo al estadio, al talento, y en general a una gran medida, esta adición o esta sustracción se haría sentir menos que si recayese sobre una cantidad más pequeña. Una cosa primera, a la que no puede quitarse cosa que sea apreciable por los sentidos, tal es el carácter general de la medida para los líquidos y para los sólidos, para la pesantez y para la magnitud, y creemos conocer la cantidad cuando se conoce por esta medida.

La medida del movimiento es el movimiento simple, el más rápido movimiento, porque este movimiento tiene una corta duración. En la astronomía hay una unidad de este género que sirve de principio y de medida; se admite que el movimiento del cielo, al que se refieren todos los demás, es un movimiento uniforme y el más rápido de los movimientos. La unidad en la música es el semitono, porque es el más corto de los sonidos perceptibles; en la sílaba es la letra. Y la unidad en estos diversos casos no es simplemente la unidad genérica; es la unidad en el sentido en que acabamos de entenderla. Sin embargo, la medida no es siempre un objeto numéricamente uno; hay algunas veces pluralidad. Y así, el semitono abraza dos cosas, pues hay el semitono que no percibe el oído, pero que es la noción misma del semitono; hay muchas letras para medir las sílabas; en fin, la diagonal tiene dos medidas y, como ella, el lado y todas las magnitudes.

La unidad es, por tanto, la medida de todas las cosas, porque dividiendo la sustancia bajo la relación de la cantidad o bajo la de la forma, conocemos lo que constituye la sustancia. Y la unidad es indivisible porque el elemento primero de cada ser es indivisible. Sin embargo, no todas las unidades son indivisibles de la misma manera; véase el pie y la mónada. Hay unidades absolutamente indivisibles; otras admiten, como ya hemos dicho, una división en partes indivisibles para los sentidos, porque probablemente toda continuidad puede dividirse. Por lo demás, la medida de un objeto es siempre del género de este objeto. En general, la magnitud es la que mide la magnitud, y en particular se mide la longitud por la longitud, la latitud por la latitud, el sonido por el sonido, la pesantez por la pesantez, las mónadas por las mónadas. Así debe expresarse este último término, y no diciendo que el número es la medida de los números; lo cual debería decirse al parecer, puesto que la medida es del mismo género que el objeto. Pero hablar de esta manera no sería decir lo que nosotros hemos dicho; equivaldría más bien a decir: la medida de las mónadas son las mónadas y no es la mónada; el número es una multitud de mónadas.

Damos también a la ciencia y a la sensación el nombre de medida de las cosas por la misma razón que a la unidad, porque nos dan también el conocimiento de los objetos. En realidad tiene una medida más bien que servir de medida; pero relativamente a la ciencia, estamos en el mismo caso que si alguno nos mide; conoceremos cuál es nuestra talla porque se ha aplicado muchas veces la medida del codo a nuestro cuerpo. Protágoras pretende que el hombre es la medida de todas las cosas. Por esto entiende indudablemente el hombre que sabe y el hombre que siente; es decir, el hombre que tiene la ciencia y el hombre que tiene el conocimiento sensible. Ahora bien, nosotros admitimos que éstas son medidas de los objetos. Nada hay más maravilloso que la opinión de Protágoras, y sin embargo su proposición no carece de sentido.

Hemos hecho ver que la unidad (entendida esta palabra en su significación propia) es la medida por excelencia, que es ante todo la medida de la cantidad, que es después la de la cualidad. Lo indivisible bajo la relación de la cantidad, lo indivisible bajo la relación de la cualidad, he aquí en ambos casos lo que constituye la unidad. La unidad es, por tanto, indivisible o absolutamente indivisible, o en tanto que unidad.

II

Nos hemos preguntado cuál es la esencia, cuál es la naturaleza de los seres, procurando resolver las dificultades que se presentaban. ¿Qué es, pues, la unidad y qué idea debe formarse de ella? ¿Consideraremos la unidad como una sustancia, opinión profesada en otro tiempo por los pitagóricos y después por Platón, o bien hay alguna naturaleza que es la sustancia de la unidad? ¿Será preciso reducir la unidad a una forma más conocida y adoptar con preferencia el método de los físicos, quienes pretenden, unos que la unidad es la amistad, otros que es el aire y otros que es el infinito?

Si no es posible que nada de lo que es universal sea sustancia, como hemos dicho al tratar de la sustancia y del ser; si lo universal no tiene una existencia sustancial, una y determinada, fuera de la multiplicidad de las cosas, porque lo universal es común a todos los seres; si, por último, no es más que un atributo, evidentemente la unidad misma tampoco es una sustancia, porque el ser y la unidad son por excelencia el atributo universal. Y así, por una parte, los universales no son naturalezas y sustancias independientes de los seres particulares, y por otra, la unidad, lo mismo que el ser y por las mismas razones, no puede ser ni un género, ni la sustancia universal de las cosas. Por otra parte, la unidad debe decirse igualmente de todos los seres.

El ser y la unidad se toman en tantas acepciones el uno como la otra. Luego si hay para las cualidades, así como para las cantidades, una unidad, una naturaleza particular, evidentemente debe plantearse esta cuestión en general: ¿qué es la unidad? Así como se pregunta: ¿qué es el ser? No basta decir que la unidad es la naturaleza de la unidad. En los colores, la unidad es un color; es lo blanco, por ejemplo. Todos los colores, al parecer, proceden de lo blanco y de lo negro; pero el negro no es más que la privación de lo blanco, como las tinieblas son la privación de la luz, porque las tinieblas no son realmente más que una privación de luz. Admitamos que los seres sean colores; entonces los seres serían un número, ¿pero qué especie de número? Evidentemente, un número de colores, y la unidad propiamente dicha sería una unidad particular: por ejemplo, lo blanco. Si los seres fuesen armonías, los seres serían un número, un número de semitonos; pero la sustancia de las armonías no sería un número solamente, y la unidad tendría sustancia, no la unidad pura y simple, sino el semitono. De igual modo, si los seres fuesen los elementos de las sílabas, serían un número, y la unidad sería el elemento vocal; por último, si fueran un número de figuras, la unidad sería el triángulo, si los seres fuesen figuras rectilíneas. El mismo razonamiento se aplica a todos los demás géneros.

Así que en las modificaciones, en las cualidades, en las cantidades, en el movimiento hay siempre números y una unidad; el número es un número de cosas particulares, y la unidad es un objeto particular; pero no es ella misma la sustancia de este objeto. Las esencias están necesariamente en el mismo caso, porque esta observación se aplica igualmente a todos los seres. Se ve entonces que la unidad es en cada género una naturaleza particular, y que la unidad no es de suyo la naturaleza de lo que quiera, y así como en los colores la unidad que es preciso buscar es un color, de igual modo la unidad que es preciso buscar en las esencias es una esencia.

Lo que prueba, por otra parte, que la unidad significa desde un punto de vista la misma cosa que el ser, es que acompaña, como el ser, a todas las categorías y, como él, no reside en particular en ninguna de ellas, ni en la esencia, ni en la cualidad, para citar ejemplos; que lo mismo significa la expresión un hombre, que cuando se dice hombre, de la misma manera que el ser no significa otra cosa que sustancia, cualidad o cantidad, y por último, que la unidad, en su esencia, es la individualidad misma.

III

La unidad y la pluralidad se oponen en muchos conceptos: en un sentido, la unidad es opuesta a la pluralidad, como lo indivisible lo es a lo divisible. Porque lo que está dividido o es divisible se llama pluralidad; lo que no es divisible ni está dividido se llama unidad. Como la opuesta se toma en cuatro sentidos diferentes, uno de los cuales es la oposición por privación, habrá entre la unidad y la pluralidad oposición por contrariedad y no por contradicción o por relación. La unidad se expresa, se define, por medio de su contrario; lo indivisible por medio de lo divisible, porque la pluralidad cae más bien bajo los sentidos que la unidad; lo divisible más bien que lo indivisible; de suerte que bajo la relación de la noción sensible la pluralidad es anterior a lo indivisible. Los modos de la unidad, como hemos dicho con motivo de las diversas especies de oposición, son la identidad de la semejanza, la igualdad; los de la pluralidad son la heterogeneidad, la desemejanza, la desigualdad. La identidad tiene diferentes sentidos. Hay, en primer lugar, la identidad numérica, que se designa a veces por estas palabras: es un solo y mismo ser; y esto tiene lugar cuando hay unidad bajo la relación de la noción y del número: por ejemplo, tú eres idéntico a ti mismo bajo la relación de la forma y de la materia. Idéntico se dice igualmente cuando hay unidad de noción respecto de la sustancia primera, y así las líneas rectas iguales son idénticas. También se llama idénticos a cuadriláteros iguales y que tienen sus ángulos iguales, aunque haya pluralidad de objetos: en este caso la unidad consiste en igualdad.

Los seres son semejantes cuando, no siendo absolutamente idénticos y difiriendo bajo la relación de la sustancia y del sujeto, son idénticas en cuanto a la forma: un cuadrilátero más grande es semejante a un cuadrilátero más pequeño; línea y rectas desiguales son semejantes, son semejantes pero no absolutamente idénticas. Se llaman también semejantes las cosas que teniendo la misma esencia, pero siendo susceptibles de más y de menos, no tienen, sin embargo, ni más ni menos, o bien aquellas cuyas cualidades son específicamente unas e idénticas: en este sentido se dice que lo que es muy blanco se parece a lo que es menos, porque hay entonces unidad de especie. Se llaman, por último, semejantes los objetos que presentan más analogías que diferencias, ya sea absolutamente, ya simplemente en apariencia, y así, el estaño se parece más bien a la plata que al oro; el oro se parece al fuego por su color leonado y rojizo.

Es evidente, en vista de esto, que diferente y desemejante tienen también muchos sentidos. La diferencia es opuesta a la identidad; de suerte que todo relativamente a todo es idéntico o diferente. Hay diferencia, si no hay unidad de materia y de forma: tú difieres de tu vecino. Hay una tercera especie de diferencia; la diferencia en los seres matemáticos.

Y así, todo relativamente a todo es diferente o idéntico, con tal, sin embargo, de que haya unidad o ser. No hay negación absoluta de la identidad; se emplea ciertamente la expresión no idéntico, pero nunca cuando se habla de lo que no existe, sino que siempre cuando se trata de seres reales. Porque se dice igualmente uno y no-uno de aquello que por su naturaleza puede ser uno y ser. Tal es la oposición entre la heterogeneidad y la identidad.

La heterogeneidad y la diferencia no son una misma cosa: en dos seres que no son heterogéneos entre sí, la heterogeneidad no recae sobre algún carácter común, porque todo lo que existe es heterogéneo o idéntico. Pero lo que difiere de alguna cosa, difiere de ella en algún punto; de suerte que es preciso que aquello en que difieren necesariamente sea idéntico. Este algo idéntico es el género o la especie, porque todo lo que difiere, difiere de género o de especie: de género, si no hay diferencia común y producción recíproca, como los objetos que pertenecen a categorías diferentes. Las cosas que difieren de especie son las que son del mismo género. El género es aquello en lo que son idénticas dos cosas que difieren en cuanto a la esencia. Los contrarios son diferentes entre sí, y la contrariedad es una especie de diferencia. La inducción prueba la exactitud de este principio que nosotros habíamos anticipado. En todos los contrarios hay, en efecto, a mi parecer, la diferencia, y no sólo heterogeneidad. Los hay que difieren de género; pero otros están comprendidos en la misma serie de la atribución, de suerte que son idénticos bajo la relación del género y de la especie. Hemos fijado en otra parte qué cosas son idénticas y cuáles no lo son.

IV

Es posible que las cosas que difieren entre sí difieran más o menos; hay, pues, una diferencia extrema, y esto es a lo que yo llamo contrariedad. Puede asentarse por inducción que la contrariedad es la diferencia extrema: en efecto, respecto de las cosas que difieren de género, no hay tránsito de la una a la otra; hay entre ellas la mayor distancia posible y no cabe entre las mismas combinación posible, mientras que respecto de las cosas que difieren de especie hay producción de los contrarios por los contrarios considerados como extremos. Ahora bien, la distancia extrema es la mayor distancia; de suerte que la distancia de los contrarios es la mayor distancia posible. Por otra parte, lo más grande que hay en cada género es lo que hay de más perfecto, porque lo más grande es lo que no es susceptible de aumento, y lo perfecto, aquello más allá de lo que no puede concebirse nada. La diferencia perfecta es un fin en el mismo concepto que se dice que es perfecto todo lo que tiene por carácter ser el fin de algo. Más allá del fin no hay nada; porque en todas las cosas el fin es el último término, es el límite. Por esto fuera del fin no hay cosa alguna, y lo que es perfecto no carece de nada absolutamente.

Es evidente, por supuesto, que la contrariedad es una diferencia perfecta y, teniendo la contrariedad numerosas acepciones, este carácter de diferencia perfecta lo tendrá en estos diferentes modos. Siendo así, una cosa única no puede tener muchos contrarios. Porque más allá de lo que es extremo no puede haber cosa que sea más extrema todavía, y una sola distancia no puede tener más de dos extremidades. En una palabra, si la contrariedad es una diferencia, no consistiendo la diferencia más que en dos términos, tampoco habrá más de dos en la diferencia perfecta.

La definición que acabamos de dar de los contrarios deberá aplicarse a todos los modos de la contrariedad, porque en todos los casos la diferencia perfecta es la diferencia más grande; en efecto, fuera de la diferencia de género y de la diferencia de especie, no podemos establecer otras diferencias, y queda demostrado que no hay contrariedad entre los seres que no pertenecen al mismo género. La diferencia de género es la mayor de todas las diferencias. Las cosas que difieren más en el mismo género son contrarias, porque su diferencia perfecta es la diferencia más grande. En igual forma, las cosas que en un mismo sujeto difieren más son contrarias, porque en este caso la materia de los contrarios es la misma. Las cosas que, sometidas a un mismo poder, difieren más, son igualmente contrarias; en efecto, una sola y misma ciencia abraza todo un género, y en el género hay objetos separados por la diferencia perfecta, por la diferencia más grande.

La contrariedad primera es la que tiene lugar entre la posesión y la privación; no toda privación, porque la privación se entiende de muchas maneras, sino la privación perfecta. A todos los demás contrarios se les llamará contrarios conforme a éstos, o porque los poseen, o porque los producen o son producidos por ellos; en fin, porque admiten o rechazan estos contrarios u otros contrarios.

La oposición comprende la contradicción, la privación, la contrariedad, la relación; pero la oposición primera es la contradicción, y no puede haber intermedio entre la afirmación y la negación, mientras que los contrarios admiten intermedios; es, por tanto, evidente que no hay identidad entre la contradicción y la contrariedad. En cuanto a la privación, ella forma con la posesión una especie de contradicción. Se dice que hay privación para un ser cuando está en la imposibilidad absoluta de poseer, o no posee lo que está en su naturaleza poseer. La privación es o absoluta o de tal género determinado. Porque privación se toma en diversos sentidos, como dejamos dicho por otra parte. La privación es, por tanto, una especie de negación; es, en general, una impotencia determinada, o bien esta impotencia en un sujeto. Esto es lo que hace que entre la negación y la afirmación no haya intermedio, mientras que en ciertos casos hay intermedio entre la privación y la posesión. Todo es igual o no-igual; pero no es igual o desigual sino en las cosas susceptibles de igualdad.

Si las producciones en un sujeto material son el tránsito de lo contrario a lo contrario (y, en efecto, ellas vienen de la forma, de la realización de la forma, o bien de la privación de la forma o de la figura), es evidente en este caso que toda contrariedad será una privación, pero probablemente no toda privación sea una contrariedad. La causa de esto es que lo que está privado puede estar privado de muchas maneras, mientras que no se da el nombre de contrarios más que a los términos extremos de donde proviene el cambio. Por lo demás, se puede probar por la inducción. En toda contrariedad hay la privación de uno de los contrarios; pero esta privación no es de la misma naturaleza en todos los casos: la desigualdad es la privación de la igualdad; la desemejanza, privación de la semejanza; el vicio, privación de la virtud. Pero hay, como hemos dicho, diversas clases de privaciones. Tan pronto la privación es una simple falta, tan pronto es relativa al tiempo, a una parte especial: por ejemplo, puede haber privación de cierta época, privación en una parte esencial o privación absoluta. Por esta razón hay intermedios en ciertos casos (hay, por ejemplo, el hombre que no es ni bueno ni malo), y en otros no: es preciso de toda necesidad que todo número sea par o impar. En fin, hay privaciones que tienen un objeto determinado, otras que no lo tienen.

Es, por tanto, evidente que siempre es uno de los contrarios la privación del otro. Bastará, por lo demás, que esto sea verdadero para los primeros contrarios, los mismos que son como los géneros de los otros, como la unidad y la pluralidad, porque todos los demás se reducen a éstos

V

Siendo la unidad opuesta a una unidad, podría suscitarse esta dificultad: ¿Cómo la unidad se opone a la pluralidad? (porque todos los contrarios se reducen a éstos). ¿Cómo lo igual se opone a lo grande y a lo pequeño? En toda interrogación de dos términos oponemos siempre dos cosas, y decimos así: ¿es blanco o negro, es blanco o no blanco? Pero no decimos es hombre o blanco, sino en una hipótesis particular, cuando preguntamos, por ejemplo: ¿Cuál de los dos ha venido, Cleón o Sócrates? Cuando se trata de géneros diferentes, la interrogación no es de la misma naturaleza; no es necesariamente lo uno o lo otro: aquí mismo, si ha podido expresarse de esta suerte, es porque había contrariedad en la hipótesis, porque los contrarios solos no pueden existir al mismo tiempo, y ésta es la suposición que se hace cuando se pregunta: ¿Cuál de los dos ha venido? Si fuese posible que hubiesen venido al mismo tiempo, la pregunta sería ridícula. Y sin embargo, hasta en este último caso habría también oposición, oposición de la unidad y de la pluralidad; por ejemplo: ¿Han venido ambos o ha venido uno solo de los dos?

Si la interrogación de dos términos es siempre relativa a los contrarios, ¿cómo se hace la interrogación relativamente a lo más grande, a lo más pequeño y a lo igual, y cómo entonces lo igual será opuesto a lo más grande y a lo más pequeño? No puede ser sólo el contrario de uno de los dos; no puede serlo tampoco de ambos, porque, ¿qué razón hay para que lo sea más de lo más grande que de lo más pequeño? De otro lado, lo igual es opuesto también como contrario a lo desigual. De suerte que una cosa sería lo contrario de muchas.

Por otra parte, si lo desigual significa lo mismo que los otros dos términos, grande y pequeño, lo igual será opuesto a ambos, y entonces esta dificultad viene en apoyo de los que dicen que la desigualdad es la díada. Pero resulta de aquí que una cosa es lo contrario de dos, lo cual es imposible. Además, lo igual sería intermedio entre lo grande y lo pequeño; mas, al parecer, ningún contrario es intermedio, porque esto no es posible conforme a la definición. La contrariedad no sería una diferencia perfecta si fuese un intermedio, es mucho más exacto decir que hay siempre intermedio entre los contrarios. Resta, pues, añadir que lo igual es opuesto a lo grande y a lo pequeño, como negación o como privación. Por lo pronto no puede ser opuesto de este modo de uno de los dos solamente, porque ¿qué razón hay para que lo sea más bien de lo grande que de lo pequeño? Será, por tanto, la negación privativa de ambos. Por esta razón, cuando se formula la pregunta es preciso siempre que haya comparación de lo igual con los otros dos términos, y no sólo con uno de los dos. No se dirá es más grande o es igual, más pequeño o igual, sino que deberán encontrarse los tres términos reunidos, y aun así habría necesariamente privación, porque lo que no es ni más grande ni más pequeño no es siempre igual:

esto sólo puede tener lugar respecto de las cosas que son naturalmente grandes o pequeñas.

Por tanto, lo igual es lo que no es grande ni pequeño, aun teniendo naturalmente la propiedad de ser grande o pequeño. Se opone a ambos como negación privativa, y en este concepto es un intermedio. Así mismo, lo que no es malo ni bueno se opone a lo bueno y a lo malo, pero no ha recibido nombre, y esto procede de que el bien como el mal se toman en muchos sentidos de que el sujeto no es uno: habría más bien un sujeto único para lo que no es blanco ni negro; y, sin embargo, en esto mismo no hay realmente unidad, porque sólo a ciertos colores determinados se aplica esta negación privativa de negro y de blanco. En efecto, es de necesidad que el color sea moreno o amarillo, o cualquiera otra cosa determinada. Según esto, no tienen razón los que pretenden que lo mismo sucede en todos los casos: habría, pues, entre el calzado y la mano un intermedio que no serían ni el calzado ni la mano, porque hay entre el bien y el mal lo que no es ni bien ni mal. Habría intermedios entre todas las cosas, pero esta consecuencia no es necesaria. Puede haber negación de dos opuestos a la vez en las cosas que admiten algún intermedio, y entre las cuales hay naturalmente un cierto intervalo; pero en el ejemplo que se cita no hay diferencia. Los dos términos comprendidos en la negación común no son ya del mismo género, no hay unidad de sujeto.

VI

Puede suscitarse la misma duda relativamente a la unidad y a la pluralidad. En efecto, si la pluralidad es opuesta absolutamente a la unidad, resultan de aquí dificultades insuperables: la unidad será entonces lo poco o el pequeño número, puesto que la pluralidad es opuesta también al pequeño número. Además, dos es una pluralidad, puesto que el doble es múltiple: en este sentido dos es doble. La unidad es, pues, lo poco, porque ¿con relación a qué sería dos una pluralidad si no es con relación a la unidad y a lo poco? No hay duda de que sea menor que la unidad. Además, hay lo mucho y lo poco en la multitud, como lo largo y lo corto en las longitudes; lo que es mucho es una pluralidad; toda pluralidad es mucho. A no ser, por tanto, que se trate de un continuo indeterminado, lo poco será una pluralidad; y entonces la unidad será igualmente una pluralidad porque es un poco. Esta consecuencia es necesaria si dos es una pluralidad. Pero puede decirse que la pluralidad es lo mismo que lo mucho en ciertas circunstancias, y en otras no; así, pues, el agua es mucho y no es una multitud. En todas las cosas que son divisibles, mucho se dice de todo lo que constituye una multitud excesiva, sea absolutamente, sea relativamente a otra cosa; lo poco es una multitud falta o defectuosa.

Multitud se dice también del número, el cual es opuesto sólo a la unidad. Se dice unidad y multitud en el mismo sentido que se diría una unidad y unidades, blanco y blancos, medido y medida, y en este sentido toda pluralidad es una multitud. Todo número, en efecto, es una multitud, porque está compuesto de unidades, porque se puede medir por la unidad; es multitud en tanto que es opuesto a la unidad y no a lo poco. De esta manera el mismo dos es una multitud; pero no lo es en tanto que pluralidad excesiva, sea absolutamente, sea relativamente: dos es la primera multitud. Dos es el pequeño número, absolutamente hablando, porque es el primer grado de la pluralidad falta o defectuosa. Anaxágoras se ha equivocado, por tanto, al decir que todo era igualmente infinito en multitud y en pequeñez. En lugar de y en pequeñez, debía decir y en pequeño número; y entonces hubiera visto que no había infinidad, porque lo poco no es, como algunos pretenden, la unidad, sino la díada.

He aquí en qué consiste la oposición. La unidad y la multitud son opuestas en los números; la unidad es opuesta a la multitud, como la medida a lo conmensurable. Otras cosas son opuestas por relación; en este caso se encuentran aquellas que no son relativas esencialmente. Hemos visto en otra parte que podría haber relación de dos maneras: relación de los contrarios entre sí, y relación de la ciencia a su objeto; una cosa en este caso se dice relativa en tanto que se la refiere a otra cosa.

Nada obsta, sin embargo, a que la unidad sea más pequeña que otra cosa: por ejemplo, que dos. Una cosa no es poco por ser más pequeña. En cuanto a la multitud, es como el género del número: el número es una multitud conmensurable por la unidad. La unidad y el número son opuestos, no en concepto de contrarios, sino como hemos dicho que lo eran ciertas cosas que están en relación: son opuestos en cuanto son el uno la medida, el otro lo que puede ser medido. Por esta razón, todo lo que tiene en sí la unidad no es número; por ejemplo, si es una cosa indivisible.

La ciencia se dice relativa a su objeto; pero la relación no es la misma que respecto del número: sin esto la ciencia tendría la traza de ser la medida, y el objeto de la ciencia, la de ser lo que puede ser medido. Es muy cierto que toda ciencia es un objeto de conocimiento, pero no todo objeto de conocimiento es una ciencia: la ciencia es, desde un punto de vista, medida por su objeto.

En cuanto a la pluralidad, no es lo contrario de lo poco; lo mucho es lo opuesto a lo poco, como pluralidad más grande opuesta a una pluralidad más pequeña. Tampoco es siempre lo contrario de la unidad; pero así como lo hemos visto, la unidad puede ser considerada como divisible o indivisible; también se la puede considerar como relativa, de la misma manera que la ciencia es relativa al objeto de la ciencia: supóngase la ciencia un número, y el objeto de la ciencia será la unidad, la medida.

VII

Puesto que es posible que entre los contrarios haya intermedios, y que realmente los hay en algunos casos, es de necesidad que los intermedios provengan de los contrarios, porque todos los intermedios son del mismo género que los objetos entre los que son intermedios. Llamamos intermedio aquello en lo que debe, desde luego, mudarse necesariamente lo que muda: por ejemplo, si se quiere pasar gradualmente de la última cuerda a la primera, habrá de pasarse por los sonidos intermedios. Lo mismo sucede respecto de los colores; si se quiere pasar de lo blanco a lo negro, se pasará por lo encarnado o lo moreno antes de pasar a lo negro, y lo mismo sucede en todo lo demás. Pero no es posible que haya cambio de un género a otro si no es bajo la relación de lo accidental; que se verifique, por ejemplo, un cambio del color en figura. Es preciso, pues, que todos los intermediarios estén en el mismo género, y el mismo género que los objetos entre los que son intermedios. Por otra parte, todos los intermedios son intermedios entre opuestos, porque sólo entre los opuestos puede verificarse el cambio. Es imposible que haya intermedios sin opuestos, pues de otro modo habría un cambio que no sería de lo contrario a lo contrario.

Los opuestos por contradicción no tienen intermedios. La contradicción es, en efecto, la oposición de dos proposiciones entre las que no hay medio; uno de los dos términos está necesariamente en el objeto.

Las demás oposiciones son la relación, la privación, la contrariedad. Todas las cosas opuestas por relación y que no son contrarias no tienen intermedios, la causa es que no pertenecen al mismo género: ¿qué intermedio hay, en efecto, entre la ciencia y el objeto de la ciencia? Pero le hay entre lo grande y lo pequeño. Si los intermedios pertenecen al mismo género, como hemos demostrado; si son intermedios entre los contrarios, es de toda necesidad que se compongan de estos contrarios. Porque, o los contrarios tienen un género, o no le tienen. Si el género es algo anterior a los contrarios, las primeras diferencias contrarias serán las que habrán producido los contrarios en concepto de especies en el género. Las especies se componen, en efecto, del género y de las diferencias: por ejemplo, si lo blanco y lo negro son contrarios, y el uno es un color que hace que se distinga los objetos, el otro es un color que los confunde, estas propiedades de hacer que se distinga o se confunda los objetos serán las diferencias primeras, serán los primeros contrarios. Añádase a esto que las diferencias contrarias son más contrarias entre sí que los otros contrarios. Los demás contrarios y los intermedios se compondrán del género y de las diferencias: por ejemplo, todos los colores intermedios entre lo blanco y lo negro serán definidos por el género (el género es el color) y por ciertas diferencias, pero no según éstos los primeros contrarios. Como no todo color es blanco o negro, habrá otras diferencias: según intermedias entre los primeros contrarios, pero las primeras diferencias según las que hacen distinguir o confundir los objetos. Por consiguiente, es preciso buscar por lo pronto estos primeros contrarios que no son opuestos genéricamente, y ver de cuáles provienen los intermedios.

Es de toda necesidad que todo lo que está comprendido bajo un mismo género se componga de partes no compuestas en cuanto al género, o que no se componga. Los contrarios no se componen los unos con los otros, y entonces son principios; en cuanto a los intermedios, o son todos compuestos, o ninguno lo es. De los contrarios proviene algo, de suerte que antes de haber transformación en los contrarios habrá transformación en este algo. Este algo no será más y menos que el uno y que el otro contrario; será intermedio entre ellos, y todos los demás intermedios se compondrán lo mismo. Porque ser más que el uno, menos que el otro, es estar compuesto de objetos con relación a los que se ha dicho que eran más que el uno, menos que el otro. Por otra parte, como no hay otros principios anteriores a los contrarios que sean del mismo género que ellos, todos los intermedios se compondrán de contrarios, y entonces todos los contrarios y todos los intermedios inferiores se derivarán de los primeros contrarios. Es, pues, evidente que todos los intermedios pertenecen al mismo género, que son intermedios entre los contrarios y que todos sin excepción se componen de contrarios.

VIII

La diferencia de especie es la diferencia entre una cosa y otra cosa dentro de alguna cosa que debe ser común a ambas. Y así, si un animal difiere de especie de otro ser, los dos seres son animales. Es indispensable que los seres cuya especie difiere sean del mismo género, porque llamo género a lo que constituye la unidad y la identidad de dos seres, salvo las diferencias esenciales, sea que exista en concepto de materia o de otra manera. No sólo es preciso que haya entre los dos seres comunidad genérica; no sólo deben ser dos animales, sino que es preciso que el animal sea diferente en cada uno de estos dos seres; el uno, por ejemplo, será un caballo, el otro un hombre. Por consiguiente, es el género común a seres diferentes el que se diversifica en especies; debe ser a la vez y esencialmente este animal y aquel otro animal; se da en él el caballo y el hombre, por ejemplo. La diferencia de que se trata es necesariamente una variedad del género, porque llamo variedad a la diferencia del género que produce la diferencia de especies del género.

La diferencia de especie sería entonces una contrariedad; pero la inducción puede justificar esta consecuencia: oponiendo los seres es como se separan; por otra parte hemos mostrado que el mismo género abrazaba los contrarios, porque la diferencia perfecta es la contrariedad. Ahora bien, toda diferencia de especie es la diferencia entre una cosa y otra cosa. De suerte que lo que forma la identidad de los dos seres, el género que los abraza a ambos, está en él mismo señalado con el carácter de la diferencia. Se sigue de aquí que todos los contrarios están encerrados entre los dos términos de cada categoría; quiero decir, los contrarios que difieren de especie y no de género, los seres que tienen entre sí la mayor diferencia posible, porque entonces es cuando hay diferencia perfecta, y que no hay jamás producción simultánea. La diferencia es, por tanto, una oposición de dos individuos que pertenecían al mismo género.

La identidad de especie es, por lo contrario, la relación de los individuos que no son opuestos entre sí. En efecto, antes de las oposiciones individuales no hay oposición sino en la división del género, sino en los intermedios entre el género y el individuo. Entonces es evidente que ninguna de las especies comprendidas bajo el género está con el género propiamente dicho, ni en una relación de identidad, ni en una relación de diferencia de especie. Por la negación se demuestra la materia. Ahora bien, el género es la materia de lo que se llama género, no en el sentido de raza, como se dice de los heraclidas, sino como lo que entra en la naturaleza de los seres. Las especies no difieren de especie, de las especies contenidas en otro género: entonces hay diferencia de género; la diferencia de especie no tiene lugar sino para los seres que pertenecen al mismo género. Es preciso, en efecto, que la diferencia de lo que difiere de especie sea una contrariedad. Ahora bien, sólo entre los seres del mismo género puede haber contrariedad.

IX

Se preguntará, sin duda, por qué el hombre no difiere de especie de la mujer, existiendo oposición entre lo femenino y lo masculino, y siendo la diferencia de especie una contrariedad, y por qué el macho y la hembra no son animales de especie diferente, puesto que la diferencia que hay entre ellos es una diferencia esencial del animal, y no un accidente como el color blanco o negro, sino que en tanto que animal es el animal masculino o femenino.

Esta objeción viene a reducirse sobre poco más o menos a ésta: ¿por qué una contrariedad produce y otra no produce la diferencia de especie? Hay diferencia de especie, por ejemplo, entre el animal que anda sobre la tierra y el que tiene alas, mientras que la oposición de la blancura y del color negro no produce esta diferencia. ¿Por qué?, se dirá. Porque entre los caracteres de los seres hay unos que son modificaciones propias del género, y otros que no afectan al género mismo. Y, además, hay de una parte la noción pura de los seres, y de otra su materia. Todas las oposiciones que residen en la noción pura constituyen diferencias de especie; todas las que sólo existen en el conjunto de la esencia y de la materia no las producen, de donde se sigue que ni la blancura del hombre ni su color negro constituyen diferencias en el género, y que no hay diferencia de especie entre el hombre blanco y el hombre negro, aun cuando a cada uno se le diese su nombre. En efecto, el hombre es, por decirlo así, la materia de los hombres, y la materia no produce diferencia. Verdaderamente, los hombres no son especies del hombre. Y así, bien que haya diferencia entre las carnes y los huesos de que se componen este y aquel hombre, el conjunto ciertamente diferente no difiere específicamente, porque no hay contrariedad en la noción esencial: el conjunto es el último individuo de la especie. Calias es la esencia unida a la materia. Luego, porque Calias es blanco, el hombre mismo es blanco; luego es accidental que el hombre sea blanco; luego no es la materia la que puede constituir una diferencia de especie entre el triángulo de metal y el triángulo de madera; es preciso que haya contrariedad en la noción esencial de las figuras.

¿Pero es cierto que la materia, aunque en cierta manera diferente, no produce jamás diferencia de especie? ¿No la produce en ciertos casos? ¿Por qué tal caballo difiere de tal hombre? La materia, sin embargo, está comprendida en la noción de estos animales. ¿Por qué?, se pregunta. Porque hay entre ellos contrariedad en la esencia. Puede haber oposición entre el hombre blanco y el caballo negro, pero no oposición específica en tanto que el uno es blanco y el otro negro. Si ambos fuesen blancos, diferirían incluso de especie entre sí.

En cuanto a los sexos, macho y hembra, son estas modificaciones propias del animal, es cierto, pero no modificaciones en la esencia; existen tan sólo en la materia, en el cuerpo. Y así la misma esperma, sometida a tal o cual modificación, se hace hembra o macho.

Acabamos de ver lo que es diferencia de especie, y por qué ciertos seres difieren y otros no específicamente.

X

Hay diferencia de especie entre los contrarios, y lo perecedero y lo imperecedero son contrarios entre sí, porque la privación es una impotencia determinada. Pero de toda necesidad lo perecedero y lo imperecedero difieren genéricamente: aquí hablamos de lo perecedero y de lo imperecedero considerados como universales. Debería parecer que entre un ser imperecedero cualquiera y un ser perecedero no hay necesariamente diferencia específica, como no la hay entre el ser blanco y el ser negro. En efecto, el mismo ser puede ser blanco y negro simultáneamente, si pertenece a los universales; y así el hombre es blanco y negro sucesivamente, si es un individuo, y el mismo hombre puede ser sucesivamente blanco y negro a pesar de que lo blanco y lo negro son opuestos entre sí. Pero entre los contrarios hay unos que coexisten accidentalmente en ciertos seres, como estos de que acabamos de hablar y muchos más, mientras que otros no pueden existir en el mismo ser, como sucede con lo perecedero y lo imperecedero. No hay cosa alguna que sea perecedera accidentalmente, porque lo que es accidental puede no existir en los seres. Ahora bien, lo perecedero existe de toda necesidad en el ser en que existe; sin esto el mismo ser, un ser único, sería a la vez perecedero e imperecedero, puesto que sería posible que no tuviese en sí el principio de su destrucción. Lo perecedero, por consiguiente, o es la esencia misma de cada uno de los seres perecederos, o reside en la esencia de estos seres. El mismo razonamiento cabe respecto de lo imperecedero, porque lo imperecedero y lo perecedero existen así el uno como el otro de toda necesidad en los seres.

Luego, hay una oposición entre los principios mismos que por su relación con los seres hace que tal ser sea perecedero y tal otro imperecedero. Luego lo perecedero y lo imperecedero difieren genéricamente entre sí.

Conforme a todo esto, es evidente que no puede haber ideas en el sentido en que las admiten ciertos filósofos, porque entonces habría el hombre perecedero de un lado, y del otro el hombre imperecedero. Se pretende que las ideas son de la misma especie que los seres particulares, y no sólo idénticos por el nombre. Ahora bien, hay más distancia entre los seres que difieren genéricamente que entre los que difieren específicamente.

LIBRO UNDÉCIMO

I.   Dificultades relativas a la filosofía.

II.   Algunas otras observaciones.

III.   Una ciencia única puede abrazar un gran número de objetos y de especies diferentes.

IV.   La indagación de los principios de los seres matemáticos corresponde a la filosofía primera.

V.   Es imposible que una cosa sea y no sea al mismo tiempo.

VI.   De la opinión de Protágoras que el hombre es la medida de todas las cosas. De los contrarios y de los opuestos.

VII.   La física es una ciencia teórica, y lo mismo que ella la ciencia matemática y la teológica.

VIII.   Del ser accidental.

IX.   El movimiento es la actualidad de lo posible en tanto que posible.

X.   Un cuerpo no puede ser infinito.

XI.   Del cambio.

XII.   Del movimiento.

I

La filosofía es una ciencia de principios, y esto resulta evidentemente de la discusión que hemos sostenido al comentar relativamente
las opiniones de los demás filósofos sobre los principios. Pero podría
suscitarse esta duda: ¿Debe considerarse la filosofía como una sola
ciencia o como muchas? Si se dice que es una sola ciencia, una sola
ciencia sólo abraza los contrarios, y los principios no son contrarios.
Si no es una sola ciencia, ¿cuáles son las diversas ciencias que es preciso admitir como filosóficas? Además ¿pertenece a una sola ciencia o a
muchas el estudiar los principios de la demostración? Si es éste el privilegio de una ciencia única, ¿por qué dar la preferencia a ésta y no a
cualquiera otra? Si corresponde a muchas, ¿cuáles son estas ciencias?
Además, ¿se ocupa la filosofía de todas las esencias? Si no se ocupa de
todas, es difícil determinar de cuáles debe ocuparse. Pero si una sola
ciencia las abraza todas, no se ve cómo una ciencia única pueda tener
por objeto muchas esencias. ¿Recae sólo sobre las esencias o recae
igualmente sobre los accidentes? Si es la ciencia demostrativa de los
accidentes, no es la de las esencias. Si son objetos de dos ciencias diferentes, ¿cuál es una ciencia y cuál otra, y cuál de ellas es la filosofía?
La ciencia demostrativa es la de los accidentes; la ciencia de los principios es la ciencia de las esencias.

Tampoco deberá recaer la ciencia que buscamos sobre las causas
de que hemos hablado en la física, porque no se ocupa del fin, y el fin
es el bien, y el bien sólo se encuentra en la acción, en los seres que
están en movimiento, como que es el principio mismo del movimiento. Tal es el carácter del fin. Ahora bien, el motor primero no se
encuentra en los seres inmóviles. En una palabra, puede preguntarse si
la ciencia que en este momento nos ocupa es o no la ciencia de la sustancia sensible, o bien si recae sobre otras esencias. Si recae sobre
otras, será sobre las ideas o sobre los seres matemáticos. En cuanto a
las ideas, es evidente que no existen, y aun cuando se admitiera su existencia, quedaría aún por resolver esta dificultad. ¿Por qué no ha de
suceder con todos los seres de que se tienen ideas lo que con los seres
matemáticos? He aquí lo que yo quiero decir: a los seres matemáticos
se les convierte en intermedios entre las ideas y los objetos sensibles,

formando una tercera especie de seres fuera de las ideas y de los seres sometidos a nuestros sentidos. Pero no hay un tercer hombre, ni un caballo fuera del caballo en sí y de los caballos particulares. Por lo contrario, si no tiene esto lugar, ¿de qué seres debe decirse que se ocupan los matemáticos? Evidentemente, no es de los seres que conocemos por los sentidos, porque ninguno de ellos tiene los caracteres de los que estudian las ciencias matemáticas. Y, por otra parte, la ciencia que buscamos no se ocupa de los seres matemáticos, porque ninguno de ellos se concibe sin una materia. Tampoco recae sobre las sustancias sensibles, porque son perecederas.

También podría preguntarse: ¿a qué ciencia pertenece estudiar la materia de los seres matemáticos? No a la física, porque todas las especulaciones del físico tienen por objeto los seres que tienen en sí mismos el principio del movimiento y del reposo. Tampoco corresponde a la ciencia que demuestra las propiedades de los seres matemáticos, porque sobre la materia misma de estos seres que da por supuesta funda sus indagaciones. Resta decir que nuestra ciencia, la filosofía, es la que se ocupa de este estudio.

Otra cuestión es la de saber si la ciencia que buscamos debe considerarse con relación a los principios que algunos filósofo llaman elementos. Pero todo el mundo admite que los elementos están contenidos en los compuestos. Ahora bien, la ciencia que buscamos parecería ser más bien la ciencia de lo general, porque toda noción, toda ciencia, recae sobre lo general y no sobre los últimos individuos. Será, pues, la ciencia de los primeros géneros: estos géneros serán la unidad y el ser, porque son los que principalmente abrazan todos los seres, teniendo por excelencia el carácter de principios, porque son primeros por su naturaleza: suprimid el ser y la unidad; todo lo demás desaparece en el instante, porque todo es unidad y ser. Por otra parte, si se les admite como géneros, las diferencias participarán necesariamente entonces de la unidad del ser; pero ninguna diferencia participa del género, en vista de lo cual no debe considerárseles, al parecer, como géneros ni como principios.

Luego lo que es más simple es antes principio que lo que lo es menos. Las últimas especies comprendidas en el género son más simples que los géneros, porque son indivisibles, mientras que el género puede dividirse en una multitud de especies diferentes. Por consiguiente, las especies serán, al parecer, principios más bien que los géneros. Por otra parte, en tanto que la supresión del género lleva consigo la de las especies, los géneros tienen más bien el carácter de principios, porque es principio aquello que todo lo arrastra tras de sí.

Tales son las dudas que pueden ocurrir y, como éstas, otras muchas de la misma naturaleza.

II

Fuera de esto, ¿deben o no admitirse otros seres además de los individuos? La ciencia que buscamos, ¿ha de recaer sobre los individuos? Pero hay una infinidad de individuos. Fuera de los individuos están los géneros y las especies; pero ni aquéllos ni éstos son el objeto de nuestra ciencia: y hemos dicho ya por qué era esto imposible. En una palabra, ¿es preciso admitir, si o no, que existe una esencia separada fuera de las sustancias sensibles, o bien que estas últimas son los únicos seres, y ellas el objeto de la filosofía? Evidentemente, nosotros buscamos alguna esencia distinta de los seres sensibles, y nuestro fin es ver si hay algo que exista separado en sí y que no se encuentre en ninguno de los seres sensibles. Después, si hay alguna otra esencia independiente de las sustancias sensibles, ¿fuera de qué sustancias sensibles es necesario admitir que existe? Porqué, ¿qué motivo habrá para decir que esta sustancia independiente existe más bien fuera de los hombres y de los caballos que de los demás animales, o en general de los objetos inanimados? Y, por otra parte, es contrario a la razón, a mi parecer, imaginar sustancias eternas semejantes a las sustancias sensibles y perecederas.

Luego si el principio que buscamos ahora no existe separado de los cuerpos, ¿qué principio podrá admitirse con preferencia a la materia? Pero la materia no existe en acto; no existe más que en potencia. Según esto, la forma y la esencia tienen, al parecer, más derecho al título de principio que la materia. Pero la forma material es perecedera; de suerte que no hay absolutamente ninguna sustancia eterna separada y en sí: esto es absurdo. Evidentemente hay alguna, pues casi todos los espíritus más distinguidos se han ocupado de esta indagación, convencidos de la existencia de un principio, de una sustancia de este género. ¿Cómo, en verdad, podría subsistir el orden si no hubiese algo eterno, separado, inmutable?

Añádase a esto que, si existe un principio, una sustancia de la naturaleza que buscamos; si es la sustancia única de todas las cosas, sustancia de los seres eternos y perecederos a la vez, surge otra dificultad: siendo el principio el mismo, ¿cómo unos seres son eternos y otros no? Esto es absurdo. Si hay dos sustancias que sean principios, la una de los seres perecederos, la otra de los seres eternos, y si al mismo tiempo la sustancia de los seres perecederos es eterna, la dificultad no es menor. Porque si el principio es eterno, ¿cómo lo que procede del principio no es eterno también? Si es perecedero, tiene por principio otro principio, este otro, y se irá hasta el infinito.

Y si se admiten por principios la unidad y el ser, que son, al parecer, por excelencia los principios inmóviles, y si al mismo tiempo ninguno de estos dos principios es un ser determinado, una ciencia, ¿cómo existirán separados y en sí? Porque éstos son los caracteres que buscamos en los principios eternos y primeros. Si, por otra parte, la unidad y el ser son el ser determinado y la esencia, entonces todos los seres serán esencias; porque el ser se dice igualmente de todos los seres, y la unidad de un cierto número. Pero pretender que todos los seres son esencias, es sostener una cosa falsa.

Además, ¿cómo pueden estar en lo cierto los que dicen que el primer principio es la unidad, y que en este concepto la unidad es esencia, que engendran el primer número por medio de la unidad y de la materia, y dicen que este número es la sustancia de los seres sensibles? ¿Cómo comprender que haya unidad en la díada y en cada uno de los otros números compuestos? Nada dicen sobre esto, y no sería fácil dieran una explicación satisfactoria.

Si se consideran como principios las líneas, o lo que depende de las líneas, y por esto entiendo las superficies primeras, no serán sustancias separadas; no serán más que secciones, divisiones: las unas de las superficies, las otras de los cuerpos, los puntos de las líneas. No serán más que los límites de estos cuerpos; pero semejantes seres existen siempre en otros seres: ninguno de ellos existe separado. Además, ¿cómo concebir una sustancia en la unidad y en el punto? Toda sustancia está sujeta a producción, y el punto no nace; no es más que una división.

Otra dificultad es que toda ciencia recae sobre lo universal, sobre lo que abraza la multiplicidad de las cosas, mientras que la sustancia no es algo general, sino más bien el ser determinado y separado. Y por tanto, si la ciencia trata de los principios, ¿cómo concebir que el principio sea una sustancia?

Además, ¿hay o no algo independientemente del conjunto? (entendiendo por conjunto la materia unida a la forma). Si no hay nada, todo es material, todo es perecedero; si hay algo que sea independiente, será la forma y la figura. Pero, ¿en qué caso la forma es independiente y en qué caso no lo es? Esto es difícil de resolver. Sin embargo, en ciertos casos la forma evidentemente no está separada: en el de una casa, por ejemplo.

Por último, ¿los principios son idénticos en cuanto a la especie o en cuanto al número? Si son idénticos en número, todo será idéntico.

III

La ciencia del filósofo es la ciencia del ser, en tanto que ser en todas estas acepciones, y no desde un punto de vista particular. El ser no tiene una significación única, sino que se entiende de muchas maneras: si sólo hay analogía de nombre, y no hay en el fondo un género común, el ser no es del dominio de una sola ciencia, pues que no hay entre las diversas clases de seres unidad de género; pero si hay también entre ellas una relación fundamental, entonces el estudio del ser pertenecerá a una sola ciencia. Lo que hemos dicho que tenía lugar respecto de lo medicinal y de lo sano se verifica igualmente, al parecer, en cuanto al ser. Lo medicinal y lo sano se toman ambos en muchas acepciones: se dan estos nombres a todo lo que puede referirse de tal o cual manera, ya a la ciencia médica, ya a la salud; pero todas las significaciones de cada una de estas palabras se refieren a una misma cosa. Se da el nombre de medicinal a la noción de la enfermedad y al escalpelo, porque la una viene de la ciencia médica y el otro es útil en esta ciencia. Lo mismo respecto a lo sano: este objeto recibe el nombre de sano porque es el indicio de la salud, aquel otro porque la produce, y lo mismo acontece con las cosas análogas. En fin, lo propio sucede con todos los modos del ser. A cada uno de estos modos se llama ser, o porque es una cualidad, un estado del ser en tanto que ser, o es una disposición, un movimiento u otro atributo de este género.

Todas las acepciones del ser pueden reducirse a una sola acepción común: todas las contrariedades se pueden reducir a las primeras diferencias, a las contrariedades del ser, ya se miren como primeras diferencias del ser la pluralidad y la unidad, la semejanza y la desemejanza, o bien algunas otras diferencias; cuestión que no tenemos necesidad de examinar. Poco importa que se reduzcan los diversos modos del ser al ser o a la unidad. Aun suponiendo que la unidad y el ser no sean idénticos, y sí diferentes, pueden, sin embargo, reemplazarse: la unidad es, desde un punto de vista, el ser, y el ser, la unidad.

Puesto que una sola y misma ciencia abraza todos los contrarios, y que en todos los contrarios hay privación, podría suscitarse esta duda: ¿Cómo en ciertos casos hay privación, habiendo un intermedio entre los contrarios, entre lo justo y lo injusto, por ejemplo? En todos los casos es preciso decir que no hay para el intermediario privación completa de cada uno de los extremos; esto sólo tiene lugar en los extremos entre sí. Por ejemplo, si el hombre justo es el que se conforma con las leyes en virtud de una cierta disposición de su naturaleza, no habrá para el hombre no justo privación completa de todo lo que está comprendido en la definición de lo justo. Si falta en algún punto a la obediencia debida a las leyes, habrá para él privación bajo esta relación. Lo mismo tendrá lugar respecto a todo lo demás. Así como el matemático opera sobre puras abstracciones, puesto que examina los objetos despojados de todos sus caracteres sensibles, como la pesantez, la ligereza, la dureza y su contrario, y como el calor, el frío y todos los demás caracteres sensibles opuestos, respectivamente; sólo les deja la cantidad y la continuidad en una, en dos, en tres direcciones, y los modos de la cantidad y de lo continuo en tanto que cantidad y continuo, y no los estudia bajo otras relaciones; examinando tan pronto sus posiciones relativas y lo que es consecuencia de sus posiciones, tan pronto su conmensurabilidad y su inconmensurabilidad, tan pronto sus proporciones, sin que por eso hagamos de la geometría más que una sola y misma ciencia que estudia los objetos bajo todas estas relaciones; pues lo mismo sucede con el ser, puesto que la filosofía, y no otra ciencia, es la única que estudia los accidentes del ser en tanto que ser, y las contrariedades del ser en tanto que ser. En tanto que susceptible de movimiento, más bien que en tanto que ser, podría atribuirse a la física el estudio del ser. La dialéctica y la sofística se ocupan de los accidentes de los seres, y no de los seres en tanto que seres, ni del ser en sí, ni en tanto que ser.

Resta, por tanto, que digamos que el filósofo es el que trata de los principios de que hemos hablado en tanto que son seres. Y puesto que las diversas significaciones del ser se refieren todas a una significación común y única, así como también las diversas contrariedades, porque todas vienen a reducirse a las primeras contrariedades y a las primeras diferencias del ser, una sola ciencia puede entonces abrazar todas estas cosas, y así se encuentra resuelta la duda que nos habíamos propuesto al principio; quiero hablar de la cuestión acerca de cómo una sola y misma ciencia puede abrazar a la vez muchos seres de géneros diferentes.

IV

Así como el matemático se sirve de los axiomas generales,. pero sólo desde su punto de vista particular, la filosofía primera deberá igualmente estudiar los principios de los axiomas. Este axioma: si de cantidades iguales se quitan cantidades iguales, las restas serán iguales, se aplica a todas las cantidades. La ciencia matemática acepta ciertamente este principio, pero sólo se ocupa de algunos puntos particulares de la materia que de ella depende; por ejemplo, de las líneas, de los ángulos, de los números, o de cualquier otro modo de la cantidad; pero no estudia estos seres en tanto que son seres, sino sólo en tanto que son continuos en una sola dirección, en dos, en tres. Al contrario, la filosofía no se ocupa de los objetos particulares o de sus accidentes; estudia cada uno de estos objetos bajo la relación del ser en tanto que ser.

En la física sucede lo que en las matemáticas. La física estudia los accidentes y los principios de los seres en tanto que están en movimiento y no en tanto que seres. Pero ya hemos dicho que la ciencia primera es la que estudia los objetos bajo la relación del ser en tanto que ser y no bajo ninguna otra relación. Por esta razón a la física y a las matemáticas no se las debe considerar sino como partes de la filosofía.

V

Hay un principio en los seres, relativamente al cual no se puede incurrir en error; precisamente ha de suceder lo contrario, esto es, que se está siempre en lo cierto. Este principio es el siguiente: no es posible que una misma cosa sea y no sea a un mismo tiempo, y lo mismo sucede en todas las demás oposiciones absolutas. No cabe demostración real de este principio; sin embargo, se puede refutar al que lo niegue. En efecto, no hay otro principio más cierto que éste, del cual pudiera deducírsele por el razonamiento, y era preciso que fuera así para que hubiera realmente demostración. Pero si se quiere demostrar al que pretenda que las proposiciones opuestas son igualmente verdaderas, que está en un error, será preciso tomar un objeto que sea idéntico a sí propio, en cuanto puede ser y no ser el mismo en un solo y mismo momento, y el cual, sin embargo, conforme al sistema, no sea idéntico. Es la única manera de refutar al que pretende que es posible que la afirmación y la negación de una misma cosa sean verdaderas al mismo tiempo. Por otra parte, los que quieren conversar entre sí deben comprenderse, porque ¿cómo puede sin esta condición haber entre ellos comunicación de pensamientos? Es preciso, por tanto, que cada una de las palabras sea conocida, que exprese una cosa, no muchas, sino una sola; o bien, si tiene muchos sentidos, es preciso que indique claramente el objeto que al presente se quiere indicar con la palabra. En cuanto al que dice que tal cosa es y no es, niega lo mismo que afirma, y por consiguiente afirma que la palabra no significa lo que significa. Pero esto es imposible; es imposible, si la expresión *tal cosa es* tiene un sentido, que la negación de la misma cosa sea verdadera. Si la palabra designa la existencia de un objeto, y esta existencia es una realidad, necesariamente es una realidad; pero lo que existe necesariamente no puede al mismo tiempo no existir. Es, por tanto, imposible que las afirmaciones opuestas sean verdaderas al mismo tiempo respecto del mismo ser.

Además, si la afirmación no es más verdadera que la negación, llamar a tal ser hombre o no hombre no será decir la verdad en un caso más que en otro; pero al decir entonces que el hombre no es un caballo, se estará más en lo cierto, o no se estará menos que el que sostiene que no es hombre. Se estará también, pues, en lo cierto diciendo que el hombre es un caballo, porque los contrarios son igualmente verdaderos; resultando de aquí que el hombre es idéntico al caballo o a cualquiera otro animal.

No hay, decimos, ninguna demostración real de estos principios; se puede, sin embargo, demostrar su verdad al que los ataque con tales argumentos. Preguntando al mismo Heráclito en este sentido, se le hubiera precisado a conceder que es completamente imposible que las afirmaciones opuestas sean verdaderas al mismo tiempo con relación a los mismos seres. Por no haberse entendido a sí mismo, Heráclito abrazó esta opinión. Admitamos por un momento que su sistema sea verdadero; en tal caso su principio mismo no será verdadero: no ser cierto que la misma cosa puede ser y no ser al mismo tiempo; porque así como se dice verdad, afirmando y negando separadamente cada una de estas dos cosas, el ser y el no-ser, en igual forma se dice verdad afirmando, como una sola proposición, la afirmación y la negación reunidas y negando esta proposición total, considerada como una sola afirmación. Por último, si no se puede afirmar nada con verdad, se incurrirá en error diciendo que ninguna afirmación es verdadera. Si puede afirmarse alguna cosa, entonces cae por su propio peso el sistema de los que rechazan los principios, y que por lo mismo vienen a suprimir en absoluto toda discusión.

VI

Lo que dice Protágoras no difiere de lo que precede. En efecto, Protágoras pretendía que el hombre es la medida de todas las cosas, lo cual quiere decir simplemente que todas las cosas son, en realidad, tales como a cada uno le parecen. Si así fuera, resultaría que la misma cosa es y no es, es a la vez buena y mala, y que las demás afirmaciones opuestas son igualmente verdaderas, pues muchas veces la misma cosa parece buena a éstos, mala a aquéllos, y que lo que a cada uno parece es la medida de las cosas

Para resolver esta objeción basta examinar cuál ha podido ser el principio de doctrina semejante. Unos la han profesado por haber adoptado el sistema de los físicos, y en otros ha nacido de ver que no forman todos los hombres el mismo juicio sobre las mismas cosas; así que tal sabor, que parece dulce a los unos, parece a los otros tener la cualidad contraria. Un punto de doctrina común a casi todos los físicos es que nada viene del no-ser, y que todo viene del ser. Lo no-blanco, es cierto, viene de lo que es completamente blanco, de lo que no es en ninguna parte no-blanco. Pero cuando hay producción de lo no-blanco, lo no-blanco, según ellos, debería provenir de lo que es no-blanco, de donde se sigue, en la hipótesis dicha, que vendría algo del no-ser, a menos que el mismo objeto sea a la vez blanco y no-blanco. Esta dificultad es fácil de resolver. Hemos dicho en la física cómo lo que es producido viene del no-ser y cómo del ser. Por otra parte, dar crédito igualmente a las opiniones y a las falsas aprensiones de los que están en desacuerdo sobre los mismos objetos es una pura necedad. Evidentemente, es de toda necesidad que unos u otros estén en el error; verdad que se muestra con toda claridad si se considera lo que tiene lugar en el conocimiento sensible. En efecto, jamás la misma cosa parece dulce a unos, amarga a otros, a menos que en los unos el sentido, el órgano que juzga de los sabores en cuestión, esté viciado o alterado. Y si es así, es preciso admitir que unos son y otros no son la medida de las cosas. Esto lo digo igualmente para lo bueno y lo malo, para lo bello y lo feo, y demás objetos de este género.

Profesar la opinión de que se trata es creer que las cosas son tales como parecen a los que comprimen el párpado inferior con el dedo, y hacen así que un solo objeto les parezca doble; es creer que hay dos objetos porque se ven dos, y en seguida que no hay más que uno, porque los que no ponen la mano en el ojo no ven más que uno. Por otra parte, es absurdo formar juicio sobre la verdad al tenor de los objetos sensibles que vemos que mudan sin cesar y no persisten nunca en el mismo estado. En los seres que permanecen siendo siempre los mismos, y no son susceptibles de ningún cambio, es donde debe buscarse la verdad. Tales como los cuerpos celestes. No aparecen tan pronto con estos caracteres como con otros; son siempre los mismos, y no experimentan ninguna mudanza.

Además, si el movimiento existe, si algo se mueve, siendo todo movimiento el tránsito de una cosa a otra, es preciso, en el sistema que nos ocupa, que lo que se mueve esté aún en aquello de donde procede y no esté; que esté en movimiento hacia tal fin, y que al mismo tiempo haya llegado ya a él. De no ser así, la negación y la afirmación de una cosa no pueden ser verdaderas al mismo tiempo. Además, si los objetos sensibles están en un flujo y en un movimiento perpetuo bajo la relación de la cantidad, o si por lo menos se admite esto, aunque no sea verdadero, ¿por qué razón la cualidad no habrá de persistir? Porque una de las razones que han obligado a admitir que las proposiciones contradictorias son verdaderas al mismo tiempo, es el suponer que la cantidad no subsiste la misma en los cuerpos, porque un mismo cuerpo tiene ahora cuatro codos y más tarde no. La cualidad es lo que distingue la forma sustancial, la naturaleza determinada; la cantidad afecta a lo indeterminado.

No para en esto. ¿Por qué cuando su médico les ordena que tomen tal alimento, toman este alimento? ¿Qué más razón hay para creer que esto es pan que para creer lo contrario? Y entonces será indiferente comer o no comer. Y, sin embargo, toman el alimento convencidos de que el médico ha afirmado algo que es verdad y que lo conveniente es el alimento que ha ordenado. Y, no obstante, no deberían creerle si no hay una naturaleza invariable en los seres sensibles; si todos, por lo contrario, están en un movimiento, en un flujo perpetuo.

Por otra parte, si nosotros mismos mudamos continuamente; si no permanecemos siendo ni un solo instante los mismos, ¿es extraño que no formemos el mismo juicio sobre los objetos sensibles, que nos parezcan diferentes cuando estamos enfermos? Los objetos sensibles, bien que no parezcan a los sentidos los mismos que antes, no han experimentado por esto un cambio; no producen las mismas sensaciones y sí sensaciones diferentes a los enfermos, porque éstos no se encuentran en el mismo estado, en la misma disposición que cuando están sanos. Lo mismo sucede necesariamente en el cambio de que hablamos antes. Si no mudáramos, si permaneciésemos siempre los mismos, los objetos persistirían para nosotros.

En cuanto a aquellos que, valiéndose del razonamiento, han suscitado las objeciones precedentes, no es fácil convencerles si no admiten algún principio respecto del que no exijan la razón. Porque toda prueba, toda demostración, parte de un principio de este género. El no admitirlo es suprimir toda discusión, y por consiguiente toda prueba. Para tales gentes no hay pruebas que alegar. Pero a los que sólo dudan, en razón de las dificultades de que acabamos de hablar, es fácil disipar su incertidumbre y descartar de su espíritu lo que constituye su duda. Esto es evidente conforme a lo que hemos dicho antes.

De aquí resulta claramente que las afirmaciones opuestas no pueden ser verdaderas al mismo tiempo del mismo objeto; que los contrarios tampoco pueden encontrarse simultáneamente, puesto que toda contrariedad contiene una privación, de lo que puede uno asegurarse reduciendo a su principio las nociones de los contrarios. En igual forma, ningún término medio puede afirmarse sino de un solo y mismo ser; supongamos que el sujeto sea blanco: si decimos que no es blanco ni no-blanco, incurriremos en error, porque resultaría de aquí que el mismo objeto sería blanco y no lo sería. Sólo uno de los dos términos comprendidos a la vez en la expresión podrá afirmarse del objeto; será, si se afirma lo no-blanco, la negación de lo blanco. No se puede, por tanto, estar en la verdad admitiendo el principio de Heráclito o el de Anaxágoras; sin esto podrían afirmarse los contrarios del mismo ser. Porque cuando Anaxágoras sostiene que todo está en todo, dice que lo dulce, lo amargo y todos los demás contrarios se encuentran en ello igualmente, puesto que todo está en todo, no sólo en potencia, sino en acto y distintamente. No es posible tampoco que todo sea verdadero y todo falso; en primer lugar, a causa de los numerosos absurdos a que conduce esta hipótesis, según hemos dicho; y luego porque, si todo es falso, no se estará en lo verdadero al afirmar que todo es falso; en fin, porque si todo es verdadero, el que diga que todo es falso no dirá una cosa falsa.

VII

Toda ciencia se ocupa de indagar ciertos principios y ciertas causas, con ocasión de cada uno de los objetos a que se extiende su conocimiento. Esto hacen la medicina, la gimnástica y las demás diversas ciencias creadoras, así como las ciencias matemáticas. Cada una de ellas se circunscribe, en efecto, a un género determinado, y trata únicamente de este género; le considera como una realidad y un ser, sin examinarlo, sin embargo, en tanto que ser. La ciencia que trata del ser en tanto que ser es diferente de todas estas ciencias, y está fuera de ellas.

Las ciencias que acabamos de mencionar toman cada una por objeto en cada género la esencia, y tratan de dar, sobre todo lo demás, demostraciones más o menos sujetas a excepciones, más o menos rigurosas. Las unas admiten la esencia percibida por los sentidos; las otras asientan desde luego la esencia como hecho fundamental. Es claro entonces que no ha lugar, con esta manera de proceder, a ninguna demostración, ni de la sustancia, ni de la esencia.

La física es una ciencia; pero no es evidentemente una ciencia práctica, ni una ciencia creadora. En las ciencias creadoras, es en el agente, y no en el objeto que padece la acción, en el que reside el principio del movimiento, y este principio es un arte o cualquiera otra potencia. Lo mismo sucede con las ciencias prácticas; no es en la cosa que es objeto de la acción donde reside el movimiento, y sí más bien en el ser que obra. La ciencia del físico trata de los seres que tienen en sí mismos el principio del movimiento. Por tanto, se ve que la ciencia física no es una ciencia práctica, ni una ciencia creadora, sino que es de toda necesidad una ciencia teórica, porque es imprescindible que esté incluida en uno de estos tres géneros.

Puesto que es necesario que cada ciencia conozca desde cualquier punto de vista la esencia, y que se sirva de ella como de un principio, el físico no puede ignorar la manera de definir; es preciso que sepa qué es verdaderamente la noción sustancial en los objetos de que trata, si aquélla está en el mismo caso que lo chato, o más bien en el de lo romo. La noción de chato implica la materia del objeto; la de romo es independiente de la materia. En efecto, en una nariz de proporciones, más o menos rigurosas. Las unas admiten la esencia de lo chato, y por esto la noción de lo chato implica la de la nariz: el chato es el de nariz roma. Es evidente que la materia debe entrar en la definición de la carne, del ojo y de las otras partes del cuerpo.

Hay una ciencia del ser considerado en tanto que ser e independiente de todo objeto material: veamos, pues, si es preciso admitir la identidad de esta ciencia con la física, o más bien su diferencia. La física trata de los seres que tienen en sí mismos el principio del movimiento. La ciencia matemática es una ciencia teórica ciertamente y que trata de objetos inmóviles, pero estos objetos no están separados de toda materia. La ciencia del ser independiente e inmóvil es diferente de estas dos ciencias; en el supuesto que haya una sustancia que sea realmente sustancia, quiero decir independiente e inmóvil, lo cual nos esforzaremos por probar. Y si hay entre los seres una naturaleza de esta clase, será la naturaleza divina, será el primer principio, el principio por excelencia.

En este concepto hay tres ciencias teóricas: física, ciencia matemática y teología. Ahora bien, las ciencias teóricas están sobre las demás ciencias. Pero la última nombrada supera a todas las ciencias teóricas. Ella tiene por objeto el ser, que está por encima de todos los seres, y la superioridad o inferioridad de la ciencia se gradúa por el valor del objeto sobre que versa su conocimiento.

Importa averiguar si la ciencia del ser en tanto que ser es o no una ciencia universal. Cada una de las ciencias matemáticas trata de un género de seres determinado; la ciencia universal abraza todos los seres. Por tanto, si las sustancias físicas fuesen las primeras entre todas las esencias, entonces la primera de todas las ciencias sería la física. Pero si existe otra naturaleza, una sustancia independiente e inmóvil, es preciso que la ciencia de esta naturaleza sea otra ciencia, una ciencia anterior a la física, una ciencia universal por su misma anterioridad.

VIII

El ser en general se entiende de varias maneras, y por el pronto como ser accidental: hablemos, pues, del ser accidental. Es completamente evidente que ninguna de las ciencias que hemos enumerado trata del accidente. El arte de construir de ninguna manera se ocupa de lo que pueda acaecer a los que habrán de servirse de la casa; de saber, por ejemplo, si les desagradarán o les gustarán las habitaciones. Lo mismo sucede con el arte del tejedor, el del zapatero y en el arte culinario. Cada una de estas ciencias se ocupa únicamente del objeto que le es propio, es decir, de su fin propio; ninguna considera un ser en tanto que músico, en tanto que gramático. Razonamientos como éste: un hombre es músico; se hace gramático; luego debe de ser a la vez lo uno y lo otro; pero antes no era ni lo uno ni lo otro; ahora bien, lo que no existe, de todo tiempo ha devenido o llegado a ser; luego este hombre se ha hecho músico y gramático simultáneamente.

Semejantes razonamientos, digo, jamás son lo que busca una ciencia reconocida por todos como tal, y sólo la sofística los hace objeto de ciencia. Sólo la sofística trata del accidente. Y así el dicho de Platón no carece de exactitud: la sofística, ha dicho, versa sobre el no-ser.

Se verá claramente que toda ciencia de lo accidental es imposible, si se examina con atención la naturaleza misma de lo accidental. Hay entre los seres unos que existen siempre y necesariamente, no de una necesidad que es efecto de la violencia, sino de la que sirve de fundamento a las demostraciones; otras cosas sólo existen ordinariamente; otras, por último, no existen ni ordinariamente, ni siempre, ni de toda necesidad, sino sólo según las circunstancias. Que haga frío durante la canícula, por ejemplo, es cosa que no sucede ni siempre, ni necesariamente, ni en el mayor número de casos, pero puede suceder a veces. El accidente es lo que no sucede ni siempre, ni de toda necesidad, ni en el mayor número de casos. Esto es, en nuestra opinión, el accidente. La imposibilidad de una ciencia de lo accidental es por lo mismo evidente. En efecto, toda ciencia se ocupa, o de lo que existe eternamente, o de lo que existe ordinariamente; el accidente no existe ni eterna ni ordinariamente.

Es claro, por otra parte, que las causas y los principios del ser accidental no son del mismo género que las causas y los principios del ser en sí. Sin esto, todo sería necesario. En efecto, si existiendo esta cosa, otra cosa existe, y si existe también aquélla, existiendo otra, y esto se verifica, no según las circunstancias, sino necesariamente, el efecto producido necesariamente debe ser necesario, y así se llega hasta el último efecto. Pues bien, este último efecto es el accidente. Todo sería entonces necesario, lo cual equivale a la supresión absoluta de la acción de las circunstancias sobre los seres que se hacen devenir, y de su posibilidad de devenir o de no devenir; consecuencia a la que se llega aun suponiendo que la causa no es, sino que deviene. Porque entonces todo llegará a ser o devendrá necesariamente. Habrá mañana un eclipse si tal cosa tiene lugar, y tal cosa tendrá lugar a condición de que otra cosa tambien se verifique, la cual llegará a ser o devendrá bajo otra condición también. Y si de un tiempo limitado, si de este tiempo que separa mañana del instante actual, se rebaja sin cesar tiempo, como acabamos de hacer, se llegará por último al instante presente. Por consiguiente, la existencia de lo que es al presente arrastrará necesariamente la producción de todo lo que deberá seguirse, y, por consiguiente, todo deviene necesariamente.

Respecto al ser que significa lo verdadero y no el accidente, consiste únicamente en lo que el pensamiento afirma o niega del sujeto; es una modificación del pensamiento mismo; no se buscan los principios de este ser, sino los del ser exterior e independiente. En cuanto al otro ser, quiero decir, al accidental, es lo no necesario, es lo indeterminado. Ahora bien, ningún orden hay en las causas del ser accidental, y por otra parte son infinitas en número, mientras que la causa final es el fundamento de todo lo que se produce en la naturaleza o proviene del pensamiento.

El azar es toda producción accidental, ya de la naturaleza, ya del pensamiento. La misma relación que hay entre el ser en sí y el ser accidental, existe igualmente entre las causas de estos seres. El azar es la causa accidental de lo que se hace con intención y con cierto fin. El azar y el pensamiento se refieren al mismo objeto, no habiendo elección sin pensamiento. Pero las causas que producen los efectos atribuidos al azar son indeterminados; de donde se sigue que el azar es impenetrable a la razón humana, que no es más que una causa accidental, o que no es causa de nada. Un dichoso o desgraciado azar es el advenimiento de un bien o de un mal; grandes bienes o grandes males, he aquí la prosperidad o la adversidad.

Así como ningún ser accidental es anterior a un ser en sí, en igual forma hay posterioridad para las causas del ser accidental. Aun admitiendo que el cielo tiene por causa el azar o un concurso fortuito, habría todavía una causa anterior: la inteligencia y la naturaleza.

IX

Entre los seres hay unos que existen en acto solamente, otros solamente en potencia, otros en potencia y en acto a la vez, y hay, por último, el ser propiamente dicho, el ser bajo la relación de la cantidad y bajo la relación de las otras categorías. En cuanto al movimiento, éste no existe fuera de las cosas: siempre se verifica el cambio relativamente a alguno de los puntos de vista del ser. Y el cambio difiere, no sólo según las diferentes categorías, sino también en la misma categoría. Cada categoría es doble en los seres: respecto de la esencia, por ejemplo, hay la forma del objeto y la privación de la forma; en cuanto a la cualidad, lo blanco y lo negro; para la cantidad, lo completo y lo incompleto; por último, el objeto sube o baja, es ligero o pesado, si se trata de la velocidad. Hay, por consiguiente, tantas especies de movimiento o de cambio como especies tiene el ser en sí mismo.

En cada género de seres se da el ser en potencia y el ser en acto. Llamo movimiento a la actualidad de lo posible en tanto que posible. Veamos la prueba de la exactitud de esta definición. Cuando hay posibilidad de construcción, mediante el paso al acto en esta cualidad misma, decimos que hay acto en tanto que hay construcción, y esto es lo que constituye la construcción.

Lo mismo acontece con la enseñanza, la curación de una enfermedad, la rotación, la marcha, el salto, la degeneración, el crecimiento. Se sigue de aquí que hay movimiento durante esta clase de actualidad, no antes ni después; y el movimiento es la actualidad de lo que existe en potencia, cuando la actualidad se manifiesta, no en tanto que el ser es, sino en tanto que móvil. Y he aquí lo que yo entiendo por en tanto que móvil. El metal es la estatua en potencia; sin embargo, la actualidad del metal en tanto que metal no es el movimiento que produce la estatua. La noción del metal no implica la noción de una potencia determinada. Si hubiese entre estas nociones identidad absoluta, esencial, entonces la actualidad del metal sería cierto movimiento. Pero no hay identidad, como lo prueba el examen de los contrarios. La potencia de gozar salud y la de estar enfermo no son una y sola cosa, sin lo cual la salud y la enfermedad serían idénticas. Y sin embargo, el sujeto de la salud y el de la enfermedad no son más que una y sola cosa, ya sea aquél los humores o la sangre. Puesto que no hay identidad en el caso en cuestión, ni tampoco entre el color y el objeto visible, se sigue de aquí que la actualidad de lo posible en tanto que posible constituye el movimiento.

Esto es el movimiento; durante esta especie de actualidad el objeto se mueve, no antes ni después; esto es completamente evidente. Todo objeto puede tan pronto darse como no darse en acto. Y así, de una parte, lo que puede ser construido en tanto que puede ser construido, y de otra la actualidad de lo que puede ser construido en tanto que puede ser construido; he aquí la construcción. La construcción es: o la actualidad misma o la casa. Pero cuando es una casa, la posibilidad de construir no existe ya: lo que podía ser construido está ya construido. Es preciso que el acto verdadero sea en este caso una construcción, porque la construcción es un movimiento. El mismo razonamiento tiene lugar respecto de los demás movimientos.

Una prueba de que nosotros no nos hemos equivocado, nos la suministran los sistemas de los demás filósofos sobre el movimiento y la dificultad que experimentan al definirlo de otra manera que como nosotros lo hemos hecho. Sería imposible colocarlo en otro género que en el que nosotros le hemos asignado; esto se advierte en sus mismas palabras. Hay unos que llaman al movimiento una diversidad, una desigualdad, el no-ser; cosas todas que no implican necesariamente el movimiento. El cambio no se reduce a estos principios más que a sus opuestos, ni tampoco sale de ellos. Lo que hace que se reduzca a los principios negativos es que el movimiento parece algo indefinido. Ahora bien, principios que componen la serie negativa son indefinidos, porque indican la privación, mientras que ni la esencia, ni la cualidad, ni ninguna de las otras categorías son principios indefinidos. La causa de que el movimiento parezca indefinido es que no se puede reducir ni a la potencia, ni al acto de los seres, porque ni la cantidad en potencia se mueve necesariamente, ni la cantidad en acto.

El movimiento es, pues, al parecer, una actualidad, pero una actualidad imperfecta, y la causa de esto es que la potencia al pasar al acto es una potencia imperfecta; he aquí por qué no es fácil concebir la naturaleza del movimiento. En efecto, sólo podía reducírsele a la privación, o a la potencia pura y simple, o al acto puro y simple; pero es evidente que ninguno de estos principios puede constituirle. Resta, pues, que sea lo que ya hemos dicho, a saber: que el movimiento es una actualidad y no es una actualidad; cosa difícil de comprender, pero que al menos es posible.

Es claro, por otra parte, que el movimiento existe en el objeto móvil, porque el movimiento es la actualidad del objeto móvil producida por el motor. Además, la actualidad del motor no difiere de la actualidad del móvil. Para que haya movimiento es preciso que haya actualidad del uno o del otro. Ahora bien, la potencia del motor es el principio del movimiento: su actualidad es este principio que produce el movimiento; pero este movimiento es la actualidad misma del objeto móvil. No hay, por tanto, más que una sola actualidad para ambos. Por lo demás, la misma distancia hay de uno a dos que de dos a uno, de abajo arriba que de arriba abajo, sin que haya, sin embargo, unidad de ser entre estas cosas: tal es la relación del motor con el objeto en movimiento.

X

El infinito es, o lo que no se puede recorrer, porque está en su naturaleza el no poder ser recorrido, a manera que el sonido es invisible, o lo que no se puede acabar de recorrer, o lo que no se recorre sino difícilmente o, en fin, lo que no tiene término, ni límite, aunque sea susceptible tenerlo por su naturaleza. También hay el infinito por adición o sustracción, o adición y sustracción a la vez.

El infinito no puede tener una existencia independiente, ser algo por sí mismo, y al mismo tiempo ser un objeto sensible. En efecto, si no es una magnitud, ni una cosa múltiple; si es el infinito sustancialmente y no accidentalmente, debe ser indivisible, puesto que todo lo divisible es una magnitud o una multitud. Pero si es indivisible no es infinito, a no ser que sea en el mismo concepto que el sonido es invisible. Pero no es de este infinito del que se habla ni del que nosotros nos ocupamos, y sí del infinito sin límites. ¿Cómo, por otra parte, es posible que el infinito exista en sí, cuando el número y la magnitud, de los cuales no es el infinito más que un modo, no existen por sí mismos? Por lo demás, si el infinito es accidental, no podrá ser, en tanto que infinito, el elemento de los seres, así como lo invisible no es el elemento del lenguaje, no obstante la invisibilidad del sonido. Por último, el infinito no puede evidentemente existir en acto, porque entonces una parte cualquiera tomada en el infinito sería a su vez infinita, habiendo identidad entre la esencia de lo infinito y el infinito, si el infinito tiene una existencia sustancial, y no es el atributo de un sujeto. El infinito será, por tanto, o indivisible, o divisible, susceptible de ser dividido en infinitos. Pero un gran número de infinitos no pueden ser el mismo infinito, porque el infinito sería una parte del infinito como el aire es una parte del aire, si el infinito fuese una esencia y un principio. El infinito es indivisible. Lo que existe en acto no puede ser infinito, porque hay necesariamente cantidad en lo que existe en acto. El infinito es, pues, accidental. Pero dijimos que en tal caso no podía ser un principio, pues el principio es aquello de que el infinito es un accidente: el aire, el número par.

Tales son las consideraciones generales relativas al infinito: vamos a demostrar ahora que el infinito no forma parte de los objetos sensibles.

Un ser ilimitado por superficies: he aquí la noción de cuerpo; no hay, pues, cuerpo infinito, ya sea sensible, ya inteligible. El número mismo, aunque independiente, no es infinito, porque el número, como todo lo que tiene un número, puede contarse. Si pasamos a los objetos físicos, prueba que no hay cuerpos infinitos lo siguiente: un cuerpo infinito no podría ser un cuerpo compuesto, ni un cuerpo simple. No es un cuerpo compuesto desde el momento en que los cuerpos componentes son limitados en número. Es preciso, en efecto, que en lo compuesto haya equilibrio entre los elementos contrarios, y ninguno de ellos debe ser infinito. Si uno de dos cuerpos constituyentes fuese de alguna manera inferior en potencia, el finito sería absorbido por el infinito. Por otra parte, es imposible que cada uno de los elementos sea infinito. El cuerpo es el que tiene dimensión en todos sentidos, y el infinito es aquello cuya dimensión no tiene límites; y si hubiese un cuerpo infinito, sería infinito en todos sentidos.

El infinito tampoco puede ser un cuerpo uno y simple, ni, como algunos pretenden, una cosa fuera de los elementos, y de la que provienen los elementos. No existe semejante cuerpo fuera de los elementos, porque todos los cuerpos se resuelven, y nada más, en los elementos de donde provienen. Es evidente que no hay fuera de los cuerpos simples un elemento como el fuego, por ejemplo, o cualquier otro; porque sería preciso que fuese infinito, para que el todo, aun siendo finito, pudiese ser o devenir este elemento, como en el caso de que habla Heráclito: el todo, dice, deviene o se hace fuego en ciertas circunstancias.

El mismo razonamiento cabe respecto de la unidad, que los físicos colocan fuera de los elementos. Todo cambio se verifica de lo contrario a lo contrario, de lo frío a lo caliente, por ejemplo. Mas el cuerpo sensible ocupa un lugar determinado, y es el mismo lugar el que contiene el todo y sus partes: el todo y las partes de la tierra están también en el mismo lugar. Luego si el todo es homogéneo, o será inmóvil o estará en perpetuo movimiento; pero la última suposición es imposible. ¿Por qué se dirigiría hacia arriba más bien que hacia abajo o en una dirección cualquiera? Si el todo fuese una masa de tierra, por ejemplo, ¿en qué punto podría moverse o permanecer inmóvil? El lugar que esta masa ocupa, el lugar de este cuerpo infinito, es infinito, y la masa le llenaría, por tanto, por entero. ¿Y cómo puede ser así? ¿Cuál puede ser en este caso la inmovilidad, cuál puede ser el movimiento? ¿Habría inmovilidad en todas las partes del lugar? Entonces jamás habría movimiento. Por lo contrario, ¿hay movimiento en todas las partes del lugar? Entonces jamás habrá reposo. Pero si hay heterogeneidad en el todo, los lugares están entre sí en la misma relación que las partes que ellos contienen. Por lo pronto, no hay unidad en el cuerpo que constituya el todo, sino unidad por contacto. Luego o el número de las especies de cuerpos que le componen es finito o es infinito. No es posible que este número sea finito; sin esto habría cuerpos infinitos, otros que no lo serían, siendo el todo infinito: lo sería el fuego, por ejemplo, o el agua. Pero semejante suposición es la destrucción de los cuerpos finitos. Mas si el número de las especies de cuerpos es infinito, y si son simples, habrá una infinidad de especies de lugares, de especies de elementos. Ahora bien, esto es imposible: el número de las especies de lugares es finito, luego el número de las especies de cuerpos que componen el todo es necesariamente finito.

En general, un cuerpo no puede ser infinito, y de igual modo tampoco el lugar que contiene los cuerpos, puesto que todo cuerpo sensible es pesado o ligero. El cuerpo infinito tendría un movimiento, ya horizontal, ya de abajo a arriba. Pero ni el infinito todo y entero podría ser susceptible de semejante movimiento, ni la mitad del infinito, ni una parte cualquiera del infinito. ¿Cómo establecer la distinción y por qué medio determinar que esto es lo bajo del infinito, aquello lo alto, el fin, el medio? Por otra parte, todo cuerpo sensible está en un lugar. Pero hay seis especies de lugar. ¿Dónde encontrarlas en el caso de la existencia de un cuerpo infinito? En una palabra, si es imposible que el lugar sea infinito, lo es que lo sea el cuerpo mismo. Lo que está en algún lugar está en alguna parte; es decir, que está arriba, abajo o en los otros lugares. Ahora bien, cada uno de éstos es un límite.

No hay identidad entre el infinito en la magnitud, el infinito en el movimiento y el infinito en el tiempo; no son una sola y misma naturaleza. De estos tres infinitos, el que sigue se dice infinito por su relación con el que precede. A causa de su relación con la magnitud que experimenta un movimiento, una alteración, un aumento, se dice que es el movimiento infinito. El tiempo es infinito a causa de su relación con el movimiento.

XI

El ser que muda o experimenta un cambio accidental, como si el músico se pasea, o tiene en sí algo que muda, y éste es el cambio propiamente dicho. Todo cambio parcial está en este último caso: se cura el cuerpo, porque se cura el ojo. En fin, hay aquello cuyo movimiento es esencial y primero; quiero decir, lo que es móvil en sí. La misma distinción cabe respecto al motor. Se mueve accidental, parcial o absolutamente. Todo movimiento supone un primer motor, una cosa movida, en un cierto tiempo, a partir de cierto punto y hacia cierto término. Las formas, modificaciones, lugares, que son el fin del movimiento de los seres que se mueven, son inmobles, como la ciencia, el calor. No es el calor un movimiento, no es la calefacción.

El cambio no accidental no se encuentra en todos los seres, sino solamente en los contrarios y en los intermedios, y en los seres respecto de los cuales hay afirmación y negación. La inducción confirmará esto que anticipo.

El cambio es, en los seres que mudan, un tránsito, o de un sujeto a otro sujeto, o de lo que no es sujeto a otro sujeto, y llamo sujeto aquello que se asienta por la afirmación. Hay, por tanto, necesidad de tres especies de cambios, porque el cambio de lo que no es sujeto a lo que no es sujeto no es un verdadero cambio. Aquí no hay contrarios, no hay tampoco afirmación y negación, no habiendo oposición. El tránsito de lo que no es sujeto al estado del sujeto, en cuyo caso hay contradicción, este cambio es la producción: producción, absolutamente hablando, desde el punto de vista absoluto; producción determinada, si se trata de un ser determinado. El cambio de un sujeto, en lo que no es sujeto, es destrucción: destrucción, absolutamente hablando, desde el punto de vista absoluto; destrucción determinada si se trata de un ser determinado.

Si el no ser se toma en muchas acepciones, y si el ser que consiste en la conveniencia o disconveniencia del atributo con el sujeto no puede moverse, lo mismo sucede con el ser en potencia, con el ser opuesto al ser propiamente dicho. Sin embargo, puede haber movimiento accidental de lo que no es blanco o de lo que no es bueno; lo no blanco puede ser un hombre. Pero lo que no tiene absolutamente existencia determinada no puede jamás moverse; es imposible, en efecto, que el no ser esté en movimiento. Por consiguiente, es imposible que la producción sea un movimiento, porque lo que deviene es el no ser. Sólo accidentalmente, sin duda alguna, es como el no ser deviene; es cierto, sin embargo, que el no ser es el fondo de lo que deviene, o llega a ser en el sentido propio de esta expresión. Lo mismo sucede con respecto al reposo. He aquí dificultades insuperables. Añádase a esto que todo objeto en movimiento está en un lugar. Pero el no ser no está en un lugar, pues de otro modo estaría en alguna parte; luego la misma destrucción no es un movimiento. En efecto, lo contrario al movimiento es un movimiento o el reposo; luego lo contrario de la destrucción es la producción.

Puesto que todo movimiento es un cambio; puesto que de los tres cambios que hemos enumerado, el cambio por la producción y el cambio por la destrucción no son movimientos, bien que sean el tránsito de lo contrario a lo contrario, no hay, de toda necesidad, más que un solo cambio verdadero, que es el sujeto en un sujeto. Los sujetos son o contrarios o intermedios. La privación es lo contrario del sujeto, y a veces una expresión afirmativa resigna la privación, como en estos ejemplos: ciego, negro.

XII

Las categorías del ser son la esencia, la cualidad, el lugar, la acción y la pasión, la relación, la cantidad, etc.; el movimiento, por tanto, presenta necesariamente tres casos: movimiento en la cualidad, movimiento en la cantidad, movimiento en el lugar. No hay movimiento relativamente a la esencia, porque no hay cosa alguna que sea lo contrario de la esencia, no hay nada que lo sea de la relación. Si no hay cambio en algo que no es la relación misma, no hay cambio en la relación; de donde se sigue que el movimiento en las relaciones no es más que un movimiento accidental. Lo mismo sucede respecto del agente y del ser que padece la acción, del motor y del ser en movimiento, pues jamás hay movimiento de movimiento, producción de producción ni, en una palabra, cambio de cambio.

Podría haber dos maneras de admitir un movimiento de movimiento. Podría ser como movimiento en un sujeto, del mismo modo que el hombre está en movimiento, porque de blanco que era se ha cambiado en negro. De esta manera, el movimiento experimentaría el calentamiento, el enfriamiento, el cambio de lugar, el aumento. Pero esto es imposible, porque el cambio no puede ser un sujeto. O sería el movimiento de movimiento el cambio que realiza el tránsito de un sujeto a un sujeto de especie diferente, como el tránsito en el hombre de la enfermedad a la salud. Pero esto mismo es imposible como no sea accidentalmente. En efecto, todo movimiento es el tránsito de un estado a otro estado; la producción misma y la destrucción se encuentran en este caso. Sin embargo, los cambios, que son el tránsito de un estado a otro estado opuesto, no son siempre movimientos. Supongamos que hay cambio de la salud a la enfermedad, y al mismo tiempo tránsito de este cambio mismo a otro cambio. Es evidente, sin duda alguna, que si el ser en cuestión está enfermo, puede experimentar al mismo tiempo un cambio de cualquier otra naturaleza, porque nada impide que no esté entonces en reposo. Pero el cambio es siempre de una especie determinada, es siempre el tránsito de un estado al estado opuesto. El estado opuesto al estado de enfermedad sería la vuelta a la salud. Pero éste no es más que un cambio accidental, como el del ser que pasa del recuerdo al olvido; porque el ser en quien se verifica esta clase de cambio pasa tan pronto de la ignorancia a la ciencia como de la enfermedad a la salud. Por último, si hay cambio de cambio, producción de producción, será preciso ir hasta el infinito. Si el cambio posterior tiene lugar, es de toda necesidad que el que es anterior tenga también lugar en este supuesto. Admitamos, por ejemplo, que el devenir, absolutamente hablando, deviniese en cierta circunstancia; en este caso también devendría aquello que devenía absolutamente hablando. Por consiguiente, lo que devenía absolutamente hablando, no existía aún; lo que existe es lo que deviene o se hace algo, o aquello que ha devenido o se ha hecho ya algo. Pero esto que devenía, absolutamente hablando, devenía igualmente en cierta circunstancia, devenía o se hacia algo; ¿por qué, pues, no existía aún?

En una serie infinita no hay primer término, no habrá primer cambio, ni tampoco cambio que se ligue al primero; por tanto, no es posible que nada devenga, o se mueva, o experimente un cambio. Y luego el mismo ser experimentaría a la vez los dos movimientos contrarios: el reposo, la producción y la destrucción; de suerte que lo que deviene perece en el caso en que aquello que deviene deviniese aún, porque no existe ya, ni en el instante mismo de este devenir, ni después de este devenir, y lo que perece debe existir. Es preciso que lo que deviene, así como lo que cambia, tenga una materia. ¿Qué movimiento, qué producción podrá tener, como el cuerpo sujeto a alteraciones, o como el alma, una existencia determinada, y que fuese aquello que deviene? ¿Y cuál sería el fin del movimiento? El movimiento es tránsito de un sujeto de un estado a otro; el fin del movimiento no debe ser un movimiento. ¿Cómo había de ser un movimiento? La enseñanza no puede tener por fin la enseñanza; no hay producción de producción.

Por tanto, el movimiento no se realiza ni en la esencia, ni en la relación, ni en la acción y la pasión. Resta que se verifique en la cualidad, en la cantidad, en el lugar, porque en cada una de estas categorías hay contrariedad.

Llamo en este caso cualidad, no a la cualidad en la sustancia (porque la diferencia misma sería una cualidad), sino la facultad de ser modificado, lo que hace que un ser sea o no susceptible de ser modificado.

Lo inmóvil es lo que no puede absolutamente moverse; lo que no se pone en movimiento sino con dificultad, empleando mucho tiempo o lentamente; aquello que siendo susceptible por su naturaleza de movimiento, no puede moverse cuando, donde y como pide su naturaleza el moverse. Lo que yo llamo reposo, sólo se dice de los seres inmóviles, porque el reposo es lo contrario del movimiento, y por consiguiente debe ser una privación en el sujeto.

Reunión con relación al lugar se dice de los seres que están primitivamente en un solo y mismo lugar. Separación se dice de los seres que están en diferentes lugares.

Hay contacto cuando hay reunión de las extremidades de los objetos en el mismo lugar.

Lo intermedio es aquello por donde pasa el ser que muda antes de llegar al término a que camina, en el cambio que permite su naturaleza, todo ser cuyo cambio es continuo.

Lo contrario con relación al lugar es lo que está más distante en línea recta.

Consecuente se dice cuando entre un ser y el principio de donde procede, sea por posición, por forma, cualquiera otra manera determinada, no hay intermedio que forme parte del mismo género, y es lo que sigue como consecuencia. Así las líneas vienen después de la línea, las mónadas después de la mónada, etc. Pero nada impide que haya un intermedio de otro género, porque lo consiguiente es siempre resultado de algo posterior: la unidad no lo es de dos, el primer día de la Luna no es consiguiente del segundo.

La adherencia es el contacto con lo que se sigue.

Todo cambio tiene lugar en los opuestos, es decir, en los contrarios y en la contradicción. No hay medio entre las cosas contradictoria: evidentemente entre los contrarios es donde se encuentra el intermedio.

La continuidad es una especie de adherencia o de contacto. Se dice que hay continuidad cuando los límites en que dos seres se tocan, y se continúan el uno al otro, se confunden entre sí. Se ve entonces que la continuidad se encuentra en los seres que son susceptibles por su naturaleza de llegar a ser o hacerse un ser único por contacto, y que la sucesión es el principio de la continuidad. En consiguiente no está en contacto, pero lo que está es consiguiente. Si hay continuidad, hay contacto; pero si no hay más que contacto, no hay todavía continuidad. En cuanto a los seres que son susceptibles de contacto, no hay conexión. De aquí se sigue que el punto no es lo mismo que la mónada, porque los puntos son susceptibles de tocarse, mientras que las mónadas no lo son; no hay en cuanto a ellas más que la sucesión; hay, por último, un intermedio entre los puntos; no lo hay entre las mónadas.

LIBRO DUODÉCIMO

I. De la esencia.

II. De la esencia susceptible de cambio y del cambio.

III. Ni la materia ni la forma devienen.

IV. De las causas, de los principios, de los elementos.

V. De los principios de los seres sensibles.

VI. Es preciso que exista una esencia eterna, causa primera de todas las cosas.

VII. Del primer motor. De Dios.

VIII. De los astros y de los movimientos del cielo. Tradiciones antiquísimas tocantes a los dioses.

IX. De la inteligencia suprema.

X. Cómo el Universo contiene el soberano bien.

I

La esencia es el objeto de nuestro estudio, porque buscamos los principios y las causas de las esencias. Si se considera el Universo como un conjunto de partes, la esencia es la parte primera; si como una sucesión, entonces la esencia tiene el primer puesto, pues de ella viene la cualidad, después la cantidad. Por lo demas, los objetos que no son esencias no son seres propiamente hablando, sino cualidades y movimientos; existen tan sólo en el mismo concepto que lo no blanco y que lo no recto, a los cuales en el lenguaje común atribuimos la existencia, cuando decimos, por ejemplo: lo no-blanco existe. En fin, nada puede tener una existencia separada más que la esencia

El ejemplo de nuestros mismos antepasados es una prueba de lo que acabamos de asentar; porque lo que inquirían eran los principios de la esencia, sus elementos, sus causas. Los filósofos de hoy prefieren considerar como esencia los universales, pues que los universales son esos géneros con que forman los principios y esencias, preocupados como están con el punto de vista lógico. Para los antiguos, la esencia era lo particular; era el fuego, la tierra, y no el cuerpo en general.

Hay tres esencias, dos sensibles, una de ellas eterna y la otra perecedera; ninguna duda ocurre con respecto a esta última: son las plantas, los animales. En cuanto a la esencia sensible eterna, es preciso asegurarse si sólo tiene un elemento, o si tiene muchos. La tercera esencia es inmóvil y, según algunos filósofos, tiene una existencia independiente. Unos la dividen en dos elementos; otros reducen a una sola naturaleza las ideas y los seres matemáticos; otros, por último, sólo reconocen los seres matemáticos. Las dos esencias sensibles son objeto de la física, porque son susceptibles de movimiento. Pero la esencia inmóvil es objeto de una ciencia diferente, puesto que no tiene ningún principio que sea común a ella y a las dos primeras.

II

La sustancia sensible es susceptible de mudanza. Pero si el cambio tiene lugar entre los opuestos o los intermedios, no entre todos los opuestos, porque el sonido es opuesto a lo blanco, sino de lo contrario a lo contrario, hay necesariamente un sujeto que experimenta el cambio de lo contrario a lo contrario, porque no son los contrarios mismos los que mudan. Además, este sujeto persiste después del cambio, mientras que el contrario no persiste. Hay, pues, además de los contrarios, un tercer término: la materia. Hay cuatro clases de cambio: cambio de esencia, de calidad, de cantidad, de lugar. El cambio de esencia lo constituyen la producción y la destrucción propiamente dichas; el cambio de cantidad, el aumento y la disminución; el cambio de cualidad, la alteración; el cambio de lugar, el movimiento. El cambio debe verificarse entre contrarios de la misma especie, y es preciso que la materia, para mudar del uno al otro, los tenga ambos en potencia. Hay dos clases de ser: el ser en potencia y el ser en acto; todo cambio se verifica pasando de uno a otro, de lo blanco en potencia a lo blanco en acto. Lo mismo sucede respecto al aumento y disminución. Se sigue de aquí que no es siempre accidental el que una cosa provenga del no-ser. Todo proviene del ser; pero sin duda del ser en potencia, es decir, del no-ser en acto. Ésta es la unidad de Anaxágoras, porque este término expresa mejor su pensamiento que las palabras: todo estaba confundido; ésta es la mezcla de Empédocles y Anaximandro, y esto es lo que dice Demócrito: todo existía a la vez en potencia, pero no en acto. Estos filósofos tienen, pues, alguna idea de lo que es la materia.

Todo lo que cambia tiene una materia; pero hay diferencias. Aquellos seres eternos que, sin estar sometidos a las leyes de la producción, son, sin embargo, susceptibles de ser puestos en movimiento, tienen una materia, pero una materia diferente: esta materia no ha sido producida, está sujeta sólo al cambio de lugar.

Podría preguntarse de qué no-ser provienen los seres, porque el no-ser tiene tres acepciones. Si hay realmente el ser en potencia, de él es de quien provienen los seres; no de todo ser en potencia, sino tal ser en acto de tal ser en potencia. No basta decir que todas las cosas existían confundidas, porque difieren por su materia. ¿Por qué si no se han producido una infinidad de seres y no un solo ser? La inteligencia en este sistema es única y si no hubiera habido más que una materia, sólo se hubiera convertido en acto aquello que hubiera sido la materia en potencia.

Por tanto, hay tres causas, tres principios: dos constituyen la contrariedad, de una parte la noción sustancial y la forma, de la otra la privación; el tercer principio es la materia.

III

Probemos ahora que ni la materia ni la forma devienen; hablo de la materia y de la forma primitivas. Todo lo que muda es algo, y el cambio tiene una causa y un fin. La causa es el primer motor, el sujeto es la materia y el fin es la forma. Se caminaría, por tanto, hasta el infinito, si lo que deviene o llega a ser fuese, no sólo el bronce cilíndrico, sino la misma forma cilíndrica o el bronce: es preciso, pues, pararse. Además, cada esencia proviene de una esencia del mismo nombre, como sucede con las cosas naturales, las cuales son esencias y lo mismo con los demás seres, porque hay seres que son producto del arte y otros que vienen de la naturaleza, o de la fortuna, o del azar. El arte es un principio que reside en un ser diferente del objeto producido; pero la naturaleza reside en el objeto mismo, porque es un hombre el que engendra un hombre. Respecto a las demás causas, no son más que privaciones de estas dos.

Hay tres clases de esencia: la materia, que no es más que en apariencia el ser determinado, porque las partes entre las que no hay más que un simple contacto y no conexión no son más que una pura materia y un sujeto; la naturaleza, es decir, esta forma, este estado determinado a que va a parar la producción; la tercera esencia es la reunión de las dos primeras, es la esencia individual, es Sócrates o Calias.

Hay objetos cuya forma no existe independientemente del conjunto de la materia y de la forma, como sucede con la forma de una casa, a menos que por forma se entienda el arte mismo. Las formas de estos objetos no están, por otra parte, sujetas a producción ni a destrucción. De otra manera existen o no existen la casa inmaterial y la salud, y todo lo que es producto del arte. Pero no sucede lo mismo con las cosas naturales. Así, Platón ha tenido razón para decir que no hay más ideas que las de las cosas naturales, si se admite que puede haber otras ideas que los objetos sensibles: por ejemplo, las del fuego, de la carne, de la cabeza; cosas todas que no son más que una materia, la materia integrante de la esencia por excelencia.

Preguntemos ahora si subsiste algo después de la disolución del conjunto. Tratándose de ciertos seres nada se opone a ello: el alma, por ejemplo, está en este caso, no el alma toda, sino la inteligencia, porque respecto del alma entera será quizá aquello imposible.

Es, por tanto, evidente que en todo lo que acabamos de ver no hay razón para admitir la existencia de las ideas. Un hombre engendra un hombre; el individuo engendra el individuo. Lo mismo sucede en las artes: la medicina es la que contiene la noción de la salud.

IV

.Las causas y los principios son distintos en los diferentes seres desde un punto de vista, y desde otro punto no lo son. Si se les considera generalmente y por analogía, son los mismos para todos los seres. Podría plantearse esta cuestión: ¿hay diversidad o identidad de principios y de elementos entre las esencias, las relaciones y, en una palabra, cada una de las categorías? Pero es un absurdo admitir la identidad de principios, porque entonces provendrían de los mismos elementos las relaciones y la esencia. ¿Cuál sería entonces el elemento común? Y fuera de la esencia y de las otras categorías no hay nada que sea común a todos los seres, porque el elemento es anterior a aquello de que es elemento. Tampoco es la esencia del elemento de las relaciones, ni una relación cualquiera el elemento de la esencia. ¿Cómo, por otra parte, es posible que los elementos sean los mismos para todos los seres? Jamás podrá haber identidad entre un elemento y lo que se compone de elementos, entre B o A, por ejemplo, y B A. Tampoco hay un elemento inteligible, como la unidad o el ser, que pueda ser el elemento universal; éstos son caracteres que pertenecen a todo compuesto. Ni la unidad ni el ser pueden ser esencia ni relación y, sin embargo, esto sería necesario. No tienen todos los seres los mismos elementos, o más bien, y ésta es nuestra opinión, hay identidad desde un punto de vista y desde otro no lo hay. Y así, en los cuerpos sensibles, la forma es lo caliente, y de otra manera lo frío, es decir, la privación de lo caliente; la materia es el principio que de suyo encierra en potencia estos dos opuestos. Estos tres elementos son esencias, así como los cuerpos que constituyen y de lo que son ellos principios. Todo aquello que lo caliente y lo frío pueden producir que sea uno, como carne o un hueso, por ejemplo, es una esencia, porque estos cuerpos tienen necesariamente entonces una existencia distinta de la de los elementos de que provienen.

Los cuerpos tienen los mismos elementos y los mismos principios; pero los principios y los elementos difieren en los diferentes cuerpos. Sin embargo, no se puede decir de una manera absoluta que haya identidad de principios para todos los seres, a no ser por analogía; y por esta razón se dice que no hay más que tres principios: la forma, la privación y la materia. Cada principio es diferente para cada género de seres: para el color es lo blanco, lo negro, la superficie; la luz, las tinieblas y el aire son los principios del día y de la noche.

Los elementos constitutivos no son las únicas causas; hay también causas externas, como el motor. Es claro, conforme a esto, que el principio y el elemento son dos cosas diferentes. Ambos son causas; uno y otro están comprendidos en el término general de principio, y el ser que produce el movimiento o el reposo es también un principio.

Así, pues, desde el punto de vista de la analogía, hay tres elementos y cuatro causas, o cuatro principios; y desde otro punto de vista hay elementos diferentes para los seres diferentes, y una primera causa motriz diferente también para los diferentes seres. Salud, enfermedad, cuerpo: el motor es el arte del médico; forma determinada, desorden, ladrillos: el motor es el arte del arquitecto. Tales son los principios comprendidos bajo el término general de principio. Por otra parte, puesto que respecto de los hombres, productos de la naturaleza, el motor es un hombre, mientras que para los seres que son productos del arte el motor es la forma o lo contrario de la forma, resulta que de una manera hay tres causas, de la otra cuatro; porque el arte del médico es en cierto modo la salud; el del arquitecto la forma de la casa, y es un hombre el que engendra un hombre. Por último, fuera de estos principios hay el primero de todos los seres, el motor de todos los seres.

V

Entre los seres hay unos que pueden existir aparte, y otros no pueden: los primeros son sustancias; son, por consiguiente, las causas de todas las cosas, puesto que las cualidades y los movimientos no existen independientemente de las sustancias. Añádase a esto que estos principios son probablemente el alma y el cuerpo, o bien la inteligencia, el deseo y el cuerpo.

Desde otro punto de vista, los principios son por analogía idénticos respecto de todos los seres, y así se reducen al acto y a la potencia. Pero hay otro acto y otra potencia para los diferentes seres, y la potencia y el acto no están siempre señalados con los mismos caracteres. Hay seres, por ejemplo, que existen tan pronto en acto como en potencia, como el vino, la carne, el hombre. Entonces los principios en cuestión están incluidos entre los que hemos enumerado. En efecto, el ser en acto es, por una parte, la forma, en caso que la forma pueda tener una existencia independiente, y el conjunto de la materia y de la forma, y de otra es la privación, como las tinieblas y la enfermedad. El ser en potencia es la materia, porque la materia es lo que puede devenir o llegar a ser uno u otro de los opuestos. Los seres, cuya materia no es la misma, son en potencia y en acto distintas que aquéllos cuya forma no es la misma, sino diferentes: de esta manera el hombre tiene por causas los elementos, a saber: el fuego y la tierra, que son la materia; después su forma propia; después otra causa, una causa externa: su padre, por ejemplo; y además de estas causas el Sol y el círculo oblicuo, los cuales no son ni materia, ni forma, ni privación, ni seres del mismo género que él, sino motores.

Es preciso considerar que hay unos principios que son universales y otros que no lo son. Los principios primeros de todos los seres son, de un lado, la actualidad primera, es decir, la forma, y de otro la potencia. Ahora bien, no son éstos los universales, porque es el individuo el que es el principio del individuo, mientras que del hombre universal sólo podría salir un hombre universal; pero no hay hombre universal que exista por sí mismo: Peleo es el principio de Aquiles; tu padre es tu principio; esta B es el principio de esta sílaba, B A; la B universal no sería más que el principio de la sílaba B A en general. Añádase a esto que las formas son los principios de las esencias. Pero las causas y los elementos son, como hemos dicho, diferentes para los diferentes seres, para aquellos, por ejemplo, que no pertenecen al mismo género, como colores, sonidos, esencias, cualidades; a no ser, sin embargo, que sólo se hable por analogía. Lo mismo sucede con los que pertenecen a la misma especie; pero entonces no difieren específicamente, sino que cada principio es diferente para los diferentes individuos: tu materia, tu forma, tu causa motriz no son las mismas que las mías; pero, desde el punto de vista general, hay identidad.

Si se nos hiciese esta pregunta: ¿cuáles son los principios o los elementos de las esencias, de las relaciones, de las cualidades; son los mismos o son diferentes? Evidentemente, nos sería preciso responder que, tomados en su acepción general, son los mismos para cada ser; pero que, si se establecen distinciones, ya no son los mismos, son principios diferentes. Y, sin embargo, entonces mismo son, desde otro punto de vista, los mismos para todos los seres. Si se considera la analogía, hay identidad, puesto que los principios son siempre materia, forma, privación, motor; y aun entonces las causas de las sustancias son las causas de todas las cosas, porque si se destruyen las sustancias todo se destruye. Añadamos que el primer principio existe en acto. Hay en este concepto tantos principios como contrarios, que no son ni géneros, ni términos que abracen muchas cosas diferentes. En fin, las materias son primeros principios.

Hemos expuesto cuáles son los principios de los seres sensibles, cuál es su número, en qué casos son los mismos y en qué casos son diferentes.

VI

Hay, hemos dicho, tres esencias: dos físicas y una inmóvil. De esta última es de la que vamos a hablar, mostrando que hay necesariamente una esencia eterna, que es inmóvil. Las esencias son los primeros seres, y si todas ellas son perecederas, todos los seres son perecederos. Pero es imposible que el movimiento haya comenzado o que concluya; el movimiento es eterno; lo mismo es el tiempo, porque si el tiempo no existiese, no habría antes ni después. Además, el movimiento y el tiempo tienen la misma continuidad. En efecto, o son idénticos el uno al otro, o el tiempo es un modo del movimiento. No hay más movimiento continuo que el movimiento en el espacio: no todo movimiento en el espacio, sino el movimiento circular. Pero si hay una causa motriz, o una causa eficiente, pero que no pase al acto, no por esto resulta el movimiento, porque lo que tiene la potencia puede no obrar. No adelantaríamos más aun cuando admitiésemos esencias eternas, como hacen los partidarios de las ideas, porque sería preciso que tuviesen en sí mismas un principio capaz de realizar el cambio. No bastan estas sustancias ni ninguna otra sustancia: si esta sustancia no pasase al acto, no habría movimiento ni tampoco existiría el movimiento, aun cuando pasase al acto, si su esencia fuese la potencia, porque entonces el movimiento no sería eterno, puesto que puede no realizarse lo que existe en potencia. Es preciso, por tanto, que haya un principio tal que su esencia sea el acto mismo. Por otra parte, las sustancias en cuestión deben ser inmateriales, porque son necesariamente eternas, puesto que hay, en verdad, otras cosas eternas; su esencia es, por consiguiente, el acto mismo.

Pero aquí se presenta una dificultad. Todo ser en acto tiene, al parecer, la potencia, mientras que el que tiene la potencia no siempre pasa al acto. La anterioridad deberá, pues, pertenecer a la potencia. Si es así, nada de lo que existe podría existir, porque lo que tiene la potencia de ser puede no ser aún. Y entonces, ya se participe de la opinión de los filósofos, los cuales hacen que todo salga de la noche, ya se adopte este principio de los físicos, todas las cosas existían mezcladas; en ambos casos la imposibilidad es la misma. ¿Cómo podrá haber movimiento, si no hay causa en el acto? No será la materia la que se ponga en movimiento; lo que lo producirá será el arte del obrero. Tampoco son los menstruos ni la tierra los que se fecundarán a sí mismos: son las semillas, el germen, los que los fecundan. Y así algunos filósofos admiten una acción eterna, como Leucipo y Platón, porque el movimiento, según ellos, es eterno. Pero no explican ni el porqué, ni la naturaleza, ni el cómo, ni la causa. Y, sin embargo, nada se mueve por casualidad; es preciso siempre que el movimiento tenga un principio: tal cosa se mueve de tal manera, o por su naturaleza misma, o por la acción de una fuerza, o por la de la inteligencia, o por la de cualquier otro principio determinado. ¿Y cuál es el movimiento primitivo? He aquí una cuestión de alta importancia que ellos tampoco resuelven. Platón no puede ni siquiera afirmar, como principio del movimiento, este principio de que habla a veces, este ser que se mueve por sí mismo; porque el alma, según él mismo confiesa, es posterior al movimiento coetáneo del cielo. Así, pues, considerar la potencia como anterior al acto es una opinión verdadera desde un punto de vista, errónea desde otro, y ya hemos dicho el cómo.

Anaxágoras reconoce la anterioridad del acto, porque la inteligencia es un principio activo; y con Anaxágoras, Empédocles admite como principio la Amistad y la Discordia, así como los filósofos que hacen al movimiento eterno: Leucipo, por ejemplo. No hay necesidad de decir que, durante un tiempo indefinido, el caos y la noche existían solos. El mundo de toda eternidad es lo que es (ya tenga regresos periódicos, ya tenga razón otra doctrina), si el acto es anterior a la potencia. Si la sucesión periódica de las cosas es siempre la misma, debe haber un ser cuya acción subsista siendo eternamente la misma. Aún hay más: para que pueda haber producción es preciso que haya otro principio eternamente activo, tanto en un sentido como en otro. Es preciso que este nuevo principio, desde un punto de vista, obre en sí y por sí, y desde otro, con relación a otra cosa; y esta otra cosa es o algún otro principio, o el primer principio. Es de toda necesidad que aquel de que hablamos obre siempre en virtud del primer principio, porque el primer principio es la causa del segundo, y lo mismo de este otro principio, con relación al cual el segundo podría obrar. De manera que el primer principio es el mejor. Él es la causa de la eterna uniformidad, mientras que el otro es la causa de la diversidad, y los dos reunidos son evidentemente la causa de la diversidad eterna. Así es como tienen lugar los movimientos. ¿Qué necesidad hay, pues, de ir en busca de otros principios?

VII

Es posible que sea así, porque en otro caso sería preciso decir que todo proviene de la noche, de la confusión primitiva, del no-ser: éstas son dificultades que pueden resolverse. Hay algo que se mueve con el movimiento continuo, el cual es el movimiento circular. No sólo lo prueba el razonamiento, sino el hecho mismo. De aquí se sigue que el primer cielo debe ser eterno. Hay también algo que mueve eternamente, y como hay tres clases de seres, lo que es movido, lo que mueve, y el término medio entre lo que es movido y lo que mueve, es un ser que mueve sin ser movido, ser eterno, esencia pura y actualidad pura.

He aquí cómo mueve. Lo deseable y lo inteligible mueven sin ser movidos, y lo primero deseable es idéntico a lo primero inteligible. Porque el objeto del deseo es lo que parece bello, y el objeto primero de la voluntad es lo que es bello. Nosotros deseamos una cosa porque nos parece buena, y no nos parece mal porque la deseamos: el principio aquí es el pensamiento. Ahora bien; el pensamiento es puesto en movimiento por lo inteligible, y el orden de lo deseable es inteligible en sí y por sí, y en este orden la esencia ocupa el primer lugar; entre las esencias, la primera es la esencia simple y actual. Pero lo uno y lo simple no son la misma cosa: lo uno designa una medida común a muchos seres; lo simple es una propiedad del mismo ser.

De esta manera lo bello en sí y lo deseable en sí entran ambos en el orden de lo inteligible; y lo que es primero es siempre excelente, ya absolutamente, ya relativamente. La verdadera causa final reside en los seres inmóviles, como lo muestra la distinción establecida entre las causas finales, porque hay la causa absoluta y la que no es absoluta. El ser inmóvil mueve con objeto del amor, y lo que él mueve imprime el movimiento a todo lo demás. Luego en todo ser que se mueve hay posibilidad de cambio. Si el movimiento de traslación es el primer movimiento, y este movimiento existe en acto, el ser que es movido puede mudar, si no en cuanto a la esencia, por lo menos en cuanto al lugar. Pero desde el momento en que hay un ser que mueve, permaneciendo él inmóvil, aun cuando exista en acto, este ser no es susceptible de ningún cambio. En efecto, el cambio primero es el movimiento de traslación, y el primero de los movimientos de traslación es el movimiento circular. El ser que imprime este movimiento es el motor inmóvil. El motor inmóvil es, pues, un ser necesario; y en tanto que necesario, es el bien y, por consiguiente, un principio, porque hay varias acepciones de la palabra necesario: hay la necesidad violenta, la que coarta nuestra inclinación natural; después la necesidad, que es la condición del bien, y por último lo necesario, que es lo que es absolutamente de tal manera y no es susceptible de ser de otra.

Tal es el principio de que penden el cielo y toda la naturaleza. Sólo por poco tiempo podemos gozar de la felicidad perfecta. Él la posee eternamente, lo cual es imposible para nosotros. El goce para él es su acción misma. Porque son acciones, son la vigilia, la sensación, el pensamiento, nuestros mayores goces; la esperanza y el recuerdo sólo son goces a causa de su relación con éstos. Ahora bien, el pensamiento en sí es el pensamiento de lo que es en sí mejor, y el pensamiento por excelencia es el pensamiento de lo que es bien por excelencia. La inteligencia se piensa a sí misma abarcando lo inteligible, porque se hace inteligible con este contacto, con este pensar. Hay, por tanto, identidad entre la inteligencia y lo inteligible, porque la facultad de percibir lo inteligible y la esencia constituye la inteligencia, y la actualidad de la inteligencia es la posesión de lo inteligible. Este carácter divino, al parecer, de la inteligencia se encuentra, por tanto, en el más alto grado de la inteligencia divina, y la contemplación es el goce supremo y la soberana felicidad.

Si Dios goza eternamente de esta felicidad, que nosotros sólo conocemos por instantes, es digno de nuestra admiración, y más digno aún si su felicidad es mayor. Y su felicidad es mayor seguramente. La vida reside en él, porque la acción de la inteligencia es una vida, y Dios es la actualidad misma de la inteligencia; esta actualidad tomada en sí, tal es su vida perfecta y eterna. Y así decimos que Dios es un animal eterno, perfecto. La vida y la duración continua y eterna pertenecen, por tanto, a Dios, porque este mismo es Dios.

Los que creen, con los pitagóricos y Espeusipo, que el primer principio no es lo bello y el bien por excelencia, porque los principios de las plantas y de los animales son causas, mientras que lo bello y lo perfecto sólo se encuentran en lo que proviene de las causas; tales filósofos no tienen una opinión fundada, porque la semilla proviene de seres perfectos que son anteriores a ella, y el principio no es la semilla, sino el ser perfecto; así puede decirse que el hombre es anterior al semen, no sin duda el hombre que ha nacido del semen, sino aquel de donde él proviene.

Es evidente, conforme con lo que acabamos de decir, que hay una esencia eterna, inmóvil y distinta de los objetos sensibles. Queda demostrado igualmente que esta esencia no puede tener ninguna extensión, que no tiene partes y es indivisible. Ella mueve, en efecto, durante un tiempo infinito. Y nada que sea finito puede tener una potencia infinita. Toda extensión es finita o infinita; por consiguiente, esta esencia no puede tener una extensión finita y, por otra parte, no tiene una extensión infinita, porque no hay absolutamente extensión infinita. Además, finalmente, ella no admite modificación ni alteración, porque todos los movimientos son posteriores al movimiento en el espacio.

Tales son los caracteres manifiestos de la esencia de que se trata.

VIII

¿Esta esencia es única o hay muchas? Si hay muchas, ¿cuántas son? He aquí una cuestión que es preciso resolver. Conviene recordar también las opiniones de los demás filósofos sobre este punto. Ninguno de ellos se ha explicado de una manera satisfactoria acerca del número de los primeros seres. La doctrina de las ideas no suministra ninguna consideración que se aplique directamente a este asunto. Los que admiten la existencia de aquéllas dicen que las ideas son números, y hablan de los números, ya como si hubiera una infinidad de ellos, ya como si no fueran más que diez. ¿Por qué razón reconocen precisamente diez números? Ninguna demostración concluyente dan para probarlo. Nosotros trataremos la cuestión partiendo de lo que hemos determinado y sentado precedentemente.

El principio de los seres, el ser primero, no es susceptible, en nuestra opinión, de ningún movimiento, ni esencial, ni accidental y antes bien él es el que imprime el movimiento primero, movimiento eterno y único. Pero puesto que lo que es movido necesariamente es movido por algo, que el primer motor es inmóvil en su esencia, y que el movimiento eterno es impuesto por un ser eterno, y el movimiento único por un ser único; y puesto que, por otra parte, además del movimiento simple del Universo, movimiento que, como hemos dicho, imprime la esencia primera e inmóvil, vemos que existen también otros movimientos eternos, los de los planetas (porque todo cuerpo esférico es eterno e incapaz de reposo, como hemos demostrado en la física), es preciso en tal caso que el ser que imprime cada uno de estos movimientos sea una esencia inmóvil en sí y eterna. En efecto, la naturaleza de los astros es una esencia eterna, lo que mueve es eterno y anterior a lo que es movido, y lo que es anterior a una esencia es necesariamente una esencia. Es, por lo mismo, evidente que tantos cuantos planetas hay, otras tantas esencias eternas de su naturaleza debe de haber inmóviles en sí y sin extensión, siendo esto una consecuencia que resulta de lo que hemos dicho más arriba.

Por tanto, los planetas son ciertamente esencias, y la una es la primera, la otra la segunda, en el mismo orden que el que reina entre los movimientos de los astros. Pero cuál es el número de estos movimientos es lo que debemos preguntar a aquella de las ciencias matemáticas que más se aproxima a la filosofía; quiero decir, a la astronomía; porque el objeto de la ciencia astronómica es una esencia sensible, es cierto, pero eterna, mientras que las otras ciencias matemáticas no tienen por objeto ninguna esencia real, como lo atestiguan la aritmética y la geometría.

Que hay un número de movimientos mayor que el de seres en movimiento es una cosa evidente hasta para aquellos mismos que apenas están iniciados en estas materias. En efecto, cada uno de los planetas tiene más de un movimiento, pero ¿cuál es el número de estos movimientos? Es lo que vamos a decir. Para ilustrar este punto, y para que se forme una idea precisa del número de que se trata, citaremos por lo pronto las opiniones de algunos matemáticos, presentaremos nuestras propias observaciones, interrogaremos a los sistemas, y si hay alguna diferencia entre las opiniones de los hombres versados en esta ciencia y las que nosotros hemos adoptado, se deberán tener en cuenta unas y otras, y sólo fijarse en las que mejor resistan el examen.

Eudoxio explicaba el movimiento del Sol y de la Luna admitiendo tres esferas para cada uno de estos dos astros. La primera era la de las estrellas fijas; la segunda seguía el círculo que pasa por medio del Zodíaco, y la tercera el que está inclinado a todo lo ancho del Zodíaco. El círculo que sigue la tercera esfera de la Luna está más inclinado que el de la tercera esfera del Sol. Colocaba el movimiento de cada uno de los planetas en cuatro esferas. La primera y la segunda eran las mismas que la primera y la segunda del Sol y de la Luna, porque la esfera de las estrellas fijas imprime el movimiento a todas las esferas, y la esfera que está colocada por bajo de ella, y cuyo movimiento sigue el círculo que pasa por medio del Zodíaco, es común a todos los astros. La tercera esfera de los planetas tenía sus polos en el círculo que pasa por medio del Zodíaco, y el movimiento de la cuarta seguía un círculo oblicuo al círculo medio de la tercera. La tercera esfera tenía polos particulares para cada planeta, pero los de Venus y de Mercurio eran los mismos.

La posición de las esferas, es decir, el orden de sus distancias respectivas, era en el sistema de Calipo el mismo que en el de Eudoxio. En cuanto al número de esferas, estos dos matemáticos están de acuerdo respecto a Júpiter y Saturno; pero Calipo creía que era preciso añadir otras dos esferas al Sol y dos a la Luna, si se quiere dar razón de estos fenómenos, y una a cada uno de los otros planetas.

Mas para que todas estas esferas juntas puedan dar razón de los fenómenos, es necesario que haya para cada uno de los planetas otras esferas en número igual, menos una, al número de las primeras, y que estas esferas giren en sentido inverso y mantengan siempre un punto dado de la primera esfera en la misma posición relativamente al astro que está colocado por debajo. Sólo mediante esta condición se pueden explicar todos los fenómenos por el movimiento de los planetas.

Ahora bien, puesto que las esferas en que se mueven los astros son ocho de una parte y veinticinco de otra; puesto que de otro lado las únicas esferas que no exigen otros movimientos en sentido inverso son aquellas en las que se mueve el planeta que se encuentra colocado por debajo de todos los demás, habrá entonces para los dos primeros astros seis esferas que giran en sentido inverso, y dieciséis para los cuatro siguientes; y el número total de esferas, de las de movimiento directo y las de movimiento inverso, será de cincuenta y cinco. Pero si no se añaden al Sol y a la Luna los movimientos de que hemos hablado, no habrá en todo más que cuarenta y siete esferas.

Admitamos que es éste el número de las esferas. Habrá entonces un número igual de esencias y de principios inmóviles y sensibles. Así debe creerse racionalmente; pero que por precisión haya de admitirse, esto dejo a otros más hábiles el cuidado de demostrarlo.

Si no es posible que haya ningún movimiento cuyo fin no sea el movimiento de un astro; si, por otra parte, se debe creer que toda naturaleza, toda esencia no susceptible de modificaciones, y que existe en sí y por sí, es una causa final excelente, no puede haber otras naturalezas que éstas de que se trata, y el número que hemos determinado es necesariamente el de las esencias. Si hubiese otras esencias, producirían movimientos, porque serían causas finales de movimiento; pero es imposible que haya otros movimientos que los que hemos enumerado, lo cual es una consecuencia natural del número de los seres que están en movimiento. En efecto, si todo motor existe a causa del objeto en movimiento, y todo movimiento es el movimiento de un objeto movido, no puede tener lugar ningún movimiento que no tenga por fin más que el mismo u otro movimiento; los movimientos existen a causa de los astros. Supongamos que un movimiento tenga un movimiento por fin; este entonces tendrá por fin otra cosa. Pero no se puede ir así hasta el infinito. El objeto de todo movimiento es, pues, uno de estos cuerpos divinos que se mueven en el cielo.

Es evidente, por lo demás, que no hay más que un solo cielo. Si hubiese muchos cielos como hay muchos hombres, el principio de cada uno de ellos sería uno bajo la relación de la forma, pero múltiple en cuanto al número. Todo lo que es múltiple numéricamente tiene materia, porque cuando se trata de muchos seres, no hay otra unidad ni otra identidad entre ellos que la de la noción sustancial, y así se tiene la noción del hombre en general; pero Sócrates es verdaderamente uno. En cuanto a la primera esencia, no tiene materia, porque es una entelequia. Luego, el primer motor, el inmóvil, es uno, formal y numéricamente, y lo que está en movimiento eterna y continuamente es único; luego, no hay más que un solo cielo.

Una tradición procedente de la más remota antigüedad, y transmitida a la posteridad bajo el velo de la fábula, nos dice que los astros son los dioses, y que la divinidad abraza toda la naturaleza; todo lo demás no es más que una relación fabulosa, imaginada para persuadir al vulgo y para el servicio de las leyes y de los intereses comunes. Así se da a los dioses la forma humana; se les representa bajo la figura de ciertos animales, y se crean mil invenciones del mismo género que se relacionan con estas fábulas. Si de esta relación se separa el principio mismo, y sólo se considera la idea de: que todas las esencias primeras son dioses, entonces se verá que es ésta una tradición verdaderamente divina. Una explicación que no carece de verosimilitud es que las diversas artes y la filosofía fueron descubiertas muchas veces y muchas veces perdidas, lo cual es muy posible, y que estas creencias son, por decirlo así, despojos de la sabiduría antigua conservados hasta nuestro tiempo. Bajo estas reservas aceptamos las opiniones de nuestros padres y la tradición de las primeras edades.

IX

Tenemos que resolver algunas cuestiones relativas a la inteligencia. La inteligencia es, al parecer, la más divina de las cosas que conocemos. Mas para serlo efectivamente, ¿cuál debe ser su estado habitual? Esto presenta dificultades. Si la inteligencia no pensase nada, si fuera como un hombre dormido, ¿dónde estaría su dignidad? Y si piensa, pero su pensamiento depende de otro principio, no siendo entonces su esencia el pensamiento, sino un simple poder de pensar, no puede ser la mejor esencia, porque lo que le da su valor es el pensar. Finalmente, ya sea su esencia la inteligencia, o ya sea el pensamiento, ¿qué piensa? Porque o se piensa a sí misma, o piensa algún otro objeto. Y si piensa otro objeto, o es éste siempre el mismo o varía. ¿Importa que el objeto del pensamiento sea el bien, o lo primero que ocurra? O mejor, ¿no sería un absurdo que tales y cuales cosas fuesen objeto del pensamiento? Es claro que piensa lo más divino y excelente que existe, y que no muda de objeto, porque mudar sería pasar de mejor a peor, sería ya un movimiento. Y por lo pronto, si no fuese el pensamiento, y sí sólo una simple potencia, es probable que la continuidad del pensamiento fuera para ella una fatiga. Además, es evidente que habría algo más excelente que el pensamiento, a saber: lo que es pensado, porque el pensar y el pensamiento pertenecerían a la inteligencia, aun en el acto mismo de pensar en lo más despreciable.

Esto es lo que es preciso evitar (en efecto, hay cosas que es preciso no ver, más bien que verlas), pues de no ser así el pensamiento no sería lo más excelente que hay. La inteligencia se piensa a sí misma, puesto que es lo más excelente que hay, y el pensamiento es el pensamiento del pensamiento. La ciencia, la sensación, la opinión, el razonamiento tienen, por lo contrario, un objeto diferente de sí mismos: no se ocupan de sí mismos sino de paso. Por otra parte, si pensar fuese diferente de ser pensado, ¿cuál de los dos constituiría la excelencia del pensamiento? Porque el pensamiento y el objeto del pensamiento no tienen la misma esencia. ¿O acaso en ciertos casos la ciencia es la cosa misma? En las ciencias creadoras la esencia independiente de la materia y la forma determinada, la noción y el pensamiento en las ciencias teóricas, son el objeto mismo de la ciencia. Respecto a los seres inmateriales, lo que es pensado no tiene una existencia diferente de lo que piensa; hay con ellos identidad, y el pensamiento es uno con lo que es pensado.

Resta que examinar una dificultad, a saber: si el objeto del pensamiento es compuesto, en cuyo caso la inteligencia mudaría, porque recorrería las partes del conjunto, o si todo lo que no tiene materia es indivisible. Sucede eternamente con el pensamiento lo que con la inteligencia humana, con toda inteligencia cuyos objetos son compuestos, en algunos instantes fugitivos. Porque la inteligencia humana no se apodera siempre sucesivamente del bien, sino que se apodera en un instante indivisible de su bien supremo. Pero su objeto no es ella misma, mientras que el pensamiento eterno, que también se apodera de su objeto en un instante indivisible, se piensa a sí mismo durante la eternidad.

X

Es preciso que examinemos igualmente cómo el Universo encierra dentro de sí el soberano bien, si es como un ser independiente que existe en sí y para sí, o como el orden del mundo; o, por último, si es de las dos maneras a la vez, como sucede en un ejército. En efecto, el bien de un ejército lo constituyen el orden que reina en él y su general, y sobre todo su general: no es el general obra del orden, sino que es el general causa del orden. Todo tiene un puesto marcado en el mundo: peces, aves, plantas; pero hay grados diferentes, y los seres no están aislados los unos de los otros; están en una relación mutua, porque todo está ordenado en vista de una existencia única. Sucede con el Universo lo que con una familia. En ella los hombres libres no están sometidos a hacer esto o aquello, según la ocasión; todas sus funciones o casi todas están arregladas. Los esclavos, por lo contrario, y las bestias de carga concurren, formando una débil parte, al fin común, y habitualmente se sirven de ellos como lo piden las circunstancias. El principio en la misión de cada cosa en el Universo es su naturaleza misma; quiero decir que todos los seres van necesariamente separándose los unos de los otros, y todos, en sus funciones diversas, concurren a la armonía del conjunto.

Debemos indicar todas las consecuencias imposibles, todos los absurdos que son consecuencias de los otros sistemas. Recordemos aquí las doctrinas hasta las más especiosas y que presentan menos dificultades.

Todas las cosas, según todos los filósofos, provienen de los contrarios. Todas las cosas contrarios: he aquí dos términos que están los dos mal sentados; y luego, ¿cómo las cosas en que existen los contrarios pueden provenir de los contrarios? Esto es lo que ellos no explican, porque los contrarios no ejercen acción los unos sobre los otros. Nosotros resolvemos racionalmente la dificultad, reconociendo la existencia de un tercer término.

Hay filósofos que hacen de la materia uno de los dos contrarios, como los que oponen lo desigual a lo igual, la pluralidad a la unidad. Esta doctrina se refuta de la misma manera. La materia primera no es lo contrario de nada. Por otra parte, todo participaría del mal, menos la unidad, porque el mal es uno de los dos elementos.

Otros pretenden que ni el bien ni el mal son principios, y sin embargo es el principio en todas las cosas el bien por excelencia. Sin duda alguna, tienen razón los que admiten el bien como principio; pero no nos dicen cómo el bien es un principio, si en concepto de fin, de causa motriz o de forma.

La opinión de Empédocles no es menos absurda. El bien para él es la amistad. Pero la amistad es al mismo tiempo principio como causa motriz, porque reúne los elementos, y como materia, porque es una parte de la mezcla de los elementos. Suponiendo que pueda suceder que la misma cosa exista a la vez en concepto de materia y de principio, y en concepto de causa motriz, siempre resultaría que no habría identidad en su ser. ¿Qué es, pues, lo que constituye la amistad? Otro absurdo es el haber considerado la discordia imperecedera, mientras que la discordia es la esencia misma del mal.

Anaxágoras reconoce el bien como un principio: es el principio motor. La inteligencia mueve, pero mueve en vista de algo. He aquí un nuevo principio, a no ser que Anaxágoras admita como nosotros la identidad, porque el arte de curar es, en cierta manera, la salud. Es absurdo, por otra parte, no reconocer contrario al bien y a la inteligencia.

Si fijamos la atención, se verá que todos los que asientan los contrarios como principios no se sirven de los contrarios. ¿Y por qué esto es perecedero y aquello imperecedero? Esto ninguno de ellos lo explica, porque hacen provenir todos los seres de los mismos principios.

Hay filósofos que sacan los seres del no-ser. Otros, para librarse de esta necesidad, lo reducen todo a la unidad absoluta. En fin, ¿por qué habrá siempre producción, y cuál es la causa de la producción? Esto nadie lo dice.

No sólo los que reconocen dos principios deben admitir otro principio superior, sino que los partidarios de las ideas deben admitir también un principio superior a las ideas, porque ¿en virtud de qué ha habido y hay todavía participación de las cosas en las ideas? Y mientras los demás se ven forzados a reconocer un contrario de la sabiduría y de la ciencia por excelencia, nosotros no nos vemos en esta situación, no reconociendo contrario en lo que es primero, porque los contrarios tienen una materia y son idénticos en potencia. La ignorancia, por ser lo contrario de la ciencia, implicaría un objeto contrario al de la ciencia. Pero lo que es primero no tiene contrario.

Por otra parte, si no hay otros seres que los sensibles, no puede haber ya principio, ni orden, ni producción, ni armonía celeste, sino sólo una serie infinita de principios, como la que se encuentra en todos los teólogos y físicos sin excepción. Pero si se admite la existencia de las ideas o de los números no se tendrá la causa de nada; por lo menos no se tendrá la causa del movimiento. Y además, ¿cómo de seres sin extensión podrán salir la extensión y la continuidad? Porque no será el número el que habrá de producir lo continuo, ni como causa motriz ni como forma. Tampoco uno de los contrarios será la causa eficiente y la causa motriz. Este principio, en efecto, podría no existir. Pero la acción es posterior a la potencia. No habría, por tanto, seres eternos. Mas hay seres eternos. Por tanto, es preciso abandonar la hipótesis de un contrario. Ya hemos dicho cómo. Además ¿en virtud de qué principio hay unidad en los números, en el alma, en el cuerpo, y en general unidad de forma y de objeto? Nadie lo dice, ni puede, a menos que reconozca con nosotros que esto tiene lugar en virtud de la causa motriz.

En cuanto a los que toman por principio el número matemático, y que admiten también una sucesión infinita de esencia y principios diferentes para las diferentes esencias, forman de la esencia del Universo una colección de episodios, porque ¿qué importa entonces a una esencia que otra esencia exista o no exista? Éstos tienen una multitud de principios, pero los seres no quieren verse mal gobernados:

El mundo de muchos no es bueno. Basta un solo jefe.

LIBRO DECIMOTERCERO

I.   ¿Hay seres matemáticos?

II.   ¿Son idénticos a los seres sensibles o están separados de ellos?

III.   Su modo de existencia.

IV.   No hay ideas en el sentido en que lo entiende Platón.

V.   Las ideas son inútiles.

VI.   Doctrina de los números.

VII.   ¿Las unidades son o no compatibles entre sí? Y si son compatibles, ¿cómo lo son?

VIII.   Diferencia entre el número y la unidad. Refutación de algunas opiniones relativas a este punto.

IX.   El número y las magnitudes no pueden tener una existencia independiente.

X.   Dificultades en punto a las ideas.

I

Hemos dicho en nuestro tratado de física cuál es la naturaleza de la sustancia de las cosas sensibles, primero cuando nos ocupamos de la materia y después al tratar de la sustancia en acto. He aquí cuál es ahora el objeto de nuestras indagaciones: ¿Hay o no fuera de las sustancias sensibles una sustancia inmóvil y eterna? Y si esta sustancia existe, ¿cuál es su naturaleza? Comencemos por examinar los sistemas de otros filósofos para no incurrir en sus errores, caso que algunas de sus opiniones no sean fundadas. Y si por fortuna encontrásemos puntos de doctrina que conviniesen con los nuestros guardémonos de sentir por ello pena alguna. Es para nosotros un motivo de respeto el que sobre ciertas cosas tengan concepciones superiores a las nuestras, y que no sean en otros puntos inferiores a nosotros.

Hay dos sistemas con relación al asunto que nos ocupa. Se admite como sustancias particulares los seres matemáticos, como los números, las líneas, los objetos del mismo género, y con ellos las ideas. Hay unos que de estos seres hacen dos géneros diferentes: de una parte las ideas, y de otra los números matemáticos; otros consideran estos dos géneros una sola y misma naturaleza, y otros, finalmente, pretenden que las sustancias matemáticas son las únicas sustancias. Comencemos por la consideración de las sustancias matemáticas, y examinémoslas independientemente de toda otra naturaleza. No preguntemos, por ejemplo, si son o no ideas, si son o no principios y sustancias de los seres; preguntemos, como si sólo tuviéramos que ocuparnos de los seres matemáticos, si estas sustancias existen o no, y si existen, cuál es el modo de su existencia. Después hablaremos separadamente de las ideas sin grandes desenvolvimientos, y en la medida que conviene al objeto que nos proponemos, porque casi todas las cuestiones que se refieren a este asunto han sido rebatidas ya en nuestros tratados exotéricos. En el curso de nuestro examen habremos de discutir por extenso esta cuestión. Las sustancias y los principios de los seres, ¿son números o ideas? Porque ésta es la tercera cuestión, que viene después de las ideas.

Los seres matemáticos, si existen están necesariamente en los objetos sensibles, como suponen algunos, o bien están separados de ellos (hay quienes admiten esta opinión). Si no están ni en los objetos sensibles ni fuera de ellos, o no existen o existen de otra manera. Nuestra duda recaerá, por tanto, aquí, no sobre el ser mismo, sino sobre la manera de ser.

II

Hemos dicho, cuando se trataba de las dudas que debían resolverse, que era imposible que los seres matemáticos existiesen en los objetos sensibles, y que esto no era más que una pura ficción, porque es imposible que haya a un mismo tiempo dos sólidos en el mismo lugar. Hemos añadido que la consecuencia de esta doctrina es que todas las demás potencias, todas las demás naturalezas, se encontrarían en las cosas sensibles, y que ninguna existiría independiente de ellas. Esto es lo que hemos dicho precedentemente. Es evidente, por otra parte, que, en esta suposición, un cuerpo cualquiera no podría ser dividido. En tal caso, el sólido se dividiría por la superficie, la superficie por la línea, la línea por el punto; de suerte que si el punto no puede ser dividido, la línea es indivisible. Pero si la línea es indivisible, todo en el sólido lo es igualmente. ¿Qué importa, por lo demás, que los seres matemáticos sean o no tales o cuales naturalezas, si estas naturalezas, cualesquiera que ellas sean, existen en las cosas sensibles? Se llega siempre al mismo resultado. La división de los objetos sensibles llevaría consigo siempre la división de aquéllos, o no habría división ni de los objetos sensibles.

Tampoco es posible que las naturalezas de que se trata tengan una existencia independiente. Si fuera de los sólidos reales hubiera otros sólidos que estuviesen separados de ellos, sólidos anteriores a los reales, evidentemente habría también superficies, puntos, líneas que existirían separadamente: el caso, en efecto, es el mismo. Pero si es así, es preciso admitir, fuera del sólido matemático, la existencia separada de otras superficies, con sus líneas y sus puntos; porque lo simple es anterior a lo compuesto, y puesto que hay cuerpos no sensibles anteriores a los cuerpos sensibles por la misma razón debe haber superficies en sí anteriores a las superficies que existen en los sólidos inmóviles.

He aquí, pues, superficies con sus puntos diferentes de aquéllas cuya existencia va unida a la existencia de los sólidos separados: éstas existen al mismo tiempo que los sólidos matemáticos; aquéllas son anteriores a los sólidos matemáticos. Por otra parte, en estas últimas superficies habrá líneas y, por la misma razón que antes, deberá haber en ellas líneas con sus puntos anteriores a estas líneas y, en fin, otros puntos anteriores a los puntos de estas líneas anteriores, y más allá de las cuales no habrá ya otros puntos anteriores. Pero ésta es una aglomeración absurda de objetos. En efecto, resulta de la hipótesis que hay fuera de las cosas sensibles, por lo pronto, una especie única de cuerpos, y después tres especies de superficies: las superficies fuera de las superficies sensibles, las superficies de los sólidos matemáticos, las superficies fuera de las superficies de estos sólidos, luego cuatro especies de líneas, y después cinco especies de puntos. ¿Cuáles serán, entonces, entre estos elementos, aquellos de que se ocuparán las ciencias matemáticas? No serán, sin duda, las superficies, las líneas, los puntos que existen en el sólido inmóvil, porque la ciencia tiene siempre por objeto lo que es primero.

El mismo razonamiento se aplica a los números. Habría mónadas diferentes fuera de cada punto diferente; luego mónadas fuera de cada uno de los seres sensibles, y después mónadas fuera de cada uno de los seres inteligibles. Habría, por consiguiente, una infinidad de géneros de números matemáticos.

¿Cómo, por otra parte, llegar a la solución de las dudas que nos hemos propuesto cuando se trataba de las cuestiones que debían resolverse? La astronomía tiene por objeto cosas suprasensibles, lo mismo que la geometría. ¿Y cómo se puede concebir la existencia separada del cielo y de sus partes, o de cualquiera otra cosa que está en movimiento? El mismo embarazo ocurre con la óptica, con la música. Habrá un sonido, una vista, aisladas de los seres sensibles, de los seres particulares. La consecuencia evidente es que los demás sentidos y los demás objetos sensibles tendrían una existencia separada: ¿por qué la habrían de tener unos y no otros? Pero si es así, si hay sentidos separados, debe haber también animales separados. En fin, los matemáticos admiten ciertos universales fuera de las sustancias de que hablamos. Ésta sería otra sustancia intermedia, separada de las ideas y de los seres intermedios, sustancia que no sería ni un número, ni puntos, ni una magnitud, ni un tiempo. Pero esta sustancia no puede existir, y por consiguiente es imposible que los objetos de que acabamos de hablar tengan una existencia separada de las cosas sensibles.

En una palabra, no se reconocen las magnitudes matemáticas como naturalezas separadas, la consecuencia está en oposición con la verdad y con la opinión común. Es necesario, si tal es su modo de existencia, que sean anteriores a las magnitudes sensibles: ahora bien, en la realidad son posteriores. La magnitud incompleta tiene, en verdad, la prioridad de origen, pero sustancialmente es posterior, siendo ésta la relación del ser inanimado al ser animado. Por otra parte, ¿qué principio, qué circunstancia podría constituir la unidad de las magnitudes matemáticas? La que constituye la de los cuerpos terrestres es el alma, es una parte del alma, es cualquiera otro principio que participa de la inteligencia, principio sin el que hay pluralidad, disolución sin fin. Pero respecto de las magnitudes matemáticas, que son divisibles, que son cantidades, ¿cuál es la causa de su unidad y de su persistencia? La producción es una prueba también: la producción obra por lo pronto en el sentido de la longitud, después en el sentido de la latitud y, por último, en el de la profundidad, siendo éste el término definitivo. Ahora, si lo que tiene la posteridad de origen es anterior sustancialmente, el cuerpo debe tener la prioridad sobre la superficie y sobre la longitud. De este modo, el cuerpo tiene una existencia más completa, es más un todo que la magnitud y la superficie, se hace animado. Pero ¿cómo concebir una línea, una superficie animada? Semejante concepción estaría fuera del alcance de nuestros sentidos. Finalmente, el cuerpo es una sustancia, porque en cierta manera es una cosa completa; pero las líneas, ¿cómo podrán ser sustancias? No en concepto de forma, de figura, como lo es el alma, si tal es efectivamente el alma; tampoco en concepto de materia, como lo es el cuerpo. Se ve claramente que nada se puede constituir con las líneas, ni con las superficies, ni con los puntos. Y, sin embargo, si estos seres fuesen una sustancia material, serían susceptibles evidentemente de esta modificación.

Los puntos, las líneas y la superficie tienen, convengo en ello, la prioridad lógica. Pero todo lo que es anterior lógicamente, no por ello es sustancialmente anterior. La prioridad sustancial es patrimonio de los seres que, tomados aisladamente, no pierden por esto su existencia; aquéllos, cuyas nociones entran en otras nociones, tienen la prioridad lógica. Pero la prioridad lógica y la prioridad sustancial no se encuentran unidas. Las modificaciones no existen independientemente de las sustancias, independientemente de un ser que se mueve, por ejemplo, o que es blanco. Lo blanco tiene sobre el hombre blanco la prioridad lógica, pero no la prioridad sustancial; no puede existir separadamente; su existencia va siempre unida a la del conjunto, y aquí llamo conjunto al hombre que es blanco. Según esto, es evidente que ni las existencias abstractas tienen la anterioridad ni las existencias concretas la posterioridad sustancial. Y así, por estar unido a lo blanco, damos al hombre blanco el nombre de blanco.

Lo que precede basta para probar que los seres matemáticos son menos sustancia que los cuerpos; que no son anteriores, en razón al ser mismo, a las cosas sensibles; que sólo tienen una anterioridad lógica, y, finalmente, que no pueden tener en ningún lugar una existencia separada. Y como, por otra parte, no pueden existir en los mismos objetos sensibles, es evidente o bien que no existen absolutamente, o bien que tienen un modelo particular de existencia, y por consiguiente que no tienen una existencia absoluta. En efecto, el ser se toma en muchas acepciones.

III

Así como en las matemáticas los universales no abrazan existencias separadas, existencias fuera de las magnitudes y de los números, y estos números y estas magnitudes son el objeto de la ciencia, pero no en tanto que susceptibles de magnitud y división, de igual forma es posible que haya razonamientos, demostraciones relativas a las mismas magnitudes sensibles, no consideradas en tanto que sensibles, sino en tanto que tienen tal o cual propiedad. Se discute mucho sobre los seres considerados únicamente en tanto que se mueven, sin atención alguna a la naturaleza de estos seres ni a sus accidentes, y no es necesario para esto que el ser en movimiento tenga una existencia separada de los seres sensibles, o que haya en los seres en movimiento una naturaleza determinada. Así que puede haber razonamientos, conocimientos relativos a los seres que se mueven, no en tanto que experimentan el movimiento, sino únicamente en tanto que cuerpos; después únicamente en tanto que superficies; luego únicamente en tanto que longitudes; después en tanto que son divisibles o indivisibles, teniendo una posición; en fin, en tanto que son absolutamente indivisibles. Puesto que no hay absolutamente ningún error en dar nombre de seres, no sólo a las existencias separadas, sino también a las que no se pueden separar, a los objetos en movimiento, por ejemplo, no hay tampoco absolutamente error en atribuir el ser a los objetos matemáticos y en considerarlos como se los considera. Y así como las demás ciencias no merecen el título de ciencia sino cuando tratan del ser de que nosotros hablamos, y no de lo accidental, cuando tales ciencias se preguntan, por ejemplo, no si lo que produce la salud es lo blanco, porque el ser que produce la salud es blanco, sino qué es este ser que la produce; cuando cada una de ellas es la ciencia de su objeto propio, ciencia del ser que produce salud, si su objeto es lo que produce la salud; ciencia del hombre, si examina al hombre como tal; en igual forma, la geometría no indaga si los objetos de que se ocupa son accidentalmente seres sensibles; no los estudia en tanto que seres sensibles.

Por consiguiente, las ciencias matemáticas no tratan de los seres sensibles, ni tampoco tienen por objeto otros seres separados. Pero hay una multitud de accidentes que son esenciales a las cosas, en tanto que cada uno de ellos reside esencialmente en ellas. El animal, en tanto que hembra y en tanto que macho, es una modificación propia del género; sin embargo, no hay nada que sea hembra o macho independientemente de los animales. Puede considerarse los objetos sensibles únicamente en tanto que longitudes, en tanto que superficies. Y cuanto más primitivos sean los objetos de la ciencia, según el orden lógico, y más simples sean, tanto más rigor tiene la ciencia, porque el rigor es la simplicidad. La ciencia de lo que no tiene magnitud es más rigurosa que la ciencia de lo que tiene magnitud; si su objeto no tiene movimiento, es mucho más riguroso aún. Y la ciencia del primer movimiento lo es más entre las ciencias de movimientos, porque es el movimiento más simple, y el movimiento uniforme es el más simple entre los movimientos primeros. El mismo razonamiento cabe respecto de la música y de la óptica. Ni una ni otra consideran la vista en tanto que vista, ni el sonido en tanto que sonido; tratan de las líneas en tanto que líneas, de los números en tanto que números, los cuales son modificaciones propias de la vista y del sonido. Lo mismo acontece con la mecánica.

Así, pues, cuando se admiten como existencias separadas algunos de estos accidentes esenciales; cuando se trata de estos accidentes en tanto que existencias separadas, no se incurre en error, como se incurriría, por ejemplo, si midiendo la tierra se diese al pie otro nombre que el de pie. El error jamás se encuentra en lo primero que se afirma y se asienta. Puede llegarse a resultados excelentes afirmando como separado lo que no existe separado, y así lo hacen el aritmético y el geómetra. El hombre es, en efecto, uno e indivisible en tanto que hombre. El aritmético, después de haberlo afirmado como uno e indivisible, buscará cuáles son los accidentes propios del hombre en tanto que indivisible; mientras que el geómetra no le considera ni en tanto que hombre ni en tanto que indivisible, sino en tanto que cuerpo sólido. Porque suponiendo las propiedades que se manifiestan en el hombre una división real, estas propiedades existen en él en potencia, hasta cuando no hay división. Y así los geómetras tienen razón. Sobre seres giran sus discusiones; los objetos de su ciencia son seres: hay dos clases de seres, el ser en acto y el ser material.

El bien y lo bello difieren el uno del otro: el primero reside siempre en las acciones, mientras que lo bello se encuentra igualmente en los seres inmóviles. Incurren en un error los que pretenden que las ciencias matemáticas no hablan ni de lo bello ni del bien. De lo bello es de lo que principalmente hablan, y lo bello es lo que demuestran. No hay razón para decir que no hablan de lo bello porque no lo nombren; mas indican sus efectos y sus relaciones. ¿No son las más imponentes formas de lo bello el orden, la simetría y la limitación? Pues esto es en lo que principalmente hacen resaltar las ciencias matemáticas. Y puesto que estos principios, esto es, el orden y la limitación, son evidentemente causa de una multitud de cosas, las matemáticas deben considerarse como causa, desde cierto punto de vista, la causa de que hablamos; en una palabra, lo bello. Pero de este asunto trataremos en otra parte con más detención.

Acabamos de demostrar que los seres matemáticos son seres, y cómo son seres, en qué concepto no tienen la prioridad y en cuál son anteriores.

IV

Llegamos ya a las ideas; comencemos por el examen del concepto mismo de la idea. No uniremos a su explicación la de la naturaleza de los números; la examinaremos tal como nació en el espíritu de los primeros que admitieron la existencia de las ideas.

La doctrina de las ideas nació en los que la proclamaron como consecuencia de este principio de Heráclito, que aceptaron como verdadero: todas las cosas sensibles están en un flujo perpetuo; de cuyo principio se sigue que, si hay ciencia y razón de alguna cosa, debe haber, fuera del mundo sensible, otras naturalezas, naturalezas persistentes; porque no hay ciencia de lo que pasa perpetuamente. Sócrates se encerró en la especulación de las virtudes morales, y fue el primero que indagó las definiciones universales de estos objetos. Antes de este filósofo, Demócrito se había limitado a una parte de la física (apenas si definió lo caliente y lo frío), y los pitagóricos, anteriores a Demócrito, habían definido pocos objetos, cuyas nociones referían a los números: tales eran las definiciones de la Oportunidad, de lo Justo, del Matrimonio. No sin motivo Sócrates intentaba determinar la esencia de las cosas. La argumentación regular era el punto a que dirigía sus esfuerzos. Ahora bien, el principio de todo silogismo es la esencia. La dialéctica aún no tenía en este tiempo un poder bastante fuerte para razonar sobre los contrarios independientemente de la esencia, y para determinar si es la misma ciencia la que trata de los contrarios. Y así, con razón puede atribuirse a Sócrates el descubrimiento de estos dos principios: la inducción y la definición general. Estos dos principios son el punto de partida de la ciencia.

Sócrates no concedía una existencia separada, ni a los universales ni a las definiciones. Los que vinieron después de él las separaron, y dieron a esta clase de seres el nombre de ideas. La consecuencia a que les condujo esta doctrina es: que hay ideas de todo aquello que es universal. Se encontraron próximamente en el caso del hombre que, queriendo contar un pequeño número de objetos, y persuadido de que no podría conseguirlo, aumentase el número para mejor contarlos. Hay, en efecto, si no me engaño, un número mayor de ideas que de estos seres sensibles particulares, cuyas causas tratan de averiguar, indagación que les condujo de los seres sensibles a las ideas. Hay por lo pronto, independientemente de las ideas de las sustancias, la idea de cada ser particular; idea que es la representación de este ser; después ideas que abrazan un gran número de seres en su unidad respecto de los objetos sensibles y de los seres eternos.

No para en esto: ninguna de las razones en que se apoya la existencia de las ideas tiene un valor demostrativo. Muchas de estas razones no conducen a la conclusión que de ellas se deduce; otras ideas llevan a admitir ideas de objetos, de los que la teoría no reconoce que las haya. Si de la naturaleza de las ciencias se toman las pruebas habrá ideas de todo lo que es objeto de una ciencia. Habrá hasta negaciones, si se arguye que hay algo que es uno en la multiplicidad, si se trata del concepto de lo que es destruido, se tendrán ideas de cosas perecederas, porque hasta cierto punto se puede formar una imagen de lo que ha perecido. Los más rigurosos razonamientos de que es posible servirse, conducen: los unos a ideas de las relaciones, de las que no hay género en sí, y otros a asentar la existencia del tercer hombre. En una palabra, todo lo que se alega para probar la existencia de las ideas destruye el principio que a los partidarios de las ideas importa sostener con más interés que la existencia misma de las ideas. En efecto, la consecuencia de esta doctrina es que no es la díada la primera, sino el número; que la relación es anterior al número, y al ser en sí, y todas las demás contradicciones con sus principios, en que han incurrido los partidarios de la doctrina de las ideas.

Añadamos que si hay ideas, debe haber ideas, no sólo de las esencias, sino también de otra multitud de cosas, porque la esencia no es la única cosa que la inteligencia concibe con un mismo pensamiento: concibe también lo que no es esencia. Finalmente, la esencia no sería el único objeto de la ciencia, y prescindimos de todas las demás consecuencias del mismo género que lleva consigo la suposición. Ahora bien, es de toda necesidad, atendidos los caracteres que se atribuyen a las ideas, que si se admite la participación de los seres en ellas, sólo pueda haber ideas de las esencias. La participación de los seres en las ideas no es una participación accidental; cada uno de ellos puede participar tan sólo en tanto que no es el atributo de algún sujeto. He aquí, por lo demás, lo que yo entiendo por participación accidental. Admitamos que un ser participa del doble: entonces participará de lo eterno también, pero accidentalmente, porque sólo accidentalmente lo doble es eterno. Se sigue de aquí que las ideas deben ser esencias. Las ideas son en este mundo, y en el mundo de las ideas, la representación de las esencias. De otra manera, ¿qué significaría esta proposición: la unidad en la pluralidad es algo que está fuera de los objetos sensibles? Y por otra parte, si todas las ideas son del mismo género que las cosas que participan de ellas, habrá alguna relación común entre estas cosas y las ideas; porque ¿qué razón hay para que haya unidad e identidad del carácter constitutivo de la díada entre las díadas perecederas y las díadas, que son también varias, pero eternas, más bien que entre la díada ideal y la particular? Si no hay comunidad de género sólo quedará de común el nombre de hombre a Calias y a un trozo de madera sin haber observado nada de común entre ellos.

¿Admitiremos, por otra parte, que hay concordancia entre las definiciones generales y las ideas, esto es, en cuanto al círculo matemático, concordancia con las ideas, de la noción de figura plana y de todas las demás partes que entran en la definición del círculo? ¿Estará unida la idea al objeto de que es ella la idea? Tengamos cuidado, no sea que no haya aquí más que palabras vacías de sentido. En efecto, ¿a qué se unirá la idea? ¿Se unirá al centro del círculo, a la superficie, a todas sus partes esenciales? Todo en la esencia es una idea: el animal es una idea, el bípedo es una idea. Se ve por lo demás claramente que la idea de que se trata sería necesariamente algo y, al modo que el plano, una cierta naturaleza, que se encontraría en concepto de género en todas las ideas.

V

La mayor dificultad que se presenta es la de saber cuál puede ser la utilidad de las ideas para los seres sensibles eternos o para aquellos de estos seres que nacen y los que mueren. No son ellas por sí mismas causa de ningún movimiento, de ningún cambio en ellos, ni tampoco auxilian a la ciencia de los demás seres. En efecto, las ideas no constituyen la esencia de estos seres, porque entonces estarían en ellos; tampoco son ellas las que los traen a la existencia, puesto que no residen en los seres que participan de las ideas. Quizá se creerá que son causas, en el mismo concepto que la blancura es causa del objeto blanco con que ella se mezcla. Esta opinión, que tiene su origen en las doctrinas de Anaxágoras, y que Eudoxio abrazó después, no sabiendo qué partido tomar, y que algunos otros han admitido, también es muy fácil combatirla. Podrían acumularse contra semejante doctrina argumentos sin número. Voy más lejos: es imposible que los demás seres provengan de las ideas en ninguno de los sentidos en que se emplea la expresión provenir. Decir que las ideas son ejemplares y que los demás seres participan de las ideas es contentarse con palabras vacías de sentido, es formar metáforas poéticas. El que trabaja en su obra, ¿tiene necesidad para esto de tener los ojos fijos en las ideas? Un ser cualquiera puede ser, puede hacerse, sin que nada le haya servido de modelo. Y así, exista o no Sócrates, puede nacer un hombre como Sócrates. La misma consecuencia resultaría evidentemente aun cuando Sócrates fuese eterno. Habría, además, muchos modelos de una misma cosa, y por consiguiente muchas ideas. Así, para el hombre habría el animal, el bípedo, el hombre en sí.

Hay más aún. No sólo las ideas serían modelos de los objetos sensibles, sino que serían también modelos de ellas mismas: tal sería el género en tanto que género de ideas; de donde se sigue que la misma cosa sería a la vez modelo y copia. En fin, no es posible, al parecer, que la esencia exista separadamente de aquello de que es la esencia. ¿Cómo entonces es posible que las ideas que son las esencias de las cosas tengan una existencia separada?

Se dice en el Fedón que las ideas son las causas del ser y del devenir. Pues bien, aun cuando hubiese ideas, no habría producción si no hay una causa motriz. Y, además, hay una multitud de cosas que devienen: una casa, un anillo, por ejemplo, y no se pretende que existan ideas de ellas; de donde se sigue que los seres respecto de los que se admiten ideas son susceptibles de ser y de devenir, mediante la acción de causas análogas a las que obran sobre las cosas que acabamos de hablar, y que no son las ideas las causas de estos seres.

Por lo demás, es posible, valiéndose de este modo de refutación que acabamos de emplear, y por medio de argumentos todavía más concluyentes y más rigurosos, acumular, contra la doctrina de las ideas, una multitud de argumentos semejantes a los que acabamos de indicar.

VI

Hemos fijado el valor de la teoría de las ideas, y ahora debemos examinar las consecuencias de la teoría de los números considerados como sustancias independientes y como causas primeras de los seres.

Si el número es una naturaleza particular, si para el número no hay otra sustancia que el número mismo, como lo pretenden algunos, en tal caso cada número difiere necesariamente de especie; éste es primero, aquél entra en segunda línea. Y, por consiguiente, o hay una diferencia inmediata entre las mónadas, y una mónada cualquiera no puede combinarse con otra mónada cualquiera, o todas las mónadas se siguen inmediatamente, y una mónada cualquiera puede combinarse con otra mónada cualquiera (esto tiene lugar en el número matemático, porque en el número matemático no hay ninguna diferencia entre una mónada y otra mónada), o unas pueden combinarse y otras no pueden (si admitimos, por ejemplo que la díada es la primera después de la unidad, que la tríada lo es después de la díada, y así sucesivamente para los demás números, que hay contabilidad entre las mónadas de cada número particular, entre las que componen la primera díada, después entre las que componen la primera tríada, luego entre las que componen cada uno de los otros números; pero que las de la díada ideal no son combinables con los de la tríada ideal, y que lo mismo sucede con los demás números sucesivos, se sigue de aquí que mientras que en los números matemáticos el número dos, que sigue a la unidad, no es más que la adición de otra unidad a la unidad precedente, el número tres la adición de otra unidad al número dos, y así de los demás, en los números ideales, por el contrario, el número dos, que viene después de la unidad, es de otra naturaleza e independiente de la unidad primera, y la tríada es independiente de la díada, y así de los demás números), o bien entre los números hay unos que están en el primer caso, otros que son números en el sentido en que lo entienden los matemáticos, y otros que están en el último de los tres casos en cuestión. En fin, o los números están separados de los objetos, o no están separados; existen en las cosas sensibles, no como en la hipótesis que hemos examinado más arriba, sino en tanto que constituyan las cosas sensibles los números que residen en ellas, y entonces, o bien entre los números hay unos que existen y otros que no existen en las cosas sensibles, o bien todos los números existen en ellas igualmente.

Tales son los modos de existencia que pueden afectar los números, y son necesariamente los únicos. Los mismos que asientan la unidad como principio, como sustancia y como elemento de todos los seres, y el número como producto de la unidad y de otro principio, todos han adoptado alguno de estos puntos de vista, excepto el de la incompatibilidad absoluta de las mónadas entre sí. Esto no carece de razón. No puede imaginarse otro caso fuera de los enumerados.

Hay quien admite dos especies de números, los números en que hay prioridad y posterioridad (que son las ideas) y el número matemático fuera de las ideas y de los objetos sensibles; estas dos clases de números están igualmente separadas de los objetos sensibles. Otros sólo reconocen el número matemático, que consideran como el primero de los seres, y que separan de los objetos sensibles. El único número para los pitagóricos es también el número matemático, pero no separado, y él, en su opinión, constituye las esencias sensibles. Organizan el cielo con los números, sólo que éstos no se componen de mónadas verdaderas. Atribuyen la magnitud a las mónadas. Pero como la unidad primera puede tener una magnitud, nace de aquí una dificultad que, a nuestro parecer, no resuelven. Otro filósofo sólo admite un número primitivo ideal; otros identifican el número ideal con el número matemático.

Los mismos sistemas aparecen con relación a las longitudes, a las superficies, a los sólidos. Hay unos que admiten dos clases de magnitudes: las magnitudes matemáticas y las que proceden de las ideas. Entre los que son de distinta opinión, hay unos que admiten las magnitudes matemáticas, pero les atribuyen una existencia matemática; éstos son los que no reconocen ni las ideas números, ni las ideas; otros admiten las magnitudes matemáticas, pero les atribuyen algo más que una existencia matemática. No toda magnitud se divide en magnitudes, según ellos, y la díada no se compone indistintamente de cualesquiera mónadas.

El número lo constituyen las mónadas. Todos los filósofos están de acuerdo en este punto, excepto algunos pitagóricos, que pretenden que la unidad es el elemento y el principio de todos los seres; éstos atribuyen la magnitud a las mónadas, como hemos dicho precedentemente.

Hemos demostrado de cuántas maneras se podían considerar los números y acabamos de ver la enumeración completa de las diversas hipótesis. Todas estas hipótesis son inadmisibles, pero probablemente unas lo son más que otras.

VII

Necesitamos examinar por lo pronto, como nos hemos propuesto, si las unidades son combinables o incombinables, y caso de que sean combinables, de cuántas maneras lo son. Es posible que una unidad cualquiera sea incombinable con otra unidad cualquiera, o bien que las unidades de la díada en sí sean incombinadas con las de la tríada en sí, y que las unidades de cada número primo sean igualmente incombinables entre sí. Si todas las unidades son combinables y no difieren, se tiene entonces el número matemático, no hay más número que éste, y no es posible que las ideas sean números. Porque ¿qué número sería el hombre en sí, el animal en sí, o cualquiera otra idea? No hay más que una sola idea para cada ser, una sola idea para el hombre en sí, una sola igualmente para el animal en sí, y por el contrario, hay una infinidad de números semejantes y que no difieren. No sería, por tanto, esta tríada más bien que aquella otra la que fuese el hombre en sí. Por otra parte, si las ideas no son números, es imposible que existan, porque ¿de qué principios podrían venir las ideas? El número viene de la unidad y de la díada indefinida; éstos son los principios y elementos del número; pero no se puede afirmar un orden de prioridad ni de posteridad entre los elementos y los números.

Si las unidades son incombinables, si toda unidad es incombinable con toda unidad, entonces el número matemático no puede existir (porque el número matemático se compone de unidades que no difieren, y todas las operaciones que se hacen con el número implican esta condición), ni el número ideal (porque la primera díada no se compondrá de la unidad y de la díada indefinida). Después, en los números, hay un orden de sucesión: dos, tres, cuatro. En cuanto a la díada primera, las unidades que la componen son coetáneas bajo la relación de la producción, ya sea, como lo ha dicho el primero que trató esta cuestión, porque resulten ellas de la desigualdad hecha igual, o ya sea de otra manera. Por otra parte, si una de estas dos unidades es anterior a la otra, será anterior igualmente al número dos compuesto de dos unidades; porque cuando, de dos cosas, la una es anterior, la otra posterior, el compuesto de estas dos cosas es anterior a la una y posterior a la otra. En fin, puesto que hay la unidad en sí, que es la primera, y luego la primera unidad real, habrá una segunda después de aquélla, y luego una tercera; la segunda después de la segunda es la tercera después de la primera, y entonces las unidades serán anteriores a los números que las comprenden. Por ejemplo, es preciso que una tercera unidad se una a la díada antes que se tenga el número tres, y que una cuarta se añada a la tríada, después una quinta, para obtener los números siguientes.

Ninguno de los filósofos de que se trata ha podido decir que las unidades sean incombinables de esta manera. Sin embargo, así resulta de sus principios. Pero esto es contrario a la realidad. Es natural decir que hay anterioridad y posterioridad en las unidades, si hay una unidad primera y un primer uno, y lo mismo de las díadas, si hay una primera díada. Porque después de lo primero, es natural, es necesario que haya el segundo, y si hay un segundo, es preciso que haya un tercero, y así sucesivamente. Mas por otra parte es imposible afirmar que, después de la unidad primera y en sí, haya al mismo tiempo una primera unidad, una segunda unidad y una díada primera. Porque se admite una primera mónada, una primera unidad, y jamás se habla de segunda ni de tercera; se dice que hay una primera díada, y no se admite una segunda, una tercera. Es evidente que no es posible, si todas las unidades son incombinables, que el mismo número dos, que el tres, existan, y lo mismo puede decirse de los demás números.

Para que las unidades todas difieran o no entre sí, es preciso que los números se formen necesariamente por adición, y así el número dos resultará de la unidad unida a otra unidad; el número tres del número dos aumentado con una unidad; y lo mismo sucederá con el número cuatro. Conforme a esto, es imposible que los números sean producidos, como se ha dicho, por la díada y la unidad. La díada, en efecto, es una parte del número tres, éste del número cuatro y en el mismo caso están los números siguientes. El número cuatro, se dice que encierra dos díadas, procedente de la primera díada y de la díada indeterminada, ambas diferentes de la díada en sí. Pero si la díada en sí no entra como parte en esta composición, será preciso decir entonces que una segunda díada se ha unido a la primera, y la díada, a su vez, resultará de la unidad en sí y de otra unidad. Si es así, no es posible que uno de los elementos del número dos sea la díada indeterminada, porque ella no engendra más que una unidad, y no la díada determinada. Además, fuera de la díada y de la tríada en sí, ¿cómo podrá haber otras tríadas y otras díadas? ¿Cómo podrán componerse de las primeras mónadas y de las siguientes? Todo esto no es más que una pura ficción, y es imposible que haya por lo pronto una primera díada y en seguida una tríada en sí, lo cual es una consecuencia necesaria; sin embargo, sí se admite la unidad y la díada indeterminada como elementos de los números. Si la consecuencia no puede ser aceptada, es imposible que sean éstos los principios de los números. Tales son las consecuencias a que se ve uno conducido necesariamente y a otras análogas, si todas las unidades son diferentes entre sí.

Si las unidades difieren en los números diferentes y son idénticas entre sí sólo en un mismo número, también en este caso se presentan dificultades no menores en número. Así, en la década en sí se encuentran diez unidades; pero el número diez se compone de estas unidades, y también de dos veces el número cinco. Y como esta década no es un número cualquiera, porque no se compone de dos números cinco cualesquiera, ni de cualesquiera unidades, es de toda necesidad que las unidades que la componen difieran entre sí. Si no difieren, los dos números cinco que componen el número diez no diferirán tampoco. Si estos números difieren, habrá diferencia igualmente en las unidades. Si las unidades difieren, ¿no habrá en el número diez otros números cinco, no habrá más que los dos números en cuestión? Que no haya otros, esto es absurdo; y si hay otros, ¿qué número diez compondrán estos nuevos números cinco? En el número diez no hay otro número diez fuera de él mismo. Por otra parte, es de necesidad que el número cuatro se componga de díadas que no se toman al azar; porque se dice: es la díada indeterminada la que mediante su unión con la díada determinada, ha formado dos díadas. Con aquello que ha tomado es con lo que podía producir díadas.

Además, ¿cómo puede ser la díada una naturaleza particular fuera de las dos unidades, y la tríada fuera de las tres unidades? Porque, o bien la una participa de la otra, como el hombre blanco participa de lo blanco y del hombre, aunque sea distinto de ambos; o bien la una será una diferencia de la otra, así como hay el hombre independientemente del animal y del bípedo. Además, hay unidad por contacto, unidad por la mezcla, unidad por posición; pero ninguno de estos modos conviene a las unidades que componen la díada o la tríada. Pero así como los hombres no son un objeto uno, independientemente de los dos individuos, lo mismo sucede necesariamente respecto a las unidades. Y no podrá decirse que el caso no es el mismo, por ser indivisibles las unidades; los puntos son también indivisibles y, sin embargo, los dos puntos, tomados colectivamente, no son una cosa independiente de cada uno de los dos. Por otra parte, no debe olvidarse que las díadas son unas anteriores, otras posteriores, y los demás números son como las díadas. Porque supongamos que las dos díadas que entran en el número cuatro sean coetáneas; por lo menos son anteriores a las que entran en el número ocho; ellas son las que han producido los dos números cuatro que se encuentran en el número ocho, así como ellas mismas habían sido producidas por la díada. Conforme a esto, si la primera díada es una idea, estas díadas serán igualmente ideas. El mismo razonamiento cabe respecto de las unidades. Las unidades de la primera díada producen las cuatro unidades que forman el número cuatro; por consiguiente, todas las unidades son ideas, y hay por tanto ideas compuestas por ideas. Por consiguiente, es claro que los mismos objetos de que estas unidades son ideas se compondrán de la misma manera; habría, por ejemplo, animales compuestos de animales, si hay ideas de los animales.

Finalmente, establecer una diferencia cualquiera entre las unidades es un absurdo, una pura ficción; digo ficción, porque esto va contra la idea misma de la unidad. Porque la unidad no difiere, al parecer, de la unidad, ni en cantidad, ni en cualidad; es la necesidad de que el número sea igual o desigual; todo número, pero sobre todo el número compuesto de unidades. De suerte que, si no es ni más grande ni más pequeño, es igual. Ahora bien, cuando dos números son iguales y no difieren en nada, se dice que son los mismos. Si no fuese así, las díadas que entran en el número diez podrían diferir a pesar de su igualdad; porque, ¿qué razón podría haber para decir que no difieren? Además, si toda unidad unida a otra unidad forma el número dos, la unidad sacada de la díada formará, con la unidad sacada de la tríada, una díada, díada compuesta de unidades diferentes, y entonces esta díada, ¿será anterior a la tríada o posterior? Parece que debe más bien ser necesariamente anterior, porque una de estas dos unidades es coetánea de la tríada, y la otra coetánea de la díada. Es cierto, en general, que toda unidad unida a otra unidad, ya sean iguales o desiguales, forman dos: como el bien y el mal, el hombre y el caballo. Pero los filósofos de que se trata no admiten ni siquiera que esto tenga lugar en cuanto a las mónadas. Sería extraño, por otra parte, que el número tres no fuese más grande que el número dos: ¿se admite que es más grande? Pero hemos visto que era igual. De suerte que ni diferirá del mismo número dos. Pero esto no es posible, si hay un número que sea primero, otro que sea segundo, y entonces las ideas no serán números, y bajo esta relación tienen razón los que dicen que las unidades difieren; en efecto, si fuesen ideas no habría, como dijimos más arriba, más que una sola idea en la hipótesis contraria. Si, por lo contrario, las mónadas no difieren, las díadas y las tríadas tampoco diferirán, y entonces será preciso decir que se cuenta de esta manera: uno, dos, sin que el número siguiente resulte del precedente unido a otra unidad, sin lo cual el número no sería ya producido por la díada indeterminada y no habría ya ideas. Una idea se encontraría en otra idea, y todas las ideas serían partes de una idea única.

Los que pretenden, por tanto, que las unidades no difieren, razonan bien en la hipótesis de las ideas, pero no en absoluto. Necesitan suprimir muchas cosas. Ellos mismos confiesan que, sobre esta cuestión, cuando contamos y decimos: uno, dos, tres, ¿el segundo número no es más que el primero unido a una unidad, o bien es considerado aparte y en sí mismo? Confesarán, digo, que es dudoso. Y en realidad podemos considerar los números desde este doble punto de vista. Es, pues, ridículo admitir que hay en los números tan gran diferencia de esencia.

VIII

Ante todo es bueno determinar qué diferencia hay entre el número y la unidad, si es que la hay. Sólo podría haber diferencia bajo la relación de la cantidad o bajo la de la cualidad; pero no se puede aplicar aquí ni uno ni otro supuesto; sólo los números difieren en cantidad. Si las unidades difieren en cantidad, un número diferiría de otro, aun conteniendo la misma suma de unidades. En seguida, ¿las primeras unidades serían las más grandes o serían las más pequeñas? ¿Irían creciendo o sucedería lo contrario? Todas estas hipótesis son irracionales.

Por otra parte, las unidades tampoco pueden diferir por la cualidad, porque no pueden tener en sí ninguna modificación propia; en los números, en efecto, se dice que la cualidad es posterior a la cantidad. Por otra parte, esta diferencia de cualidad no podría venir sino del uno o del dos; pero la unidad no tiene cualidad, y el dos sólo tiene cualidad en tanto que es una cantidad, y por ser ésta su naturaleza puede producir la pluralidad de los seres. Si la mónada puede tener cualidad de cualquiera otra manera, sería preciso comenzar por decirlo; debería determinarse antes, porque las mónadas deben necesariamente diferir, y si esta necesidad no existe, ¿de dónde puede proceder esta cualidad de que se habla? Es, pues, evidente, que si las ideas son números, no es posible que todas las mónadas sean absolutamente combinables, como no lo es que sean todas incombinables entre sí.

Lo que otros filósofos dicen de los números no es más verdadero; quiero hablar de los que creen que las ideas no existen, ni absolutamente, ni en tanto que números, pero que admiten la existencia de los seres matemáticos, pretendiendo que los números son los primeros seres y que tienen por principio la unidad en sí. Sería un absurdo que hubiese, como quieren, una unidad primera, anterior a las unidades realizadas, y que la misma cosa no tuviese lugar también respecto de la díada y de la tríada, porque las mismas razones hay en ambos casos. Por tanto, si lo que se dice del número es exacto, y si se admite que el número matemático existe solo, no tiene la unidad por principio. Esta unidad, en efecto, debería necesariamente diferir de las otras mónadas y, por consiguiente, la díada primitiva diferiría igualmente de las demás díadas, y lo mismo sucedería con todos los números sucesivamente. Si la unidad es principio, el punto de vista de Platón, relativamente a los números, es mucho más verdadero, y es necesario decir con él que hay también una díada, una tríada primitiva, y que los números no son combinables entre sí. Por otra parte, si se admite esta opinión, ya hemos demostrado todas las consecuencias absurdas que de ella resultan. Sin embargo, es preciso optar entre una y otra de estas dos opiniones. Si ni la una ni la otra son verdaderas, no será posible que el número exista separado.

Es evidente, conforme a esto, que el tercer sistema, que admite que el mismo número es a la vez el número ideal y el número matemático, es el más falso de todos; porque este sistema reúne él solo todos los defectos de los otros dos. El número matemático no es ya verdaderamente el número matemático; pero como se transforma hipotéticamente su naturaleza, se ve uno forzado a atribuirle otras propiedades además de las propiedades matemáticas, y todo lo que resulta de suponer la existencia de un número ideal es verdadero igualmente respecto a este número considerado de esta manera.

El sistema de los pitagóricos presenta, desde un punto de vista, menos dificultades que los precedentes; pero desde otro tiene algunas otras que le son propias. Decir que el número no exista separado es suprimir ciertamente un gran número de consecuencias imposibles que nosotros hemos indicado, pero admitir, por otra parte, que los cuerpos se componen de números, y que el número componente es el número matemático, he aquí lo que es imposible. En efecto, no es cierto que las magnitudes sean indivisibles; precisamente porque son indivisibles es por lo que las mónadas no tienen magnitud; ni ¿cómo es posible componer las magnitudes con elementos indivisibles? Pero el número aritmético se compone de mónadas indivisibles; sin embargo, se dice que los números son los seres sensibles; se aplican a los cuerpos las propiedades de los números como si vinieran de los números. Además, es necesario, si el número es un ser en sí, que lo sea de alguna de las maneras que hemos indicado, pero no puede serlo de ninguna de ellas. Por tanto, es evidente que la naturaleza del número no es la que le atribuyen los filósofos que le consideran como un ser independiente.

No es esto todo: ¿es cada mónada el resultado de la igualdad de lo grande y de lo pequeño, o preceden unas de lo grande y otras de lo pequeño? En este último caso no viene cada número de todos los elementos del número, y por tanto las mónadas son diferentes; porque en las unas entra lo grande, en las otras lo pequeño, que es por su naturaleza lo contrario de lo grande. Por otra parte, ¿cuál es la naturaleza de las que forman la tríada? Porque en este número hay una mónada impar. Por esto mismo, se dirá, se admite que la unidad ocupa un medio entre el par y el impar. Sea así; pero si cada mónada es el resultado de la igualdad de lo grande y de lo pequeño, ¿cómo la díada constituirá una sola y misma naturaleza estando compuesta de lo grande y de lo pequeño? ¿En qué diferirá de la mónada? Además, la mónada es anterior a la díada, porque su supresión lleva consigo la de la díada. La mónada será necesariamente una idea de idea, puesto que es anterior a una idea, y la mónada primera procederá de otra cosa. La mónada en sí es la que produce la primera mónada; lo mismo que la díada indeterminada produce el número dos.

Añádase a esto que es de toda necesidad que el número sea infinito o finito, porque se forma de él un ser separado, y es, por tanto, necesariamente un ser en una u otra de estas dos condiciones. Por lo pronto, no puede ser infinito, y esto es evidente, porque el número infinito no sería par ni impar, y todos los números producidos son siempre pares o impares. Si una unidad llega a unirse a un número par, se hace impar; si la díada indefinida se junta a la unidad, se tiene el número dos, y se tiene un número par, si dos números impares se juntan.

Además, si toda idea corresponde a un objeto, y si los números son ideas, habrá un objeto sensible o de cualquiera otra especie que corresponderá al número infinito. Pero esto no es posible conforme a la doctrina misma, ni conforme a la razón. En la hipótesis de que nos ocupamos, toda idea tiene un objeto correspondiente; pero si el número es finito, ¿cuál es el límite? No basta afirmarlo; es preciso dar la demostración. Si el número ideal no pasa de diez, como algunos pretenden, las ideas faltarán bien pronto; si, por ejemplo, el número tres es el hombre en sí, ¿qué número será el caballo en sí? Los números hasta diez son los únicos que pueden representar los seres en sí, y todos los objetos deberán tener por idea alguno de estos números, porque sólo ellos son sustancias e ideas. Pero faltarán números para los demás objetos, porque no bastarán ni siquiera para las especies del género animal. Es evidente también que si el número tres es el hombre en sí, siendo todos semejantes, puesto que entran en los mismos números habrá entonces un número infinito de hombres. Si cada número tres es una idea, cada hombre es el hombre en sí; si no, habrá solamente el ser en sí, correspondiendo al hombre en general. Además, si el número más pequeño es una parte del más grande, los objetos representados por las mónadas componentes serán parte del objeto representado por el número compuesto. Y así, si el número cuatro es la idea de un ser, del caballo o de lo blanco, por ejemplo, el hombre será una parte del caballo si el hombre es el número dos. Es, pues, un absurdo decir que el número diez es una idea, y que el número once y siguientes no son ideas. Añádase a esto que existen y se producen seres de los que no hay ideas. ¿Por qué, pues, no hay también ideas de estos seres? Las ideas no son, por tanto, causas. Por otra parte, es un absurdo que los números hasta el diez sean más bien seres e ideas que el mismo número diez. Es cierto que estos números, en la hipótesis que discutimos, no son engendrados por la unidad, mientras que sucede lo contrario con la década, y esto quieren explicarlo diciendo que todos los números hasta el diez son números perfectos. En cuanto a todo lo que se liga a los números, como el vacío, la analogía, el impar, son, según ellos, producciones de los diez primeros números. Atribuyen ciertas cosas a la acción de los principios, como el movimiento, el reposo, el bien, el mal, y todas las demás cosas resultan de los números. La unidad es el impar, porque si fuese el número tres, ¿cómo el número cinco sería el impar? En fin, ¿hasta qué límite llega la cantidad para las magnitudes y las demás cosas de este género? La línea primera es indivisible, después la díada y después los demás números hasta la década.

Además, si el número se ha separado, podría preguntarse: ¿quién tiene la prioridad, la unidad o la tríada y la díada? En tanto que los números son compuestos, la unidad en tanto que el universal y la forma son anteriores, el número. Cada unidad es una parte del número, como materia: el número es la forma. Así mismo, desde un punto de vista el ángulo agudo es posterior al ángulo recto, porque se le define por el recto; desde otro, es anterior, porque es una parte de él, puesto que el ángulo recto puede dividirse en ángulos agudos. En tanto que materia, el ángulo recto, el elemento, la unidad son anteriores; pero bajo la relación de la forma y de la moción sustancial, lo que es anterior es el ángulo recto que se compone de la materia y de la forma; porque lo compuesto de la materia y de la forma se aproxima más a la forma y a la moción sustancial; pero bajo la relación de la producción, es posterior. ¿Cómo, por tanto, es la unidad principio? Es, se dice, porque es indivisible. Pero lo universal, lo particular, el elemento, son indivisibles igualmente, pero no de la misma manera: lo universal es indivisible en su noción; el elemento lo es en el tiempo, ¿De qué manera, por último, la unidad es un principio? El ángulo recto, acabamos de decir, es anterior al agudo, y el agudo parece anterior al recto, y cada uno de ellos es uno. Se dirá que la unidad es principio desde estos dos puntos de vista. Pero esto es imposible: lo sería, por una parte, a título de forma y de esencia, y por otra a título de parte de materia. En la díada verdaderamente sólo hay unidades en potencia. Si el número es, como se pretende, una unidad y no un montón; si cada número se compone de unidades diferentes, las dos unidades se dan en él en potencia y no en acto.

He aquí la causa del error en que se incurre: se examina a la vez la cuestión desde el punto de vista matemático y desde el punto de vista de las nociones universales. En el primer caso se considera la unidad y el principio como un punto, porque la mónada es un punto sin posición, y entonces los partidarios de este sistema componen, como lo hacen también algunos otros, los seres con el elemento más pequeño. La mónada es la materia de los números, y así es anterior a la díada; pero bajo otra relación es posterior, siendo la díada considerada como un todo, una unidad, como la forma misma. El punto de vista de lo universal condujo a considerar la unidad como el principio general; por otra parte se le consideró como parte, como elemento: dos caracteres que no podrán encontrarse a la vez en la unidad. Si solamente la unidad en sí debe existir sin posición, porque lo que únicamente la distingue es que es principio y que la díada es divisible, mientras que la mónada no lo es, se sigue de aquí que lo que se aproxima más a la unidad en sí es la mónada, y si es la mónada, la unidad en sí tiene más relación con la mónada que con la díada. Por consiguiente, la mónada y la unidad en sí deben ser anteriores a la díada. Pero se pretende lo contrario: que lo que se produce primero es la díada. Por otra parte, si la díada en sí y la tríada en sí son ambas una unidad, ambas son la díada. ¿Qué es, pues, lo que constituye esta díada?

IX

Podría presentarse esta dificultad: no hay contacto en los números, no hay más que sucesión; ahora bien, ¿todas las mónadas entre las que no hay intermedios, por ejemplo, las de la díada o de la tríada, siguen a la unidad en sí? ¿La díada es anterior sólo a las unidades que se encuentran en los números siguientes, o bien es anterior a toda unidad? La misma dificultad tiene lugar respecto de los otros géneros del número, de la línea, de la superficie, del cuerpo. Algunos los componen con las diversas especies de lo grande y de lo pequeño: así componen las longitudes con lo largo y lo corto; las superficies con lo ancho y lo estrecho; los sólidos con lo profundo y lo no profundo, cosas todas que son especies de lo grande y de lo pequeño. En cuanto a la unidad considerada como principio de estos números hay diversas opiniones, las cuales están llenas de mil contradicciones, de mil ficciones evidentes y que repugnan al buen sentido. En efecto, las partes del número quedan sin ningún vínculo, si los principios mismos no tienen ninguno entre sí: se tiene separadamente lo ancho y lo estrecho, lo largo y lo corto, y si así fuese, la superficie sería una línea y el sólido un plano. Además, ¿cómo darse razón, en este sistema, de los ángulos, de las figuras, etc.? Estos objetos se encuentran en el mismo caso que los componentes del número; porque son modos de la magnitud. Mas la magnitud no resulta de los ángulos y de las figuras; lo mismo que la longitud no resulta de lo curvo ni de lo recto, ni los sólidos de lo áspero y de lo liso.

Pero hay una dificultad común a todos los géneros considerados como universales: se trata de las ideas que encierran un género. Y así, ¿el animal en sí está en el animal o es diferente de él? Si no existe separado de él, no hay dificultad; pero si existe independientemente de la unidad y de los números, como pretenden los partidarios del sistema, entonces la solución es difícil, a no ser que por fácil se quiera entender lo imposible. En efecto, cuando se considera la unidad en la díada, o en general en un número, ¿se considera la unidad en sí u otra unidad?

Lo grande y lo pequeño constituyen, según algunos, la materia de las magnitudes; según otros, el punto (el punto les parece ser, no la unidad, sino algo análogo a la unidad) y otra materia del género de la cantidad, pero no cantidad. Las mismas dificultades se producen igualmente en este sistema. Porque si no hay más que una sola materia, hay identidad entre la línea, la superficie y el sólido; si hay muchas, una para la línea, otra para la superficie, otra para el sólido, ¿estas diversas materias se acompañan o no? Se tropezará por este camino con las mismas dificultades: la superficie, o no contendrá la línea o bien será una línea. Además, ¿cómo el número puede componerse de unidad y de pluralidad? Esto es lo que no se intenta demostrar. Cualquiera que sea la respuesta, se tropieza con las mismas dificultades que cuando se compone el número con la díada indefinida. Unos componen el número con la pluralidad tomada en su acepción general, y no con la pluralidad determinada; otros con una pluralidad determinada, la primera pluralidad, porque la díada es una especie de pluralidad primera. No hay ninguna diferencia, por decirlo así; los mismos embarazos se encuentran en los dos sistemas con relación a la posición, a la mezcla, a la producción y a todos los modos de este género.

Veamos una de las más graves cuestiones que puedan proponérsenos para su resolución. Si cada mónada es una, ¿de dónde viene? No es cada una de ellas la unidad en sí; es una necesidad, por tanto, que vengan de la unidad en sí y de la pluralidad o de una parte de la pluralidad. Pero es imposible decir que la mónada es una pluralidad, puesto que es indivisible; si se dice que viene de una parte de la pluralidad, surgen otras dificultades. Porque es necesario que cada una de las partes sea indivisible o que sea una pluralidad, y en este último caso la mónada sería divisible y los elementos del número no serían ya la unidad ni la pluralidad. Por lo demás, no se puede suponer que cada mónada venga de la pluralidad y de la unidad. Por otra parte, el que compone así la mónada no hace más que dar un número nuevo, porque el número es una pluralidad de elementos indivisibles. Además es preciso preguntar a los partidarios de este sistema si el número es finito o infinito. Debe ser, al parecer, una pluralidad finita, la cual, junto con la unidad, ha producido las mónadas finitas; una cosa es la pluralidad en sí y otra la pluralidad infinita. ¿Qué pluralidad son y en qué unidad se dan aquí los elementos?

Las mismas objeciones podrían hacerse relativamente al punto y al elemento con que se componen las magnitudes. No hay un punto único, el punto generador: ¿de dónde viene, pues, cada uno de los demás puntos? Seguramente, no proceden de cierta dimensión y del punto en sí. Más aún; no es siquiera posible que las partes de esta dimensión sean indivisibles, como lo son las partes de la pluralidad, con las cuales se producen las mónadas, porque el número se compone de elementos indivisibles y no de magnitudes.

Todas estas dificultades y otras muchas del mismo género prueban hasta la evidencia que no es posible que el número y las magnitudes existan separadas. Además, la divergencia de opinión entre los primeros filósofos, con relación al número, prueba la perpetua confusión a que les conduce la falsedad de sus sistemas. Los que sólo han reconocido los seres matemáticos son independientes de los objetos sensibles, han desechado el número ideal y admitido el número matemático, porque vieron las dificultades, las hipótesis absurdas que entrañaba la doctrina de las ideas. Los que han querido admitir a la vez la existencia de las ideas y la de los números, no viendo claramente cómo, reconociendo dos principios, se podría hacer el número matemático independiente del número ideal, han identificado verbalmente el número ideal y el número matemático. Esto, en realidad, equivale a suprimir el número matemático, porque el número es en tal caso un ser particular, hipotético, y no el número matemático. El primero que admitió que había números e ideas, separó con razón los números de las ideas. En este punto de vista de cada uno hay, por tanto, algo de verdadero; pero no están completamente en la verdad. Ellos mismos lo confirman con su desacuerdo y sus contradicciones. La causa de esto es que sus principios son falsos, y es difícil, dice Epicarmo, decir la verdad partiendo de lo que es falso; porque la falsedad se hace evidente desde el momento en que se habla.

Estas objeciones y estas observaciones relativamente al número son ya bastantes: mayor número de pruebas convencería más a los que ya están persuadidos, pero no persuadiría más a los que no lo están. En cuanto a los primeros principios, a las primeras causas y a los elementos que admiten los que sólo tratan de la sustancia sensible, una parte de esta cuestión ha sido ya tratada en la física, y el estudio de los demás principios no entra en la indagación presente. Debemos estudiar ahora estas otras sustancias que algunos filósofos consideran como independientes de las sustancias sensibles. Los hay que han pretendido que las ideas y los números son sustancias de este género, y que sus elementos son los elementos y los principios de los seres, y es preciso examinar y juzgar sus opiniones sobre este punto. En cuanto a los que admiten sólo los números y los hacen números matemáticos, nos ocuparemos de ellos más adelante; ahora vamos a examinar el sistema de aquellos que admiten las ideas y ver las dificultades que lleva consigo.

Por lo pronto consideran las ideas a la vez, primero como esencias universales, después como esencias separadas, y por último como la sustancia misma de las cosas sensibles; pero nosotros hemos demostrado precedentemente que esto era imposible. Lo que dio lugar a que los que afirman las ideas como esencias universales las reunieran así en un solo género, fue que no atribuyeron la misma sustancia a los objetos sensibles. Creían que los objetos sensibles están en un movimiento perpetuo, sin que ninguno de ellos persista; pero que fuera de estos seres particulares existe lo universal, y que lo universal tiene una existencia propia. Sócrates, como precedentemente dijimos, se ocupó de lo universal en sus definiciones; pero no lo separó de los seres particulares, y tuvo razón en no separarlo. Una cosa resulta probada por los hechos, y es que sin lo universal no es posible llegar hasta la ciencia; pero la separación de lo general de lo particular es la causa de todas las dificultades que lleva consigo el sistema de las ideas.

Algunos filósofos, creyendo que si hay otras sustancias además de las sustancias sensibles, que pasan perpetuamente, era imprescindible que tales sustancias estuviesen separadas, y no viendo, por otra parte, otras sustancias, admitieron esencias universales; de suerte que en su sistema no hay casi ninguna diferencia de naturaleza entre las esencias universales y las sustancias particulares. Ésta es, en efecto, una de las dificultades que lleva consigo la doctrina de las ideas.

X

Hemos dicho al principio, al proponer las cuestiones que debían resolverse, las dificultades que se presentan, ya se admita, ya se deseche la doctrina de las ideas. Volvamos a tratar este punto.

Si se quiere que no sean sustancias separadas a manera de seres individuales, entonces se anonada la sustancia tal como nosotros la concebimos. Si se supone, al contrario, que son sustancias separadas, ¿cómo representarse sus elementos y principios? Si estos elementos son particulares y no universales, habrá tantos elementos como seres, y no habrá ciencia posible de los elementos. Supongamos, por ejemplo, que las sílabas que componen la palabra sean sustancias, y que sus elementos sean los elementos de éstas; será preciso que la silaba BA sea lo mismo que cada una de las demás sílabas, porque no son universales, y no son idénticas por una relación de la especie; cada una de ellas es una en número, es un ser determinado, es sola de su especie. Luego en esta hipótesis cada sílaba existe aparte e independiente, y si esto son las sílabas, lo mismo lo serán también sus elementos. De suerte que no habrá más que una sola A, y lo mismo sucederá con cada uno de los otros elementos de las sílabas en virtud de este principio, según el que una misma sílaba no puede representar papeles diferentes. Si es así, no habrá otros seres fuera de los elementos, no habrá más que elementos. Añádase a esto que no hay ciencia de los elementos, pues no tienen el carácter de la generación, y la ciencia abraza lo general. Esto se ve claramente en las definiciones y demostraciones: no se concluiría que los tres ángulos de un triángulo particular son iguales a dos rectos si los tres ángulos de todo triángulo no fuesen iguales a dos rectos; no se diría que este hombre es un animal si no fuese todo hombre un animal.

Si, de otro lado, los principios son universales, o si constituyen las esencias universales, lo que no es sustancia será anterior a la sustancia, porque lo universal no es una sustancia, y los elementos y los principios son universales. Todas estas consecuencias son legítimas, si se componen las ideas de elementos, si se admite que independientemente de las ideas y de las sustancias de la misma especie hay otra sustancia separada de las primeras. Pero nada obsta a que con las demás sustancias suceda lo que con los elementos de los sonidos; esto es, que se tienen muchas A y muchas B, que sirven para formar una infinidad de sílabas, sin que por esto haya, independientemente de estas letras, la A en sí, ni la B en sí.

La dificultad más importante que debemos tener en cuenta es la siguiente: toda ciencia recae sobre lo universal, y es de necesidad que los principios de los seres sean universales y no sustancias separadas. Esta aserción es verdadera desde un punto de vista, y desde otro no lo es. La ciencia y el saber son dobles en cierta manera: hay la ciencia en potencia y la ciencia en acto. Siendo la potencia, por decirlo así, la materia de lo universal y la indeterminación misma, pertenece a lo universal y a lo indeterminado, pero el acto es determinado: tal acto determinado recae sobre tal objeto determinado. Sin embargo, el ojo ve accidentalmente el color universal, porque tal color que él ve es color en general. Esta A particular que estudia el gramático es una A en general. Porque si es necesario que los principios sean universales, lo que de ellos se deriva lo es necesariamente, como se ve en las demostraciones. Y si esto es así, nada existe separado, ni aun la sustancia misma. Por tanto, es cosa clara que desde un punto de vista la ciencia es universal y que desde otro no lo es.

LIBRO DECIMOCUARTO

I.   Ningún contrario puede ser el principio de todas las cosas.

II.   Los seres eternos no se componen de elementos.

III.   Refutación de los pitagóricos y de su doctrina sobre los números.

IV.   De la producción de los números. Otras objeciones a las opiniones de los pitagóricos.

V.   El número no es la causa de las cosas.

VI.   Más objeciones contra la doctrina de los números y de las ideas.

I

Por lo que toca a esta sustancia, atengámonos a lo que precede. Los filósofos de que se trata hacen derivar de los contrarios lo mismo las sustancias inmóbiles que los seres físicos. Pero si no es posible que haya nada anterior al principio de todas las cosas, el principio, cuya existencia constituye otra cosa, no puede ser un verdadero principio. Sería como decir que lo blanco es un principio, no en tanto que otro, sino en tanto que blanco, reconociendo que lo blanco se da siempre unido a un sujeto, y que está constituido por otra cosa que él mismo; esta cosa tendría ciertamente la anterioridad. Todo proviene de los contrarios, convengo en ello, pero de los contrarios inherentes a un sujeto. Luego necesariamente los contrarios son ante todo atributos; luego siempre son inherentes a un sujeto, y ninguno de ellos tiene una existencia independiente, pues que no hay nada que sea contrario a la sustancia, como es evidente y atestigua la noción misma de la sustancia. Ningún contrario es, pues, el principio primero de todas las cosas; luego es preciso otro principio.

Algunos filósofos hacen de uno de los dos contrarios la materia de los seres. Unos oponen a la unidad, a la igualdad, la desigualdad, que constituye, según ellos, la naturaleza de la multitud; otros oponen la multitud misma a la unidad. Los números se derivan de la díada, de lo desigual, es decir, de lo grande y de lo pequeño, en la doctrina de los primeros; y en la de los otros, de la multitud; pero en ambos casos bajo la ley de la unidad como esencia. Y en efecto, los que admiten como elementos lo uno y lo desigual, y lo desigual como díada de lo grande y de lo pequeño, admiten la identidad de lo desigual con lo grande y lo pequeño, sin afirmar en la definición que es una identidad lógica y no una identidad numérica. Y así no es posible entenderse sobre los principios a que se da el nombre de elementos. Los unos admiten lo grande y lo pequeño con la unidad; admiten tres elementos de los números; los dos primeros constituyen la materia; la forma es la unidad. Otros admiten lo poco y lo mucho; elementos que se aproximan más a la naturaleza de la magnitud, porque no son más que lo grande y lo pequeño. Otros admiten elementos más generales: el exceso y el defecto.

Todas las opiniones de que se trata conducen, por decirlo así, a las mismas consecuencias. No difieren, bajo esta relación, más que en un punto: algunos evitan las dificultades lógicas, porque dan demostraciones lógicas. Observemos, sin embargo, que la doctrina que asienta como principios el exceso y el defecto, y no lo grande y lo pequeño, es en el fondo la misma que la que concede el número, compuesto de elementos, la anterioridad sobre la díada. Pero los filósofos que nos ocupan adoptan aquélla y rechazan ésta.

Hay algunos que oponen a la unidad lo diferente y lo otro; algunos oponen la multitud a la unidad. Si los seres son, como ellos pretenden, compuestos de contrarios, o la unidad no tiene contrario, o si lo tiene, este contrario es la multitud. En cuanto a lo desigual, es el contrario de lo igual, lo diferente lo es de lo idéntico, lo otro lo es de lo mismo. Sin embargo, aunque los que oponen la unidad a la multitud tengan razón hasta cierto punto, no están en lo verdadero. Según su hipótesis, la unidad sería lo poco, porque lo opuesto del pequeño número es la multitud, de lo poco es lo mucho. Pero el carácter de la unidad es ser la medida de las cosas, y la medida, en todos los casos, es un objeto determinado que se aplica a otro objeto; para la música, por ejemplo, es un semitono; para la magnitud, el dedo o el pie, u otra unidad análoga; para el ritmo, la base o la sílaba. Lo mismo pasa con la pesantez: la medida es un peso determinado. Y finalmente, lo propio sucede con todos los objetos, siendo una cualidad particular la medida de las cualidades, y la de las cantidades una cantidad determinada. La medida es indivisible, indivisible en ciertos casos bajo la relación de la forma; en otros indivisible para los sentidos; lo que prueba que la unidad no es por sí misma una esencia. Se puede uno convencer de ello examinándolo. En efecto, el carácter de la unidad es el ser la medida de una multitud; el del número, el ser una multitud y una multitud de medidas. Así que, con razón, la unidad no se considera como un número; porque la medida no se compone de medidas, sino que es ella el principio, la medida, la unidad. La medida siempre debe ser una misma cosa, común a los seres medidos. Si la medida, por ejemplo, es el caballo, los seres medidos son caballos; son hombres si la medida es un hombre. Si se trata de un hombre, un caballo, un dios, será probablemente la medida del animal, y el número formado por estos tres será un número de animales. Si se trata, por lo contrario, de un hombre blanco, que anda, entonces no puede haber número, porque en este caso todo reside en el mismo ser, en un ser numéricamente uno. Puede haber, sin embargo, el número de los géneros o de las otras clases de seres a que pertenecen estos objetos.

La opinión de los que reconocen lo desigual como unidad, y que admiten la díada indefinida de lo grande y de lo pequeño, se separa mucho de las ideas recibidas y hasta de lo posible. Aquéllas, son, en efecto, modificaciones, accidentes, más bien que sujetos de los números y de las magnitudes. Al número pertenecen lo mucho y lo poco; a la magnitud, lo grande y lo pequeño; lo mismo que lo par y lo impar, lo liso y lo áspero, lo recto y lo curvo. Añádase a este error que lo grande y lo pequeño son necesariamente una relación, así como todas las cosas de este género. Pero de todas las categorías, la relación es la que tiene una naturaleza menos determinada, la que es menos sustancia, y es al mismo tiempo posterior a la cualidad y a la cantidad. La relación es, como dijimos, un modo de la cantidad y no una materia u otra cosa. En el género y sus partes y en las especies reside la relación. No hay, en efecto, grande ni pequeño, mucho y poco; en una palabra, no hay relación que sea esencialmente mucho y poco, grande y pequeño; relación, en fin. Una prueba basta para demostrar que la relación no es en manera alguna una sustancia y un ser determinado, y es porque no está sujeta ni al devenir, ni a la destrucción, ni al movimiento. En la cantidad hay el aumento y la disminución; en la cualidad, la alteración; el movimiento, en el lugar; en la sustancia, el devenir y la destrucción propiamente dicha; nada semejante hay en la relación. Sin que ella se mueva, puede ser una relación, ya más grande, ya más pequeña; puede ser una relación de igualdad; basta el movimiento de uno de los dos términos en el sentido de la cantidad. Y luego la materia de cada ser es necesariamente este ser en potencia, y por consiguiente una sustancia en potencia. Pero la relación no es una sustancia, ni en potencia, ni en acto

Es, pues, absurdo o, por mejor decir, es imposible admitir como elemento de la sustancia, y como anterior a la sustancia, lo que no es una sustancia. Todas las categorías son posteriores y, por otra parte, los elementos no son atributos de los seres de que ellos son elementos, y lo mucho y lo poco, ya separados, ya reunidos, son atributos del número; lo largo y lo corto lo son de la línea, y la superficie tiene por atributos lo ancho y lo estrecho. Y si hay una multitud, cuyo carácter sea siempre lo poco (como díada, porque si la díada fuese lo mucho, la unidad sería lo poco), o si hay un mucho absoluto, si la década, por ejemplo, es lo mucho (o si no se quiere tomar la década por lo mucho), un número más grande que el mayor, ¿cómo pueden derivarse semejantes números de lo poco o de lo mucho? Deberían estar señalados con estos dos caracteres o no tener ni el uno ni el otro. Pero en el caso de que se trata, el número sólo está señalado como uno de los dos caracteres.

II

Debemos examinar de paso esta cuestión: ¿es posible que los seres eternos estén formados de elementos? En este caso tendrían una materia, porque todo lo que proviene de elementos es compuesto. Pero un ser, ya exista de toda eternidad o ya haya sido producido, proviene de aquel que lo constituye; por otra parte, todo lo que deviene o se hace sale de lo que es en potencia el ser que deviene, porque no saldría de lo que no tuviese el poder de producir, y su existencia, en esta hipótesis, sería imposible; en fin, lo posible es igualmente susceptible de pasar al acto y de no pasar. Luego el número o cualquier otro objeto que tenga una materia, aun cuando existiese esencialmente de todo tiempo, sería susceptible de no ser, como ser el que no tiene más que un día. El ser que tiene un número cualquiera de años está en el mismo caso que el que no tiene más que un día y, por tanto, como aquel cuyo término no tiene límites. Estos seres no serían eternos, puesto que lo que no es susceptible de no ser no es eterno, y hemos tenido ocasión de probarlo en otro tratado. Y si lo que vamos a decir es una verdad universal, a saber: que ninguna sustancia es eterna, si no existe en acto, y si, de otro lado, los elementos son la materia de la sustancia, ninguna sustancia eterna puede tener elementos constitutivos.

Hay algunos que admiten por elemento, además de la unidad, una aliada indefinida, y que rechazan la desigualdad, y no sin razón, a causa de las consecuencias imposibles que se derivan de este principio. Pero estos filósofos sólo consiguen hacer desaparecer las dificultades que necesariamente lleva consigo la doctrina de los que constituyen un elemento con la desigualdad y la relación. En cuanto a los embarazos, que son independientes de esta opinión, tienen que reconocerlos de toda necesidad, si componen de elementos, ya el número ideal, ya el matemático.

Estas opiniones erróneas proceden de muchas causas, siendo la principal el haber planteado la cuestión al modo de los antiguos. Se creyó que todos los seres se reducirían a un solo ser, al ser en sí, si no se resolvía una dificultad, si no se salía al encuentro de la argumentación de Parménides: «es imposible, decía éste, que no haya en ninguna parte no-seres». Se creía, por lo mismo, que era preciso probar la existencia del no-ser; y en tal caso los seres provendrían del ser y de alguna otra cosa, y de esta manera la pluralidad quedaría explicada.

Pero observemos, por lo pronto, que el ser se toma en muchas acepciones. Hay el ser que significa sustancia; después el ser según la cualidad, según la cantidad; en fin, según cada una de las demás categorías. ¿Qué clase de unidad serán todos los seres, si el no-ser no existe? ¿Serán las sustancias o las modificaciones, etc.? ¿O serán a la vez todas estas cosas, y habrá identidad entre el ser determinado, la cualidad, la cantidad; en una palabra, entre todo lo que es uno? Pero es absurdo, digo más, es imposible, que una naturaleza única haya sido la causa de todos los seres, y que este ser, que el mismo ser constituya a la vez por un lado la esencia, por otro la cualidad, por otro la cantidad, y por otro, finalmente, el lugar. ¿Y de qué no-ser y de qué ser provendrían los seres? Porque si se toma el ser en varios sentidos, el no-ser tiene varias acepciones; no-hombre significa la no existencia de un ser determinado; no-ser derecho la no existencia de una cualidad; no tener tres codos de altura la no existencia de una cantidad. ¿De qué ser y de qué no-ser proviene, por tanto, la multiplicidad de los seres?

Se llega a pretender que lo falso es la naturaleza, este no-ser que con el ser produce la multiplicidad de los seres. Esta opinión es la que ha obligado a decir que es preciso admitir desde luego una falsa hipótesis, como los geómetras, que suponen que lo que no es un pie es un pie. Pero es imposible aceptar semejante principio. En primer lugar, los geómetras no admiten hipótesis falsas, porque no es de la línea realizada de la que se trata en el razonamiento. Además, no es de esta especie de no-ser de donde provienen los seres, ni en él se resuelven, sino que el no-ser, desde el punto de vista de la pérdida de la existencia, se toma en tantas acepciones como categorías hay; viene después el no-ser, que significa lo falso, y luego el no-ser, que es el ser en potencia; de este último es del que provienen los seres. No es del no-hombre, y sí de un hombre en potencia de donde proviene el hombre; lo blanco proviene de lo que no es blanco, pero que es blanco en potencia. Y así se verifica, ya no haya más que un solo ser que devenga, ya haya muchos.

En el examen de esta cuestión, ¿cómo el ser es muchos?, no se han ocupado, al parecer, más que del ser entendido como esencia; lo que se hace devenir o llegar a ser son números, longitudes y cuerpos. Al tratar esta cuestión: ¿cómo el ser es muchos seres? Es, pues, un absurdo fijarse únicamente en el ser determinado, y no indagar los principios de la cualidad y cantidad de los seres. No son, en efecto, ni la díada indefinida, ni lo grande, ni lo pequeño, causa de que dos objetos sean blancos, o que haya pluralidad de colores, sabores, figuras. Se dice que éstos son números y mónadas. Pero si se hubiera abordado esta cuestión, se habría descubierto la causa de la pluralidad de que yo hablo: esta causa es la identidad analógica de los principios. Resultado de la omisión que yo señalo, la indagación de un principio opuesto al ser y a la unidad, que constituyese con ellos todos los seres hizo que se encontrara este principio en la relación, en la desigualdad, los cuales no son ni lo contrario, ni la negación del ser y de la unidad, y pertenecen, como la esencia y la cualidad, a una sola y única naturaleza entre los seres.

Era preciso también preguntarse así mismo: ¿cómo hay pluralidad de relaciones? Se indaga, en verdad, cómo es que hay muchas mónadas fuera de la unidad primitiva; pero cómo hay muchas cosas desiguales fuera de la desigualdad es lo que no se ha tratado de averiguar. Y, sin embargo, se reconoce esta pluralidad; se admite lo grande y lo pequeño, lo mucho y lo poco, de donde se derivan los números; lo largo y lo corto, de donde se deriva la longitud; lo ancho y lo estrecho, de donde se derivan las superficies; lo profundo y su contrario, de donde se derivan los volúmenes; por último, se enumeran muchas especies de relaciones. ¿Cuál es, pues, la causa de la pluralidad? Es preciso asentar el principio del ser en potencia, del cual se derivan todos los seres. Nuestro adversario se ha hecho esta pregunta: ¿qué son en potencia el ser y la esencia? Pero no el ser en sí, porque sólo hablaba de un ser relativo, como si dijera la cualidad, la cual no es ni la unidad, ni el ser en potencia, ni la negación de la unidad o del ser, sino uno de los seres. Principio en el que se hubiera fijado más si, como dijimos, hubiera promovido la cuestión: ¿cómo hay pluralidad de seres? Si la hubiera promovido, no respecto de una sola clase de seres, no preguntándose: ¿cómo hay muchas esencias o cualidades?, sino preguntándose: ¿cómo hay pluralidad de seres? Entre los seres, en efecto, hay unos que son esencias, otros modificaciones, otros relaciones.

Respecto de ciertas categorías, hay una consideración que explica su pluralidad; hablo de las que son inseparables del sujeto: porque el sujeto deviene porque se hacen muchos; por esto tiene muchas cualidades y cantidades; es preciso que, bajo cada género, haya siempre una materia, materia que es imposible, sin embargo, separar de las esencias. En cuanto a las esencias, es preciso, al contrario, una solución especial a esta cuestión: ¿cómo hay pluralidad de esencias?, a menos que no haya algo que constituya la esencia y toda naturaleza análoga a la esencia. O, más bien, he aquí bajo qué forma se presenta la dificultad: ¿cómo hay muchas sustancias en acto y no una sola? Pero si esencia y cantidad no son una misma cosa, no se nos explica, en el sistema de los números, cómo y por qué hay pluralidad de seres, sino cómo y por qué hay muchas cantidades. Todo número designa una cantidad, y la mónada no es más que una medida, porque es indivisible en el sentido de la cantidad. Si cantidad y esencia son dos cosas diferentes, no se explica cuál es el principio de la esencia, ni cómo hay pluralidad de esencia. Pero si se admite su identidad, resulta una multitud de contradicciones.

Podría suscitarse otra dificultad con motivo de los números, y examinar dónde están las pruebas de su existencia. Para quien afirma en principio la existencia de las ideas, ciertos números son la causa de los seres, puesto que cada uno de los números es una idea, y que la idea es, de una manera o de otra, la causa de la existencia de los demás objetos. Quiero concederles este principio. Pero al que no es de su dictamen, al que no reconoce la existencia de los números ideales, en razón de las dificultades que a sus ojos son consecuencia de las teorías de las ideas, y que reduce los números al número matemático, ¿qué pruebas se le darán de que tales son los caracteres del número, y que éste entra por algo en los demás seres? Y estos mismos que admiten la existencia del número ideal no prueban que sea la causa de ningún ser: sólo reconocen una naturaleza particular que existe por sí; en fin, es evidente que este número no es una causa, porque todos los teoremas de la aritmética se explican muy bien, según hemos dicho, con números sensibles.

III

Los que admiten la existencia de las ideas, y dicen que las ideas son números, se esfuerzan en explicar cómo y por qué, dado su sistema, puede haber unidad en la pluralidad; pero como sus conclusiones no son necesarias ni tampoco admisibles, no puede justificarse la existencia del número. En cuanto a los pitagóricos, viendo que muchas de las propiedades de los números se encontraban en los cuerpos sensibles, han dicho que los seres eran números: estos números, según ellos, no existen separados; sólo los seres vienen de los números. ¿Qué razones alegan? Que en la música, en el cielo y en otras muchas cosas se encuentran las propiedades de los números. El sistema de los que sólo admiten el número matemático no conduce a las mismas consecuencias que el precedente; pero hemos dicho que, según ellos, no habría ciencia posible. En cuanto a nosotros, deberemos atenernos a lo que hemos dicho anteriormente: es evidente que los seres matemáticos no existen separados de los objetos sensibles, porque si estuviesen separados de ellos, sus propiedades no se encontrarían en los cuerpos. Desde este punto de vista, los pitagóricos son ciertamente intachables; pero cuando dicen que los objetos naturales vienen de los números, que lo pesado o ligero procede de lo que no tiene peso ni ligereza, al parecer hablan de otro cielo y de otros cuerpos distintos de los sensibles. Los que admiten la separación del número, porque las definiciones sólo se aplican al número y en modo alguno a los objetos sensibles, tienen razón en este sentido. Seducidos por este punto de vista, dicen que los números existen y que están separados, y lo mismo de las magnitudes matemáticas. Pero es evidente que, bajo otro aspecto, se llegaría a una conclusión opuesta, y los que aceptan esta otra conclusión resuelven por este medio la dificultad que acabamos de presentar. ¿Por qué las propiedades de los números se encuentran en los objetos sensibles si los números mismos no se encuentran en estos objetos?

Algunos, en vista de que el punto es el término, la extremidad de la línea, la línea de la superficie, la superficie del sólido, concluyen que éstas son naturalezas que existen por sí mismas. Pero es preciso parar la atención, no sea que este razonamiento sea débil. Las extremidades no son sustancias. Más exacto es decir que toda extremidad es el término, porque la marcha y el movimiento en general tienen igualmente un término. Éste sería un ser determinado, una sustancia, y esto es absurdo. Pero admitamos que los puntos y líneas son sustancias. No se dan nunca sino en objetos sensibles, como hemos probado por el razonamiento. ¿Por qué, pues, hacer de ellos seres separados?

Además, al no admitir ligeramente este sistema, deberá observarse, con relación al número y a los seres matemáticos, que los que siguen nada toman de los que preceden. Porque admitiendo que el número no exista separado, las magnitudes no por eso dejan de existir para los que sólo admiten los seres matemáticos. Y si las magnitudes no existen como separadas, el alma y los cuerpos sensibles no dejarían por eso de existir. Pero la naturaleza no es, al parecer, un montón de episodios sin enlace, al modo de una mala tragedia. Esto es lo que no ven los que admiten la existencia de las ideas: hacen magnitudes con la materia y el número, componen longitudes con la díada, superficies con la tríada, sólidos con el número cuatro o cualquier otro, poco importa. Pero si estos seres son realmente ideas, ¿cuál es su lugar y qué utilidad prestan a los seres sensibles? No son de ninguna utilidad, como tampoco los números puramente matemáticos.

Por otra parte, los seres que nosotros observamos no se parecen en nada a los seres matemáticos, a no ser que se quiera conceder a estos últimos el movimiento y formar hipótesis particulares. Pero aceptando toda clase de hipótesis, no es difícil construir un sistema y responder a las objeciones. Por este lado es por donde pecan los que identifican las ideas y los seres matemáticos.

Los primeros que admitieron dos especies de números, el ideal y el matemático, no han dicho, ni podrían, cómo existe el número matemático y de dónde proviene. Forman con él un intermedio entre el número ideal y el sensible. Pero si le componen de lo grande y de lo pequeño, en nada diferirá del número ideal. ¿Se dirá que se compone de otro grande y otro pequeño porque produce las magnitudes? En este caso se admitirían, por una parte, muchos elementos, y por otra, si el principio de los dos números es la unidad, la unidad será una cosa común a ambos. Sería preciso indagar cómo la unidad puede producir la pluralidad, y cómo al mismo tiempo, según este sistema, no es posible que el número provenga de otra cosa que de la unidad y de la díada indeterminada. Todas estas hipótesis son irracionales; ellas se destrozan entre sí y están en contradicción con el buen sentido. Mucho se parecen al largo discurso de que habla Simónides, porque un largo discurso se parece al de los esclavos cuando hablan sin reflexión. Los elementos mismos, lo grande y lo pequeño, parecen sublevarse contra un sistema que los violenta, porque no pueden producir otro número que el dos. Además, es un absurdo que seres eternos hayan tenido un principio, o más bien es imposible. Pero respecto a los pitagóricos, ¿admiten o no la producción del número? Ésta no es cuestión. Dicen evidentemente que la unidad preexistía, ya procediese de las superficies, del color, de una semilla o de alguno de los elementos que ellos reconocen; que esta unidad fue en el momento arrastrada hacia el infinito, y que entonces el infinito fue circunscrito por un límite. Pero como quieren explicar el mundo y la naturaleza, han debido tratar principalmente de la naturaleza, y separarse de este modo del orden de nuestras indagaciones, pues lo que buscamos son los principios de los seres inmutables. Veamos, pues, cómo se producen, según ellos, los números, que son los principios de las cosas.

IV

Ellos dicen que no hay producción de lo impar, porque, añaden, evidentemente es lo par lo que se produce. Algunos pretenden que el primer número par viene de lo grande y pequeño, desiguales al pronto y reducidos después de la igualdad. Es preciso admitan que la desigualdad existía antes que la igualdad. Pero si la igualdad es eterna, la desigualdad no podría ser anterior, porque nada hay antes de lo que existe de toda eternidad. Es claro, pues, que su sistema, con relación a la producción del número, es defectuoso.

Pero he aquí una nueva dificultad que, si se mira bien, acusa a los partidarios de este sistema. ¿Qué papel desempeñan, en relación al bien y a lo bello, los principios y elementos? La duda consiste en lo siguiente: ¿hay algún principio que sea lo que nosotros llamamos el bien en sí, o no, y el bien y lo excelente son posteriores bajo la relación de la producción? Algunos teólogos de nuestro tiempo adoptan, al parecer, esta última solución; no adoptan el bien como principio, sino que dicen que el bien y lo bello aparecieron después que los seres del Universo alcanzaron la existencia. Adoptaron esta opinión para evitar una dificultad real que lleva consigo la doctrina de los que pretenden, como han hecho algunos filósofos, que las unidades son principio. La dificultad nace, no de que se diga que el bien se encuentra unido al principio, sino de que se admite la unidad como principio en tanto que elemento, y se hace proceder al número de la unidad. Los antiguos poetas parece que participaron de esta opinión. En efecto, lo que reina y manda, según ellos, no son los primeros seres, no es la Noche, el Cielo, el Caos ni el Océano, sino Júpiter. Pero a veces mudan los jefes del mundo, y dicen que la Noche y el Océano son el principio de las cosas. Aun aquellos que han mezclado la filosofía con la poesía, y que no encubren siempre su pensamiento bajo el velo de la fábula, por ejemplo Ferecides, los Magos y otros, dicen que el bien supremo es el principio productor de todos los seres. Los sabios que vinieron después, como Empédocles y Anaxágoras, pretendieron, el uno que es la amistad el principio de los seres, y el otro que es la inteligencia.

Entre los que admiten que los principios de los seres son sustancias inmóviles, hay algunos que sentaron que la unidad en sí es el bien en sí; pero creían, sin embargo, que su esencia era sobre todo la unidad en sí. La dificultad es la siguiente: el principio, ¿es la unidad o es el bien? Ahora bien, extraño sería si hay un ser primero, eterno, si ante todo se basta a sí mismo, que no sea el bien el que constituye este privilegio e independencia. Porque éste no es imperecedero y no se basta a sí mismo, sino porque posee el bien.

Decir que éste es el carácter del principio de los seres es afirmar la verdad, es hablar conforme a la razón. Pero decir que este principio es la unidad o, si no la unidad, por lo menos un elemento, el de los números, esto es inadmisible. De esta suposición resultarían muchas dificultades, y por huir de ellas es por lo que algunos han dicho que la unidad era realmente un primer principio, un elemento, pero que era el del número matemático. Porque cada mónada es una especie de bien, y así se tiene una multitud de bienes. Además, si las ideas son números, cada idea es un bien particular. Por otra parte, poco importa cuáles sean los seres de que se diga que hay ideas. Si sólo hay ideas de lo que es bien, las sustancias no serán ideas; si hay ideas de todas las sustancias, todos los animales, todas las plantas, todo lo que participe de las ideas será bueno. Pero ésta es una consecuencia absurda; y, por otra parte, el elemento contrario, ya sea la pluralidad o desigualdad, o lo grande y pequeño, sería el mal en sí. Así un filósofo ha rehusado reunir en un solo principio la unidad y el bien, porque sería preciso decir que el principio opuesto, la pluralidad, era el mal, puesto que la producción viene de los contrarios.

Hay otros, sin embargo, que pretenden que la desigualdad es el mal. De donde resulta que todos los seres participan del mal, excepto la unidad en sí, y además que el número participa menos de él que las magnitudes; que el mal forma parte del dominio del bien; que el bien participa del principio destructor, y que aspira a su propia destrucción, porque lo contrario es la destrucción de lo contrario. Y si, como hemos reconocido, la materia de cada ser es este ser en potencia, como el fuego en potencia es la materia del fuego en acto, entonces el mal será el bien en potencia.

Todas estas consecuencias resultan de admitir que todo principio es un elemento, o que los contrarios son principios, que la unidad es principio o, por último, los números son las primeras sustancias, que existen separados y son ideas.

V

Es imposible colocar a la vez el bien entre los principios, y no colocarlo. Entonces es evidente que los principios, las primeras sustancias, no han sido bien determinados. Tampoco están en lo verdadero aquellos que asimilan los principios del conjunto de las cosas a los de los animales y plantas, y dicen que lo más perfecto viene siempre de lo indeterminado, imperfecto. Tal es también, dicen, la naturaleza de los primeros principios; de suerte que la unidad en sí no es un ser determinado. Pero observemos que los principios que producen los animales y las plantas son perfectos: el hombre produce al hombre. ¿No es la semilla el primer principio?

Es absurdo decir que los seres matemáticos ocupan el mismo lugar que los sólidos. Cada uno de los seres individuales tiene su lugar particular, y por esta razón se dice que existen separados respecto al lugar; pero los seres matemáticos no ocupan lugar, y es absurdo pretender que lo ocupan sin precisarlo. Los que sostienen que los seres vienen de elementos y que los primeros seres son números, han debido determinar cómo un ser viene de otro y decir de qué manera el número viene de los principios.

El número, ¿procederá de la composición como la sílaba? Pero entonces los elementos ocuparían diversas posiciones, y el que pensase el número pensaría separadamente la unidad y la pluralidad. El número, en este caso, será la mónada y la pluralidad, o bien lo uno y lo desigual.

Además, como proceder de un ser significa componerse de este ser tomado como parte integrante, y significa también otra cosa, ¿ en qué sentido debe decirse que el número viene de los principios? Sólo los seres sujetos a producción y no el número pueden venir de principios considerados como elementos constitutivos. ¿Procede como de una semilla? Es imposible que salga nada de lo indivisible. ¿El número procederá entonces de los principios como de contrarios que no persisten en tanto que sujeto? Pero todo lo que se produce así viene de otra cosa que persiste como sujeto. Puesto que unos oponen la unidad a la pluralidad como contrario, y otros la oponen a la desigualdad, tomando la unidad por la igualdad, el número procederá de los contrarios; pero entonces será preciso que haya algo que sea diferente de la unidad, que persista como sujeto, y de que proceda el número. Además, estando todo lo que viene de los contrarios y todo lo que tiene en sí contrario sujeto a la destrucción, aunque contuviese por entero todos los principios, ¿por qué es el número imperecedero? Esto es lo que no se explica. Y, sin embargo, lo contrario destruye su contrario, esté o no comprendido en el sujeto: la discordia es en verdad la destrucción de la mezcla. Pero no debería ser así, si lo contrario no destruyese su contrario, porque aquí no hay siquiera contrariedad.

Pero nada de esto se ha determinado. No se ha precisado de qué manera los números son causas de las sustancias y de la existencia: es decir, si es a título de límites, como los puntos son causas de las magnitudes; y si, conforme al orden inventado por Eurito, cada número es la causa de alguna cosa: éste, por ejemplo, del hombre, aquél del caballo, porque se puede, siguiendo el mismo procedimiento que los que reducen los números a figuras, al triángulo, al cuadrilátero, representar las formas de las plantas por operaciones de cálculo; o bien, si el hombre y cada uno de los demás seres vienen de los números, como vienen la proporción y el acorde de música. Y respecto a las modificaciones, como lo blanco, lo dulce, lo caliente, ¿cómo son números? Evidentemente, los números no son esencias ni causas de la figura. Porque la forma sustancial es la esencia; el número de carne, de hueso, he aquí lo que es: tres partes de fuego, dos de tierra. El número, cualquiera que sea, es siempre un número de ciertas cosas, de fuego, tierra, unidades; mientras la esencia es la relación mutua de cantidades que entran en la mezcla: pero esto no es un número, es la razón misma de la mezcla de los números corporales o cualesquiera otros. El número no es, pues, una causa eficiente; y ni el número en general ni el compuesto de unidades son la materia constituyente, o la esencia, o forma de las cosas; voy más lejos: no es siquiera la causa final.

VI

Una dificultad que podría todavía suscitarse es la de saber qué clase de bien resulta de los números, ya sea el número que preside a la mezcla par, ya impar. No se ve que la aloja valga más para la salud, por ser mezcla arreglada por la multiplicación de tres por tres. Será mejor, al contrario, si no se encuentra entre sus partes esta relación, si la cantidad de agua supera a las demás: suponed la relación numérica en cuestión, la mezcla ya no tiene lugar. Por otra parte, las relaciones que arreglan las mezclas consisten en adición de números diferentes, y no en multiplicación de unos números por otros: son tres que se añaden a dos, no son dos que se multiplican por tres. En las multiplicaciones, los objetos deben ser del mismo género: es preciso que la clase de seres que son producto de los factores uno, dos y tres, tenga uno por medida; que los mismos que provienen de los factores cuatro, cinco y seis sean medidos por cuatro. Es preciso, pues, que todos los seres que entran en la multiplicación tengan una medida común. En la suposición de que nos ocupamos, el número del fuego podría ser el producto de los factores dos, cinco, tres y seis, y el del agua, el producto de tres multiplicado por dos.

Añádase a esto que si todo participa necesariamente del número, es necesario que muchos seres se hagan idénticos, y que el mismo número sirva a la vez a muchos seres. ¿Pueden los números ser causas? ¿Es número el que determina la existencia del objeto o más bien la causa está oculta a nuestros ojos? El Sol tiene cierto número de movimientos; la Luna, igualmente, y como ellos la vida y desenvolvimiento de cada animal. ¿Qué impide que, entre estos números, haya cuadrados, cubos u otros iguales o dobles? No hay en ello obstáculo alguno. Es preciso entonces que todos los seres estén, de toda necesidad, señalados con algunos de estos caracteres, si todo participa del número, y seres diferentes serán susceptibles de caer bajo el mismo número. Y si el mismo se encuentra, pues, común a muchos seres, estos que tienen la misma especie de número serán idénticos unos a otros: habrá identidad entre Sol y Luna.

Pero ¿por qué los números son causas? Hay siete vocales, siete cuerdas tiene la lira, siete acordes; las Pléyades son siete; en los siete primeros años pierden los animales, salvo excepciones, los primeros dientes; los jefes que mandaban delante de Tebas eran siete. ¿Es porque el número siete es siete al haber sido siete los jefes, y que la Pléyade se compone de siete estrellas, o sería, respecto a los jefes, a causa del número de las puertas de Tebas, o por otra razón? Éste es el número de estrellas que atribuimos a la Pléyade; pero sólo contamos doce en la Osa, mientras que algunos distinguen más. Hay quien dice que *xi*, *psi* y *dzeta* son sonidos dobles, y por lo mismo que hay tres acordes, hay tres letras dobles; pero, admitida esta hipótesis, habría gran cantidad de letras dobles. No se fija atención a esta consecuencia; no se quiere representar la unión de gamma con rho. Se dirá que en el primer caso la letra compuesta es el doble de cada uno de los elementos que la componen, lo cual no se demuestra. Nosotros responderemos que no hay más que tres disposiciones del órgano de voz propias para la emisión de la sigma después de la primera consonante de la sílaba. Ésta es la única razón de que no haya más que tres letras dobles, y no porque haya tres acordes, porque hay más de tres, mientras que no puede haber más de tres letras dobles.

Los filósofos de que hablamos son, como los antiguos intérpretes de Homero, quienes notaban las pequeñas semejanzas y despreciaban las grandes. He aquí algunas de las observaciones de estos últimos:

Las cuerdas intermedias son la una como nueve, la otra como ocho, y así el verso heroico es de diecisiete, número que es la suma de los otros dos, apoyándose a la derecha sobre nueve y a la izquierda sobre ocho sílabas. La misma distancia hay entre el alpha y omega, que entre el agujero más grande de la flauta, el que da la nota más grave, y el pequeño, que da el más agudo; y el mismo número es el que constituye la armonía completa del cielo.

Es preciso no preocuparse con semejantes pequeñeces. Éstas son relaciones que no deben buscarse ni encontrarse en los seres eternos, puesto que ni siquiera es preciso buscarlas en los seres perecederos.

En una palabra, vemos desvanecerse delante de nuestro examen los caracteres con que honraron a esas naturalezas, que entre los números pertenecen a la clase del bien, y a sus contrarios, a los seres matemáticos; en fin, los filósofos que los constituyen en causas del Universo: ningún ser matemático es causa en ninguno de los sentidos que hemos determinado al hablar de los principios. Sin embargo, ellos nos revelan el bien que reside en las cosas, y a la clase de lo bello pertenecen lo impar, lo recto, lo igual y ciertas potencias de los números. Hay paridad numérica entre las estaciones del año y tal número determinado, pero nada más. A esto es preciso reducir todas estas consecuencias que se quieren sacar de las observaciones matemáticas. Las relaciones en cuestión se parecen mucho a coincidencias fortuitas: éstas son accidentes; pero éstos pertenecen igualmente a dos géneros de seres: tienen una unidad, la analogía. Porque en cada categoría hay algo análogo: lo mismo que en la longitud la analogía es lo recto, lo es el nivel en lo ancho; en el número es probablemente el impar; en el color, lo blanco. Digamos también que los números ideales no pueden ser tampoco causa de los acordes de música: aunque.iguales bajo la relación de especie, difieren entre sí, porque las mónadas difieren unas de otras. De aquí se sigue que no se pueden admitir las ideas.

Tales son las consecuencias de estas doctrinas. Podrían acumularse contra ellas más objeciones aún. Por lo demás, los despreciables embarazos en que pone el querer mostrar cómo los números producen, y la imposibilidad absoluta de responder a todas las objeciones, son una prueba convincente de que los seres matemáticos no existen, como algunos pretenden, separados de los objetos sensibles, y que estos seres no son principios de las cosas.

Aristóteles

ÉTICA

LIBRO PRIMERO

I

Posición de la ética en relación con las demás ciencias.

Reseña de los primeros moralistas. Fin de la Ética. Qué significamos al decir «el bien del hombre en la sociedad».

Nos hemos propuesto hablar de las costumbres. En primer lugar, por tanto, hemos de situar las costumbres o, lo que es lo mismo, la ciencia ética, en el mundo todo de la ciencia. Para decirlo, pues, en pocas palabras, diré que la Ética no parece ser más que una parte de la Sociología o la Política.

Porque, en el plano de las relaciones sociales o políticas entre los hombres, no se puede hacer nada sin que haya en el hombre un carácter o cualidad moral. Es decir, se debe ser hombre de mérito moral. Y mérito moral significa estar en posesión de las virtudes. Es, por consiguiente, necesario que, quien quiera alcanzar o conseguir algo en el orden de la política o la sociología, sea él personalmente hombre de buenas costumbres.

Vemos, pues, con ello, que la ciencia o tratado de las costumbres es una parte y un principio de toda la ciencia sociológica, hasta el punto de que a mí me parece que este tratado o discusión de las costumbres no debería llamarse ética, sino más bien sociología o política.

Como se puede colegir de ello, es necesario hablar en primer lugar de la virtud. Decir qué es y de qué cosas procede. Pues sería prácticamente inútil saber qué es la virtud, pero no entender de qué cosas procede y de qué manera nace o se produce. En efecto, no hemos de llevar tan sólo nuestra investigación sobre la virtud hasta llegar a saber qué es ella, sino que también debemos investigar de qué manera se llega a ella, porque queremos o pretendemos las dos cosas: conocer la cuestión y venir juntamente a ser hombres de buenas costumbres morales. Y no podremos conseguir esto si no sabemos a partir de qué cosas se consigue ello y de qué manera se hace.

Es, pues, necesario saber qué es la virtud: puesto que, al igual que en las ciencias, al que ignora qué es el objeto de la ciencia que estudia, no le es fácil llegar a saber en qué cosas se consigue dicho objeto y de qué manera. Por otra parte, tampoco debemos pasar por alto lo que otros, si los ha habido, hayan podido decir acerca de ella.

Así pues, en primer lugar intentó tratar de la virtud Pitágoras; pero no lo hizo rectamente, puesto que, refiriendo las virtudes a los números, no adoptó un método de inquisición acomodado a las virtudes. Porque la justicia no es un número igualmente par.

Luego de éste, Sócrates disertó sobre esta cuestión mucho mejor y más copiosamente, aunque tampoco él lo hizo con demasiada exactitud, ya que hacía de las virtudes unas ciencias: cosa que no es posible hacer en manera alguna. Puesto que todas las ciencias suponen un principio racional: y esto es fruto tan sólo de la parte intelectual del alma. Con lo cual resulta necesario que todas las virtudes se hallen en la parte racional del alma. Así pues, ocurre que el que supone que las virtudes son ciencias elimina la parte irracional del alma y, haciendo esto, destruye el sentimiento y la pasión, igual que el carácter moral, de donde resulta que Sócrates, en esta parte, no estableció un método conducente de discusión sobre la virtud.

Finalmente, Platón, después de Sócrates, dividió el alma en una parte racional y en una parte irracional, y a cada una de ellas les atribuyó sus virtudes propias. Hasta aquí, bien; pero no así las demás cosas, puesto que mezcló la virtud con el tratado del bien en sí, lo cual ciertamente no está bien hecho, supuesto que no era aquél el lugar apropiado para hacerlo. Pues ni tan siquiera hablando de lo que existe y de lo que es verdadero, habrá ninguna necesidad de hablar de la virtud: porque no hay nada de común entre ambas cosas.

Así, pues, hasta este punto y de esta manera llegó la disputa de aquellos tratadistas antiguos en torno de los problemas de las costumbres. Una vez expuestos sus puntos de vista, nos queda ahora ver qué es lo que nosotros hemos de decir acerca de ello.

En primer lugar hay que observar que toda ciencia y toda facultad tienen un fin y que este fin es, por sí mismo, bueno, puesto que no hay ninguna ciencia y ninguna facultad que tenga un fin malo. Y si todas las facultades tienen un fin bueno, no hay lugar a duda que el fin de la mejor de las facultades será también el mejor de los fines. Ahora bien, la facultad de la vida política o social es la mejor de todas; en consecuencia su fin será el mejor de los bienes. Hemos de hablar, pues, según parece, del bien, pero no del bien en general, sino del bien en relación a nosotros. No vamos a hablar, en efecto, del bien de los dioses: acerca de este punto habría que tener otra manera de hablar, y además es una meditación ajena ahora a nuestro intento.

Hemos de hablar, pues, del bien social o político. Dentro de él, a su vez, hay que establecer una distinción; es decir, ver de que manera o en qué sentido se entiende el bien aquí. El bien, en efecto, no es uno y simple, puesto que recibe la denominación de bueno tanto lo que en cada ser es lo mejor —y, por su propia naturaleza, deseable—, como aquello por cuya participación las cosas son buenas: es decir, la idea del bien. Así pues, ¿hemos de hablar de la idea del bien, o preferentemente de lo que, de una manera general, se halla en todas las cosas buenas? No es, pues, lo mismo que lo que se puede separar e independizar de las cosas existentes, porque no es posible que se halle intrínsecamente en todas las cosas, lo que naturalmente puede subsistir separado e independiente de las cosas. Por consiguiente, ¿hemos de hablar de este bien, que existe en todos los seres, o no? No, y por la razón siguiente: el bien común, en efecto, corresponde a todos los seres, igual que una definición o una inducción generalizadora. Es necesario que la definición dé cuenta de lo que es cada ser, sea bueno, sea malo, o bien sea cualquier otra cosa. Y la definición dice, en el caso del bien, que tal cosa determinada es un bien en general, el cual debe por sí mismo ser elegido. Ahora bien, lo que existe en todos los seres es totalmente semejante a una definición.

La definición dice que el bien es algo; pero ni la ciencia, ni ninguna de las facultades afirma que su fin sea el bien, puesto que ni el médico ni el arquitecto nos dicen, respectivamente, que la salud es buena o que lo es la casa; antes aquél pretende curar a los hombres y ver cómo puede conseguir esto; y el arquitecto estudia cómo construir la casa.

Es, por tanto, evidente que ni tan siquiera la ciencia social o política deben ocuparse del bien en general, puesto que ésta es una ciencia única y determinada entre todas las demás ciencias; y hemos visto que ninguna ciencia o facultad tenía el derecho de hablar de la bondad como de su fin. Por tanto, tampoco la sociología o la política, por el hecho de que se lo atribuyamos a ella, tiene por qué hablar del bien en general.

Más aún: ni tan siquiera debe hablar del bien que es común por inducción. Y ello por la siguiente razón: porque, cuando queremos demostrar la existencia de algun bien, o bien hacemos uso de la definición, y decimos que la misma definición corresponde o encaja en el bien y en la cosa que nos hemos propuesto demostrar que es buena, o bien hacemos uso de la inducción; por ejemplo, si queremos probar que la magnanimidad es buena, diremos que la justicia es algo bueno, y lo mismo la fortaleza y todas las virtudes. Ahora bien: la magnanimidad es una virtud, luego es algo bueno.

Por consiguiente, la ciencia social o política no debe tratar del bien general, acuñado por medio de la introducción, pues se seguirán de ello los mismos absurdos que demostramos existían en aquel bien general, que predicábamos en la definición. En efecto, tanto aquí como allí, habría que emplear la expresión «esto es bueno». Es, pues, evidente que hay que tratar del mejor de los bienes y, concretamente, de aquel que para nosotros es el mejor.

Hablando en general, cualquiera puede fácilmente entender que estudiar el bien universal no es algo propio de una sola ciencia o una sola facultad. Sencillamente por esta razón: que el bien es algo que se halla en todas las categorías. En efecto, en la sustancia, en la cualidad, en la cantidad, en el tiempo, en el lugar, en la relación; en una palabra, en todas las categorías se halla el bien.

Por lo demás, el bien que va ligado a una circunstancia temporal es conocido, en la medicina, por el médico; en el arte de navegar, por el piloto; es decir, en cada arte, por el que es perito en ella. El médico sabe cómo y cuándo debe hacer uso del bisturí; y el piloto sabe cuándo se debe navegar; y en cada arte conoce cada uno el tiempo que le es a él conveniente y bueno. Pues ni el médico conoce qué tiempo es bueno en el arte de navegar, ni el piloto conoce cuál es el tiempo oportuno para una cura en la medicina. Por consiguiente, tampoco hemos de hablar del bien común en este sentido, pues el tiempo favorable es común a todos.

Análogamente a lo que ocurre con la categoría del tiempo, ocurre también en los seres relativos y en todas las demás categorías: el bien es uno mismo y es común a todas las cosas. Ahora bien, a ninguna ciencia o facultad le compete hablar del bien aquel que se halla en todas y cada una. Por tanto, tampoco le compete a la sociología o política hablar o tratar del bien común o genérico. Hemos, pues, de tratar del bien mejor y del que es mejor en relación a nosotros.

Por lo demás, es necesario que el que quiera demostrar o poner en claro alguna cosa, no emplee ejemplos oscuros o difíciles de entender, sino que emplee ejemplos evidentes cuando haya que explicar cosas oscuras, y en las cosas que caen por debajo de la capacidad intelectiva debe hacer uso de ejemplos sensibles, porque las cosas sensibles son las más duras de todas. Por tanto, cuando se va a hablar del bien, no hay que tratar para nada de la idea del bien y el bien ideal.

Sin embargo, hay quienes creen que, al hablar del bien, deben tratar también de la idea del bien. Dicen, en efecto, que hay que tratar del bien en grado máximo. Y el bien en este grado máximo es el bien en sí mismo, de manera que, según su parecer, este bien en grado sumo es la idea del bien.

Ciertamente su punto de vista puede muy bien ser verdadero, pero no toca a la sociología o política, de que hablamos ahora. En efecto: la sociología no trata de este bien en sí mismo y por sí mismo, sino de lo que es bien para nosotros. Porque ninguna ciencia o facultad habla del bien en sí al hablar de su fin, y la sociología no es una excepción a esta regla. No trata, pues, del bien ideal.

Pero podría sugerirse que quizá empleara este bien ideal a manera de principio o punto de partida, desde el cual hablara luego de los bienes particulares. Tampoco este punto de vista es exacto. Porque cada ciencia debe tomar sus propios y particulares principios. Pues sería realmente absurdo que, al querer alguien demostrar que el triángulo tiene sus ángulos iguales a dos rectos, tomara un principio como éste: «el alma es inmortal». Porque no está de acuerdo con el fin que se ha propuesto. Sino que es necesario tomar un principio que sea propio del asunto de que se trata y que esté relacionado con él. Ahora bien, también sin que el alma fuera inmortal, se podrá demostrar que los ángulos de un triángulo suman dos rectos.

De la misma manera es posible entender los bienes particulares, fuera de la idea del bien; porque el bien ideal no es un principio propio de este bien que se halla en las cosas particulares.

Tampoco Sócrates concebía rectamente que las virtudes fueran ciencias. Él, en efecto, creyó que no debía existir nada en vano. No obstante, al admitir que las virtudes eran ciencias, venía a parar a la consecuencia de que las virtudes eran vanas. Por esta razón, en las ciencias ocurre que con un único esfuerzo llegamos a conocer que es la ciencia aquella y además venimos a ser sabios en ella. Por ejemplo, es necesario que, si alguien llega a conocer bien qué es la medicina, al momento mismo sea ya médico. Y lo mismo ocurre en las demás ciencias. Pero no pasa lo mismo en las virtudes. Porque si uno conoce qué es la justicia, no por ello es ya en seguida justo. Y análogamente en las otras virtudes. Se llega así a la consecuencia de que las virtudes existen en vano y de que no son ciencias.

II

Primeras distinciones entre los bienes. Clases de bienes.

Con la exposición de estos preliminares, pasemos ya al estudio de las varias acepciones o sentidos del bien. Es decir, hay unos bienes que son merecedores de honor, otros que son merecedores de alabanza, otros, en fin, simplemente bienes potenciales.

Llamo bien merecedor de honor a aquel que es divino o que es mejor; como, por ejemplo, el alma o la inteligencia. Al que es más antiguo, que es un principio o bien otras cosas de este mismo género. Son cosas honradas aquellas en que hay un honor, porque a todas las cosas de esta clase les sigue una honra. En consecuencia, también la virtud es un bien digno de honra, puesto que, gracias a ella, viene el hombre a ser honesto o bueno. Este tal, en efecto, ha entrado ya en el hábito de la virtud. Por otra parte, las mismas virtudes son ejemplos de cosas merecedoras de elogio, pues de sus acciones proviene una alabanza o un motivo de encomio. Otros bienes, en fin, son potencias o potencialidades; por ejemplo: la autoridad, las riquezas, la fuerza, la belleza, porque de estos bienes el hombre que es bueno puede hacer un buen uso, y un mal uso el hombre que es malo; por esta razón, los bienes de esta clase se llaman bienes en potencia. Son ciertamente bienes, porque todo ser debe ser juzgado o valorado desde el punto de vista del uso que hace de él un hombre bueno, no uno malo.

Además, es característico de estos bienes el que todos ellos nos son dados por la suerte. En efecto, de la suerte proceden la riqueza y la autoridad, y todas cuantas cosas se nos dan o nos vienen en el orden de la potencialidad.

Finalmente, la cuarta y última clase de bienes la constituyen aquellos por cuyo medio se conservan y preparan los otros bienes; así, por ejemplo, la salud se conserva por medio del ejercicio, o cualquier otra cosa de este genero.

Ahora bien, los bienes admiten también otra división, algunos bienes son completamente deseables en todos sus aspectos, mientras que otros no lo son. Por ejemplo, la justicia y todas las demás virtudes son dignas de ser deseadas en todos sus aspectos y de manera absoluta; mientras que la fuerza, la riqueza, el poder y otras cosas del mismo genero no lo son en ningún aspecto, ni de manera absoluta.

También se pueden dividir de otra manera: de entre los bienes todos, unos son fines y otros no lo son; por ejemplo, la salud es ciertamente un fin, mientras que las cosas que se hacen para conseguir la salud no son en manera alguna un fin. Y de entre todas las cosas que guardan esta relación, siempre tiene la primacía la que cumple con la razón de fin; por ejemplo, la salud es mejor que las cosas que conducen a ella. Y, en general, siempre es lo mejor aquello en orden a lo cual se hacen las demás cosas. Además, entre los mismos fines siempre está por delante del imperfecto el que es perfecto. Y es un fin perfecto aquel que, una vez conseguido, no sentimos ya la necesidad de ninguna otra cosa. Mientras que es imperfecto aquel que, aunque lo hayamos conseguido, seguimos, no obstante, en la necesidad o deseo de otra cosa; por ejemplo, si conseguimos tan sólo la justicia, deseamos aún muchas otras cosas más; mientras que si conseguimos la felicidad, no tenemos ya necesidad de ninguna otra cosa. La felicidad es entonces el mejor de los bienes humanos, bien que es además el objeto de nuestra investigación. Es un fin perfecto. Y el fin perfecto es el bien, y el fin o término de todos los bienes.

Ahora bien, ¿cómo hemos de considerar nosotros el mejor de los bienes? ¿Hemos acaso de contarlo como uno más entre los demás bienes? Esto es absurdo, puesto que el mejor de los bienes es un fin perfecto, y el fin perfecto, para decirlo en pocas palabras, parece ser no otra cosa que la misma felicidad; por otra parte, componemos la felicidad de otros muchos bienes; por consiguiente, si al discutir del mejor de los bienes lo contamos entre los demás, el mismo será mejor que él mismo, puesto que es el mejor de todos. Por ejemplo, tomemos la salud y las cosas saludables; considérase entonces cuál de todas estas cosas es la mejor; la mejor será, sin duda, la salud; luego, si la salud es lo mejor de todas estas cosas, esa misma cosa que es la mejor será mejor que ella misma, lo cual es totalmente absurdo.

No es, pues, de esta manera como hay que considerar lo mejor. ¿Hay que considerarlo entonces absolutamente independiente de todos los demás? También esto resulta absurdo. Porque la felicidad consta de una serie plural de bienes, y preguntarse o considerar si el compuesto es mejor que los bienes que lo constituyen o componen es absurdo. La felicidad no es algo independiente de todos estos bienes, es simplemente su suma total.

Se puede sugerir otra manera de estudiar la felicidad o el mejor de los bienes, y sería el compararlo con los demás bienes. Es decir, si se toma la felicidad como compuesto de todos estos bienes, y se la compara con los otros bienes que no entran en su composición, preguntamos: ¿sería éste un método adecuado para estudiar el mejor de los bienes?

Por otra parte, debemos tener presente que «lo mejor», que constituye ahora el objeto de nuestra inquisición, es un compuesto, no una cosa simple. Por ejemplo, comparando entre sí cada uno de los bienes particulares, se podría venir a decir que la prudencia es el mejor de todos los bienes. Pero este método parece que difícilmente nos puede llevar al descubrimiento del mejor de los bienes, porque el objeto de nuestro estudio es el bien perfecto. Y la prudencia, por sí misma, no es una cosa perfecta. Éste no es, pues, el bien mejor que nosotros buscamos, ni vemos por qué es mejor en este sentido.

III

Nueva distinción de los bienes.

Definición primera de la felicidad.
Primacía de la acción sobre la posesión.

Por lo demás, los bienes admiten aún otra división. Hay, en efecto, unos bienes que se hallan en el alma; por ejemplo: las virtudes; otros, que radican en el cuerpo: la salud, la belleza; otros, en fin, que son extrínsecos o circunstanciales: la riqueza, la autoridad, la honra y cualquier otra cosa del mismo género.

De todos ellos son los mejores los que radican en el alma.

Por otra parte, los bienes que radican en el alma se dividen en tres clases: prudencia, virtud y placer.

La felicidad, que todos decimos y creemos que es el fin de todas las cosas buenas y la más perfecta de ellas, la identificamos nosotros con el «bien obrar y bien vivir». Por otra parte, un fin no es algo simple, sino doble; en algunas cosas es el fin la misma acción y el uso, como, por ejemplo, en la visión: es decir, el uso es más deseable que el hábito o la posesión, y el fin es el uso. Porque nadie querría tener la vista, si no ha de poder ver, sino que debe mantener los ojos cerrados. Lo mismo hay que decir del oído y de los demás sentidos. Por tanto, en las cosas en que hay uso y hay posesión, siempre es mejor el uso que la posesión. Porque el uso y la acción son el fin, ya que el hábito o la posesión están ordenados al uso o acción.

Otro punto de vista que podemos tener en cuenta, respecto de todas las artes y ciencias, es éste: Una casa y una buena casa no son producidas por dos artes diferentes, sino por la única y misma arte de la arquitectura; de manera que, aquello que el arquitecto puede edificar, ello mismo lo puede edificar bien su propia virtud o excelencia. Y así en todos los demás casos.

IV

Relaciones entre virtud y felicidad.

Nosotros vemos, además, que vivimos gracias al alma, y tan sólo por ella. Y el alma tiene su propia virtud. En consecuencia, afirmamos que lo que produce el alma y lo que produce la virtud del alma son una sola y misma cosa. Pero hemos visto que la virtud de una cosa cualquiera hace bien aquello que la misma cosa hace ya por sí misma. Ahora bien, el alma, entre otras cosas, nos da la vida: luego, la virtud del alma nos hará vivir bien.

Por otra parte, decimos que «vivir bien y obrar bien» no es otra cosa que la felicidad: luego, ser feliz y la felicidad están en vivir bien. Y vivir bien consiste en vivir de acuerdo con la virtud. La virtud es, por tanto, el fin, la felicidad y lo mejor.

Así pues, la felicidad debe consistir en el uso y en la acción de alguna cosa. Porque, en aquellas cosas que poseen un uso y una acción, el uso y la acción son un fin. Ahora bien, la virtud del alma es un hábito o posesión, pero también hay en sus virtudes un uso y una acción; luego su uso y su actividad serán un fin, y consiguientemente será necesario que la felicidad esté en vivir bien de acuerdo con las virtudes. Así pues, puesto que el mejor bien es la felicidad, y ésta en su actividad es el fin y un fin perfecto, viviendo de conformidad con las virtudes podremos ser felices y poseeremos el mejor de los bienes.

Por tanto, supuesto que la felicidad es un bien perfecto y fin, debemos admitir que ello se verifica en una edad perfecta del hombre. En efecto, un niño no se puede llamar feliz, y por ello no estará en él la felicidad o el bien mejor, sino en el varón, pues éste ha alcanzado ya la perfección.

Tampoco puede esto realizarse en un espacio de tiempo imperfecto, sino en un periodo perfecto, y es un periodo perfecto el espacio normal de la vida humana. Es, efectivamente, verdadero el dicho popular de que la felicidad del hombre hay que juzgarla en un largo periodo de vida. Ya que es necesario que esta perfección se realice tan sólo en un espacio de tiempo y en una existencia humana, que sean ellos mismos perfectos.

Que la felicidad es una actividad es, evidentemente, otra consideración. Si suponemos un hombre que pase toda su vida en el sueño, nos resistiremos ciertamente a llamarle feliz. Él, en efecto, vive, pero no vive según la virtud, porque nosotros consideramos que la vida se halla en su ejercicio activo.

Por otra parte, lo que vamos a añadir aquí va a parecer no demasiado de acuerdo con el argumento propuesto, y tampoco demasiado ajeno a él. Existe, al parecer, una parte del alma a la que, como instrumento de nuestra nutrición corporal, llamamos nosotros «nutritiva». Está de acuerdo con lo lógico esto, porque la experiencia nos enseña que las piedras no pueden alimentarse, y por ello no hay lugar a duda de que el alimentarse es algo propio de los seres animados, y si es propio tan sólo de los seres animados, la causa de ello es el alma. Ahora bien, de las partes del alma, ninguna del género de la racional, la irascible o la concupiscible, podría ser la causa de la nutrición, sino que debe ser una parte distinta de éstas: y a ella no le podemos dar nombre más acomodado que el de «nutritiva». Se nos podría, pues, preguntar si esta parte del alma posee también las virtudes de aquélla. Pues, en caso de poseerlas, deberá haber también aquí actividad, supuesto que la felicidad es la actividad de la perfecta virtud del alma.

Sin embargo, saber si este elemento posee una virtud o no la posee es tema para una investigación distinta de la nuestra. Pero, si existiera, su virtud no sería capaz de actividad. Porque las cosas que carecen de apetito carecen también de actividad. Y esta parte del alma no parece poseer fuerza alguna apetitiva, la cual parece ser semejante al fuego, que consume todo aquello que se le pone delante; pero, si no se le pone delante, no se mueve de ninguna manera a tomarlo. Ésta es también la forma de ser de esta parte del alma. En efecto, si le presentas el alimento, se nutre; si no, no se mueve de ninguna manera a alimentarse, y por consiguiente no puede tener actividad lo que carece de apetito. Así pues, esta parte del alma no coadyuva en nada a la consecución de la felicidad.

A continuación, por tanto, habrá que decir qué es la virtud, puesto que su ejercicio o actividad es la felicidad. En pocas palabras diré que la virtud es el mejor de los hábitos. Pero esta definición tan general es poco adecuada, y necesita ser más particularizada.

V

De las partes del alma y de sus respectivos hábitos.

Hemos, pues, de comenzar por decir algo del alma, en la cual se halla enraizada la virtud. No hemos de definir cuál es la naturaleza del alma, ya que esto es el objeto de otro estudio u otra ciencia; sino tan sólo perfilar de alguna manera sus partes constitutivas. A saber: el alma, como solemos decir, se divide en dos partes, la que llamamos irracional y la que llamamos racional. En la parte racional radican la prudencia, la astucia y presencia de ánimo, la sabiduría, la formación o educabilidad, la memoria y otras cosas del mismo género. Y en la parte irracional radican lo que llamamos las virtudes, la templanza, la justicia, la fortaleza y todas cuantas, arraigadas en el carácter, son dignas o merecedoras de alabanza. Por ellas, en efecto, se nos juzga dignos de encomio; mientras que nadie es alabado por las que corresponden a la parte racional del alma. Por otra parte, tampoco la parte irracional del alma es alabada, sino en cuanto es apta para subordinarse, a la parte racional, y en cuanto actualmente se subordina a ella.

Ahora bien, la virtud moral puede ser destruida por exceso o por defecto. Que tanto el defecto como el exceso la destruyen, es posible verlo con claridad por la evidencia de nuestros sentidos, en todo lo que toca a las costumbres y caracteres. En las cosas inseguras hay que hacer uso de testimonios ciertos. Así pues, para no hacer muy larga la digresión diré que esto puede verlo cualquiera en los ejercicios corporales: si ellos son excesivos, destruyen la fuerza; y análogamente, si son deficientes. Lo mismo ocurre en la bebida y en la comida. Pues, tanto si su consumo es excesivo como si es deficiente, se daña la salud; por el contrario, con un uso moderado de los mismos, se conservan la fuerza del cuerpo y la salud.

Los mismos resultados se obtienen en el caso de la templanza, la fortaleza y las demás virtudes. Pues si uno viene a ser tan intrépido o audaz que ni tan siquiera tema a los dioses, será, ya no fuerte, sino loco; pero si, por el contrario, teme todas las cosas, es un cobarde. Será, por tanto, fuerte el que no tema ni todas las cosas ni nada.

De ello se sigue que la virtud es dañada y es encarecida por las mismas influencias. Porque el miedo excesivo y el miedo provocado por todas las cosas dañan la fortaleza. Y lo mismo aquellos que no se conmueven ni temen por ningún motivo.

Y la fortaleza opera en el campo del miedo. Por consiguiente, los miedos moderados le dan incremento. Gracias a los mismos, pues, crece y perece la fortaleza: éste es, en efecto, el resultado del miedo, según sus diversos grados, en el alma humana. Y de la misma manera en las otras virtudes.

VI

La virtud supone los placeres y las penas. No es innata, sino habitual.

No son éstos los únicos términos con que se puede definir la virtud, pues se la puede también definir en términos de tristeza y de gozo. Pues, incitados por el placer, obramos el mal; mientras que la tristeza nos disuade y desalienta para hacer el bien. Y, en general, es imposible concebir la virtud o el vicio fuera de la tristeza y el placer.

La virtud, pues, está relacionada con el campo del placer y la tristeza.

Si en nuestro estudio nos es lícito tomar la verdad de las cosas de la semejanza de las palabras y de la analogía del nombre —cosa que hay que hacer—, la virtud «ética» toma su nombre de esto: su nombre viene de la palabra «ethos», costumbre o hábito, y se llama virtud «ética», porque nosotros la conseguimos por habituación. De donde resulta evidente que ninguna de las virtudes que se refieren a la parte irracional del alma han nacido naturalmente con nosotros. Porque ninguna cualidad innata y natural puede ser alterada por hábito. Por ejemplo, en una piedra, o en todas las cosas pesadas, que llevan entrañada la potencia de ser llevadas hacia abajo, por muy frecuentemente que uno la eche hacia arriba y la acostumbre a moverse hacia arriba, no logrará crear en ella el hábito de ser llevada hacia arriba, antes siempre tenderá hacia abajo. Así hay que entender todos los demás casos.

VII

De las manifestaciones fenoménicas del alma.

Por otra parte, si se quiere llegar a conocer la esencial naturaleza de la virtud, debemos conocer las manifestaciones fenoménicas del alma. Estas manifestaciones son de tres tipos: percepciones o afectos, facultades y hábitos.

Sin duda, la virtud debe hallarse en uno de estos capítulos.

Ahora bien, entre los sentimientos o afecciones hemos de contar la ira, el miedo, el odio, el amor, la envidia, la compasión y otras cosas análogas, que de ordinario acompañan al placer y a la tristeza.

Son facultades las potencias por medio de las cuales podemos nosotros experimentar todos estos sentimientos: es decir, las potencias por las que nos airamos, nos dolemos, nos compadecemos, etcétera.

Y, finalmente, hábitos o disposiciones son las condiciones del alma que nos hacen estar bien o mal dispuestos respecto de los sentimientos espontáneos del alma. Por ejemplo, si estamos muy dispuestos a la ira, pecamos entonces respecto de este sentimiento; pero, si no nos conmovemos en lo que conviene, también pecamos entonces en la ira. Por consiguiente, el punto medio de la virtud está en que ni nos sintamos excesivamente conmovidos por la ira, ni seamos tampoco absolutamente inconmovibles.

Si, pues, éste es el estado de nuestra alma, nuestra disposición es buena. En las demás virtudes semejantes, hay que entender esto de la misma manera. Pues ser moderadamente irascible y suave es un término medio entre la ira y la suavidad o carencia de ira. Lo mismo vale para la fanfarroneria o jactancia y la autodepreciación: en efecto, atribuirse más cosas de las que uno posee es arrogancia; pero atribuirse menos de las que se tienen, es autodepreciación. El término medio, pues, entre ambas, es la verdad.

VIII

La recta disposición del alma tiende a la moderación en los sentimientos.

Aunque algunos sentimientos son, en sí mismos, viciosos.

Lo que acabamos de decir tiene igualmente su aplicación a todos los demás sentimientos. La disposición de nuestra alma es la que determina si nuestra manera de ser respecto de ellos es buena o es mala. Una buena disposición es la que equidista entre el exceso y el defecto.

El punto medio de ambos es el lugar que ocupa el hábito, por el cual somos considerados dignos de encomio, mientras que se nos recrimina por el exceso o por el defecto.

Ahora bien, puesto que la virtud es el término medio entre estos sentimientos y los sentimientos son tristezas y placeres, o bien no están fuera de la pena y el goce, también de aquí resulta cierto que el campo propio de la virtud es el de la tristeza y el placer.

Hay también otros sentimientos o perturbaciones, como se puede ver fácilmente, en los que el vicio no está en un exceso o en un defecto: por ejemplo, adulterio y el adúltero. No es, en efecto, más adúltero el que vicia mujeres libres. Sino que aquello, y todo lo que sea semejante a ello, que cae bajo el campo de un placer intemperante, tanto en lo que es demasiado como en lo que es poco, incurre en sí mismo en la censura y recriminación.

IX

En torno al problema del término medio.

Luego de esto, quizá sea necesario digamos qué es lo que se opone a la moderación o al término medio, si es el exceso o es el defecto. Pues a algunas cosas intermedias se opone el defecto, así como a algunos términos medios se les opone el exceso: por ejemplo, a la fortaleza no se le opone en manera alguna el exceso, que es la audacia, sino el defecto, que es la timidez o apocamiento; mientras que, respecto de la templanza, que es un término medio entre la intemperancia y la insensibilidad para el placer, no parece ser la insensibilidad lo opuesto a la templanza, extremo éste en que se halla el defecto, sino la intemperancia, en que se halla el exceso.

Es decir, una y otra cosa, el exceso y el defecto, son opuestos a los términos medios. Puesto que el término medio es inferior al exceso y es superior al defecto. Por esta razón los pródigos dicen que los liberales son tacaños o iliberales; por el contrario, son los tacaños los que tachan de pródigos a los generosos y liberales. Por su parte, los audaces y los petulantes llaman tímidos a los fuertes, igual que los tímidos creen que los fuertes deben ser llamados petulantes e iracundos.

Así pues, son dos las razones que nos pueden mover a opinar que hay que oponer al término medio el exceso o el defecto: por una parte, se considera la cosa misma y se pregunta uno cuál de los dos extremos está más cerca o más lejos del término medio. Por ejemplo, ¿está más lejos del término medio el derroche o prodigalidad, o lo está más la avaricia? Seguramente es más fácil confundir con la verdadera liberalidad la prodigalidad, que no la avaricia; luego, la avaricia está más lejos de la liberalidad, que no la prodigalidad. Así pues, lo que está más alejado del término medio, se estimará, con razón, que se opone más a él. Por consiguiente, tomando pie de la cosa misma o la realidad, parece ser más opuesto al término medio el defecto, al menos en este caso.

Hay otro punto de vista posible en esta valoración, y es que aquellas cosas a que nuestra naturaleza se muestra más inclinada, son más contrarias al justo medio; por ejemplo, por naturaleza somos más inclinados a la intemperancia e inhonestidad, que no a la modestia y al decoro; por consiguiente, aquellas cosas a que somos más propensos toman un volumen mayor, y las cosas que más fácilmente toman un mayor volumen son más contrarias al término medio. Es así que somos más inclinados a la deshonestidad que no a la modestia y a la templanza, luego el exceso es más contrario a la moderación y al término medio.

De esta manera, pues, hemos analizado la naturaleza de la virtud, porque, en efecto, parece ser una moderación o término medio de los afectos o sentimientos espontáneos. De manera que, quien quiera ser estimado por su carácter moral, debe guardar una moderación y templanza en cada uno de sus espontáneos sentimientos o afectos.

Por esta razón, ser bueno es algo trabajoso y difícil, puesto que llegar a una moderación en cada una de estas cosas es realmente trabajoso. Por ejemplo: dibujar un círculo es algo fácil para cualquiera, pero es difícil señalar en el mismo el centro. De igual manera, irritarse es fácil y no menos lo es lo contrario a esto; pero ser moderado en ello es más arduo. Y en todos nuestros sentimientos o afecciones es fácil desviarse a lo recto o a lo torcido; mientras que alcanzar el justo medio del cual nos viene la alabanza y el encomio, es difícil. Por esta razón es también raro lo que es bueno.

Una vez analizada ya la virtud, hemos de considerar a continuación si es posible que la virtud tome cuerpo en nosotros, o bien no es posible, según opina Sócrates, quien dice que el ser buenos o malos es algo que cae fuera de nuestras posibilidades, puesto que, si se pregunta a alguien si quiere ser justo o injusto, nadie escogerá la injusticia. Y lo mismo respecto de la fortaleza y la timidez o apocamiento, y de todas las demás virtudes.

De ahí se deduce con evidencia que, si algunos son malos, no lo son de una manera espontánea; y que, por consiguiente, tampoco son buenos por propia voluntad o espontaneidad.

Tal argumento es, sin duda, una falacia. Pues ¿por qué razón entonces el legislador no permite hacer nada malo, antes manda obrar lo que es recto y es bueno, y estableció penas y castigos para el caso en que se cometan acciones malas o se omitan acciones buenas? En efecto, ha obrado de una manera absurda, si ha decretado leyes de este tipo, sobre cosas que no están en nuestra mano llevar a cabo.

Por el contrario, según realmente parece, está en nuestra mano el ser buenos o no serlo. Además, atestiguan esto mismo las alabanzas y las censuras o recriminaciones: en efecto, la alabanza y el encomio son una consecuencia de la virtud, y la censura es una consecuencia del vicio. Es así que no se dan alabanzas ni censuras a los que han hecho una cosa en contra de su voluntad. Luego queda con ello en evidencia que está en nuestra libre voluntad el obrar el bien y el mal.

Los que así no opinan, hacen uso de una semejanza de esta clase, con la pretensión de demostrar que ello no estaba en nuestra mano. Dice, en efecto: ¿por qué razón nadie recrimina a los que están enfermos o son contrahechos? Pero esto no es en manera alguna verdadero. Porque reprendemos a esos tales, cuando creemos que ellos mismos son los responsables de su propia enfermedad o su deformación, porque se sobrentiende que estuvo en su mano el hacerlo o el haberlo evitado.

Es, pues, evidente que es algo voluntario el que uno siga el camino de la virtud o del vicio.

X

Intermedio sobre las causas y sus consecuencias.

La prueba más fuerte de lo dicho puede derivarse de las siguientes consideraciones. Toda naturaleza, como lo son, por ejemplo, una planta o un animal, tiene el poder de producir una naturaleza de su misma esencia. Las plantas y los animales tienen ambos este poder y ambos producen, partiendo de la causa original o principio. En el árbol, por ejemplo, aquello de que él crece es la semilla. Ésta es, en efecto, el principio del mismo.

Y lo que es consecuencia de unos principios, reúne sus mismas condiciones: de manera que el carácter de los principios determina el carácter de los productos.

Esto se verá más claro por medio de una comparación geométrica. En la geometría, cuando uno establece unos determinados principios, su carácter determina el de las consecuencias derivadas de ellos. Por ejemplo, si el triángulo tiene sus ángulos iguales a dos rectos, es necesario que la suma de los ángulos de un cuadrilátero sume cuatro rectos. Y cualquier cambio en el triángulo conlleva también un cambio correspondiente en el cuadrilátero. Porque estos principios son convertibles. Y, por el contrario, si los ángulos de un cuadrilátero no suman cuatro rectos, tampoco sumarán dos rectos los ángulos de un triángulo.

XI

La voluntad humana es la causa de la acción.

Las acciones humanas son mudables.

A hora bien, el caso del hombre es paralelo a éste.

El hombre, en efecto, tiene el poder de producir o crear. Y, entre otras cosas, él produce, a partir de ciertas causas o principios originarios, sus hechos y acciones. ¿Por qué tiene este poder? La acción es algo que no se puede atribuir a ninguna sustancia inanimada, ni siquiera a ninguna existencia animada, excepción hecha del hombre.

Es, por consiguiente, evidente que el hombre es el verdadero procreador o productor de las acciones.

Ahora bien, nosotros vemos que las acciones están sujetas o son susceptibles de cambios, y vemos también que nosotros constantemente obramos de diferentes maneras. Además, nuestras acciones proceden de unos determinados principios; es evidente, por tanto, que puesto que las acciones cambian, también cambian los principios de las acciones de que ellas proceden, igual que demostramos por la analogía de los seres geométricos.

Ahora bien, el principio de una acción mala, como de una acción buena, es una determinación, un acto de voluntad y todo aquello que en nosotros tiende a la razón. No hay que dudar, por tanto, de que también estas cosas cambian. Pero los cambios en nuestro obrar están bajo el control de nuestra voluntad: luego, también lo están la determinación y el principio de que ellos se originan. Y, en consecuencia, no hay que dudar de que está en nuestro poder el ser buenos o malos.

Quizá alguien dedujera de lo dicho la siguiente consecuencia: dado que se halla en mi mano el ser justo y bueno, seré, si quiero, el mejor de todos. Sin embargo, esto no es en manera alguna posible. ¿Por qué? Sencillamente, porque esto no es posible lograrlo ni siquiera en el cuerpo. Pues, aunque uno quiera tener el cuidado máximo de su cuerpo, no por eso vendrá a ser inmediatamente el mejor en el cuerpo. Pues el conseguirlo no está tan sólo en emplear un cuidado riguroso con él, sino en tener además, por naturaleza, un cuerpo bueno y honesto. Así, pues, por medio de un cuidado esmerado tendrá sí un cuerpo mejor, pero no será el mejor de todos.

Lo mismo hay que aplicar al caso del alma; porque no será uno el mejor de todos, por quererlo, a no ser que se añada a ello la capacidad de su naturaleza para ser el mejor, pero sí será mejor que antes.

XII

Cuál es el motivo o el motor de los actos voluntarios.

Así, pues, dado que, según parece, el ser bueno está en nuestra mano, hemos de hablar a continuación de las cosas hechas voluntariamente, es decir, explicar qué es lo que se dice que ha sido hecho voluntariamente. Porque el lugar más importante en la virtud lo ocupa lo hecho voluntariamente.

De una manera absoluta y simple hay que decir que se hace libre y voluntariamente lo que obramos cuando estamos ajenos a toda coacción.

No obstante, hemos de explicar esto con mucha mayor claridad aún. Hay una especie de apetito que nos impele a nosotros a lo que hacemos u obramos. Ahora bien, hay tres especies de apetitos: concupiscencia, ira y deseo. Hemos de examinar primero la acción que nace de la concupiscencia y ver si se realiza en nosotros libremente o en contra de nuestra voluntad. Sin duda esto no debe parecer realizarse en contra de la voluntad. Por la razón siguiente: en efecto, todo lo que hacemos en contra de nuestra voluntad lo hacemos coaccionados. Ahora bien, cuando a los agentes les empuja alguna necesidad, se siente en consecuencia un dolor. En cambio, a los que obran por concupiscencia se les sigue un placer: de manera que, supuesto esto, no será posible obrar nada en contra de la voluntad, al ser movidos por la concupiscencia; antes el obrar será libre.

Pero hay otra razón que está en contra de ésta, que se apoya en la incontinencia: dicen, en efecto, que tampoco obra libremente el mal el que conoce que las cosas que hace son malas, pero el que es incontinente sabe que es malo lo que hace y, sin embargo, obra arrastrado por la concupiscencia. Luego no obra libremente y, por tanto, está coaccionado.

De nuevo la solución a dar es la misma. En efecto, si lo hace movido por la concupiscencia, no lo hace por necesidad, pues a la concupiscencia le acompaña el placer, y no es posible decir que lo que se hace por placer se hace por necesidad. Además, aún hay otra razón que evidencia que el incontinente obra libremente, cuando obra la incontinencia. Los que cometen injusticias lo hacen voluntariamente. Es así que los incontinentes cometen injusticias, luego los incontinentes se dejan llevar a la incontinencia libremente.

XIII

Prosigue la discusión sobre la posibilidad de la libertad en el obrar por placer.

Aún se nos opone otra razón, que afirma que no existe lo libre y voluntario en estos casos. El que es continente es alabado, porque obra su continencia libremente. Y son alabadas aquellas cosas que se hacen libremente. Pero si se obra libremente, cuando el motor de la acción es la concupiscencia, lo que se opone a la concupiscencia deberá ser no voluntario o libre. Es así que el que es continente, al obrar de conformidad con su continencia, adopta una actitud contraria a la concupiscencia. Luego el que es continente, lo será en contra de su libre voluntad. Sin embargo, no parece ser esto así.

Luego no es libre y voluntario lo que se hace bajo la acción de la concupiscencia.

Lo mismo ocurre en las cosas que se realizan bajo la acción de la ira. En este caso tienen su fuerza las mismas razones que hemos barajado al tratar de la concupiscencia, y provocan de igual manera una dificultad. Pues también en la ira podemos ser continentes o incontinentes.

Entre las distinciones o aspectos que hemos señalado en el apetito nos queda, deliberadamente, la voluntad o el deseo. Hemos de considerar atentamente si es libre o no lo es. Los incontinentes desean la acción, en la misma medida en que son impulsados por ella. Por consiguiente, los incontinentes obran el mal, deseándolo. Y nadie obra libremente el mal, cuando reconoce el mal en lo que hace, y el incontinente obra un mal, que él conoce como mal: luego no obrará libremente y, en consecuencia, tampoco el mismo deseo se recibe de una manera libre.

Ahora bien, esta manera de razonar elimina por completo la incontinencia y el incontinente. Pues si no obra libremente, no puede ser recriminado ni censurado. Es así que el que es incontinente es justamente censurado: luego el incontinente lo es por su propia libertad y querer, y el deseo se admite también libremente.

Pero, puesto que hay razones que son entre sí contrarias, hay que analizar más hondamente lo que se hace libremente.

XIV

La «fuerza mayor», una causa externa de la acción.

Hemos de comenzar por hablar de la «fuerza mayor» y el impulso o necesidad. La fuerza mayor existe también en los seres que carecen de alma. En efecto, todo ser inanimado tiene un lugar natural propio. Al fuego le corresponde el de arriba, a la tierra el de abajo. Pero, ¿se puede forzar a una piedra a que se mueva hacia arriba, y al fuego a que se mueva hacia abajo?

También tiene cabida la violencia en los seres animados: por ejemplo, un caballo puede ser cogido y desviado de su carrera en línea recta. Por consiguiente, en todos los seres que reciben la influencia de una causa extrínseca a ellos mismos, que les impulsa a hacer algo en contra de su naturaleza o en contra de su voluntad, decimos que tiene efecto una coacción, que les obliga a hacer lo que hacen. Pero no decimos que son obligados a ello los que tienen en sí mismos la causa de lo que hacen. De lo contrario, el incontinente se opondrá a nuestra valoración natural y nos dirá que él no es malo: como quiera que a él le obliga la concupiscencia a obrar lo que es malo. Ésta será, pues, nuestra definición de lo que es violento o forzado: es fuerza mayor la causa externa, que obliga a obrar. Pero no hay fuerza mayor en aquellos seres cuya causa activa es intrínseca a ellos mismos.

XV

Sigue aún la cuestión de la necesidad y la fuerza mayor.

Aún hemos de tratar más de la necesidad y la fuerza mayor.

No hay que hablar de fuerza mayor de una manera general ni en todo caso. No podemos, pongo por caso, decir que es forzado lo que hacemos bajo la acción de la concupiscencia. Por ejemplo, el hombre que dijera que ha sido forzado por la concupiscencia a gozar de la mujer de su amigo, haría uso de un pretexto tonto.

Tampoco puede ser coactivo cualquier incitante, sino tan sólo el que procede de fuerza. Por ejemplo, si uno causa una herida a otro, obligado por las circunstancias a evitar un mal mayor, de esta manera: he sido obligado a correr apresuradamente hacia mis tierras, de lo contrario lo hubiera encontrado todo destruido.

En cosas, pues, de este tipo, hay una coacción.

XVI

De las acciones premeditadas y las espontáneas.

Puesto que lo voluntario o lo libre no puede hallarse en ninguna cosa, procedente de un impulso espontáneo, hay que aplicar este nombre a lo que procede de la razón. Es, en efecto, involuntario, lo que se hace por coacción o fuerza mayor, y, en tercer lugar, lo que no se hace premeditamente. Lo cual es absolutamente cierto, según lo que nos enseña la experiencia. Porque en el caso de alguien que haya matado o dado muerte a otro, o bien haya hecho algo semejante, decimos que el que no lo ha premeditado, lo ha hecho involuntariamente, puesto que se entiende que se ha hecho voluntariamente lo que ha sido pensado y calculado antes.

Se cuenta, por ejemplo, que una mujer dio una vez un brebaje amoroso a un hombre, pero este brebaje le causó la muerte; sin embargo, la mujer fue absuelta por el Areópago; y la liberaron no por otra causa que ésta: haber dado aquel brebaje sin prever las consecuencias; lo dio, en efecto, movida por el amor, pero erró su camino y su propósito, de manera que no pareció ello hecho libre y voluntariamente, ya que no le había dado el brebaje a aquel hombre con el fin de matarlo.

En este caso, pues, lo voluntario cae de lleno en el campo de lo inconsciente o imprevisto.

XVII

De la elección intencionada o determinación consciente.

Hemos de estudiar también la elección intencionada o determinación consciente de una cosa y preguntarnos si es una apetencia o no lo es.

La apetencia se da en los animales, igual que en el hombre, mientras que la determinación o la elección tan sólo tiene cabida en el hombre. Porque toda determinación se basa en un principio racional. Y este principio sólo lo posee el hombre. De manera que la elección o la determinación no pueden ser un, simple apetito. Pero ¿puede ser algo del orden de la voluntad?

Difícilmente. Porque la voluntad abarca también las cosas que no son realizables: por ejemplo, queremos y deseamos ser inmortales, pero no podemos determinar o proponer serlo. Por otra parte, el objeto de una determinación o elección no es el fin, sino los medios que hemos de emplear para él. Por ejemplo, uno no decide estar sano, sino que su decisión se centra en los medios que le pueden dar la salud, como son el pasear o el correr. Pero si queremos los fines, en efecto, queremos gozar de buena salud.

De aquí se deduce con evidencia que la voluntad y la elección son dos cosas distintas. La naturaleza de la elección parece ser la que su mismo nombre indica, porque hay elección cuando escogemos una cosa de preferencia a otra, es decir, lo que es mejor, en lugar de lo que es peor. Por consiguiente, cuando, puestas las cosas al alcance de nuestra opción, elegimos lo que es mejor en lugar de lo que es peor, entonces hay propiamente «proáiresis» y elección.

Supuesto que la determinación no es una apetencia ni una voluntad, ¿es el objeto de la inteligencia el mismo que el de la elección? Difícilmente puede esto ser así. Pensamos, en efecto, muchas cosas, y al pensarlas, opinamos sobre ellas. Pero ¿acaso elegimos las cosas que hemos pensado o comprendido? Muchas veces pensamos en las cosas que pueden ocurrir en la India y, no obstante, nada elegimos de lo que a ello toca. Luego el pensamiento no es una elección.

Así, pues, ya que éstos son fenómenos del alma y, hablando rigurosamente, en ninguna de estas dos cosas está la elección, debe ella componerse de otras dos cosas.

Por tanto, puesto que, como antes hemos mencionado, la elección tiene por objeto los bienes que conducen al fin, pero no los fines mismos, y hay que elegir entre una y otra cosas de las que están en nuestra mano o posibilidad, y de las que nos causan una alternación en nuestras apreciaciones valorativas, no hay ninguna duda de que el primer paso necesario, para la elección, es entender y deliberar sobre estas mismas cosas. Y cuando se nos hace evidente, en nuestro pensar, qué es lo que es más conforme a nuestro caso, entonces nace un impulso a la acción. Y, al obrar esto, decimos que nuestro obrar se hace supuesta una deliberación y una elección.

Si, pues, la elección o determinación es una apetencia deliberada acompañada de una inteligencia o comprensión del objeto, lo voluntario no puede ser identificado con ello. En efecto, hacemos muchas cosas voluntariamente, antes de comprenderlas y deliberarlas; por ejemplo, sentarnos o levantarnos, y otras cosas de este género: libre y voluntariamente, es cierto, pero fuera de todo pensar o deliberar. Mientras que, todo lo que realizamos con una determinación o elección, todo ello se hace con una deliberación.

Por consiguiente, no todo lo voluntario es deliberado y pensado o elegido; pero todo lo que elegimos sí es voluntario. En efecto, si hemos propuesto hacer algo, deliberándolo antes, lo hacemos voluntariamente.

Hay entre los legisladores algunos que definen y distinguen entre las cosas hechas voluntariamente y las hechas con premeditación. Y aplican o determinan penas menores para las cosas que se hacen voluntariamente, que contra las cosas que se hacen con premeditación.

La determinación, pues, está ligada o relacionada con las acciones, y con aquellas acciones cuya realización o no realización está en nuestra posibilidad, o bien con aquellas que podemos realizar de dos maneras distintas y, además, con las acciones cuyo porqué podemos nosotros comprender.

Aquí nosotros hablamos de causa, en más de un sentido. En la geometría, cuando nosotros hemos dicho que los ángulos de un cuadrilátero suman cuatro rectos y se nos ha preguntado el porqué, hemos respondido: «Porque los ángulos del triángulo suman dos rectos.» En los casos como éste, se ha tomado la causa de un principio definido o determinado. Pero en las cosas que caen en el orden de la acción, en las que tiene lugar la elección, no ocurre así, puesto que no se aduce ningún principio determinado. Si, pues, alguien pregunta: «¿Por qué has hecho esto?», se contesta: «Porque no podía obrar de otra manera», o bien «porque era la mejor alternativa que podía tomar». La elección se apoya en los resultados mismos, cualesquiera hayan sido los que hayan parecido mejores, y estos resultados son la causa de la elección. Y ésta es la razón por la que, en estas cosas, nosotros deliberamos con nosotros mismos sobre cómo debemos hacer una cosa. Sin embargo, en las ciencias y las artes no es así. Porque nadie delibera sobre cómo hay que escribir el nombre de Arquicles, porque esto ya está determinado. De esta manera, pues, el error no está en la inteligencia consciente, sino en la acción de escribir. Porque, en las cosas en que no hay error de inteligencia, no hay necesidad de deliberación. Pero, en aquellas en que la solución recta es indeterminada, hay allí una posibilidad de error. Ahora bien, en la acción hay una incertidumbre y dondequiera que pueda haber dos maneras posibles de error. Nuestros errores, pues, se dan igualmente en la acción y en las virtudes. Al intentar llegar a la virtud moral, nos desviamos por caminos de alucinación y engaño. Porque la alucinación se halla en el exceso y en el defecto. Y somos llevados a uno y otro extremos por el placer y el dolor, puesto que, por el placer, somos llevados al mal, igual que, por el dolor, huimos de las cosas bellas y honestas.

XVIII

Diferencias entre la inteligencia y los sentidos. Dónde radica el error.

La inteligencia difiere de la percepción sensible en una cosa muy importante. Por el sentido de la vista estamos nosotros dispuestos para ver y nada más; y por el sentido del oído, sólo y exclusivamente podemos oír. Y no deliberamos si hemos de oír con nuestros oídos. o bien si hemos de ver con ellos. En cambio, el pensamiento del alma no es así, sino que puede hacer esto y otras cosas. Es aquí donde nosotros colocamos la elección o determinación, y donde se halla el centro de deliberación con nosotros mismos.

Así, pues, el error está en la elección de los bienes, pero no en el orden del fin. Pues, por lo que respecta a los fines, el consentimiento es universal. Nadie duda, por ejemplo, de que la salud es un bien. Es en el escoger los medios que nos lleven al fin donde erramos; por ejemplo, al decidir si tal comida o tal otra serán buenas para nuestra salud. En esta elección es donde más pesan el placer y el dolor, con su fuerza alucinatoria, porque nosotros buscamos el placer y procuramos huir del dolor.

Una vez determinado dónde se halla el error y cómo se halla allí, debemos considerar cuál es la meta a que tiende la virtud. Es decir, ¿la virtud tiende al fin o a las cosas que llevan al fin? Por ejemplo, ¿tiende a la honestidad o a las cosas que conducen y acompañan a la honestidad?

¿Qué pasa con esto en las artes y las ciencias? ¿Cuál es la labor de la arquitectura: describir su propio fin de una manera bella y agradable, o bien investigar los medios para alcanzar este fin? Pues, aunque se explique ello de una manera agradable, por ejemplo, la construcción de una casa noble o bella, tampoco podrá ser otro que el mismo arquitecto el que pueda hallar y exponer todo lo que necesita para ello. Y lo mismo ocurre en todas las demás artes y ciencias.

Por consiguiente, debemos inferir de aquí lo mismo, respecto de la virtud. Su fin es más una recta determinación del fin que un proveer a los medios. Y los medios necesarios para ello serán buscados y preparados por el mismo que tienda a la virtud. Y hay una razón en nosotros para atribuir a la virtud la responsabilidad de proponerse su fin. Porque dondequiera que se halle el principio de lo que es mejor, allí reside el doble poder o facultad de proponer el fin y de llevarlo a su cumplimiento. No hay, pues, nada mejor que la virtud, puesto que ella es causa final de otras cosas, y respecto de ella existe un principio. Además, en este caso el mismo fin debe ser mirado como principio. Y es a causa del fin como los medios existen. Y de esta manera es evidente que, también en la virtud, puesto que la causa es óptima, tiene ella su meta más en buscar el fin, que no los medios que lleven a el.

XIX

Belleza moral del fin de la virtud. Preeminencia de la virtud activa.

Ahora bien, el fin de la virtud es lo moralmente bello o noble; de manera que esto, más que sus medios, es la meta a que tiende ella, aunque también esté en relación con sus medios. Lo contrario sería absolutamente imposible. Un pintor puede llegar a ser un excelente imitador o copista. Pero él no recibirá las mismas alabanzas si falta a su fin primordial de reproducir los mejores modelos. Mas no es cosa de dudar que el deber de la virtud es el de proponerse lo más noble como su fin.

Pero se podría aquí plantear esta dificultad: ¿por qué razón hemos determinado antes que la acción o uso de una cosa era mejor que la posesión de la misma, y en cambio ahora le asignamos a la virtud, no los medios para conseguirla, sino su fin, en el que no hay una actividad? Nuestro punto de vista es aún el mismo: seguimos, en efecto, afirmando que la actividad virtuosa es mejor que la mera posesión de la virtud. Cuando los hombres ven un hombre virtuoso, le juzgan por sus acciones, porque su propósito o intención internos les quedan ocultos. Pero si pudieran mirar al interior del corazón del hombre y pudieran ver su actitud respecto de lo que constituye la belleza moral, el hombre virtuoso podría aparecer tal, aun prescindiendo de sus acciones.

Habiendo enumerado ya determinados estados intermedios de los sentimientos o afectos, debemos ahora especificar los afectos con los que se relacionan estas virtudes.

XX

Naturaleza y campo afectivo de algunas virtudes más importantes. La fortaleza.

Así, pues, dado que los sentimientos de miedo e intrepidez son el campo en que arraiga la virtud de la fortaleza, hemos de estudiar qué cosas del miedo y la intrepidez son las que comparte la fortaleza.

¿Es cobarde un hombre si teme la pérdida de sus propiedades, y es, por el contrario, valiente, si lo arrostra con intrepidez? Difícilmente. Ni podemos predicar o atribuir la cobardía o la intrepidez a quienes, respectivamente, temen o no temen la enfermedad. No son éstas, pues, facetas del miedo o la intrepidez que comparta la fortaleza. Supongamos aún que un hombre no tiene miedo del trueno o los rayos, o cualquier otro terror sobrehumano: este hombre no es valiente o fuerte, sino loco o inconsciente. Los miedos y las valentías, con los que la fortaleza comparte su campo, quedan delimitados por las capacidades ordinarias del hombre.

Es fuerte un hombre que no teme aquellas cosas que temen la mayoría de los hombres o incluso todos.

Definido, pues, esto, supuesto que el término «fuerte» puede tomarse en muchos sentidos, debemos considerar qué cosas son las que pueden ser razonablemente llamadas fortaleza.

En primer lugar, un hombre puede ser fuerte por una experiencia, como lo son, por ejemplo, los soldados. Ellos conocen por experiencia que en determinados sitios, en determinados momentos o en determinadas circunstancias, ellos pudieron salvarse. Pero, cualquiera que haya conocido esto, y apoyado en este conocimiento, espera al enemigo, no es valiente ni fuerte. Porque si le faltaran estas condiciones, echaría a correr. Por consiguiente, no deben ser llamados fuertes aquellos a quienes hizo fuertes la experiencia.

No tenía tampoco razón Sócrates al decir que la fortaleza era una ciencia, por la razón de que la ciencia se hace ciencia, tomando su experiencia de la costumbre. En efecto, por nuestra parte decimos que los que toleran las dificultades gracias a la experiencia, ni son fuertes. ni nadie los llamara nunca fuertes. Por consiguiente, la fortaleza no puede ser una ciencia.

Además, algunos hombres son fuertes precisamente gracias a lo contrario u opuesto de la experiencia. Pues los que ignoran los males que amenazan no sienten temor precisamente por esta inexperiencia; no obstante, tampoco éstos deben ser llamados fuertes.

Hay también otros que son considerados fuertes a causa de sus estados afectivos intensos, como son, por ejemplo, el amor o un estado de inspiración o «entusiasmo» divino. Tampoco éstos merecen el nombre de fuertes, puesto que, si el estado afectivo los abandona, dejan inmediatamente de ser fuertes, ya que es necesario que el que es fuerte sea fuerte siempre y con continuidad. Por esta misma razón tampoco pueden ser llamados fuertes los animales salvajes, como, por ejemplo, los jabalíes, porque ellos se lanzan simplemente a defenderse cuando sienten el dolor, al haber sido heridos.

Existe, a su vez, una fortaleza que se llama civil o social: se da, por ejemplo, cuando algunos ciudadanos, por vergüenza, toleran y soportan los peligros comunes, y por ello son tenidos como fuertes. Así, por ejemplo, presenta Homero a Héctor diciendo:

«Me avergonzaría de que Plydamas ocupara el primer puesto», y, en consecuencia, decide pelear. Tampoco esto debe ser llamado fortaleza.

En cada uno de esos casos hay que aplicar un mismo criterio. En efecto, aquello que, una vez eliminado, supone la pérdida de la fortaleza, no puede crear la verdadera fortaleza; por ejemplo, si se pierde la vergüenza, gracias a la cual era uno fuerte, deja inmediatamente de serlo.

Otro tipo de fortaleza aparente es la de los hombres que tienen como incentivo la esperanza o exceptuación de un bien que va a llegar. Tampoco a éstos les cuadra el nombre. Porque esos tales, y en estas determinadas circunstancias, no encajan perfectamente en el nombre de fuertes. En consecuencia, no hay que situar la fortaleza en ningún ser de esta clase.

Nos queda, pues, por estudiar cómo debe ser el hombre que sea considerado fuerte y quién es este hombre. Podemos definirlo simplemente diciendo que es fuerte cualquiera que no liga su fortaleza a ninguno de estos incentivos, sino que es valiente o fuerte porque piensa que es noble y digno ser así, y es así tanto si está solo, como si está acompañado. Sin embargo, la fortaleza no nace absolutamente al margen del sentimiento y el impulso. Pero es necesario que este impulso provenga de un principio racional y teniendo como fin lo bueno o recto. Por consiguiente, el que bajo la luz de la razón, y teniendo lo honesto y bueno como fin, se arroja intrépidamente a los peligros, éste es el que debe ser considerado fuerte, y en este conjunto de circunstancias es donde hay que situar la fortaleza. No hay tal valentía, cuando el que llamamos fuerte es inaccesible al sentimiento del temor. Este tal, en efecto, para quien nada hay temible, no es fuerte. Porque en estas condiciones también serían fuertes las piedras y todas las demás cosas inanimadas. Sino que es necesario que el fuerte sea capaz de sentir la sensación de miedo, para que la aguante y venza en su ánimo. Porque si su tolerancia de las cosas estriba en no temer nada, eso no es en manera alguna ser fuerte.

Finalmente, de acuerdo con las distinciones que hemos apuntado más arriba, la verdadera fortaleza no tendrá relación alguna con todos los aspectos o maneras del miedo y el riesgo, sino solamente con aquellas formas del riesgo que amenazan realmente la existencia de uno. Y ello, no en cualquier momento o circunstancia temporal, sino cuando el miedo y los peligros amenazan ya de cerca. Pues no es fuerte el que no teme un peligro que le ha de amenazar dentro de diez años. Ya que los hay que, por aquello de que los peligros están lejos, viven llenos de seguridad, y ellos mismos, si los peligros estuvieran cercanos, se morirían de miedo.

Esto es, pues, la fortaleza, y este hombre que hemos descrito es el hombre fuerte o valiente.

XXI

De la templanza.

La templanza es un término medio entre el libertinaje y la insensibilidad, en lo que toca a los placeres. La templanza, igual que todas las demás virtudes, es un hábito óptimo de la interioridad o el alma. Ahora bien, el mejor hábito es el que posee lo que es mejor, y lo mejor es lo que está en el término medio entre el exceso y el defecto, ya que por ambas cosas el hombre se hace responsable o acreedor a la reprobación. Por tanto, igual que lo mejor es el término medio, la virtud de la templanza será un estado intermedio entre el libertinaje y la insensibilidad.

Así pues, ésos son los extremos que mediatiza la templanza. Su terreno son los placeres y las penalidades o tristezas, aunque no reparte ella este campo con todas las tristezas y placeres, ni proceden éstos de todas las cosas o circunstancias.

Pues, si un hombre recibe un placer en la contemplación de una pintura o una estatua, o bien de otro cualquier objeto bello, no por eso es ya un libertino. Y análogamente en los placeres del oído o del olfato, sino tan sólo en aquellos placeres que tienen su lugar en el sentido del tacto y en el sentido del gusto. Por consiguiente, no es un hombre moderado el que es totalmente inafectable por algunos de estos placeres; un hombre así es simplemente indiferente. El hombre sobrio es aquel que ciertamente es afectado por los sentimientos de placer y de pena, pero no se deja dominar por ellos hasta el punto de que, dándoles demasiada importancia, olvide todas las demás cosas. Es un hombre que resiste los placeres de esta manera por la única causa de que aspira a lo moralmente bello o noble, y a quien, no por otro motivo, llamamos sobrio. Porque, quienquiera que refrena sus placeres por miedo o por cualquier otro motivo, no es sobrio. A los animales salvajes no les damos el nombre de sobrios, porque en ellos no hay un principio racional con el que examinen y elijan lo que es moralmente bello y noble. Porque la belleza moral es siempre el fin de la virtud, y hacia esto es siempre atraída la virtud.

En conclusión, la templanza tiene como propio los placeres y las penalidades, que tienen su origen en los sentidos del tacto y del gusto.

XXII

De la mansedumbre.

Luego de esto, hemos de pensar en hablar de la mansedumbre, de su naturaleza y su campo de acción. La mansedumbre, pues, está entre su irascibilidad y la falta de espíritu o incapacidad para irritarse. De una manera general se estima que las virtudes son términos medios. Que son términos medios, puede deducirse fácilmente del razonamiento que sigue. En efecto, si lo que es mejor está situado en un término medio, y la virtud es un hábito óptimo y el término medio es lo mejor, es necesario, en consecuencia, que la virtud sea término medio. Pero esto resulta más claro con la consideración de cada una de las virtudes concretas.

Un hombre irascible, en efecto, es aquel que es propenso a una ira excesiva contra todas y cada una de las cosas y en todas las ocasiones. Este hombre provoca nuestra censura y recriminación.

No es recto enfadarse contra todos los hombres, ni por cualquier causa, ni en todas las ocasiones y tiempos. Por otra parte, tampoco lo es ser de tal condición que nunca se enfade uno contra nada, ni por nada: ese hombre es insensible, y también por eso merece nuestra recriminación. Así pues, ya que tanto el hombre que muestra un exceso de ira, como el que muestra un defecto de ella, merecen o se hacen acreedores a nuestra reprensión, el hombre que guarda el término medio es un hombre dulce y manso, que merece nuestra alabanza. No es acreedor al encomio ni el que se deja llevar de una ira excesiva, ni el que es deficiente en una ira sana: lo merece el que sabe tener un término medio entre los dos extremos. Este hombre es manso y suave. Y la mansedumbre es entonces el término medio entre estos dos estados afectivos o pasionales.

XXIII

Sobre la liberalidad o generosidad.

La liberalidad es un término medio entre la prodigalidad o derroche y la avaricia. El campo de estos dos extremos pasionales es el dinero. Es, en efecto, pródigo o derrochador el que gasta donde no es decoroso hacerlo, o bien en mayor cantidad de lo que es conforme, y en circunstancias en que no está bien hacerlo. Mientras que avaro es el que se opone a él; es el que no gasta donde conviene hacerlo, ni en la cantidad en que es conveniente hacerlo, ni en el momento o tiempo en que es conveniente hacerlo.

Ambos son acreedores a la recriminación: el uno por el defecto, el otro por el exceso. El hombre liberal y generoso por esta razón, siendo como es acreedor a la alabanza y encomio, es el que sabe guardar una posición intermedia entre estas dos. ¿Quién es, pues, generoso y liberal? Aquel hombre que sabe gastar donde es conveniente y en la cantidad que es conveniente hacerlo.

XXIV

Varios casos o especies de iliberalidad o avaricia.

Hay muchas especies de iliberalidad o avaricia; hablamos, por ejemplo, de los tacaños, de los avaros, de los ávidos o voraces, y de los sórdidos.

Todos éstos, en efecto, quedan comprendidos bajo el término de iliberalidad. El mal toma varias formas, donde el bien tiene tan sólo una. Igual ocurre en la salud: ella misma es única, mientras que la enfermedad es multiforme. Así también la virtud es simple, mientras que el vicio adquiere gran variedad de formas. Porque todos los que nosotros hemos mencionado son acreedores a nuestra censura, por hacer un mal uso de la riqueza.

Se pregunta, pues, ahora, si es una obligación o algo propio de la liberalidad el preocuparse de adquirir riquezas y bienes para sí. Difícilmente. Como tampoco es propio de ninguna otra virtud. Porque tampoco le toca a la fortaleza el fabricar las armas; es otra actividad distinta la que debe proveer a ello; es propio de la fortaleza el recibirlas y hacer de ellas un uso recto. Lo mismo hay que decir de la templanza y de las demás virtudes. Luego tampoco es un deber propio de la liberalidad el preocuparse de la adquisición de las riquezas: ello es más bien propio del arte de las finanzas o crematística.

XXV

De la magnanimidad.

La magnanimidad es un término medio entre la soberbia y la pusilanimidad o pequeñez de espíritu. Su campo es el honor u honra y la ignominia y el deshonor. No un honor como el que tributa la multitud, sino el que rinde el que es bueno, o al menos preferentemente en el último modo que no en el primero. Porque los buenos conocen y juzgan mejor cuando honran a un hombre. La magnanimidad, pues, preferirá ser honrada por aquellos que conocen, como él mismo conoce, que él es digno de honor. Pues el hombre magnánimo no quiere para sí cualquier honor, sino el que es mejor; y quiere estar en contacto con aquel bien que realmente confiere una honra y un rango principal o fundamental.

Ahora bien, los hombres que son despreciables y de obras mezquinas, pero que se consideran a sí mismos protagonistas de grandes cosas, y creen que son dignos de un honor mayor del que se les dispensa, son vanidosos y pedantes. Mientras que los que se rebajan más de lo que es justo, son pusilánimes.

Por consiguiente, el término medio entre éstos lo ocupa aquel hombre que no se rebaja hasta el punto de querer recibir un honor menor del que le corresponde, ni tampoco pretende un honor mayor que el que merece, o simplemente toda honra en absoluto. Éste es, en efecto, el hombre magnánimo. Y, en consecuencia, es evidente que la magnanimidad es un término medio entre la vanidad o soberbia y la pequeñez de espíritu o pusilanimidad.

XXVI

De la magnificencia.

La magnificencia o munificencia es un término medio entre la ostentación o extravagancia, y la pequeñez o la vileza. El campo de la munificencia son los gastos, que hay que hacer en una justa medida. Así pues, quien hace gastos donde no viene al caso, es extravagante u ostentoso. Por ejemplo, es ostentoso un hombre que reciba a los miembros de su club con todas las prodigalidades de una fiesta de bodas. Es, en efecto, ostentoso y extravagante aquel que, cuando no viene a cuento, despliega toda su riqueza.

Contrario a éste es el hombre mezquino o tacaño que, donde las circunstancias reclaman un gasto pródigo, o bien cierra su bolsa —por ejemplo, en ocasiones en que una fiesta de bodas o el equiparar a un coro público piden un gasto—, o bien gasta de una manera inadecuada e indigna de la ocasión. Un hombre así es, pues, un tacaño y un mezquino.

Ahora bien, qué es la magnificencia nos viene explicado en su mismo nombre. En efecto, la virtud llamada «megaloprepeia» es la que sabe prodigar una gran —«mega»— riqueza, en una ocasión justa u oportuna —«preponti»—. La magnificencia, pues, está, como una virtud merecedora de encomio, entre la deficiencia y el exceso en los gastos acomodados a las ocasiones todas.

Hay una apreciación común de varios tipos de magnificencia; se dice, por ejemplo, «camina lleno de magnificencia», y otras acepciones de este mismo género, a las cuales se aplica el término, no con propiedad, sino metafóricamente. La verdadera magnificencia no se muestra en estas cosas, sino en el campo que nosotros hemos definido.

XXVII

De la justa indignación.

La justa indignación es un término medio entre la envidia del bien y el placer del mal. Estas dos cosas, en efecto, caen bajo la censura. Mientras que, el que es capaz de indignarse justamente, es merecedor de encomio. La indignación es algo así como una tristeza o pena por los bienes que han sobrevenido de una manera indigna. Y, por consiguiente, aquel a quien entristecen estos bienes, indignamente allegados, se entristecerá también de ver a otros afligidos por males también inmerecidos. Esto es la justa indignación y éste es el hombre que lo experimenta.

El opuesto a éste es el hombre envidioso, el cual siente una envidia o rencor indiscriminados hacia todo aquel que tiene buena suerte, sea ella merecida o no lo sea. Análogamente, el hombre malévolo se alegrará en los males que sufren otros, sean ellos merecidos o no lo sean. No es, en cambio, así el hombre que posee una justa capacidad de indignación. Su posición está entre ambos extremos.

XXVIII

De la virtud de la dignidad.

La dignidad ocupa una posición intermedia entre la autosuficiencia y la cortesía servil. Su campo es el de las relaciones e intercambios de la vida social. El hombre autosuficiente es el que evita todo intercambio y conversación con sus semejantes o compañeros; su verdadero nombre parece haberle sido dado por esta característica, porque el autosuficiente es el que se basta a sí mismo. Por otra parte, el hombre servilmente cortés u obsequioso quisiera tratar y frecuentar a todos los hombres de cualquier manera y en cualquier circunstancia. Ninguno de ellos merece encomio. Pero sí lo merece el hombre digno, que guarda una posición intermedia entre ambos. Éste, en efecto, ni trata con todos los hombres, ni huye el trato de todos: trata con los que tienen un mérito o son dignos de ello, y tan sólo con ellos.

XXIX

De la modestia o vergüenza honrosa.

La modestia o, lo que es lo mismo, una vergüenza digna, es un término medio entre la desvergüenza y el descaro, y la timidez y pudor excesivos. Su terreno propio son las acciones y las conversaciones. El hombre descarado o desvergonzado es aquel que, en cualquier sitio, y quienquiera sea el que esté delante de él, habla y obra tal como espontáneamente se le ocurre. Su opuesto es el hombre tímido o excesivamente ruborizable, el cual se retrae totalmente de toda conversación o acción, delante de sus compañeros o respecto de ellos. Este hombre, poseído totalmente por su timidez, queda totalmente excluido de la acción.

Una vergüenza digna y el hombre que la posee ocupan un lugar intermedio entre ambos extremos. Un hombre de esta clase no dirá ni hará, como hace el desvergonzado o descarado, cualquier cosa, sin tener en cuenta las circunstancias que lo rodeen; pero tampoco, como hace el tímido, se refrenará en cualquier ocasión y en cualquier circunstancia. Sino que, en la mejor ocasión y en el tiempo oportuno, hará y dirá lo que es recto y honesto.

XXX

De la urbanidad.

La urbanidad es un estado intermedio entre la bufonería o patanería y la excesiva seriedad o pesadez. Su campo es lo agudo y el humor.

Un bufón es un hombre que necesita hacer una chanza en cualquier cosa, sin distinción. El pesado o lerdo es el que no gusta de hacer una chanza, ni acepta ser el objeto de alguna broma o chiste, y, si es objeto de ella, se irrita.

El hombre urbano y dotado de finura de espíritu ocupa un lugar intermedio entre estos dos extremos. Él no se chancea de todos los hombres o en cualquier circunstancia, y tampoco, por el contrario, se muestra lento y severo ante una agudeza. Hablaremos de urbanidad o finura de espíritu en un hombre, según dos sentidos: pues no tan sólo tiene esta finura el que es capaz de hacer un chiste con gracia, sino también el que sabe tomar a bien el ser objeto de una chanza o una broma. Ésta es la naturaleza de lo que llamamos urbanidad o finura de espíritu.

XXXI

De la amistad.

La amistad es un término medio entre la adulación o lisonja y el odio o aversión. Su campo son las acciones y las palabras. Es adulador el que atribuye a otro más cosas de las justas y de las que en realidad hay en él. Mientras que el que odia es el enemigo cercano, que echa por tierra hasta los méritos reales del otro. Ni uno ni otro de ellos puede, en justicia, ser alabado. Pero en medio de los dos está el verdadero amigo. Éste no atribuye al hombre de quién es amigo ni. más de lo debido, elogia lo que no merece alabanza. Y, por otra parte, tampoco disminuye sus valores, ni se coloca en oposición a él menos de lo que cree justo. Éste es, pues, el amigo genuino.

XXXII

De la veracidad o verdad.

La veracidad es un término medio entre la hipocresía y la jactancia. Su terreno es la conversación, aunque no cualquier conversación sobre cualquier tema. Es jactancioso aquel que se atribuye más cosas de las que en realidad posee, o bien finge saber lo que en realidad no sabe. Es contrario a éste el hipócrita, que simula que sus cosas y aun él mismo son menos de lo que pueda parecer, que desconfía de lo que sabe, y oculta lo que conoce.

El que es veraz no hace ninguna de estas dos cosas: en efecto, no da la impresión o finge poseer ni más ni menos de lo que en realidad tiene, sino que admite que hay en él y que sabe lo que realmente posee y conoce.

Que estas cosas sean o no virtudes, sería un problema distinto que someter a nuestra consideración. Que ellas son estados intermedios o términos medios entre los extremos dichos, es evidente. Como también lo es que los que viven de conformidad con ellas merecen honor y respeto.

XXXIII

De la justicia.

Hemos de hablar a continuación de la justicia: de su esencia, de sus acciones o circunstancias, de su campo.

En primer lugar hemos de dejar en claro cuál es el principio esencial de la justicia. Nos encontramos inicialmente con que lo justo tiene dos aspectos. Uno de ellos es el de la justicia legal, porque los hombres dicen que lo que prescribe la ley es justo.

Ahora bien, la justicia o la ley encomian las acciones fuertes y moderadas o conformes a la templanza y, en general, todas aquellas acciones que nosotros reconocemos como inspiradas por las virtudes. Por esta razón dicen que la justicia es una virtud perfecta. Pues si lo que la justicia nos prescribe hacer es justo, y la ley prescribe una serie de acciones que están inspiradas en todas las virtudes, el que observa todos los preceptos emanados de una ley justa es un hombre bueno y honrado. Y así de un hombre justo y de la justicia misma se puede decir que posee o es una virtud perfecta.

Éste es, pues, uno de los aspectos de la justicia. Pero no es éste el principio que nosotros buscamos, ni es esta forma de la virtud la que ahora queremos investigar. Porque el hombre que observe estas reglas de justicia puede ser justo siempre en sí mismo o en la soledad, puesto que el hombre sobrio, el fuerte y el continente, son así en y por estas leyes mismas. Pero la justicia en el trato con nuestros prójimos es algo distinto de esta justicia legal de que hemos estado hablando. La justicia, vista en nuestro trato con otro, no puede simplemente ser justo uno en sí mismo. Y éste es el principio de justicia social y la virtud de la justicia, que tiene por campo la vida social, y que nosotros estamos investigando ahora.

Hablando en un sentido amplio, la justicia social puede definirse como una igualdad. Pues la injusticia es una desigualdad. Por ejemplo, cuando los hombres reparten las cosas, de manera que se queden ellos mismos con la parte mayor de los bienes y la parte menor de las cosas malas, hay ahí una desigualdad, y decimos que se ha cometido y padecido una injusticia social. Por consiguiente, ya que la injusticia se funda en unas condiciones de desigualdad, la justicia existirá evidentemente cuando nuestro trato mutuo tenga lugar en una igualdad de condiciones. Por esto, con toda claridad, la justicia es un término medio entre el exceso y el defecto, el mucho y el poco. Al cometer una injusticia, el hombre injusto recibe más; en cambio, al padecer la injusticia, el hombre injuriado recibe menos. El término medio entre este más y este menos es la justicia, y este término medio es una igualdad. Por esto, la igualdad que se aparta igualmente del más y del menos, será justicia, y será un hombre justo el que desea participar de las cosas en igualdad de condiciones que su prójimo. Esta igualdad implica a lo menos dos términos. De manera que la igualdad entre dos o con otro es justicia, y el hombre que se siente satisfecho con esto es un hombre justo.

Por consiguiente, supuesto que la virtud y el principio de la justicia se fundan en la equidad y en el término medio, hablamos de justicia entre algo, de una equidad de dos o más términos, y de un término medio entre ciertos extremos, y, de acuerdo con la virtud y el principio, exigimos igualmente determinadas personas y una determinada esfera para su manifestación.

Supuesto, pues, que el principio de la justicia es una igualdad, la justicia será una forma proporcionada de igualdad. Ahora bien, la proporción requiere, por lo menos, cuatro términos, cada dos de los cuales encierren o impliquen entre sí una igualdad. En efecto, igual que A es a B, lo que C es a D, de la misma manera es proporcional que, el que posea mucho, tribute mucho, y que el que posea poco tribute poco. A su vez, de la misma manera que el que trabaja mucho ganará mucho, mientras que, el que trabaje poco, debe ganar poco. Es decir, que el que trabaja sea al que no trabaja, lo que lo mucho es a lo poco, y como lo que es el que trabaja respecto de lo mucho, así sea el que no trabaja, respecto de lo poco.

Al parecer, Platón hace uso de este sistema de proporciones sobre lo que es justo, en su tratado de la República. El granjero, dice él, prepara la comida, el arquitecto produce casas; igual que el tejedor hace telas y el zapatero hace el calzado. El granjero, pues, proporciona al arquitecto el alimento, y el arquitecto le proporciona la casa. De esta misma manera hacen todos los demás, y de igual manera intercambian lo que ellos poseen por lo que poseen los otros.

Ésta es, en efecto, la naturaleza de la proporción: lo que es el granjero, respecto del producto del arquitecto, eso mismo es el arquitecto, respecto de los productos del granjero agricultor. Y lo mismo en el caso del tejedor, del zapatero y los demás. La misma proporción debe observarse entre todos ellos, y esta proporción es el lazo de unión de toda la República. La justicia es, por tanto, una proporción; porque la justicia es el lazo de unión de la República. La justicia es, pues, lo mismo que una proporción.

Pero, puesto que el producto del arquitecto es de más valor que el del zapatero, y surgió la dificultad de efectuar un intercambio entre ellos —por ser imposible comprar una casa con pares de zapatos—, se hizo corriente la práctica de emplear, como medio común de compra, la plata, la cual se llamó por eso moneda. Para realizar así, en cada compra, el cambio, dando en plata el valor de la compra, lo cual vino a ser así el vínculo de la unión social.

Así pues, supuesto que la justicia está relacionada con estas cosas y con las que antes hemos mencionado, la virtud, que tiene estas cosas como campo o materia propia, será una disposición del alma, que produce un impulso intencionado o deliberado acerca de estas cosas y dentro de sus límites.

La represalia es también una forma de justicia, aunque no en el sentido en que la entendieron los pitagóricos. Creen ellos que es justo que un hombre sufra en compensación cualquier cosa que él haya cometido; pero una represalia de esta clase no es justa entre todos los hombres. No es lo mismo, por ejemplo, la justicia entre un esclavo y un libre —como tampoco es lo mismo entre libres—. Porque, si un esclavo da muerte a un hombre libre, debe recibir no una muerte por una muerte, sino muchas muertes. Pues este aspecto de la justicia también incluye la proporción. Porque, en la medida en que un hombre libre supera en rango a un esclavo, en la misma debe estar la represalia que él tome de la ofensa recibida de aquél. Y una proporción igual debe regir las represalias entre los hombres libres. Si un hombre le ha arrancado a otro un ojo, no es justo que tan sólo se le arranque al otro también un ojo, sino que aquél debe sufrir un castigo tanto mayor, cuanto exija la ley de la proporción. Puesto que este tal ha sido el primero en agredir al otro y además le ha infligido una injusticia. Es, por tanto, culpable de una doble injusticia. De manera que estos actos de injusticia caen también bajo la ley de la proporción. Y es justo que el uno sufra, en compensación, más de lo que le ha infligido al otro.

Ahora bien, puesto que la palabra justicia admite esta pluralidad de sentidos, hemos de definir qué forma de la justicia es la que nosotros investigamos.

En primer lugar se habla de una justicia entre el esclavo y el dueño, y entre el hijo y el padre. Pero, en estas relaciones, la justicia parece ser tan sólo idéntica de nombre con la justicia social. Y la justicia de que nosotros hablamos es la justicia social. Esta última consiste principalmente en una igualdad, porque los ciudadanos son parte, todos, de una comunidad, y admiten una paridad fundamental, aunque difieran sus caracteres. En cambio es difícil de aplicar la justicia a las relaciones entre padre e hijo, y entre esclavo y señor. La justicia no puede operar entre mi pie, mi mano o cualquier otro miembro mío y yo mismo, y eso mismo es lo que parece ocurrir entre padre e hijo. El hijo debe ser mirado como una parte de su padre, hasta que esté separado de él por haber alcanzado ya la virilidad; entonces está ya en igualdad y paridad con su padre. Como si fueran conciudadanos el uno respecto del otro.

Análogamente, y por la misma razón, no cabe la justicia entre el esclavo y el señor: porque el esclavo es un bien mueble del señor. Por lo demás, si reconocemos que él pueda tener algún derecho a la justicia, sería ésta una justicia de orden doméstico. Y el objeto de nuestras inquisiciones no es esta justicia, sino la justicia social. Porque esta última es la que, al parecer, consiste en la igualdad y la paridad.

Por otra parte, la justicia que cabe en la asociación o comunidad de marido y mujer, se acerca más al aspecto social que hemos dicho: la mujer, en efecto, es inferior a su marido, si bien está más cerca de él en rango que todos los demás de su familia y en este sentido es más aproximadamente nivelada que los demás. La vida de casados, por tanto, está mucho más cerca de la comunidad que hay entre conciudadanos. De manera que, en este sentido, la justicia que cabe entre un matrimonio tiene un matiz más social que la que hay entre otros.

Así pues, puesto que justicia, en sentido estricto, es justicia tal como se manifiesta en la comunidad del pueblo, la virtud de la justicia y el hombre justo tienen su campo en esta faceta o aspecto.

Ahora bien, unos aspectos de la justicia son naturales, mientras que otros son convencionales. Y no debemos pensar que ellos estén completamente ajenos a alguna alteración. Siempre las reglas de la naturaleza están expuestas alguna vez a cambiar. Por ejemplo, si nosotros hubiéramos constantemente tirado o practicado el lanzamiento con nuestra mano izquierda, habríamos llegado a ser «ambidextros». Ahora bien, la mano sigue siendo izquierda, por naturaleza; mientras que la mano derecha no por eso deja de estar mejor dotada que la izquierda, aunque hagamos todas las cosas con la izquierda igual que con la derecha. El cambio de uso no anula la distinción natural. Si, en general y durante un tiempo largo, la mano izquierda conserva el carácter de mano izquierda, y la mano derecha conserva el carácter de mano derecha, la distinción entre ellas es natural.

Exactamente ocurre con las reglas de la justicia natural. Si, por nuestros usos o por nuestra práctica, cambian estas reglas, no por este motivo dejarán ellas de ser naturalmente justas, sino que lo seguirán siendo. Porque lo que perdura durante un tiempo largo, esto es por naturaleza justo. Mientras que la ley que nosotros nos imponemos a nosotros mismos que observamos, toma por eso el carácter d,e justicia, y es llamada por nosotros justicia convencional. Por consiguiente, la justicia natural es superior a toda otra forma de justicia. Ahora bien, nosotros indagamos qué es la justicia social; y esta justicia es un tipo de justicia convencional o impuesto por la ley, y no una justicia natural.

Además, la injusticia y la obra injusta pueden parecer idénticas; pero no lo son. Es justicia lo que la ley define como tal; por ejemplo, es injusto robarle a alguien unos bienes que tenía en depósito; mientras que la injusticia no tiene cabida hasta que se ha cometido un acto injusto. Análogamente, la justicia y el hecho justo no son dos cosas idénticas: lo primero es lo que la ley ha definido como tal, mientras que el obrar justo es hacer algunas cosas que son justas.

Ahora bien, ¿cuándo existe un hecho justo y cuándo no existe? En general, debemos admitir que se hace un acto justo cuando se obra con deliberación y voluntariamente; qué es lo que significamos por «voluntariamente» lo hemos ya definido previamente. Más: se da el acto justo cuando se obra conociendo la persona respecto de quien se obra, y el instrumento y la meta de su acción. Igualmente, será injusto el que conozca respecto de quién obra, en provecho de quién y por qué causa delinque. Pero, cuando un hombre haga todas estas cosas injustas, sin conocer nada de todo lo que hemos dicho, éste tal no es injusto, sino desgraciado. Por ejemplo, un hombre ha asesinado a su padre, creyendo que estaba matando a su enemigo; él ha hecho una cosa que es injusta, y con todo, él es solamente un desafortunado, y no es culpable de haber cometido una acción injusta contra nadie.

En consecuencia, la condición para cometer una cosa injusta, sin haber, con todo, delinquido contra la justicia, es una ignorancia, como la que hemos descrito mas arriba; es decir, el desconocer, al obrar la persona a la que se injuriaba, el instrumento con que ello se hacía, y la meta a que aquello iba dirigido. Ahora bien, hemos de definir esta ignorancia, y ver de qué manera es posible que alguien, por ignorancia, no injurie a aquel a quien hiere. Sea, pues, ésta nuestra definición: cuando la ignorancia es la causa de una acción, el agente obra involuntariamente y es por ello inocente; excepto en el caso en que él mismo sea la causa de su propia ignorancia. En este caso, cuando alguien obra en virtud de una ignorancia, cuya causa es él mismo, comete una injusticia, y será llamado, razonablemente, injusto. En el caso de los ebrios, por ejemplo, quienes hacen el mal bajo la influencia de la bebida, sin duda alguna cometen una injusticia, puesto que ellos son la causa de su propia ignorancia. En efecto, en su mano estuvo el beber menos, de manera que, por inconsciencia, no diese muerte a su padre. Y lo mismo tiene su aplicación a todas las demás formas de ignorancia, procedentes de los mismos que obran: de manera que, quienes cometan por ellas una injusticia, son injustos. Mientras que los que obran por una ignorancia de la que no son ellos mismos la causa —cuya ignorancia, por el contrario, es ella sola la causa de que ellos obren como obran— no son injustos. Esta ignorancia es una ignorancia natural. Por ejemplo, la de unos niños inconscientes, que dan muerte a su padre. Es decir, que esta inconsciencia o ignorancia natural hace que, por esta acción, no se llamen injustos esos niños. Puesto que la causa misma de esta acción es la ignorancia. Y ellos no son la causa de su propia inconsciencia; por lo cual tampoco pueden ser llamados injustos.

Hemos ahora de volver nuestra atención al que es víctima de la injusticia, y preguntarnos si es posible que alguien sufra voluntariamente la injusticia. Esto parece imposible. Obramos, en efecto, la injusticia voluntaria y libremente, pero no la sufrimos voluntariamente. Porque nosotros evitamos todos los sufrimientos, luego no hay lugar a duda de que somos víctimas de una injusticia no voluntariamente, porque nadie admite ser dañado. Y recibir una injuria es ser dañado.

Ahora bien, hay personas que pudieron obtener una igualdad, pero la ceden a los demás. Por tanto, si obtener una igualdad es justo, y poseer menos es ser víctima de una injusticia, y estos tales tienen menos voluntariamente, hay que concluir que se puede ser víctima de una injusticia voluntariamente. Pero de lo dicho también se deduce con evidencia que nadie recibe un daño voluntariamente. Porque todos aquellos que alcanzan menos bienes voluntariamente, en lugar de aquello consiguen honra, alabanzas, gloria, amistades o cualquier otra cosa análoga. Ahora bien, el que a cambio de lo que deja recibe otra cosa, de ninguna manera es víctima de una injusticia. Y si no es víctima de una injusticia, tampoco lo es voluntariamente.

Por otra parte, los que han conseguido menos bienes y, según la opinión, en cuanto no han recibido una parte igual, han sido injuriados, esos mismos se jactan y glorían precisamente por este motivo, diciendo que pudieron llevarse una parte igual, pero no quisieron, «porque lo cedí a un anciano o a un amigo». Ahora bien, el que se considera víctima de una injusticia, nunca se alaba de ello ni se jacta por ello. Si, pues, en todo el que ha sido víctima de una injusticia no hay ningún motivo de gloria y, en cambio, estos tales se suelen gloriar de esto que hemos dicho, es absolutamente necesario que los que, según lo dicho, han recibido menor cantidad de bienes, no se sientan víctimas de ninguna injusticia. Ahora bien, si no han experimentado ninguna injusticia, tampoco la han experimentado voluntariamente.

Parece estar en contradicción con todo esto lo que ocurre en el caso de los incontinentes: comoquiera que el incontinente, al obrar viciosamente, se daña y ofende a sí mismo, y hace esto voluntariamente, por tanto, se daña a sí mismo conscientemente y a propósito, luego se hace a sí mismo voluntariamente víctima de una injusticia. Pero, en este caso, la definición propuesta antes desbarata de antemano el argumento. La definición es que «nadie quiere ser víctima de una injusticia». Ahora bien, el incontinente obra incontinentemente con plena conciencia y libertad: por consiguiente, se hace a sí mismo víctima de una injusticia, luego quiere infligirse un daño a sí mismo. Es así que nadie quiere ser víctima de una injusticia, luego tampoco el incontinente se hace voluntariamente a sí mismo víctima de una injusticia.

Por lo demás, esto mismo podría plantearles a algunos una duda: la de saber si ocurre que alguien cometa una injuria contra sí mismo. En el caso del incontinente, según la consideración anterior, parece acontecer así. Razonemos de nuevo de la manera que hemos hecho antes. Si lo que manda la ley son cosas justas, el que obra contra la ley y no hace lo que ella manda, obra injustamente. Y si no cumple con otro lo que la ley le manda respecto de él, comete contra él una injusticia. Ahora bien, la ley manda ser sobrio, defender sus propias cosas, curar el cuerpo, etcétera. Luego, quien no cumple estas cosas se hace a sí mismo víctima de una injusticia, puesto que estos delitos de injusticia no van dirigidos contra nadie más.

No obstante, es muy probable que todo esto sea erróneo y que sea imposible que alguien cometa una injusticia contra sí mismo. ¿Cómo puede, en efecto, ocurrir que alguien, a un mismo tiempo, tenga más y tenga menos, y que obre simultáneamente alguna cosa voluntariamente y sin querer? Puesto que, el que comete una injusticia, en cuanto la comete, tiene más, y el que es víctima de la injusticia, en cuanto víctima, tiene menos. Si, pues, uno comete contra sí mismo una injusticia, podrá suceder que, simultáneamente, tenga más y menos lo mismo. Ahora bien, esto es imposible. Luego, uno mismo no se puede hacer víctima de una injusticia.

Más aún: el que comete una injusticia, la comete voluntariamente, mientras que el que es víctima de una injusticia, la sufre en contra de su libre querer. Por tanto, de ser posible que uno cometiera contra sí mismo una injusticia, sería posible que simultáneamente hiciera una misma cosa queriendo y sin querer. Eso es imposible, luego tampoco desde este punto de vista será posible que uno cometa una injusticia contra sí mismo.

A la misma conclusión se llega también por la consideración de las formas particulares de injusticia. En efecto: cuantos cometen una injusticia contra otro lo hacen o bien robándoles un dinero que guardaban en depósito, o bien cometiendo un adulterio, o un robo, o cualquier otra injuria análoga; sin embargo, nadie se quitó a sí mismo una reserva de dinero, ni manchó a su propia esposa en adulterio, ni se robó sus propias cosas. Por consiguiente, si éstas son las maneras como se comete una injusticia, no pueden cometerse estas cosas contra el mismo autor de ellas; luego, uno mismo no puede cometer contra sí una injusticia.

No obstante, si ello fuera posible, no sería ella una injusticia social, sino de administración doméstica y puramente familiar. Puesto que el alma, dividida en varias partes, posee un elemento que es inferior o peor, y otro que es superior o mejor; y si en el alma se produce algún acto injusto, deberá ser de una parte de ella contra otra parte. Ahora bien: hemos distinguido en las injusticias familiares o domésticas, es decir, en la faceta interna de las injurias, una parte peor y una parte mejor; de esta manera un hombre puede ser justo o injusto consigo mismo. Pero no estamos ahora estudiando esta faceta de la injusticia, sino la faceta o aspecto social.

Concluimos, pues, que en este orden de injurias que estamos tratando ahora, es absolutamente imposible admitir la posibilidad de que uno cometa una injusticia contra sí mismo.

Por otra parte, cuando un hombre posee algo que le ha sido dado o asignado no justamente, ¿es el posesor el que comete la injusticia y el que es responsable de ella, o lo es el que le ha asignado la posesión de aquello? Pongamos, por ejemplo, una competición atlética. Sin duda, el hombre que recibe el premio del juez que preside no comete injusticia, aunque el premio se le haya dado injustamente. La injusticia es del que ha adjudicado y entregado el premio injustamente. Y aun la culpa es tan sólo suya en un sentido. Lo es en cuanto no ha juzgado con verdad y tal como exigía la naturaleza de lo justo. Pero no hay en él culpa, en cuanto ha declarado lo que a él le parecía justo.

XXXIV

La virtud moral es una acción acomodada a un principio recto.

Hemos tratado de las virtudes, de su naturaleza, de su esfera, de su campo o su materia, mostrando que cada una de ellas consiste en obrar de la mejor manera posible, y de acuerdo con un principio recto. Ahora bien, esta fórmula, «una acción que está en acuerdo con un principio recto», no queda más explicada que si alguien dijera que la salud sería mejor con el empleo de comidas más saludables. Con razón se nos podrá exigir que expliquemos con mayor claridad en qué consisten estas comidas saludables. Y de la misma manera se nos podrá preguntar qué es este principio racional, y qué significa el término «recto».

Quizá debamos comenzar por dar una noción clara y definida del punto de origen o procedencia de este principio racional. Ahora bien, nosotros hemos esbozado en unas líneas la naturaleza del alma, distinguiendo en ella una parte racional y una parte irracional. Esta parte racional es a su vez divisible en otras dos partes: la característica principal de la una es deliberar sobre una acción, y la de la otra es adquirir los conocimientos. Que ambas son distintas puede probarse con una sencilla comparación de sus objetos propios o sus campos de acción. Conocemos que el color, el sabor, el sonido y el olor son todas cosas distintas, y que la naturaleza ha producido o hecho diversos sentidos para su percepción; pues nosotros reconocemos el sabor por el gusto, y el sonido por la audición, y el color por la vista. Una distinción similar debe aplicarse a nuestros demás sentidos o facultades. Al ser distintos los objetos, deben también ser distintas las partes del alma, con las que nosotros obtenemos conocimiento de ellos.

Ahora bien, los objetos del conocimiento y de la sensación son distintos, aunque llegamos a conocer los dos por medio del alma. De ello se sigue que las partes del alma, que entran en contacto con ellos, son también distintas. Así, la facultad de deliberar y proponer está relacionada con los objetos de la sensación, con los objetos sujetos a movimiento; es decir, hablando más comprensivamente, con cualquier cosa que sea capaz de crecimiento o de destrucción. Nosotros deliberamos sobre lo que está en nuestra mano hacer o no hacer por medio de una acción electiva: es decir, en cosas que admiten una deliberación y una determinación, sea positiva, sea negativa; cosas, además, que son sensibles y están sujetas al movimiento del cambio. En consecuencia, la parte del alma con que elegimos las cosas que hemos de hacer o las que no hemos de hacer es la parte sensible.

Una vez hechas estas distinciones, hemos de seguir adelante. El tema de nuestra disertación es la verdad, y estamos considerando cuál puede ser la naturaleza de la verdad. Los aspectos del pensamiento son éstos: el científico o el conocimiento; el práctico o la prudencia; el intuitivo o intuición; el filosófico o sabiduría, y el aprehensivo o percepción. ¿Cuáles son, pues, los aspectos de la verdad, relacionados con cada uno de estos aspectos del pensamiento?

La ciencia, o conocimiento científico, está relacionada con lo cognoscible, lo cual intentamos conocer por medio de la demostración y el discurso razonado.

El pensamiento práctico o prudencia se relaciona con la esfera de la acción, donde se halla la elección y el rechazo, y donde tenemos la posibilidad de obrar o no obrar.

Ahora bien, la facultad por medio de la cual nosotros hacemos o fabricamos lo que hacemos, es distinta de la facultad con que nosotros ejecutamos o realizamos lo que realizamos. La primera forma de la facultad tiene un fin más allá y por encima del proceso mismo. El arte de la arquitectura, por ejemplo, puesto que posee la facultad de construir una casa, tiene, más allá y por encima de su proceso, un fin, que es la casa. Y lo mismo ocurre con el arte de la carpintería y las demás artes constructivas. Sin embargo, en el caso de las demás facultades —esas que realizan o ejecutan, pero no construyen—, no hay otro fin fuera de la misma acción o proceso. El tocar la cítara, por ejemplo, no tiene un fin distinto del mismo tocar: la actividad o la práctica es su propio fin. Ahora bien, la prudencia o pensamiento práctico está relacionada con lo que nosotros podemos ejecutar o realizar y los resultados de esta realización. Por el contrario, el arte o la mecánica está relacionado con lo que nosotros podemos construir o fabricar y sus resultados, y el artificio o arte se pone de manifiesto en lo que ha sido construido o fabricado, más que en lo que ha sido realizado o ejecutado.

La prudencia, pues, será un estado del alma o un hábito de elegir y obrar lo que esté en nuestra mano hacer o no, y ello de manera que contribuya a nuestro bienestar. Al parecer, pues, ese pensamiento práctico no es una manera o aspecto de la ciencia, sino una virtud. El hombre prudente, en efecto, merece alabanza, y la alabanza es la recompensa de la virtud. Además, toda ciencia posee su propia virtud, mientras que la prudencia no posee ninguna virtud. Por el contrario, ella misma parece ser un aspecto o manera de la virtud.

El pensamiento intuitivo o intuición está en relación con los principios del mundo inteligible.y realmente existente. Porque, en cuanto el pensamiento científico considera lo que puede ser demostrado, los principios primeros son indemostrables; de modo que ellos caen dentro del campo, no de la ciencia, sino de la intuición.

El pensamiento filosófico o sabiduría es un compuesto de pensamiento científico y de intuición. Está primeramente relacionado con los principios, y luego con las verdades que nosotros demostramos, con ayuda de ellos, las cuales son, de hecho, el objeto de la ciencia. Así, pues, en cuanto el pensamiento filosófico está en relación con los principios, participa de la intuición; y, en cuanto está en relación con lo que puede demostrarse por medio de ellos, participa del conocimiento científico. Es, pues, claramente un compuesto de estos dos aspectos del pensamiento; su objeto es, por tanto, limítrofe con el de estos dos aspectos.

El pensamiento aprehensivo o percepción es la facultad por medio de la cual llegamos a diferentes opiniones en toda clase de temas, pensando que ellos son de una manera o son de otra manera.

Ahora bien, ¿son idénticos el pensamiento práctico y el filosófico? Seguramente, no. El último de los dos se relaciona con la verdad demostrable y con los hechos invariables; mientras que el pensamiento práctico está en contacto, no con esas cosas, sino con el mundo de los cambios fenoménicos. Por ejemplo, hechos tales como la rectilineidad, la curvatura, la concavidad, etcétera, son siempre lo mismo; pero no ocurre lo mismo con la conveniencia o utilidad. En lugar de estar exentas de cambio, estas últimas cosas varían; una misma cosa puede ser útil o conveniente hoy, pero no mañana; puede serme útil a mí, pero no a ti; puede ser conveniente en determinadas circunstancias, pero no en otras. Y los objetos de la conveniencia o la utilidad son del campo del pensamiento práctico, no del filosófico. Por tanto, ambas facultades son distintas.

Por otra parte, el pensamiento filosófico o sabiduría, ¿es una virtud o no lo es? Por comparación con el pensamiento práctico, hemos de demostrar y decir que sí lo es. La prudencia o pensamiento práctico es una virtud, como hemos afirmado, de una de las dos partes racionales del alma; pero es de menos categoría que el pensamiento filosófico, porque su campo o su materia es inferior. Porque mientras la sabiduría, como hemos dicho, se relaciona con lo eterno y lo divino, la prudencia está en contacto con lo que a nosotros, los hombres, nos es útil o conveniente. Así, pues, si la facultad de menor categoría es una virtud, es sin duda razonable suponer que la facultad de más importancia es también una virtud. Evidentemente, pues, el pensamiento filosófico es una virtud.

¿Cuál es la naturaleza de la astucia o sagacidad y cuál es su campo o su materia? Esta virtud opera en el mismo campo que la prudencia;

es decir, el campo de los asuntos prácticos. Se llama sagaz un hombre en cuanto es capaz de hacer de consejero y puede discernir y juzgar bien de un asunto; el juicio del hombre sagaz versa en y acerca de cosas de relativamente poca importancia. La sagacidad es, pues, una parte de la prudencia, y el hombre sagaz es, en cuanto sagaz, una parte o aspecto del hombre prudente. Y no es posible separar un hombre sagaz de un hombre prudente.

El caso de la astucia o habilidad es semejante a éste. La astucia y el hombre astuto no coinciden absolutamente con la prudencia y el hombre prudente; no obstante, el hombre prudente es astuto; de manera que la astucia es un auxiliar de la prudencia. Sin embargo, un hombre malo, igual que uno bueno, puede ser astuto; como, por ejemplo, Mentor pudo parecer astuto, pero no prudente. Porque es propio de la prudencia y del hombre prudente aspirar y tender a lo mejor, y proponerse y realizar siempre esto, mientras que lo propio de la astucia y del hombre astuto sería más bien el considerar las condiciones necesarias de cada acción práctica y ver que ello llegue a realizarse. Ésta parece ser la esfera y el campo o materia del hombre astuto.

Podría causar cierta sorpresa y provocar cierta dificultad que, en un tratado de moral, al discutir de las relaciones sociales de los hombres, tratemos también de la sabiduría. En primer lugar, podemos sugerir que el estudio de este aspecto del pensamiento no es totalmente ajeno a nuestro tema, puesto que, como hemos dicho, el pensamiento filosófico es una virtud. En segundo lugar, puede no cuadrarle mal al filósofo el que extienda su visión de las cosas a los demás fenómenos, si su punto de apoyo o su punto de mira es el mismo; realmente, puede ser nuestro deber, al hablar de los fenómenos del alma, el incluirlos todos ellos en nuestro discurso. Ahora bien, el pensamiento filosófico es un aspecto fenoménico del alma; de manera que, al estar en relación o contacto con él, no estamos en realidad derivando de nuestro tema.

Podemos suponer que hay otros hábitos del alma, que están en relación con otras virtudes, como lo está la astucia respecto de la prudencia. Quiero decir que, en cada orden o campo de cosas, hay un aspecto de la virtud que arraiga o brota espontáneamente en la misma naturaleza. Lo irracional impulsa a lo que es fuerte y justo, o cualquier otra cosa, de conformidad con una cualquiera de las verdaderas virtudes. Otras virtudes nacen del hábito y de la elección consciente, y es tan sólo a las que son conscientes de un principio o regla racional a las que asignamos el rango superior de virtudes. Ellas aparecen en un segundo tiempo, y son dignas de alabanza. De manera que la faceta natural y espontánea de la virtud, faceta que es por sí misma irracional, cuando está separada de toda regla es una cosa de poca importancia y no es capaz de conquistar o ganarse la alabanza. Pero cuando va unida con una regla y una elección deliberada, da como resultado la plena y completa virtud. Por tanto, en la adquisición de la virtud, el impulso natural colabora con la regla o el principio, y no alcanza su plenitud sin esta regla o principio. Y tampoco, por otra parte, la regla racional y la lección consciente alcanzan su plenitud en el orden de la virtud sin el impulso natural. Por eso, Sócrates se equivocaba al decir que la virtud era tan sólo una regla racional, apoyado en que es imposible obrar de una manera justa y fuerte, sin que uno conociera lo que hacía y sin que eligiera conscientemente su acto. Y por ello sostenía que la virtud era una regla racional. Pero estaba en un error, y los moralistas contemporáneos hablan con mayor exactitud, cuando definen la virtud como «una acción noble, que está en conformidad con un principio recto». Sin embargo, aún hay aquí un error. Una persona puede obrar de hecho justamente sin un propósito deliberado y sin conocimiento de lo que es noble, sino simplemente bajo la acción de un impulso irracional. Y, sin embargo, podrá obrar rectamente y de conformidad con una norma recta. Es decir, ha obrado tal como hubiera prescrito la regla. Con todo, esta acción no tiene ningún título que la haga acreedora a la alabanza. Mejor es, según hacemos nosotros, definir la virtud como «un impulso hacia lo que es noble», impulso guiado por un principio racional. Este hábito del alma es la verdadera virtud y es lo que merece la alabanza.

Ahora bien, supuesto lo que precede, algunos podrían sentir la duda de si la prudencia, o pensamiento práctico, es ella misma una virtud o no lo es. No obstante, las siguientes consideraciones probarán que efectivamente lo es. Pues si la justicia y la fortaleza, y las demás virtudes, son merecedoras de alabanza, porque inspiran actos nobles u honestos, con el mismo fundamento es evidente que la prudencia es también algo que merece ser alabado y colocado entre las virtudes, ya que ella nos impele a las mismas acciones que la fortaleza. En todo caso, la fortaleza actúa bajo la dirección de la prudencia. De manera que, si la primera se granjea una honra y una alabanza, al obrar o realizar lo que la otra decide, sin duda alguna la prudencia tiene todo derecho a ser considerada como un hábito honorable y como una verdadera virtud.

Sobre si la prudencia es una cosa práctica y algo que dirige o da normas a la acción, lo podemos llegar a ver comparando el caso de un arte práctico, como es la arquitectura. En la construcción de un edificio reconocemos nosotros un director, a quien llamamos arquitecto, y un constructor, que lleva a término y sigue sus directrices. El último tiene el poder de construir la casa, y de este poder participa también el arquitecto, ya que la casa es también su propia obra. Eso vale lo mismo para todo arte constructivo, en que hay esta distinción entre un maestro y un obrero manual. El arquitecto es personalmente el constructor de algo; es decir, de aquello que construye también el obrero manual. Si, pues, consiguen el bien las mismas virtudes, como razonablemente cabe suponer, también la prudencia será activa o práctica. Porque todas las virtudes mueven a la acción, y su maestro o arquitecto es la prudencia. Porque las virtudes y los que obran de acuerdo con ellas hacen lo que la prudencia decide o manda. Supuesto, pues, que las virtudes son del orden práctico, también lo será la prudencia.

¿Es la prudencia la señora entre las facultades del alma, como creen algunos, aunque otros lo duden? Difícilmente. No se la puede considerar como señora de otras facultades mejores que ella misma, como, por ejemplo, la sabiduría. Pero, se nos urge, ella tiene a su cuidado todas las facultades, y tiene el derecho de dar órdenes a todas ellas.

Quizá su posición es más bien la de un mayordomo o ama de llaves. El mayordomo tiene derechos sobre todas las cosas de la casa y lleva la administración de ellas; pero no es el señor de todo ello, sino que cuida del ocio de su señor, de manera que éste, despreocupado del cuidado de las necesidades cotidianas, no se vea excluido de ninguna de las ocupaciones liberales y nobles que le corresponden.

De esta misma manera, la prudencia o pensamiento práctico es un mayordomo para el pensamiento filosófico, que administra y cuida de su ocio y su libertad, para que lleve a cabo su propia tarea, restringiendo y disciplinando las pasiones del alma.

LIBRO SEGUNDO

I

Sobre la equidad.

Después de lo dicho, hemos de discutir sobre la equidad o sentido de la consideración o respeto: de su naturaleza, de su campo u objeto, de su comprensión. Ahora bien, la equidad o el hombre equitativo o considerado se distingue por su prontitud para tomar menos de lo que supone su derecho legal justo. Donde el legislador no puede hacer distinciones demasiado exquisitas, ya que siempre debe hablar en términos generales, el hombre que soporta las cosas fácilmente, y que se contenta con lo que el legislador, si hubiera podido discriminar los casos concretos, le hubiera asignado, este tal es un hombre equitativo. No es en realidad el que siempre abandona la realización de sus justas pretensiones; no puede renunciar a lo que es natural y esencialmente justo, sino solamente a las pretensiones legales, que el legislador se vio a la fuerza obligado a no especificar más.

II

Del sentido de la discriminación.

La discriminación, y el hombre que la posee, está relacionada con los mismos objetos que la equidad; es decir, con todos aquellos derechos que el legislador ha tenido que dejar menos especificados. En tales derechos, el hombre dotado del sentido de la discriminación posee una apreciación sutil y aguda. Él reconoce que el legislador lo ha pasado por alto, pero que estas cosas no son, por ello, menos derechos. Este tal es un hombre dotado del sentido de la discriminación.

El sentido de la discriminación está, pues, estrechamente relacionado con la equidad; el hombre que posee este sentido discierne las cosas y el hombre equitativo obra de acuerdo con este discernimiento.

III

De la prontitud o buen consejo. Cinco cuestiones más.

El campo u objeto de la prontitud o buen consejo es el mismo que el de la prudencia o pensamiento práctico. Esto, en efecto, está relacionado con nuestras acciones en cuanto a su elección o su rechazo y, por ello, está estrictamente ligado con la prudencia, que nos lleva a las buenas acciones, mientras que el buen consejo es el hábito, condición o algo análogo, que descubre los modos mejores y más conducentes de que nosotros llevemos a cabo aquellos actos buenos. Por consiguiente, no vamos a asignar al buen consejo cosas que suceden espontáneamente. Cuando un hombre, que carece de la capacidad de razonar, esa capacidad que mira a lo mejor, ha obtenido un éxito, no recibe el nombre de persona de consejo sabio, sino de persona afortunada; porque las cosas que suceden al margen de una decisión de la razón son favores inesperados de la suerte.

En los intercambios sociales, ¿debe realmente el hombre justo atender a cualquiera por igual? Es decir, ¿deberá él asemejarse al carácter de aquellos con quienes conversa? Seguramente, no. Esta conducta o manera de obrar la podríamos juzgar como la de un adulador o la de una cortesía servil. Nuestra regla universal es que un hombre sabio y probo, en sus relaciones y conversaciones con los demás, deberá tratar a cada uno de acuerdo con su dignidad.

La segunda dificultad podría ser ésta: puesto que cometer contra alguien una injuria o injusticia es dañarle a él voluntariamente, con conocimiento de la persona a quien dañamos, y del modo y las razones por los que le dañamos; y puesto que el campo y la esfera del daño y la injusticia son las cosas buenas, se sigue de ello que aquel que comete una injusticia y es injusto deberá conocer la naturaleza de las cosas buenas y las cosas malas. Ahora bien, el conocimiento de estas cosas es una prerrogativa del hombre prudente y de la virtud de la prudencia; de lo cual se sigue el absurdo de que la prudencia, la mayor de las cosas buenas, acompañe al hombre injusto.

¿O es que no podemos nosotros decir que la prudencia acompañe al hombre injusto, porque, según parece, él no puede considerar o discernir la diferencia entre lo que es absolutamente un bien y lo que es un bien para sí mismo, sino que, en lo que toca a este punto, cae en el error?

De hecho, la capacidad de la prudencia de distinguir rectamente lo que es bueno halla un paralelo en el mundo de la medicina. Todos nosotros conocemos lo que es absolutamente saludable y capaz de curar; sabemos que son tales, por ejemplo, el eléboro y el elaterio, y las aplicaciones de bisturí y de cauterios. Y, no obstante, no conocemos aún la ciencia de la medicina, puesto que todavía desconocemos qué es lo bueno en cada caso particular. No conocemos para quién es bueno un tratamiento particular, o cuándo es bueno, o en qué condiciones. Todo eso, en cambio, lo conoce el médico, y en ello es donde está el conocimiento completo de la ciencia médica. Por consiguiente, con conocer qué es absolutamente la salud y lo saludable, no nos viene ya inmediatamente la ciencia de la medicina.

Ahora bien, éste es exactamente el caso del hombre injusto. Él sabe que el poder supremo, la norma y la autoridad son en sí mismas cosas buenas; pero él ignora aún si aquello es bueno para él o no lo es; o bien, cuándo es ello bueno, o en qué condiciones. Este último conocimiento es el campo específico de la prudencia o pensamiento práctico; con lo cual, la prudencia no acompaña al hombre injusto. Las cosas buenas que él escoge, como objeto de su injusticia, son las que en sí mismas son buenas, no las que son buenas para él. Porque las riquezas y la autoridad son en sí mismas cosas buenas, pero quizá no lo son para él. Con la obtención de la riqueza y la autoridad él puede acarrear mucho mal a sí mismo y a sus amigos; porque él puede demostrar no ser competente para hacer un uso recto de su poder.

A continuación, el problema que surge de nuestra consideración es el de saber si se puede no cometer injusticia contra un hombre malo. Porque, si la injusticia conlleva un daño, y el daño supone la privación de lo que es bueno o es un bien, podrá parecer que no es posible dañar a un hombre malo. Porque las cosas que el hombre malo considera buenas para sí, no lo son en realidad. La autoridad y las riquezas, en efecto, dañarán al hombre malo, por cuanto no es capaz de hacer de ellas un uso recto; de manera que, si la presencia de estas cosas le daña, no comete contra él una injusticia quien le priva de ellas. Este argumento parecerá extraño a la mayoría, porque todo el mundo se imagina que él mismo es apto para usar bien de la autoridad, el poder y la riqueza. Pero está todo el mundo equivocado, como lo demuestra, entre otras cosas, la práctica de los legisladores. Los legisladores no confían el poder a cualquier hombre, antes determinan la edad y las cualidades que deben adornarle a uno para gobernar, por ser imposible, como ellos suponen, el dejar a todo el mundo abierto el derecho a gobernar. Si, pues, alguien da a entender su indignación por haber sido excluido del poder, o por no permitírsele gobernar, se le puede muy bien responder que él no tiene ninguna de las cualidades mentales que se requieren para una u otra de estas tareas. Cuando un hombre experimenta cierta debilidad corporal, vemos nosotros que él no puede recobrar la salud, sometiéndose él mismo a un tratamiento, a base de cosas que sean absoluta y esencialmente buenas. Y un cuerpo enfermo sólo puede llegar a estar sano si el paciente ha sido sometido primeramente a una dieta de agua y un alimento muy escaso. Y así, si el alma de un hombre está enferma o es mala, para evitar que él haga nada malo, debe ser apartado de la riqueza, el gobierno y el poder, en tanto mayor grado cuanto que el alma es una cosa más fácilmente cambiable y movible que el cuerpo. Porque, de la misma manera que vemos nosotros que un cuerpo enfermizo debe tomar una alimentación acomodada a su estado de debilidad, así, el que tiene un alma débil y enfermiza necesita una vida frugal, sin cosas buenas como las que acabamos de decir.

Otra clase de dificultad puede ser la de saber qué hay que escoger, entre lo fuerte y lo justo, cuando ambas cosas son imposibles a un mismo tiempo. Ahora bien, nosotros hemos establecido que, en los casos de estas virtudes que brotan en nosotros de una manera natural, el mero impulso hacia lo que es bueno existe aparte de la razón; pero, donde hay una elección, esta elección habita en un principio racional y en la parte racional del alma. De manera que, tan sólo cuando está presente la elección, hallaremos esta virtud completa, que nosotros decimos está asociada con la prudencia o pensamiento práctico, aunque también allí debe existir el natural impulso a la bondad. Y la virtud no puede estar en oposición con la virtud, ya que su verdadera naturaleza está en someterse al principio racional. A dondequiera que éste conduzca, en esa misma dirección, y por ello mismo, se inclina la virtud; porque el principio racional es el que escoge lo que es mejor. En una palabra, las demás virtudes no pueden venir a existir sin la prudencia, ni la prudencia puede ella misma ser completa sin las demás virtudes, sino que colaboran una con otra, mientras todas siguen la directriz que marca la prudencia.

Una última cuestión, que exige también una respuesta, es la de saber si las virtudes se asemejan a las demás cosas buenas —el bienestar del cuerpo y sus bienes, por ejemplo— en el aspecto siguiente. Estos últimos bienes, si se gozan en una medida excesiva, hacen peor al hombre. La excesiva riqueza, por ejemplo, se reconoce que hace a los hombres soberbios y desagradables. Y lo mismo ocurre con los demás bienes: el poder y el honor, la belleza y la estatura. ¿Es esto, pues, verdadero también en las virtudes? Si un hombre posee la justicia o la fortaleza en un grado excesivo, ¿será un hombre peor?

Seguramente, no. Además, la honra es un fruto de la virtud, y si un hombre goza de una honra muy grande, viene a ser peor. Y por esta razón, dicen los que plantean la dificultad, la virtud, al ser mayor, hará a los hombres peores.

La virtud, en efecto, es la causa de la honra; y ella misma, por su propio incremento, es la causa de que los hombres se hagan peores.

Pero, sin duda alguna, es falso. Son muchas, en efecto, las propiedades de la virtud; pero la más importante entre ellas es la de hacernos capaces de usar bien de los bienes de esta clase, cuando estos bienes nos vienen. Si, pues, el hombre virtuoso, cuando viene a sus manos el honor o el poder, no hiciera de ellos un uso recto, dejaría de ser un hombre virtuoso. Supuesto, pues, que ni el honor ni el poder pueden hacer de un hombre bueno un hombre malo, mucho menos puede producir este efecto la virtud. Y, hablando de una manera general, puesto que nosotros hemos definido al comienzo la virtud como un estado o término medio, y lo mejor de la virtud es lo que más se acerca a este término medio, se sigue de ello que, cuando la virtud se hace mayor en grado, ella hará al hombre cada vez mejor, en lugar de hacerle cada vez peor. Porque este término medio, de que hablamos nosotros, es el justo medio entre el exceso y el defecto de las pasiones.

Hasta aquí de esta cuestión.

IV

Del principio de la continencia y la incontinencia.

Hemos de tratar ahora de la continencia y la incontinencia. Hemos de llegarnos a ellas desde un punto de partida distinto. Puesto que ambas cosas, la virtud y el vicio, son aquí anómalas, nuestro estudio o razonamiento acerca de ellos deberá necesariamente ser también anómalo. Porque la virtud de la continencia es distinta de las demás virtudes. En el caso de las demás virtudes, el impulso de la razón y el de las pasiones va en una misma dirección; no hay un antagonismo entre ambas cosas. Pero, en el caso de esta virtud, la razón y las pasiones son opuestas.

Ahora bien, entre los fenómenos que presenta el alma hay tres que son causa de que un hombre pueda ser llamado malo. Ésos son el vicio, la incontinencia y la bestialidad. Hemos hablado antes del campo del vicio y de la virtud; nos resta ahora hablar de la incontinencia y la bestialidad.

V

De la bestialidad y su opuesto.

La bestialidad es una modalidad del vicio que excede toda medida. Porque, cuando vemos que un hombre es radicalmente malo, decimos que no es un hombre, sino un animal —implicando con ello que la bestialidad es una especie de vicio.

Pero Ia virtud opuesta a esto no tiene nombre; tal virtud es una cosa sobrehumana, apta tan sólo para un héroe o para un dios, y carece de nombre, porque una virtud no se puede realmente predicar de un dios, ya que Dios es mejor que la misma virtud. Su bondad no es una bondad acomodada a la virtud, pues de ello se seguiría que la virtud sería algo mejor que Él. Por eso no asignamos ningún nombre a esta virtud que se opone a la bestialidad, sino que la consideramos como algo divino, que está más allá de la medida humana. Porque, igual que el vicio está más allá de la medida o capacidad humana, de igual manera lo está también la virtud opuesta.

VI

De la incontinencia y su opuesto.

Al tratar de la incontinencia y la continencia, nuestro mejor método será explicar primero las dificultades que se suscitan y los argumentos que se aducen en contra de los puntos de vista recibidos de los que opinan de otra manera; de modo que, después de considerar estas cosas y de analizarlas críticamente, podremos discernir, en cuanto nos sea posible, la verdadera naturaleza de las cualidades opuestas. Así podremos estar lo más cerca posible de la verdad.

El viejo Sócrates eliminaba por completo la noción de incontinencia, diciendo que no existía tal cosa. Porque decía que nadie podía escoger el mal sabiendo que era mal, y el hombre incontinente, según parece, conoce que lo malo es malo, y lo escoge bajo la influencia de la pasión. De acuerdo con este razonamiento, pues, concluye él que la falta de incontinencia no existe.

Pero sin duda se equivocaba. Es absurdo que nosotros, por deferencia a un argumento de esta clase, neguemos lo que existe en apariencia.

Porque existen hombres incontinentes que cometen lo que es malo, conociendo que ello es realmente malo.

Supuesto, pues, que la incontinencia existe, nos preguntamos si el incontinente posee una especie de conocimiento, con el que examina y analiza críticamente el mal moral. Pero, también esto, por su parte, parece imposible. Es absurdo suponer que la mejor y la más firmemente cimentada de nuestras facultades pueda ser vencida por una cosa de este tipo; ya que, de todas estas facultades, el conocimiento es la más estable y la más fuerte. Este argumento, pues, sostiene nuestro punto de vista de que el incontinente no está en posesión del conocimiento.

¿Es, pues, posible que, aunque privado de conocimiento, posea al menos una opinión? No obstante, si el incontinente poseyera tan sólo una opinión, no podríamos echarle en cara sus malas costumbres. Porque, si él, sin un conocimiento exacto, comete la maldad bajo la influencia de la opinión, perdonaríamos su entrega al placer y que cometiera el mal, apoyados en que no conoce exactamente qué es la maldad, antes tiene la opinión de que quizá no lo es. Y aquellos a quienes creemos merecedores de perdón, no los recriminamos ni reprendemos. De manera que, si el incontinente posee tan sólo una opinión de la maldad de las cosas, no merecerá que se le vitupere. Sin embargo, lo merece.

Esos argumentos, pues, nos crean una serie de dificultades. Algunas de estas demostraciones pretenden probar que el incontinente carece de conocimiento, deduciendo un absurdo de su posesión; otros rechazan tambien la opinión, viniendo también a un absurdo como deducción.

Otra dificultad, que podría suscitarse igualmente, es ésta: al hombre sobrio le atribuimos también la continencia. ¿Hay algo que pueda causar en un hombre así pasiones vehementes? Por una parte, si él es continente, debe experimentar tales deseos vehementes, ya que no se le podría llamar continente, si los deseos que él domina no fueran más que moderados y sobrios. Por otra parte, si él experimenta vivos deseos pasionales, deja de ser sobrio, porque un hombre sobrio es aquel que carece de deseos y pasiones de cualquier clase.

El aspecto más lejano de la dificultad es el siguiente: se podría arguir, según lo dicho, que a veces el incontinente se hace acreedor a la alabanza, y el continente se hace acreedor a la recriminación. Imaginemos un hombre cuyo razonamiento se apoya en el error y le lleva a creer que lo que es bueno es malo, y, en cambio, su deseo lo empuja siempre hacia lo bueno. La norma que le dicta su razón le prohibirá hacer el bien; pero él lo hace, presionado por el deseo; lo cual no es más que nuestra definición de incontinente. Este hombre, por tanto, hará lo que es bueno, porque hemos supuesto que su deseo le empuja a ello, mientras que el principio de su razón lo retendrá de hacerlo, porque hemos dicho antes que él razona equivocadamente respecto del bien. Se sigue de ello que este hombre, aunque incontinente, se hace acreedor a la alabanza; él es, en efecto, digno de encomio, por cuanto hace lo que es bueno. Y esta conclusión resulta absurda, con ello.

Supongamos aún que su principio racional está en un error, y que el bien no es bien, en su opinión; pero supongamos que su deseo le empuja hacia el bien. Y supongamos que él es un hombre continente —un hombre que siente el deseo, pero que, de acuerdo con sus principios, se abstiene de obrar según sus impulsos—. En este caso, sus principios, que están en un error por lo que al bien se refiere, le impedirán hacer lo que él desea, y por ello le impedirán hacer el bien, ya que es hacia el bien a donde le empujan sus deseos. Pero, el que no obra el bien, cuando el bien debería hacerse, es acreedor a nuestra represión. Y en consecuencia, un hombre continente es, a veces, acreedor al vituperio y la recriminación. Conclusión que es, igual que la otra, absurda.

Finalmente, se puede preguntar si la incontinencia y el incontinente se manifiestan en todos los aspectos de la ocasión y en todos los campos —tales, por ejemplo, como los de la propiedad, el honor, la sobriedad y el orgullo, materias todas en las que se estima que los hombres muestran incontinencia—, o bien no es así, sino que la falta queda reducida, por el contrario, a una determinada esfera.

Éstas son, pues, las cuestiones que suscitan la dificultad, y estas dificultades nos toca a nosotros resolverlas. En primer lugar, la dificultad que se refiere al conocimiento; porque nos pareció absurdo que un hombre que poseía el conocimiento lo hubiera perdido o hubiera cambiado.

Lo mismo hay que decir respecto de la opinión. No importa nada que sea conocimiento u opinión lo que posea el hombre. Porque, si la opinión es viva o fuerte, no difiere de hecho del conocimiento, porque la opinión implica la creencia de que las cosas son como nosotros opinamos que son. Así era, por ejemplo, la opinión de Heráclito de Éfeso, respecto de las cosas de que él tuvo opinión.

Pero no hay ningún absurdo en la idea de que el incontinente comete el mal, aunque posea el conocimiento o la opinión, de la forma que hemos dicho. Hay, de hecho, dos grados diferentes de conocimiento. Uno es la simple posesión del conocimiento, ya que, cuando un hombre está en posesión del conocimiento, decimos que él conoce. El otro grado consiste en el uso activo de este conocimiento. Ahora bien, el que posee el conocimiento de lo que es bueno, pero no hace un uso activo de ese mismo conocimiento suyo, es incontinente. De manera que, mientras él está inactivo, no hay ningún absurdo en la idea de que él haga el mal, aunque posea este conocimiento. Este caso es igual al de los que duermen. Éstos, aun poseyendo el conocimiento del bien, hacen y padecen muchas cosas desagradables durante el sueño; porque su conocimiento es inactivo. Eso mismo es lo que ocurre con el hombre incontinente. Es como un hombre dormido; su conocimiento es inactivo. De esta manera, pues, damos nosotros solución a la dificultad, que era saber si el hombre incontinente perdía por un tiempo el conocimiento o bien cambiaba: una y otra alternativa parecen realmente absurdas.

La dificultad puede también hallar una solución clara a la luz de nuestro *Tratado de analítica*.

Hemos explicado allí que el raciocinio deductivo depende de dos premisas: la primera de ellas general, y la segunda, subordinada a ella y particular. Por ejemplo:

Yo puedo y sé curar a todo hombre que padezca fiebre;
este hombre concreto padece fiebre:
luego, yo puedo curar a este hombre.

Ahora bien, hay casos en que se posee el conocimiento general, pero se carece del conocimiento particular, y es lógico entonces que exista la posibilidad de error en un hombre que posee bien el conocimiento. Por ejemplo, en el caso aquel que hemos puesto, es posible que ocurra esto: «yo puedo curar a cualquier hombre que padezca fiebre; pero yo no sé si este hombre concreto padece fiebre». De igual manera puede darse este error en un hombre incontinente, aunque él esté en posesión del conocimiento. Puede muy bien suceder que el incontinente conozca las normas generales, que sepa que las cosas de determinada clase son malas y deshonestas, y no saber, sin embargo, que tal cosa o tal otra se hallan incluidas en aquel género de cosas. Y así es capaz de incurrir en el error, a pesar de poseer este conocimiento; porque él está en posesión del aspecto general del conocimiento, pero no del aspecto particular y concreto.

Por tanto, también con esto vemos que no hay absurdo alguno en que un incontinente, que obra el mal, esté en posesión del conocimiento o ciencia moral. Es el mismo caso que el de un hombre ebrio. Cuando los ebrios se ven libres de su embriaguez, vuelven a ser los mismos. No los ha abandonado ningún principio racional, no han perdido ningún conocimiento, pero la embriaguez había sujetado y oscurecido estas cosas. Lo mismo ocurre, pues, en el hombre incontinente. Su pasión ha dominado su poder de razonar y lo ha reducido a la inacción; pero, cuando, al igual que en la embriaguez, ha pasado ya el acceso pasional, el hombre vuelve a ser él mismo.

Mencionamos antes otro argumento, sobre el asunto mismo de la incontinencia, el cual sugería la dificultad de que era posible que el incontinente, a veces, se hiciera acreedor a la alabanza y el continente se hiciera acreedor al vituperio. La inferencia es falsa. No existe un hombre engañado por un principio defectuoso que sea continente o incontinente, antes el único hombre que merece esta calificación es el que posee un principio recto, y por medio de él juzga del bien y del mal.

El que desobedece el principio recto es incontinente, mientras-que el que lo obedece y no se deja arrastrar por sus deseos, es continente. No a cualquier hombre, en efecto, le parece mal el dar muerte a su padre; pero el que desea darle muerte y refrena su deseo, éste es continente. Y si en estos casos no puede haber ni continencia ni incontinencia, la paradoja de que lo primero pueda ser acreedor a vituperio y lo otro pueda merecer alabanza, es totalmente vacía.

Hay formas de incontinencia que son morbosas, y otras que son impuestas por la naturaleza. Un ejemplo de incontinencia morbosa puede ser el caso de los que arrancan sus cabellos y los mastican. Ahora bien, el que domina este placer no merece por ello alabanza, ni tampoco es digno de recriminación el que no lo domina, o al menos no se ve con absoluta certeza que ello sea así. Un ejemplo de incontinencia natural es el que cuentan de que, en un juicio antiguo, convicto un hijo de que había dado muerte a su padre, adujo en su defensa que su padre también había dado muerte a su propio padre. Y fue absuelto, porque a los jueces les pareció que el crimen era connatural o congénito. Así, pues, el que venciera el deseo de matar a su padre, no sería por ello merecedor de alabanza. Estas formas o aspectos de la continencia y la incontinencia no son el objeto o tema de nuestra investigación, sino tan sólo los que nos hacen acreedores a una alabanza o vituperio simples.

Ahora bien, de entre las cosas buenas, unas son externas, como la riqueza, el poder, la honra, los amigos, la reputación; otras están arraigadas en nuestra naturaleza corporal, como son el tacto y el gusto. El que es, pues, incontinente en estas últimas cosas, puede ser considerado simplemente incontinente; y podemos considerar que éste es el campo propicio de la incontinencia que estamos estudiando. Y nos preguntamos ahora con qué cosas buenas en particular está relacionada la incontinencia.

Ningún hombre es simplemente incontinente en lo que toca al honor; porque el que es tolerante consigo mismo en esto, es alabado; nosotros lo llamamos amante del honor. De una manera general, en casos análogos a éste, usamos la palabra incontinente, aunque no sin una ulterior calificación: decimos que un hombre es tolerante consigo mismo en el honor, o en la reputación, o en la ira. Pero cuando un hombre es incontinente en un sentido simple e incalificado del término, no especificamos en qué es incontinente, porque esto queda de alguna manera sobrentendido y claro sin ninguna especificación. En efecto, el hombre de incontinencia incalificada o simple es incontinente en el campo de los placeres y penas corporales.

La razón siguiente nos confirmará en nuestra opinión de que éste es el campo propio de la incontinencia. Pues si el incontinente es acreedor a la recriminación, la materia con que él está en contacto debe ser también vituperable. Ahora bien, no hay ningún motivo de recriminación o vituperio ligado al honor, a la reputación, al poder, a la riqueza y a las demás cosas por las que hablamos de incontinencia en un sentido específico concreto. En cambio, los placeres del cuerpo son acreedores al vituperio: de manera que somos lógicos y razonables al decir que, quien está mezclado con estas cosas en un grado excesivo, es incontinente sin más especificación.

Ahora bien, puesto que, de los diversos aspectos de la incontinencia que nosotros especificamos, aquel que tiene como campo la ira es el más acreedor a la represión, podemos preguntarnos si esta incontinencia merece mayor o menor vituperio que la de los placeres corporales.

La tolerancia en la ira puede ser comparada a los sirvientes que están muy prontos a cumplir sus servicios. Éstos, en efecto, tan pronto como oyen que el dueño o señor les dice «Dame...», movidos por su prontitud, le dan al señor algo, antes de haber oído qué era lo que le tenían que dar. Así, ellos se equivocan; por ejemplo, cuando le deberían dar un libro, le dan un estilete para escribir. Igual al de éstos es el error de los que son condescendientes con su ira. Porque, apenas han oído la palabra «injuria», su espíritu excesivamente pronto salta a llevarlos a la venganza, sin esperar a oír si es conveniente o no vengar aquello, o incluso quizá si la injuria, después de todo, no es tan grande como se cree. Así, pues, este impulso o propensión a la ira, que nosotros consideramos por eso una incontinencia, es acreedor tan sólo a una censura moderada; mientras que la propensión a los placeres corporales es merecedora de recriminación sin rodeos. Porque esto difiere de lo primero, por su relación con la razón, que intenta apartar de la acción; no obstante, se obra en contra de la razón. Por este motivo, esta incontinencia es más reprobable que la que se da en la ira. Porque la incontinencia en la ira es una tristeza; porque todo aquel que está en un estado de indignación, siente tristeza; mientras que la incontinencia ligada con la lujuria lleva consigo placer. Por esta razón, es más digna de reprobación; porque tiene un aire de insolencia o desafío.

Podemos también preguntar si la continencia y la paciencia son una sola y misma cosa. Seguramente, no. Porque el campo de la continencia es el placer corporal, y es continente el que es señor de sus deseos corporales; mientras que la paciencia se relaciona con el sufrimiento. Porque el que aguanta y sufre la tristeza es el hombre paciente.

Tampoco son una sola y misma cosa la incontinencia y la debilidad o transigencia. La debilidad y el hombre débil no pueden soportar las injurias; sufrimientos no cualesquiera, sino los que otro cualquiera podría soportar con resignación. El incontinente, por otra parte, es el que no puede resistirse a los placeres; eso es lo que lo hace a él débil y lo conduce a abandonarse a ellos.

Existe además un tipo de hombre a quien damos el nombre de licencioso. ¿Es esta clase de hombre lo mismo que un incontinente? Seguramente, no. Porque una característica distintiva del hombre licencioso o libertino es que él cree que lo que hace es lo mejor y lo más ventajoso para sí mismo, y carece de todo principio que parezca estar en oposición con sus placeres. Por el contrario, el incontinente posee un principio que se opone a él, cuando él se vuelve hacia aquellas cosas a que le empuja la lujuria.

De estos dos tipos, el licencioso y el incontinente, ¿cual es más capaz de someterse a una cura? Las consideraciones siguientes parecen sugerir que no lo es el incontinente, sino el licencioso. Porque si a este ultimo le hacemos conocer la norma de la razón, que le haga conocer que lo que hace es malo, fácilmente dejaría de hacerlo. Mientras que el incontinente posee esta norma o principio, y a pesar de ello comete el mal: de manera que a este hombre se le puede mirar como incurable.

Por otra parte, ¿quién está en peor estado, el que no tiene en sí nada bueno, o el que tiene algo bueno en sí, pero posee también los vicios que hemos descrito? Es evidente que está en peor estado aquél, es decir, el licencioso, y en la medida exacta en que esté corrompida una parte más preciosa de él. Ahora bien, el incontinente posee en sí algún bien: es decir, una recta norma racional; y el intemperante no tiene esto. Además, aunque cada uno de ellos posea una recta norma racional, como guía, en el incontinente esta pauta —lo más precioso que él posee— está incorrupta, mientras que en el licencioso está corrompida; de manera que el último es peor que el primero.

Podemos aclarar más esto, con una referencia al aspecto del vicio que hemos llamado antes bestialidad. No es en los animales donde nosotros vemos esto, sino en el hombre; ya que nosotros usamos esta palabra para expresar un exceso en el vicio humano. Ahora bien, ¿cuál es la razón de esto? Simplemente, que en el animal no existe una pauta mala de su conducta; la guía de conducta es la norma racional. Porque,

¿quién de los dos ha cometido más daño y con mayor malicia, un león o un hombre indeseable como Dionisio, Fálaris o Clearco? Evidentemente, el último. Porque la existencia de un principio malo es un factor muy poderoso en la malicia, y la fiera no tiene ningún principio de su conducta, ni bueno ni malo. Por otra parte, en el hombre licencioso, sin duda hay una pauta depravada. Pues, en la medida en que comete el mal y en que su principio racional consiente en ello, y en que él cree que lo que hace es lo que debe hacer, la norma de conducta que vive en él está enferma.

En consecuencia, pues, hemos de considerar al incontinente mejor que el licencioso o libertino. Hay dos clases de incontinencia: Una es precipitada, impremeditada, súbita; por ejemplo, cuando vemos una mujer deslumbrante, que nos inspira una pasión inmediata, y por esta pasión brota en nosotros un impulso de hacer algo, que quizá no nos convenga. La otra forma es débil, una forma de incontinencia que existe al lado del principio racional, que intenta prevenir la acción mala.

Ahora bien, la primera de éstas puede parecer que entre menos en nuestra represión, ya que se halla incluso en los hombres buenos, cuando su temperamento es caliente y vigoroso; en cambio, la segunda se halla en naturalezas frías y biliosas, y naturalezas como éstas son más merecedoras de reprobación. Además, si uno se previene con la razón, puede uno apartarse de la pasión. «Se acerca una mujer hermosa: hay que dominarse a sí mismo.» Prevenido uno con un razonamiento de este tipo, el hombre que pierde su dominio por una impresión sensible, escapará entonces a su pasión y no hará nada de lo que deba luego avergonzarse. Por otra parte, la clase de hombre que, aunque el principio o la norma le dice que aquello es malo, se pliega y rinde blandamente al placer, es mas digno de reprobación. Porque un hombre bueno nunca habría cedido a una incontinencia de esta clase, y la razón preventiva no tendría nunca nada que curar en él. Él tiene de hecho en sí mismo un caudillo que le empuja a desobedecer y a doblegarse al placer, volviéndose blando y muelle.

Vamos a dar respuesta ahora a la cuestión suscitada anteriormente, de si el hombre sobrio es continente. Lo es y por la razón siguiente: el hombre continente no es meramente aquel que siente los deseos y los refrena según las pautas de una norma racional. Es también aquel que, siempre que pueda no sentir el deseo, posee no obstante una formación tal que, aun en el caso en que pueda sentir el deseo, lo dominara a pesar de todo. Por su parte, es un hombre sobrio el que no siente malos deseos y está en posesión de la norma que juzga rectamente en estas materias; mientras que el hombre continente es el que, junto con esta norma, siente los malos deseos. El ser sobrio, por tanto, connota el ser continente, y el sobrio poseerá la continencia, mientras que el meramente continente no poseerá la verdadera sobriedad. Porque el hombre sobrio es el que no siente los malos deseos, mientras que el continente siente los deseos que él domina, o bien es, al menos, capaz de sentirlos. El sobrio ni siente, ni puede sentir estos deseos; de donde el continente no es verdaderamente sobrio.

Nos preguntamos luego si el licencioso es incontinente o bien si el incontinente es licencioso. O bien, si ninguna de las dos cosas connota la otra. Porque es incontinente aquel en quien la norma está en conflicto con las pasiones; en el licencioso, por el contrario, la norma consiente en el mal. El carácter de uno y otro es, pues, completamente distinto. Además, el licencioso es peor que el incontinente. Porque las cualidades naturales son más difícilmente curables que las cosas adquiridas por la costumbre. Pues, precisamente por esta razón, decimos que un hábito es poderoso, porque viene a ser una segunda naturaleza. Así, pues, es característica del licencioso el ser malo como por naturaleza; el resultado o consecuencia de ello es que su norma es en él mala. El incontinente, en cambio, es de otra manera. Él no soporta un principio racional viciado, arraigado en su carácter innato; pues, si él fuera por naturaleza lo que es el licencioso o el que es malo, su norma sería también necesariamente mala. Al parecer, pues, mientras que el incontinente es un hombre malo por hábito, el licencioso es malo por naturaleza. Y por ello el último es menos capaz de ser sometido a una curación; porque, mientras que un hábito puede ser arrancado por medio de otro, no hay nada que pueda eliminar la naturaleza de un hombre.

Y puesto que el incontinente es un hombre que conoce lo que es recto, y no ha sido engañado por su norma espontánea, y el hombre prudente posee una cualidad análoga a ésta, ya que este tal enjuicia cada cosa bajo la luz de una norma recta, nos preguntamos si es posible que un hombre prudente sea incontinente. No parece ser así: porque, aunque lo que hemos dicho puede suscitar algunas dificultades o dudas respecto de ello, si somos consecuentes con nuestras premisas, vendremos a parar a la conclusión de que el prudente no puede carecer de continencia. Decíamos, en efecto, que era prudente, no aquel que tan sólo posee la norma recta de conducta, sino que también obra lo que, asesorado por un principio racional, parece ser lo mejor. Ahora bien, si el hombre prudente hace lo que es mejor no puede ser incontinente. Un hombre así —es decir, que posee un principio recto, pero no obra de acuerdo con él— puede no obstante ser hábil y astuto. Porque, entre el hombre meramente hábil o astuto y el prudente hemos establecido antes una distinción. El campo u objeto de ambos es uno mismo; pero mientras que al último le corresponde llevar a la obra lo que es recto, el hombre hábil o astuto, en cuanto tal, no obra, sino solamente atiende a las condiciones necesarias para la acción. Puede, por tanto, ser incontinente, porque su astucia no connota la acción en su campo. El prudente, por otra parte, no puede serlo.

VII

Acerca del placer.

Debemos estudiar ahora el placer, puesto que estamos tratando de la felicidad, y supuesto que todos miramos la felicidad como casi idéntica al placer o a la vida agradable, o en todo caso la miramos como algo imposible sin placer. Pero los que disienten de esta visión del placer y quisieran negarle un sitio en la serie de las cosas buenas, cuentan no obstante entre los constitutivos de la felicidad el carecer de dolor; de manera, pues, que una vida libre de dolor está muy estrechamente relacionada con el placer.

Por estas razones, debemos tratar del placer. No sólo porque otros lo creen así, sino porque hay una razón mucho más esencial que nos fuerza a tratar este tema. En efecto, supuesto que estamos tratando de la felicidad, y en nuestra definición hemos establecido que la felicidad es «la actividad de la virtud en una vida perfecta», y supuesto también que la virtud está en relación inmediata con el placer y el dolor, debemos tratar necesariamente del placer, ya que la felicidad no puede ser separada de él.

Comencemos, pues, por recorrer los argumentos, con los que algunos filósofos defienden su posición, al rechazar al placer de la categoría de las cosas buenas.

En primer lugar, afirman ellos que el placer es «un proceso de generación»; que tal generación es algo incompleto, y que en el reino de lo incompleto, no hay sitio para lo bueno.

En segundo lugar, nos dicen que hay determinada clase de placeres malos; y que lo bueno no tiene cabida entre el mal moral.

En tercer lugar, hemos dicho que el placer se goza por todos; por el hombre malo igual que por el bueno, por el animal salvaje y por el doméstico; mientras que lo bueno no es una posesión común de todos, y no puede ser participado por el malo.

En cuarto lugar, que no hay un conocimiento científico del placer.

En quinto lugar, lo que es bueno es mejor para todas las cosas, y, en sexto lugar, que el placer es un impedimento para la acción noble u honesta, y lo que es así, no puede ser bueno.

Comenzaremos por hacer frente a la primera de las dificultades, demostrando, para dar solución a la dificultad, que el argumento es falso. En efecto, en primer lugar, no todo placer es un proceso de génesis. El placer que nace de la contemplación intelectual no es un proceso de esta clase, ni lo es el que procede del oír, del ver o del oler. Porque estos placeres no son la consecuencia de alguna necesidad o deficiencia, como en el caso de los otros; por ejemplo, de los que se siguen del comer o del beber. Estos últimos nacen de una deficiencia o un exceso, sea cuando la deficiencia ha sido satisfecha, o cuando nos vemos privados del exceso. De esta manera los miramos nosotros como un proceso de génesis. Ahora bien, la deficiencia y el exceso son un sufrimiento; de manera que donde nace placer, allí hay penalidad. Pero en el caso del oír, del ver y del oler, no hay ninguna penalidad previa; porque nadie de las personas que reciben un placer en el oír o el oler, padece anteriormente una penalidad. También ocurre así en el caso de las actividades mentales: se puede recibir placer en la contemplación de algo, sin que haya debido precederle una pena. Hay, pues, un aspecto del placer que no es un proceso de génesis.

Si, pues, como quieren algunos, el placer no es una cosa buena, solamente porque es un proceso de génesis, y hemos demostrado que hay un placer que no es un proceso de génesis, se sigue de ello que este placer es una cosa buena.

Pero hay aún más que eso: ningún placer es un proceso de génesis. Estos placeres que nacen del comer y del beber no son procesos de esta clase; antes los que mantienen que son así, están completamente equivocados. Ellos suponen que, porque se siente placer cuando nuestras necesidades están siendo satisfechas, por ello el mismo placer es el proceso de génesis. Pero ello no es así. Porque, mientras hay una parte del alma en la que sentimos un placer simultáneamente con la satisfacción de aquello de que carecemos, y por eso mismo, esta parte del alma está en movimiento y actividad, y su movimiento y actividad es el placer. Y ello porque esta parte del alma está en actividad cuando la necesidad está siendo satisfecha, o todavía mejor, simplemente porque ella está en actividad: por eso imaginan algunos que el placer es un proceso de génesis. Siendo así, además, que la satisfacción les es manifiesta, mientras que la parte del alma que está relacionada con ello no les es visible. Es exactamente lo mismo que creer que la existencia humana es toda ella cuerpo, porque el cuerpo es perceptible sensorialmente y el alma no lo es; de hecho existe el alma, tanto como el cuerpo. Igual pasa en el caso este; porque existe una parte del alma que es la sede del placer, y porque ésta es activa, cuando la necesidad está siendo satisfecha.

Hemos, pues, demostrado que ningún placer es un proceso de génesis.

Algunos hablan del placer como de una «restauración perceptible del estado natural». Pero el hecho es que nosotros sentimos placer, aun cuando no estemos experimentando una tal restauración. Restauración es rehacer el bien de que carece nuestra naturaleza. Pero, según hemos dicho, se puede sentir placer sin necesitar o carecer de nada. Porque la necesidad o deficiencia es una penalidad, y nosotros hemos afirmado que sentimos el placer aparte de la penalidad y antes de ella. Este placer, por tanto, no puede ser una «restauración de algo que carecemos»; pues, en el caso concreto de tales placeres, no hay ninguna carencia de nada.

Se sigue de ello que, si se considera que el placer no es una cosa buena, tan sólo porque es un proceso de génesis, y hemos demostrado ahora, por el contrario, que ningún placer es un proceso de génesis, el placer debe ser, en consecuencia, algo bueno.

Además, hemos dicho que no todo placer es una cosa buena. El error de esta objeción puede también entenderse por las consideraciones que siguen. Hemos admitido, en efecto, que el bien se puede predicar de todas las categorías —sustancia, relación, cantidad, tiempo, etcétera—: con ello, el caso discutido del placer viene a ser aún más claro. Porque toda actividad del bien va acompañada de un placer; de manera que, puesto que el bien es predicable de toda categoría, también el placer deberá ser predicable. De modo que concluimos que, al igual que las cosas buenas y el placer se hallan juntamente, y que el placer que procede de las cosas buenas es verdaderamente un placer, todo placer es una cosa buena.

Al mismo tiempo, resulta claro, por esta misma consideración, que los placeres también difieren entre sí en su forma o modalidad; porque esto mismo hacen las categorías en que ellos se hallan.

Es ello algo completamente distinto de lo que ocurre con la gramática y el conocimiento, en sus distintas ramas. Si Lampro tiene un conocimiento de la gramática, el efecto que en él produce este conocimiento es el mismo que el producido en cualquier otro que posea este mismo conocimiento; el conocimiento gramatical que hay en Lampro y el que hay en Ileo, no son dos cosas o aspectos distintos. No es así en el placer. El placer, por ejemplo, que se siente con una bebida fuerte o que nace del comercio sexual, difiere en nosotros por sus efectos, y podrá por ello parecer que los placeres difieren por su modalidad.

Por otra parte, la existencia de determinados placeres malos, es otro de los fundamentos de esta creencia de que el placer no es algo bueno. No obstante, ni el hecho ni la crítica fundada en él pueden achacarse al placer, antes deben aplicarse también a la naturaleza y al conocimiento.

Algunas cosas o productos naturales son malos, como son, por ejemplo, los gusanos y los insectos en general. Sin embargo, no por esto se debe contar la naturaleza entre lo que es malo. De igual manera, hay cosas malas en el conocimiento y aspectos malos del conocimiento o la ciencia, como son los trabajos mecánicos. Pero el conocimiento y la ciencia no son por eso algo malo. Ambas cosas, el conocimiento y la naturaleza, se incluyen en la clase de las cosas buenas. Porque no se puede juzgar la calidad de un escultor por su obra mala o poco acertada, sino por su obra buena; de modo que la calidad del conocimiento o la naturaleza, o de cualquier otra cosa, no debe ser calibrada por sus productos malos, sino por los buenos.

De igual manera, el placer queda también incluido en el género de las cosas buenas; porque también nosotros sabemos que algunos placeres son malos. Las distintas criaturas tienen distintas naturalezas, unas malas, otras buenas; como que la naturaleza del hombre es buena, y la del lobo o cualquier bestia salvaje es mala. De manera análoga es distinta la naturaleza del caballo, del hombre, del asno, del perro. Pero el placer es la restauración, en cada criatura, de lo que es antinatural, según la naturaleza propia de cada una. De donde se sigue que el placer malo es una cosa característica de una naturaleza mala. El placer no es lo mismo para el caballo y para el hombre, o, en general, para una y para otra criatura; sus naturalezas difieren, y esto hacen igualmente sus placeres. Porque el placer, como hemos dicho, es una restauración, y una restauración nos lleva de nuevo a nuestra verdadera naturaleza. En consecuencia: la restauración de una naturaleza mala es mala, y la de una naturaleza buena es buena. El error de los que niegan que el placer es algo bueno es, de hecho, el error de los que, por ignorar la existencia del néctar, suponen que los dioses beben vino, pues no imaginan que exista nada más delicioso que el vino. Pero esto es sólo por su ignorancia. Y eso es lo que ocurre con los que dicen que todos los placeres son procesos de génesis y que no existe ninguno de ellos que sea algo bueno. Esto sucede porque ellos ignoran todos los placeres, exceptuados los del cuerpo, y ven que ésos son procesos de génesis y no son un bien moral, y por ello suponen que el placer, tomado en su totalidad, no es una cosa buena.

En resumen: porque existe un placer, que se siente cuando el estado habitual del cuerpo está siendo restaurado, y otro cuando ha sido totalmente restablecido —la primera clase incluye la plenitud luego de la deficiencia, y la última los placeres que nacen de la vista, del oído y sentidos análogos—, las actividades que entran en operación, cuando el natural estado del cuerpo es restablecido, serán mejores que las otras; porque los placeres, en los dos sentidos del término, son actividades del alma. Es, pues, evidente que los placeres que nacen de la vista, el oído y el pensamiento, serán lo mejor, ya que los placeres corporales son el resultado de la plenitud natural restaurada.

Otra objeción es la siguiente: el placer no es algo bueno, porque no es bueno que algo sea gozado por todos y sea común a todos los seres. Lo que es bueno, dicen éstos, es la posesión del moralmente ambicioso y del fruto de esta ambición suya; porque el hombre ambicioso desea la posesión exclusiva de algo, en lo que él querría sobrepasar a sus amigos o compañeros. De manera que también el placer, si debe ser una cosa buena, debe ser algo que pueda ser monopolizado de esta manera.

Pero seguramente la verdad está en lo exactamente opuesto, y se ha demostrado que el placer es algo bueno, precisamente porque es la meta a que tienden todos los seres. Todas las criaturas buscan, naturalmente, lo que es bueno; de manera que, si todas buscan el placer, el placer debe ser contado entre las cosas buenas.

Por otra parte, algunos habían dicho que el placer no era una cosa buena, fundados en que es un impedimento. Es evidente que ellos dicen esto tan sólo porque no han considerado rectamente el asunto. Porque el placer que nace o se origina del acto que estamos realizando, no es un impedimento para él, aunque otro placer distinto pueda muy bien serlo. El placer de la embriaguez, por ejemplo, es uno de los que impiden la acción; pero, en este sentido y de esta forma, una manera o modo del pensamiento o conocimiento puede también impedir otro aspecto del mismo; porque el alma no puede prestar su actividad a dos cosas a un mismo tiempo. Pero si varios aspectos del conocimiento están produciendo su propio placer, ¿dejan por eso de ser una cosa buena? ¿Estorbará por ello el conocimiento su propia actividad? Difícilmente. Al contrario, la acción o realización se verá más bien estimulada, porque el placer alienta la realización de aquello en que él se origina. En efecto, supongamos que un hombre bueno no solamente realiza actos virtuosos, sino que además los realiza con gusto: ¿no va a demostrar su actividad, en sus efectos y resultados, que con ese gusto resulta ella misma encarecida y revalorada? Además, si un hombre realiza cosas honestas y dignas con placer, será un hombre bueno; pero, si él lo realiza con dolor o pena, no será un hombre bueno. Porque el dolor es el compañero de las cosas hechas por imposición; de manera que, si un hombre siente pena al realizar cosas buenas y nobles, es ello señal de que las hace por imposición externa a su voluntad, y quien hace las cosas buenas forzadamente y en contra de su voluntad, no es él mismo bueno.

Además, nadie puede realizar los actos virtuosos sin que su realización vaya acompañada de pena o de placer: la indiferencia es aquí imposible. ¿Por qué motivo es esto así? Porque la virtud se verifica en el mismo nivel de la pasión o el sentimiento, y en toda pasión, sentimos pena o placer, y no estamos en ella indiferentes. Luego es evidente que la virtud también va acompañada de pena o placer. Ahora bien, si un hombre realiza las cosas virtuosas con pena, no es un hombre bueno. La virtud no puede ir acompañada de penalidad; por tanto, debe ir acompañada de placer. El placer, pues, lejos de ser un impedimento a la acción, es un estímulo de la misma, y la virtud no puede en manera alguna existir fuera del placer que ella misma produce.

Otro argumento era que ningún aspecto o modalidad de la ciencia produce placer. Esto es también falso. Los cocineros, los que hacen guirnaldas, los perfumistas, están empleados en la directa producción del placer. Existe, por tanto, una rama del conocimiento o la ciencia, cuyo fin es éste; y siempre los otros aspectos del conocimiento, aunque el placer no es su fin y su meta, se ven sin embargo acompañados por él, y fuera de él no pueden existir.

Otra objeción era que el placer no es lo mejor de todas las cosas. Pero el uso de un argumento como éste, es igualmente funesto para cada una de las virtudes en particular. La fortaleza, por ejemplo, no es lo mejor de todas las cosas. ¿Deja por ello de ser una cosa buena? La consecuencia parece realmente ser un absurdo. Análogamente con las demás virtudes. No hay, pues, una mayor razón para denegarle al placer la bondad, apoyándose en que no es lo mejor de todo.

Pasando ahora a otra cuestión, las virtudes pueden también suscitar la dificultad siguiente: Sucede a veces que la norma racional domina las pasiones, como decimos que pasa en un hombre continente; otras veces, por el contrario, las pasiones dominan sobre el principio racional, como en el caso del hombre incontinente. Por tanto, no sólo es posible que la parte irracional del alma, cuando está inficionada por el vicio, pueda vencer y dominar el principio racional, aun cuando este último conserve sus características de rectitud —tal es el caso del incontinente—, sino que también el principio o norma, cuando está enfermo, puede igualmente sobreponerse a las pasiones, cuando éstas están rectamente dispuestas y en posesión de su propia virtud. Ahora bien, en este último caso se seguirá que el hombre utilizará viciosamente su propia virtud, porque el que, teniendo viciado su principio o norma racional, de necesidad lo usará viciosamente. Y esta consecuencia puede parecer absurda.

Esta dificultad se solventa, no obstante, fácilmente; lo que antes hemos dicho acerca de la virtud es suficiente para la solución. Porque nosotros hemos dicho que la virtud se da solamente cuando el principio o norma racional, rectamente condicionado, está en armonía con las pasiones, cada una de las cuales está en posesión de su propia virtud o excelencia, y éstas a su vez están en armonía con el. Bajo esta condición, concordarán todos los elementos dichos entre sí, de manera que el principio podrá siempre mandar lo que es mejor, y las pasiones, al estar bien dispuestas, ejecutarán prontamente sus órdenes.

Si, pues, la condición del principio es mala, y la de las pasiones es buena, el defecto que hay en el primero excluye la virtud, porque la virtud es producto de ambas cosas. Hacer un uso vicioso de la virtud es absolutamente imposible. Y podemos establecer sin ninguna especificación o reserva que, contrariamente a la opinión de otros moralistas, no existe una norma racional que originariamente indique el camino o modo de la virtud, sino que esto lo hacen más bien las pasiones. Porque lo primero de todo, allí debe brotar necesariamente —como sabemos que actualmente ocurre— un impulso irracional hacia lo que es bueno y honesto, y luego el principio o norma debe dar su aprobación o veredicto acerca del acto sugerido. Esto se ve en el caso de los niños y en el de otras existencias irracionales. En ellos brotan, en primer lugar, impulsos irracionales de las pasiones hacia metas nobles; y sólo luego sobreviene el principio, y con su voto de aprobación lleva a cabo la realización de las acciones nobles y honestas. Por otra parte, allí donde el principio originariamente indica los fines nobles, las pasiones, no como medios, le siguen con su asentimiento; muchas veces se oponen a él. Porque la pasión, si está en su plenitud, tiene más fuerza que el principio, para ser el motivo original y la fuerza motriz que nos incline a la virtud.

VIII

Sobre la buena suerte.

Al tratar de la felicidad, nos vemos obligados a tratar de una cuestión estrechamente ligada a ella: la buena suerte. Pues la mayoría de los humanos suponen que una vida feliz es una vida afortunada, o bien, en todo caso, incluye siempre la buena suerte. Y quizá ellos tengan razón. Porque, sin bienes del orden externo o material, la vida no puede ser feliz, y éstos están bajo el control de la suerte.

Nos vemos obligados, pues, a hablar de la buena suerte. Y, de hecho, a definir su naturaleza, su punto de apoyo, su campo u objeto.

Como primer paso hacia el fondo de la cuestión, debemos decir que estas cuestiones presentan alguna dificultad. Por una parte, difícilmente podemos afirmar que la suerte es una parte de la naturaleza. Porque todo aquello que es causado por la naturaleza, o bien siempre o al menos de ordinario ocurre de la misma manera. Pero nunca ocurre esto con la suerte. Sus resultados se producen sin orden y fortuitamente, y ésta es realmente la razón por la que hablamos de la suerte como de la causa de determinados acontecimientos. Por otra parte, es prácticamente imposible considerar la suerte como un aspecto de una percepción inteligente o una regla racional, porque su dominio muestra también una secuencia ordenada y una invariabilidad de que carece la suerte; de manera que, donde más hay de inteligencia y racionalidad, menos hay allí de suerte, y hay más suerte cuando hay menos inteligencia.

¿Puede, pues, la suerte ser un aspecto de la Divina Providencia? No podemos creer esto. Porque nosotros consideramos a Dios como el que controla las cosas buenas y malas, repartiéndolas según los méritos de cada uno; mientras que la suerte y sus bienes o dones se reparten de una manera verdaderamente fortuita o casual. Si nosotros atribuimos a Dios estos dones, nosotros haremos de Él o bien un juez inepto o bien un juez injusto, y esto es ajeno a su naturaleza. Y fuera de estas tres cosas (naturaleza, inteligencia, Dios) no hay nada a lo cual podamos adscribir la suerte; debe pertenecer, en consecuencia, a una de estas cosas. Ahora bien, la inteligencia, la razón y el conocimiento parecen ser algo absolutamente extraño a ella, y tampoco podemos mirar la providencia y benevolencia de Dios como una buena suerte, supuesto que esta última llega a los malos tanto como a los buenos; y no es probable que Dios se preocupe de los malos. Resta, pues, escoger la naturaleza, como lo que está más próximo a la buena suerte.

Ahora bien, la buena suerte opera en la misma esfera en que nuestras capacidades o posibilidades no pueden hacer nada, donde nosotros no tenemos ningún control, ni podemos llevar a efecto la acción. Por esta razón nadie habla de un hombre justo como si fuera justo por suerte, ni del fuerte, ni de cualquier otro que posea alguna virtud; porque la posesión o carencia de estas cualidades está en nuestras propias posibilidades. Hay, no obstante, otras ventajas que podemos atribuir más apropiadamente a la suerte o el azar. Decimos, por ejemplo, que un hombre de buena cuna es un hombre afortunado; y análogamente, cualquier hombre dotado en algún grado de cosas buenas, que están fuera de nuestra posibilidad o control.

Sin embargo, no es aún ésta la aplicación más apropiada del término. Hay más de un sentido en nuestro uso de la frase «hombre afortunado». Lo empleamos cuando a uno le ha ocurrido acabar bien una cosa, fuera de sus cálculos, y cuando el que razonablemente puede esperar perder, en lugar de ello ha ganado, también decimos que éste es afortunado. La buena suerte, pues, parece consistir en el goce de algún bien que la razón no esperaba, o bien en evitar algún mal que la razón anticipara. Es, no obstante, en el bien que recibimos donde se reconoce más clara y propiamente la suerte. El recibir algún bien es esencialmente una parte de la suerte; el escapar a algún mal es accidental a ello.

La suerte es, pues, un impulso natural, no guiado por la razón. Un hombre afortunado, en efecto, es el que posee un impulso irracional hacia las cosas buenas, y que ademas las obtiene. Pero esto viene por naturaleza. La naturaleza ha arraigado algo en nuestra alma, algo que nos impele irracionalmente hacia nuestra ventaja o bien. Y si se pregunta a alguien favorecido por la suerte por que cree oportuno obrar como obra, nos responderá que no lo sabe, sino que simplemente ve oportuno obrar así. Este caso es igual que el del hombre inspirado; también éste, en efecto, posee un impulso irracional hacia un acto particular determinado.

Por no ser capaces de hallar un término oportuno y apropiado para la buena suerte, hablamos a menudo de ella como si fuera una causa; pero una causa es algo totalmente ajeno al contenido del término que nosotros buscamos. La causa y su consecuencia son dos cosas distintas; y la buena suerte, de que nosotros hablamos como de una causa, es algo totalmente aparte de un impulso que mire al bien que se consigue. En este sentido hablamos de la causa de haber evitado un mal, o bien de haber recibido un bien que nosotros no esperábamos. Esta buena suerte difiere de la otra forma, y parece nacer de las vicisitudes de lo circunstante o circunstancial; es buena suerte, tan sólo de una manera accidental. Si, pues, esta última modalidad es también buena suerte, en la medida en que la buena suerte es un factor de la felicidad, la otra modalidad es más acreedora sin duda al nombre: la modalidad que origina en el mismo hombre el impulso que conduce a la consecución de los bienes.

Por tanto, puesto que la felicidad no puede existir sin ciertos bienes externos, y estos últimos son un fruto de la buena suerte, se sigue de ello que la buena suerte es un auxiliar de la felicidad.

IX

De la bondad moral o virtud perfecta.

Con esto damos por terminadas nuestras notas sobre la buena suerte. A continuación, puesto que ya hemos tratado en particular de cada una de las virtudes, nos resta ahora tomar en conjunto todo lo que hemos expuesto, considerando juntos los artículos antes separados.

Para comenzar, el término bondad honesta, aplicado al carácter de la virtud perfecta, está lejos de ser inapropiado. Se dice que el hombre es honesto y bueno cuando es moralmente perfecto; porque tan sólo su virtud le da derecho a este título o apelación. Así, pues, es el hombre justo, el hombre fuerte, el hombre sobrio, el que es llamado honesto y bueno; en una palabra, es la virtud lo que le granjea al hombre este nombre.

Ahora bien, estamos acostumbrados a distinguir entre las cosas que llamamos honestas y las que llamamos buenas, y a dividir las últimas, en las que son absolutamente buenas y las que sólo lo son relativamente. Entre las cosas honestas clasificamos nosotros las virtudes y los hechos que provienen de la virtud, y entre las cosas buenas catalogamos las riquezas, la gloria, el honor y lo semejante a esto. El hombre honesto y bueno es aquel para quien lo que es absolutamente bueno es bueno, y lo que es absolutamente honesto es honesto; porque un hombre así es él mismo ambas cosas, bueno y honesto. Por otra parte, aquel para quien los bienes absolutos no son bienes, no puede ser bueno y honesto; como tampoco consideraríamos sano a aquel para quien las cosas absolutamente saludables no fueran saludables. Porque un hombre que resultara dañado por la adquisición de las riquezas y el poder, no podrá considerar como cosas deseables para él las que hemos dicho; más bien deseará la posesión de aquellas cosas que no le han de dañar. Pero un hombre que se angustia por la adquisición de una cosa buena, no puede ser considerado como honesto y bueno. Es la clase de hombre para quien todo lo que es bueno es bueno —el hombre incorruptible por las riquezas, el poder o cualquier otra cosa buena—, el que es solamente honesto y bueno.

X

Varias cuestiones en torno de nuestra conducta ética.

Hemos hablado antes de obrar recto, en armonía con las virtudes. Pero en esta cuestión aún nos queda mucho por decir. Pues, por cuanto hemos determinado que una acción virtuosa era una acción «en armonía con un principio y una norma rectos», es posible que alguien, en su ignorancia, nos pregunte qué significamos nosotros por medio de esta frase, y que nos pregunte dónde debemos buscar este principio recto o esta norma racional de conducta. A esto replicamos que los hombres obran de acuerdo con esta norma de rectitud, cuando la parte irracional del alma no impide a la parte racional el realizar su propia actividad; pues, en estas condiciones, la acción estará de acuerdo con la norma recta.

Esto se ve claro por las siguientes consideraciones.

El alma abarca tanto la parte inferior como la superior. Ahora bien, la inferior existe siempre a causa de la superior; por ejemplo, en el caso del cuerpo y el alma, el primero existe a causa de la otra parte, y diremos que la condición del cuerpo será buena cuando sea tal que, lejos de impedir que el alma perfeccione su propia labor, el cuerpo le ayude y le estimule a ello. Porque la parte inferior existe a causa de la superior, para cooperar con ella. Y exactamente de la misma manera, cuando las pasiones no impiden que la facultad intuitiva se muestre activa en su obra propia, la acción se verifica de acuerdo con una recta norma racional.

Puede alguien replicarnos que esto es bien verdad, pero, ¿cuál es el hábito o estado de las pasiones, cuando ellas permiten la actividad de la mente? Y ¿cuándo están ellas en este estado? Yo, en efecto, ignoro esto. No es difícil de responder a una cuestión como ésta. Un médico puede hacer frente a una pregunta así, cuando, por ejemplo, prescribe una tisana de cebada «en caso de que el paciente tenga fiebre». «¿Cómo puedo yo notar que él tiene fiebre?» «Cuando usted vea que está pálido.» «Pero, ¿cómo distinguiré yo su palidez?» Entonces el médico debe responder por fuerza: «Si no puede usted percibir esto por sí mismo, yo no lo puedo explicar.» Y esto se aplicará igualmente a los demás casos de la cuestión. Así también ocurre en el distinguir las pasiones. Uno debe contribuir por sí mismo a la percepción de su estado.

Otra cuestión que se nos puede plantear es esta: «Suponiendo que yo conozco todo esto, ¿llegaré en verdad a ser, de una manera inmediata, un hombre feliz?» Los hombres, en efecto, imaginan que esto es así. Y, sin embargo, no lo es. Ninguna de las demás modalidades del conocimiento confiere al que la posee el poder de usar de ella y obrar según ella; sino tan sólo confiere la posesión o el hábito de la misma. Tampoco en este caso el conocimiento de estas cosas confiere el poder de hacer uso de ellas —ya que definimos la felicidad como una actividad—, sino tan sólo su posesión, y la felicidad no consiste en el conocimiento de las cosas que la integran, sino que viene y se produce usando de ellas. Ahora bien, el uso de estas cosas, y cómo hay que obrar de acuerdo con ellas, no es labor del presente tratado darlo; porque, en realidad, ninguna otra rama del conocimiento o la ciencia confiere el uso de la misma, sino tan sólo su posesión.

XI

Sobre la amistad.

Entre todas estas cosas, hemos de hablar de la amistad, de su naturaleza, de dónde radica, de su campo u objeto. Porque supuesto que vemos que ella se extiende a toda la vida y está presente en toda ocasión, y visto además que es una cosa buena, nos vemos obligados a admitir que es una ayuda para la felicidad.

Lo mejor será comenzar por enumerar las dificultades y cuestiones que ello suscita. En primer lugar, pues, ¿florece la amistad entre los que son iguales o semejantes, como piensan y dicen los hombres? «El grajo se sienta junto al grajo», dice el refrán, y «la divinidad pone un semejante junto a otro semejante».

Se cuenta también la historia de un perro que siempre dormía debajo del mismo tejado, y se dice que Empédocles, cuando se le preguntó por qué hacía eso el perro, dijo que había cierta afinidad entre el perro y el tejado, que era la causa de que el primero buscara siempre al último. Otros, en cambio, creen que la amistad, por el contrario, brota entre los opuestos. «Cuando el suelo está seco, la tierra está enamorada de la lluvia», dice Eurípides; y así sostienen aquéllos que un opuesto desea la amistad del opuesto, porque entre los que son iguales no es posible la relación de amistad. Ya que un semejante, dicen ellos, no tiene necesidad de otro semejante. Y así de lo demás.

Otra cuestión es saber si llegar a ser amigo es algo dificultoso o una cosa fácil. Ciertos aduladores, que se atan rápidamente a nosotros, no son amigos, aunque ellos digan que lo son.

Hay ademas otros problemas, como el de saber si un hombre bueno puede ser amigo de un hombre malo. Esto parece imposible, porque la amistad depende de la lealtad y de la constancia, y de estas cosas el hombre malo tiene una muy deficiente provisión. Y ¿puede ser un hombre malo amigo de otro malo? ¿O es esto igualmente imposible?

Primero, pues, hemos de poner en claro qué aspecto de la amistad es el objeto de nuestra investigación. Algunos imaginan que es posible la amistad con Dios y con las cosas inanimadas. Pero están en un error. La amistad, tal como nosotros la definimos, existe solamente donde el amor de amistad es recíproco. Pero la llamada amistad con Dios no admite esta reciprocidad ni recibe el afecto de nuestra parte; sería, en efecto, un absurdo que un hombre profesara un afecto amistoso a Zeus. Igualmente imposible es la reciprocidad de afecto en las cosas que son inanimadas; pero incluso hacia las cosas inanimadas podemos sentir un afecto amistoso, como lo sentimos hacia el vino y otras cosas del mismo genero.

No estamos, pues, ligados por lo que llamamos amistad con Dios ni con las cosas inanimadas, sino con los seres que poseen una vida, y una vida de tal clase que pueda devolvernos el afecto.

Si seguimos adelante y nos preguntamos qué cosas son naturalmente amables, la respuesta será que tan sólo lo son las cosas que son buenas. Ahora bien, hay una diferencia entre lo que es en sí mismo amable y aquello que fuerza a algunos a que le den su amor; igual que hay diferencia entre lo que es intrínsecamente deseable y aquello por lo que un particular es atraído o movido a desear. El bien absoluto es deseable, pero cada uno desea lo que para él es bueno. Y de igual manera, lo que es absolutamente bueno es amable, pero cada uno se mueve a amar lo que para sí es bueno. Se sigue de ello que, mientras que el objeto del amor de un particular es siempre amable, lo que es amable no puede dominar el amor de un particular.

Aquí y de aquí surge el problema de saber si un hombre virtuoso puede, o no, ser amigo de un hombre malo. Porque el bien del individuo no está desligado del bien absoluto, ni lo está lo que atrae el amor de lo que es absolutamente amable, y al bien le acompaña y le corresponde el placer y lo bueno o los bienes y ventajas. Ahora bien, la amistad entre hombres virtuosos consiste en amarse el uno al otro; y ellos se aman el uno al otro en la medida en que ellos son amables; y ellos son amables en la medida en que son buenos. ¿Es, pues, imposible —se nos preguntará— que un hombre virtuoso sea amigo de un hombre malo? Seguramente no lo es. Ya que, supuesto que el provecho y el agrado, como vemos, figuran entre las consecuencias de la bondad, aun cuando el hombre sea malo, se es amigo de él en la medida en que nos es agradable; o bien en la medida en que nos es provechoso. Es verdad que estas amistades no pueden basarse en lo que es naturalmente amable —ya que sabemos que solamente la bondad es así, y que el hombre malo no puede ser amable en este sentido—, sino más bien en lo que provoca el amor. Porque esa amistad, que se apoya en la base del placer o del provecho, brota de ese afecto pleno que existe en el hombre virtuoso.

Por tanto, aquellos cuyo amor brota del placer, o del provecho, no tienen experiencia de la amistad, cuya base es la bondad. Esas formas de la amistad —la amistad de la virtud, del placer o del provecho— no son, de hecho, idénticas; y aunque no son totalmente distintas una de la otra, participan de un principio común. De la misma manera que nosotros hablamos de un bisturí médico, de un hombre médico y de una ciencia médica, aplicamos también el término en diferentes sentidos. El bisturí se llama médico, porque es empleado en medicina; el hombre porque tiene cuidado de la salud, y la ciencia por ser la causa y el origen de esta misma salud. Exactamente igual, cuando hablamos de la amistad de un hombre bueno, fundada en la virtud, y hablamos de la amistad fundada en el agrado y en el provecho, estamos usando el mismo término en diferentes sentidos. La palabra es la misma, pero su significado varía; esas «amistades» son cosas diferentes, aunque su objeto y su origen es el mismo. Si alguien, pues, dijera: «El hombre que ama a otro por el agrado no es realmente un amigo para él, porque su amistad no se basa en la virtud», este tal dirige su vista a la amistad de un hombre bueno, que se apoya en estas tres cosas: en la bondad, en el placer y en el provecho.

Siendo esto así, ¿puede un hombre bueno ser amigo de un hombre bueno o no? Porque se ha objetado antes que un semejante no necesita de otro semejante. Ahora bien, un argumento de esta especie piensa sólo en la amistad de provecho, porque los que son amigos en la medida en que uno necesita del otro, están unidos por esta clase de amistad. Sin embargo, hemos esbozado una distinción clara entre esta amistad y las basadas en la virtud y en el agrado. Lo más probable es que el hombre bueno sea más propenso a la amistad, por poseer los tres fundamentos de ella: la bondad, el agrado y el provecho. Además, el hombre bueno podrá ser amigo de un hombre malo, ya que él puede posiblemente ser su amigo, en la medida en que él le es agradable. Por otra parte, el hombre malo puede ser amigo de un hombre malo. Pues, en la medida en que una misma cosa es provechosa para ambos, hay una posibilidad de amistad. Ya que es objeto de la experiencia que, cuando los intereses de los hombres son idénticos, vienen a ser amigos a causa del provecho. Porque nada impide que los hombres malos tengan un interés en común.

La amistad entre hombres buenos es de hecho la más firme, la más duradera y constante, y la más noble y honesta; es la amistad, cuyo fundamento es la virtud y la bondad. Y esto es solamente lo razonable. La virtud, al igual que la amistad que brota de ella, es algo inmutable. El provecho, en cambio, siempre está sujeto a cambios; por lo cual, la amistad fundada en él no es firme y constante, antes cambia con él. Y eso mismo es verdad para la amistad que se apoya en el agrado.

La amistad, por tanto, de los hombres buenos es la clase de amistad que brota por medio de la virtud; mientras que la amistad de la muchedumbre o la masa está basada en el proyecto, y la amistad basada en el agrado se halla entre las personas groseras y vulgares.

Los hombres a veces se indignan y sorprenden cuando ven que sus amigos son malos. Pero no hay nada extraño o absurdo aquí. Porque cuando la amistad tiene su origen en el agrado, y los amigos son amigos a causa del agrado o placer, o bien, incluso, cuando el provecho es su origen, tan pronto como estas cosas fallan, la amistad también se acaba con ellas. A menudo, sin embargo, aun cuando el sentimiento amistoso continúa, aquel a quien amamos nos trata de mala manera; y nosotros nos irritamos por este motivo.

Tampoco esto es ni mucho menos absurdo. La amistad de este hombre no brotó de acuerdo con la virtud; de manera que si sus obras no se sirven de medios en armonía con la virtud, no hay en ello nada extraño. Los hombres, entonces, no tienen razón al indignarse. Luego de haber contraído una amistad fundada en el agrado y el placer, esperan poseer aquella amistad cuyo origen es la virtud; y esto es imposible, supuesto que la amistad del agrado o del provecho no tiene nada que ver con la virtud. Hecha una alianza con el agrado y el placer, buscan luego la virtud, y no tienen razón para hacer esto. No se puede esperar la virtud del placer y del provecho; antes son estas cosas las que proceden de la virtud y se pueden esperar de ella. Porque sería absurdo pensar que los buenos no son entre ellos mismos agradables los unos a los otros, cuando aun los malos, como dice Eurípides, resultan agradables los unos a los otros. «El malo —dice él— está ligado al malo.» La virtud, de hecho, no procede del agrado, sino que es el agrado el que procede de la virtud.

¿Es realmente necesario que haya placer o agrado en la amistad de los buenos, o no lo es? Negar esto sería absurdo. Porque, si eliminamos el agrado en la compañía de cada uno con otro, ellos buscarán y se prepararán otros amigos para la convivencia, amigos que les deparen un agrado, ya que, para la convivencia, nada es más importante que el agrado o placer mutuo. Así, pues, es absurdo suponer que los buenos no se sienten especialmente atraídos a la mutua convivencia, y esta convivencia es imposible sin agrado, y parece seguirse de ello que estos hombres están especialmente dotados de la gracia del agrado.

Por otra parte, puesto que hemos dividido la amistad en tres clases, y en esta misma división latía la dificultad de saber si la amistad se fundaba en unas condiciones de igualdad o de desigualdad, nos hallamos con que la amistad existe, de hecho, en unas y otras condiciones. La amistad de la igualdad es la amistad de los buenos, la perfecta amistad; mientras que la amistad de la desigualdad es aquella clase de amistad cuyo fundamento es el provecho. Para un pobre el amigo es el rico, a causa de la escasez que aquél tiene de las cosas mismas de que el rico anda sobrado, y el malo es amigo del bueno, por la misma razón; por la carencia propia de virtud en él, se hace amigo del que puede suplir su deficiencia. Por consiguiente, la amistad basada en el provecho nace entre desiguales. Por esto escribió Eurípides:

«Cuando el suelo está seco, la tierra se enamora de la lluvia.»

Entre estos opuestos nace la amistad del provecho o la ventaja. Porque si admitimos el considerar el fuego y el agua como las cosas más radicalmente opuestas, aun así son ellas provechosas la una a la otra. El fuego, en efecto, apartado de toda humedad, se consume y desaparece; porque esta ultima lo alimenta lo suficiente para que no se apague; porque si la cantidad de humedad fuera superior, también se consumiría el fuego; solamente en una proporción debida es provechosa la humedad al fuego. Es evidente, pues, que aun entre las cosas más radicalmente opuestas brota la amistad fundada en el provecho.

Todos los aspectos de la amistad, sea entre iguales, sea entre desiguales, puede referirse a una de aquellas tres clases.

En todos los aspectos o clases de la amistad habrá diferencias entre los amigos, cuando el amor, el provecho, el servicio o lo equivalente no es igual por ambas partes. Porque cuando uno de los dos se muestra ardiente y activo en ello y el otro defectuoso o deficiente en ello, de esta insuficiencia nacen quejas y censuras. Sin embargo, se puede observar que en el caso de esos amigos, cuya amistad tiene el mismo objeto —es decir, si ambos amigos son amigos por el provecho, por el agrado o por la virtud—, cualquier insuficiencia por parte de uno es fácil de discernir; de manera que si tú me das más beneficios a mí que yo a ti, no discuto que tú tienes derecho a recibir más amor de mí. Pero si en nuestra amistad tenemos distintos puntos de apoyo, las diferencias son más serias, porque es difícil discernir la insuficiencia en una y otra partes. Si, por ejemplo, uno es amigo a causa del placer o el agrado y el otro lo es a causa del provecho, allí es donde brota la disputa o la duda. El que da o concede un exceso de provechos, considera que el placer que recibe no es digno del provecho que da; mientras que el que se excede en el placer que confiere considera que el provecho que recibe es como un digno reconocimiento del placer que da. De modo que en esta clase de amistades nacen mayores diferencias.

Cuando hay desigualdad entre los amigos, los que son superiores en riqueza o en algo análogo no esperan amar, sino ser amados por sus inferiores. Ahora bien, amar es mejor que ser amado. Porque el amor es un placer activo y algo bueno; mientras que meramente ser amado crea una inactividad en el alma. También conocer es mejor que ser conocido; porque mientras que esto ultimo, como el ser amado, es posible aun respecto de las cosas inanimadas, el conocer, igual que el amar, es tan sólo posible para los seres vivos. Por otra parte, la cualidad de hacer bien es mejor que la carencia de ella: ahora bien, el que ama, en la medida en que ama, hace el bien; mientras que el que es amado, en la medida en que es amado, no hace ningún bien. Pero la ambición hace que los hombres prefieran ser amados que amar, porque lo primero envuelve cierta superioridad; supuesto que el que es amado es siempre superior en agrado, riqueza o virtud, y la superioridad es la meta del ambicioso. Los que poseen una superioridad no esperan amar, porque consideran que ellos pagan a los que les aman, con las cosas en que ellos mismos son superiores. Los otros están también en un nivel inferior, porque tienen la pretensión, no de amarlos a ellos, sino de ser amados por ellos. Por otra parte, el que carece de la cualidad de hacerse agradable o de la virtud admira al que es superior en esto, y lo ama porque puede obtener estas cosas de él o, al menos, espera poder conseguirlas.

Hay, además, amistades de este tipo —entre desiguales— cuyo origen es un sentimiento de simpatía, que desea el bienestar de otro. No obstante, la amistad que nace en este caso no posee todas las características de aquella de que hemos hablado. Nosotros a menudo deseamos el bienestar de un hombre, mientras preferimos la convivencia de otro. Ahora bien, ¿deben considerarse estas cosas como secuencias de la amistad en general, o solamente de la perfecta amistad, basada en la virtud? Ellas, en efecto, se hallan todas en esta clase de amistad. Nosotros no conviviríamos con ningún otro hombre que este amigo —supuesto que el hombre bueno posee el agrado, el provecho y la virtud— y deseamos especialmente para él el bienestar, y una larga vida y feliz, como no la deseamos para ningún otro.

La cuestión de si un hombre puede ser su propio amigo la dejaremos por ahora, aunque la responderemos luego. En todo caso es verdad que nosotros deseamos todas las cosas para nosotros mismos, es decir, vivir con nosotros, cosa casi necesaria, y nos deseamos una vida feliz y larga, y todo aquello que es bueno, como no lo deseamos para ninguna otra persona. Además sentimos un especial grado de simpatía hacia nosotros mismos. Pues si sufrimos un fracaso o cualquier otra desgracia, en seguida sentimos angustia o tristeza. Todo eso lleva a pensar en la existencia de una amistad consigo mismo.

Así, pues, en cuanto a la simpatía y al deseo de la vida feliz, y las demás cosas que hemos mencionado al hablar de estas cosas, podemos atribuirla bien a la supuesta amistad con nosotros mismos, bien a la amistad perfecta. Todas esas cosas existen igualmente en ambas; el deseo de la convivencia, y de la existencia continuada y feliz y lo demás, se hallan en ellas.

Por otra parte, se puede pensar que allí donde hay derechos recíprocos, existe también la amistad; y que, en consecuencia, hay tantas clases de amistad como de seres justos. Ahora bien, hay derechos recíprocos entre un extranjero y un ciudadano, entre un esclavo y su señor, entre un ciudadano y otro ciudadano, entre un hijo y su padre, entre la esposa y el marido; y en estas y todas las demás relaciones humanas son también posibles las amistades entre las partes. La amistad entre extranjeros puede suponerse la más firme de todas, supuesto que ellos no tienen entre sí un objeto común sobre que disputar uno con otro, como hacen los conciudadanos. Ya que estos últimos, cuando en competición por la superioridad se lían en una disputa violenta, dejan de ser amigos.

En este momento debemos dar respuesta a la cuestión anterior de si es posible, o no, la amistad consigo mismo. Así, pues, puesto que percibimos, como dijimos hace poco, que el amor o la amistad se distinguen por los deseos particulares característicos, y nosotros deseamos estas cosas primariamente para nosotros mismos —ya que nos deseamos los bienes todos, y una larga y feliz existencia, y sentimos una mayor simpatía hacia nosotros mismos, y deseamos nuestra propia compañía más que la de los demás—; si, pues, el amor se distingue por sus deseos característicos particulares, y sentimos estos deseos para nuestro propio provecho, se sigue claramente de ello que existe el amor o amistad hacia nosotros mismos, igual que decíamos que existía la injusticia con nosotros mismos. Es verdad que, puesto que el que comete una injusticia y el que la recibe son dos personas distintas, mientras que cada individuo es uno mismo, según ello, el hacer a sí mismo objeto de injusticia parece a primera vista imposible. Sin embargo, esto se da así, como hemos explicado en nuestro estudio de las partes del alma. Y ya que estas partes son varias, decíamos que hay una injusticia contra uno mismo, cuando estas partes están desacordes entre sí. Exactamente de esta manera parece que nace la amistad con uno mismo. Un amigo, según decíamos nosotros, cuando queríamos remarcar esto intensamente, es «mi alma y la de otro en uno». Y, por cuanto cada alma consta ella misma de varias partes, habrá solamente «un alma», cuando el principio racional y las pasiones estén en armonía mutua entre sí. Entonces existirá verdaderamente uno solo; y con el alma, como una unidad en sí misma, el hombre tendrá su propia amistad y amor.

Con todo, esta amistad consigo mismo existirá sólo en el hombre bueno; porque en él sólo las partes del alma, al no tener entre ellas diferencia alguna, están siempre bien dispuestas unas respecto de las otras. Ya que el hombre malo, por estar siempre en pugna consigo mismo, no puede ser nunca su propio amigo. El incontinente, en efecto, cuando ha obrado como le sugiere el placer, inmediatamente se arrepiente y se reprocha a sí mismo, y lo mismo ocurre con los demás vicios del hombre malo; está continuamente en pugna y oposición consigo mismo.

Podemos dar como ejemplo de la amistad que florece bajo una igualdad de condiciones la que hay entre camaradas, que intercambian beneficios iguales en número y calidad. Ninguno de ellos pretende una parte más amplia de estos beneficios que el otro, ni en número, calidad o magnitud, sino solamente la misma parte; porque los camaradas quieren vivir en condiciones aproximadamente iguales.

Por otra parte, entre un padre y su hijo, entre un súbdito y un gobernante, un superior y un inferior, la esposa y el marido —dondequiera que, de hecho, uno de los participantes en la amistad tenga una posición inferior y el otro una posición superior—, existe aún la amistad, pero en condiciones de desigualdad. Porque la amistad entre desiguales es la que viene regida por una proporción. En la distribución de una dádiva, nadie daría una parte igual al inferior y al superior, sino que siempre adjudicará la parte mayor al que es superior. Esta igualdad viene determinada por una proporción; porque donde el inferior recibe el beneficio menor, y el superior recibe el mayor, se ha alcanzado allí una especie determinada de igualdad entre ellos.

XII

Del afecto familiar y paterno.

De todas las modalidades de amistad que hemos mencionado, es en la amistad entre parientes donde el amor se manifiesta en mayor escala, y ante todas ellas, en la amistad que va del padre al hijo. ¿Por qué —se nos pregunta— el padre ama más a su hijo que el hijo a su padre? ¿Es, como dicen algunos, según el común sentir del vulgo, porque el padre ha llenado de beneficios a su hijo, y el hijo le debe un reconocimiento por ello? Una causa de esta clase hará parecer que se obra en una amistad basada en el provecho y la ventaja. Pero el caso presente se asemeja a lo que observamos en las artes y las ciencias. Lo que quiero decir es que, en algunas de éstas, el fin y la actividad son una sola y misma cosa; fuera de la práctica del arte, no hay otra meta o fin. Por ejemplo, la actividad del flautista y su fin son idénticos; para él, el tocar es fin y actividad a un tiempo. Pero en el arte de la arquitectura es esto de otra manera; fuera de la actividad, existe además un fin. Ahora bien, la amistad o el amor es una especie de actividad, y no tiene un fin ninguno, más allá de su propia actividad; ella es su único fin. La actividad del padre, sin embargo, es siempre una manera aún más completa que ésta, porque el hijo es su propia creación. Eso lo vemos en el caso de los demás creadores; de una u otra manera, ellos están favorablemente dispuestos hacia lo que ellos mismos han hecho. Así el padre experimenta una disposición favorable hacia su hijo, como hacia su propia obra, llevado por la memoria y por la esperanza. Por esta razón ama más él a su hijo, que no su hijo a él.

Hemos también de considerar aquellos otros sentimientos que, en el modo común de pensar y de hablar, se clasifican como amor o amistad, y hemos de ver si son verdaderamente así. El sentimiento de benevolencia, por ejemplo, es considerado como una especie de amistad. Ahora bien, hablando estrictamente, la benevolencia no puede ser considerada como amistad. En muchos casos, con ver a una persona, o bien oír algo bueno sobre ella en labios de otro, nos sentimos favorablemente dispuestos hacia ella. Pero ¿seremos por ello sus amigos? Seguramente no. Porque si, cuando Darío reinaba en Persia, algunos estaban favorablemente dispuestos hacia él, como muy bien podía verse, no consiguió esto hacer arraigar un amor o una amistad hacia él. Por otra parte, la benevolencia parecerá a veces ser el origen o la fuente de la amistad, y nosotros nos volvemos a la amistad, por el deseo de hacer un beneficio a aquella persona, si ello está en nuestra mano, a aquella persona hacia quien hemos sentido esta benevolencia. La benevolencia es un sentimiento de un complejo moral hacia otro complejo moral o psíquico. Nosotros no decimos que alguien siente benevolencia hacia el vino o cualquier otra cosa inanimada, sea buena o agradable; pero si el carácter de una persona es bueno moralmente, atrae nuestra benevolencia. La benevolencia no está lejos del amor o la amistad, sino que existe en las mismas condiciones, y éste es el motivo por el que se las supone idénticas.

La concordia se acerca estrechamente a la amistad; pero solamente si se la toma en el pleno sentido de la palabra. Porque si un hombre sostiene las mismas opiniones que Empédocles, y cree que el mundo ha sido formado por los mismos elementos que admite él, ¿está ese hombre en concordia con Empédocles? Seguramente no. Porque esta manera de concordia se halla en un campo distinto. En primer lugar, la concordia opera, no en lo que pensamos y creemos, sino en lo que proyectamos hacer. Y en esta esfera práctica estamos en concordia, no tan sólo en la medida en que tenemos unas mismas cosas en la mente, sino en la medida en que, más allá de esto, tenemos una decisión en aquellas cosas que apuntan a una misma dirección o término. Porque supongamos que ambos tenemos en la mente algún quehacer, pero cada uno de nosotros cree que es él mismo el que debe satisfacerlo: ¿es esto suficiente para crear una concordia? Seguramente no. Pero si yo deseo poseer el cargo, y el otro desea también que yo lo posea, entonces estamos realmente en concordia. La concordia, pues, debe operar en el campo de la práctica, y va acompañada por el deseo de un mismo fin. De manera que la concordia en la votación de un mismo hombre como magistrado es un ejemplo de concordia, en el pleno sentido de la palabra.

XIII

Del amor a sí mismo.

A hora bien, puesto que, como dijimos, es posible que un hombre sienta amor y amistad hacia sí mismo, ¿puede un hombre bueno amarse a sí mismo? ¿O no puede? El hombre, cada uno de cuyos actos en materia de lucro va dirigido a su propio provecho, es un amante de sí mismo; de manera que el hombre malo, que siempre obra por su propio provecho, es un amante de sí mismo, mientras que el hombre bueno no lo es. Porque lo que le hace a él un hombre bueno es precisamente esto: que él obra en estas materias a causa de otro; y, por ello, él no es amante de sí mismo. Por otra parte, todos los hombres se ven impelidos hacia las cosas buenas, cada una de las cuales le reclama según su propio grado de bondad; hecho especialmente manifiesto, en el caso de las riquezas y los cargos de gobierno. Ahora bien, un hombre bueno está dispuesto a ceder estas cosas a otro; no es que él carezca de la atracción fuerte hacia ellas, sino si él nota o advierte que otro sera más apto para hacer de ellas un mejor uso que él mismo. Otros hombres, por el contrario, no harán esto o bien por su ignorancia e inconsciencia —porque no creen que ellos puedan hacer un mal uso de aquellas cosas buenas—, o bien por la ambición de ocupar un cargo. El hombre bueno, sin embargo, estará libre de ambas cosas; de manera que, respecto de tales cosas buenas, no es un amante de sí mismo. Si él es, en general, un amante de sí mismo, lo será respecto de lo que es noble u honesto y lo que es moralmente bello. Esto, y solamente esto, él no lo cederá jamás a otro; las ventajas materiales y los placeres los cederá. Y así, en su persecución de lo que es honesto y digno, será un amante de sí mismo; mientras que en la persecución de los bienes materiales y los placeres, que es lo que de ordinario se llama ser amante de sí mismo o interesado, no será él, sino el que es malo, el amante de sí mismo.

XIV

Sigue el tema del capítulo anterior.

¿Podrá suceder que un hombre bueno se ame a sí mismo más que a cualquier otro, o no será ello posible? En un sentido, sí lo será; en otro, no. En la medida en que nosotros decimos que un hombre bueno cederá a su amigo aquellas cosas que son bienes aprovechables, él amará a su amigo más que a sí mismo. Es verdad; pero en el mismo dejar o ceder estas cosas a su amigo, él se asegura para sí la belleza moral o la honestidad. En un sentido, por tanto, ama a su amigo más que a sí mismo, y en otro se ama a sí mismo más que a todos; ama a su amigo en aquello que se relaciona con las ventajas materiales, pero se ama más a sí mismo allí donde está en cuestión la belleza moral; porque éste pretende para sí mismo la más bella de todas las cosas. Él es un amante del bien más que un amante de sí mismo; ya que si él se ama a sí mismo, es solamente porque él es bueno. El hombre malo, por el contrario, es un verdadero amante de sí mismo. Vacío de toda cualidad noble que pueda justificar tal amor, en ausencia de ello, él se amará a sí mismo meramente porque es él mismo. Éste, pues, puede ser llamado amante de sí mismo, en el sentido estricto del término.

XV

De la autosuficiencia.

Luego de esto nos toca hablar de la autosuficiencia y del hombre que es autosuficiente; y nos preguntamos si este hombre tendrá también necesidad de la amistad, o bien si no sentirá necesidad alguna de ello; antes se bastará a sí mismo, en esta como en otras cosas. Hasta los poetas nos plantean este tema o esta cuestión:

«Cuando la divinidad nos llena de bienes, ¿qué necesidad tenemos ya de los amigos?»

De aquí nace el problema de saber si el que posee todas las cosas buenas y se basta a sí mismo, tendrá necesidad de un amigo. ¿No lo necesitará en este caso más que todas las cosas? ¿Será uno a quien haga beneficios, o uno con quien conviva? Ya que seguramente no querrá pasar su vida en la soledad. Si, pues, necesita estas cosas, y no puede tenerlas sin la amistad, el hombre autosuficiente necesitará la compañía de un amigo, tanto como la suya propia.

Ahora bien, la analogía con la vida divina, que nosotros comúnmente hallamos en las discusiones filosóficas, es tan inútil aquí como es allí engañosa. Porque, si admitimos que Dios es autosuficiente y no necesita nada, esto no prueba que nosotros, hombres, no necesitemos nada. En efecto, el argumento acerca de la existencia divina que encontramos es éste: «Puesto que Dios posee todos los bienes y es autosuficiente, ¿en qué consistirá su actividad? Ya que su existencia no será tan sólo un largo sueño. Eso no, pero contemplará algo: porque ésta es la forma más noble de la actividad y lo más conforme a Él. ¿Cual será, pues, el objeto de su contemplación? Si Él contempla algo distinto de sí mismo, eso deberá ser aún mejor que Él mismo. Pero es absurdo que algo sea mejor que Dios. Se sigue de ello que Él deberá contemplarse a sí mismo. Pero también esto es absurdo. Si un hombre se hace a sí mismo objeto de su propia investigación, lo tratamos simplemente de loco. Dios en la contemplación de sí mismo es, pues, un absurdo.»

No obstante, no tenemos aquí ninguna necesidad de estudiar cuál es el objeto de la divina contemplación. Estamos estudiando la autosuficiencia, no de Dios, sino del hombre: si el autosuficiente necesitará o no de la amistad. Ahora bien, si uno mira a su amigo y advierte que es él y cuáles son su carácter y sus cualidades, el amigo —si imaginamos un amigo de la más estrecha intimidad— le parecerá a él que es una especie de segundo yo, como en el dicho común: «Éste es mi segundo Hércules.» Pero conocerse a sí mismo es algo muy difícil —como nos han dicho los filósofos— y también una cosa muy agradable el conocimiento de que uno mismo es agradable. La contemplación directa de sí mismo es imposible, lo cual se demuestra por la censura con que recriminamos a los demás por muchas cosas que nosotros mismos hacemos inconscientemente. La causa de ello está en la benevolencia o la pasión, que en muchas de nuestras cosas ciega nuestro juicio. Así, pues, igual que cuando deseamos contemplar nuestro propio rostro, lo vemos mirándonos en un espejo, siempre que queremos ver nuestro carácter o personalidad, podemos reconocernos mirando en un amigo; porque un amigo es, como decimos, un segundo yo. Si, pues, es agradable conocerse a sí mismo, y este conocimiento es imposible sin otro, que es el amigo, se sigue de ello que el hombre autosuficiente necesitará de la amistad para reconocer qué clase de hombre es él.

Por lo demás, si es un acto noble y honesto, como ciertamente lo es, para quien ha sido regalado con los bienes de la suerte, el hacer a su vez beneficios, ¿en quién los hará él? O bien, ¿con quién convivirá? Porque lo más probable es que no quiera pasar su vida en la soledad; la convivencia es tan necesaria como agradable. Si, pues, las cosas que hemos mencionado son honestas, agradables y necesarias, y esas cosas, sin la amistad, no se pueden poseer, el autosuficiente necesitara aún añadir a sus cosas la amistad.

XVI

Del número de nuestros amigos.

¿Debemos buscarnos muchos amigos o pocos? Debemos decir de una vez: ni una cosa ni otra. Si tenemos muchos es difícil tarea dar a cada uno la parte que le corresponde de nuestro amor. Como en todas las demás cosas, nuestra naturaleza débil halla imposible extender su acción muy lejos. Nuestros ojos no pueden mirar lejos; si nosotros los alejamos más de lo que les corresponde, ellos no responden a su fin, debido a su natural debilidad. Eso mismo ocurre con el oído y con todas nuestras demás facultades. Si, pues, a causa de la debilidad, se falla en el amor, uno se topará con censuras justas y no será un verdadero amigo. Amaríamos solamente de nombre, y no es éste el sentido y significado de la amistad. Además, si los amigos de uno.son muchos, uno no podrá tener pausas en la tristeza. Entre un gran número de ellos, es probable y normal que uno al menos esté sufriendo alguna desgracia, y por ése debemos sentir pena necesariamente. Por otra parte, necesitamos más amigos que sólo uno o dos; el número debe ser una consecuencia de nuestras circunstancias y de nuestro impulso individual hacia la amistad.

XVII

Del trato que hay que dar a los amigos.

Debemos estudiar a continuación cómo se debe tratar a un amigo. Este estudio no se refiere a todo tipo o clase de amistad, sino en aquella en que los amigos se muestran más inclinados a hallar faltas o defectos el uno en el otro. En las otras formas de amistad, los amigos están o son menos propensos a esto; por ejemplo, entre un padre y un hijo no hay tal búsqueda de faltas o defectos, cual la que suele haber en algunos tipos de amistad. «Como yo te trato a ti —se dice—, debes tú tratarme a mí.» Y si él no lo hace, se sigue inmediatamente la recriminación más cruda. Pero entre los amigos que son desiguales, no tiene cabida ni lugar este igual balance de beneficios. Y la amistad que hay entre el padre y el hijo es una amistad cuyas condiciones son desiguales, como es la que hay entre la esposa y el marido, o bien el esclavo y su señor, o en cualquier caso en que el uno es inferior y el otro es superior. Esos casos, pues, no admiten esa recriminación. Esa forma de queja de que nosotros hemos hablado, nace entre amigos que son iguales, y en la amistad de este tipo. Ahora bien, la cuestión que hemos de considerar es cómo tratar al amigo, cuando la amistad es entre iguales… *.

---

* El tratado queda inconpleto en este punto, aunque se nota que falta poco para el final.

ÍNDICE

METAFÍSICA

Libro primero 23
Libro segundo 51
Libro tercero 59
Libro cuarto 79
Libro quinto 103
Libro sexto 135
Libro séptimo 143
Libro octavo 177
Libro noveno 189
Libro décimo 207
Libro undécimo 227
Libro duodécimo 253
Libro decimotercero 273
Libro decimocuarto 301

ÉTICA

Libro primero 321
Libro segundo 371